ROBERT ANTON WILSON
mit Miriam Joan Hill

DAS LEXIKON DER
VERSCHWØRUNGS-
THEORIEN

VERSCHWØRUNGEN, INTRIGEN, GEHEIMBÜNDE

Aus dem Amerikanischen von Gerhard Seyfried
Herausgegeben und bearbeitet von Mathias Bröckers

EICHBORN.

3   4   5   03   02   01   00

Titel der Originalausgabe: Everything is under Control.
Conspiracies, Cults, and Cover-ups
© für die Originalausgabe: © 1998 by Robert Anton Wilson
Published by arrangement with HarperSanFrancisco,
a division of HarperCollins Publishers, Inc.

© Eichborn Verlag AG, Frankfurt am Main, April 2000
Umschlaggestaltung: Christina Hucke, Umschlagphoto: © Mauritius
Innenlayout/Satz: Oliver Schmitt, Mainz
Druck und Bindung: WS Bockwell, Finnland
ISBN 3-8218-1595-7

Verlagsverzeichnis schickt gern:
Eichborn Verlag, Kaiserstraße 66, D-60329 Frankfurt am Main
http://www.eichborn.de

für Mimi Hill
eine wunderbar effiziente Websucherin

und für
Valerie und Barry und Christina und Alexandra und Maureen
und Jennifer und Jeremie und Brahm und Richard und Paula

und für
Arlen
»semper in te glorior«

Typisch für Geheimdienstbeamte
in Ost und West
ist eine ganz bestimmte Offenheit.
Für sie ist nichts unmöglich,
nur weil es unwahrscheinlich ist.

Aus: http://www.livelinks.com/sumeria/politics/supermol.html*

* Internet-Adressen und Links haben teilweise eine kurze Halbwertzeit.
Sie wurden bei Drucklegung auf ihre Gültigkeit überprüft.
Bei Adressen, die nicht zum gewünschten Ziel führen, wird die Eingabe
der betreffenden Namen in eine Suchmaschine empfohlen.
Links zu den Lieblingsverschwörungen des Autors finden sich unter
http://www.rawilson.com

INHALT

EINLEITUNG

Bloß weil du nicht paranoid bist, heißt das noch lange nicht, daß sie nicht hinter dir her sind.
Populäres Sprichwort in den 1990ern.

Im September 1996 ergab eine telefonische Umfrage unter 800 erwachsenen Amerikanern, daß 74 Prozent – praktisch also drei von vier Bürgern – glauben, die US-Regierung sei regelmäßig in geheime und verschwörerische Aktivitäten verstrickt. Das muß nicht unbedingt eine zunehmende Flucht in die Phantasie oder die Verwechslung von Fernsehen und Realität bedeuten: Die gleiche Studie fand heraus, daß nur 29 Prozent an Hexerei glauben und gerade mal 10 Prozent denken, daß Elvis Presley noch am Leben ist.[1]

Wenn drei von vier Bürgern – eine weit größere Mehrheit, als sie je ein amerikanischer Präsident in unseren Zeiten hinter sich hatte – die Regierung verbrecherischer und ruchloser Aktivitäten verdächtigen, dann heißt das, daß inzwischen ganz normale Leute etwas glauben, was vor hundert Jahren, in den 1890ern, nur erbitterte Linksradikale behauptet haben (und was nur Berufszyniker wie H. L. Mencken noch spät in den Zwanzigern geglaubt haben).

Inzwischen sehen nicht nur Linksextreme und Zyniker alle möglichen Arten von Doppelzüngigkeit in Washington: Die Rechtsaußen-Fraktion hegt einen viel schlimmeren Argwohn als alle anderen Trottel in der Republik zusammen. *Niemand* in den Vereinigten Staaten von heute hat noch das gleiche blinde Vertrauen in unsere Herrscher, das man uns in der Volksschule beigebracht hat, und die eingangs erwähnten drei von vier trauen ihnen überhaupt nicht über den Weg.

Doch die Regierung hat keinerlei Monopol auf das untere Ende der Vertrauenskurve. Wir leben in einer Zeit, in der mehr Menschen anderen Menschen mißtrauen als jemals zuvor. Man kann sich kaum mehr eine Gruppe der Gattung Homo sapiens vorstellen, die nicht das Objekt angstvoller Verdächtigungen einer anderen Gruppierung geworden ist. Nach landläufiger Ansicht gehören Berufe wie die folgenden zu den kriminellen Klassen:

TV-Reparaturleute, die uns ständig betrügen, genauso wie Automechaniker. Ärzte, Händler, Kirchenleute und sogenannte »Experten« aller Art sind von einem beinahe schon sichtbaren, dunklen Smog des Mißtrauens umgeben. Wir wissen alle, daß man »Experten« mieten kann, die für jede Seite jeden Falles Zeugnis ablegen können.

Auch die Akademiker haben ihre eigenen Arten von Verschwörungstheorien, oder etwas ganz Ähnliches. Die zwei führenden Schulen der Kunst- und Kulturkritik, bekannt als Dekonstruktivismus und Postmodernismus, suchen und finden auch meist tiefere Beweggründe in allen »Denkmodellen« oder »Geschichten« über die Situation des Menschen, egal ob es sich bei dieser »Geschichte« nun um das Stück eines Genies wie Shakespeare oder eine TV-Sitcom handelt oder um einen Roman, Film oder Dokumentarfilm, eine Skulptur, die große Oper, ein Gemälde oder einen angeblichen »Fund« der Sozialwissenschaften, um ein etabliertes Gesetz in der Wissenschaft der harten Fakten oder eine politische oder religiöse Überzeugung. Die Dekonstruktivisten, die ihre skeptische Methode auf den schlechtesten und besten Tendenzen von Freud bis Buddha aufbauen, lassen einen mit dem Gefühl zurück, daß man keiner Kommunikation zutrauen kann zu sagen, was sie bedeutet oder zu bedeuten, was sie sagt. Postmodernisten scheinen sich oft zu weigern, überhaupt zu kommunizieren (ich sage das ohne Arglist, denn man hat mich selbst auch einen Postmodernisten genannt; R. A. Wilson). Wahrscheinlich sind Hunde die einzigen Leute, die dem Menschen noch trauen, aber mir ist aufgefallen, daß selbst manche Hunde in letzter Zeit ihre Zweifel haben.

Seltsame Stories

Als ich anfing, an Büchern Geschmack zu finden (ich muß so um die 8 oder 9 Jahre alt gewesen sein), war eins der ersten Bücher, das ich las, ein Buch mit dem beängstigenden Titel *Believe it or not!* (Glaub es oder nicht!), und es enthielt Hunderte von fast unglaublichen, aber angeblich wahren Geschichten über seltsame Geschehnisse auf unserem Planeten.

Der Autor, ein damals bekannter Karikaturist namens Robert Ripley, begann mit einem Abschnitt über die Merkwürdigkeiten menschlicher Religionen unter der klassisch wirkenden Überschrift: »Seltsam ist der Mensch, wenn er seine Götter sucht.« Heute weiß ich immer noch nicht, ob Herr Ripley diesen Aphorismus erfunden oder ihn aus einem echten Klassiker hat; aber er blieb mir länger als ein halbes Jahrhundert im Gedächtnis. Männer (und Frauen) werden tatsächlich seltsam, wenn sie Götter suchen. Aber wie das vorliegende Werk zeigen wird, werden sie sogar noch viel komischer, wenn sie ihre Teufel suchen. Und die Geschichten, die sie erfinden, haben den düsteren Charme und die gruselige Banalpoesie eines Bela Lugosi in seinen besten Momenten. Fast hat man den Eindruck, der menschliche Geist wirke wie ein gigantisches Vergrößerungsglas: Wendet man ihn positiven Gedanken zu, vergrößert er sie und multipliziert sie buchstäblich endlos, so wie er es für die christlichen Wissenschaftler und die Schüler des Geistlichen Norman Vincent Peale tut. Betrachtet man aber Böses mit diesem Geist, wird er Ihnen bald alles zeigen, wovor Sie Angst haben; direkt vor Ihrer Haustür, komplett mit geiferndem Maul und grünen Tentakeln.

Seit den Blütezeiten von Sankt Paulus und Augustinus haben sich nicht mehr so viele Leute bemüßigt gefühlt, alles durch das Vergrößerungsglas des Bösen zu betrachten und dann angesichts der großen Bosheit, die sie in dieser »tief gesunkenen« Welt fanden, in verzweifeltes Geheul auszubrechen.

Weder die Regierung noch die Medizin oder die Geschäftswelt haben ein Monopol auf populäre Ängste. Die meisten rechten Christen fürchten die Freimaurer, und die meisten Freimaurer machen sich große Sorgen wegen des Vatikans und all seinen Speichelleckern. Viele amerikanische Bürger europäischer Abstammung haben sich in die Berge zurückgezogen (in Idaho und anderswo), weil sie glauben, daß die Amerikaner afrikanischer Herkunft entschlossen sind, die weiße Rasse auszumerzen (sei es aus Rache für die Sklaverei oder weil sie sich von irgendeiner anderen, noch teuflischeren Verschwörung haben irreleiten lassen).

Ein wahrscheinlich noch größerer Prozentsatz von afro-amerikanischen Bürgern glaubt, daß die euro-amerikanische herrschende Klasse vorhat, *sie* auszurotten (siehe: **Tuskegee Syphilis Study** und die Hinweise zu anderen Einträgen im Haupttext dieses Bandes.)

Schwarze Helikopter treiben sich über unseren ländlichen Gegenden herum, und nur Holzköpfe glauben, daß diese Hubschrauber zur Drogenfahndung gehören und nach verbotenen Kräutern suchen (damit uns, nach weit verbreiteter Ansicht, die Multi-Billionen-Dollar-Pharma-Industrie weiterhin mit immer weniger verläßlichen Arzneimitteln zu immer höheren Preisen beschummeln kann); andere befürchten noch viel Schlimmeres. Manche glauben, die Hubschrauber arbeiten Hand-in-Handschuh mit einem satanischen Konsortium von Viehverstümmlern, Kindesmißhandlern, verrückten Vorschullehrern und Punk-Rockern; wieder andere sind überzeugt, daß diese finsteren Luftfahrzeuge einer angeblichen UN/New-World-Order-Verschwörung dienen, die in den nächsten Tagen über uns herfallen wird. Und natürlich: Niemand glaubt noch amtlichen Verlautbarungen. Nicht mal die, die sie schreiben ...

Vielleicht sind solche verallgemeinerten unguten Gefühle gegenüber anderen Mitgliedern unserer eigenen Spezies nach Auschwitz und Hiroshima unvermeidlich geworden. Und tatsächlich: Wer die »Misanthropie« eines Swift, Bierce, Twain und Gleichgesinnten nicht teilt, muß die meisten Nachrichten seit 1944 – oder früher – verschlafen haben.

Freud und Yeats, der eine ein großer Psychologe, der andere ein großer Dichter, wurden, was die menschliche Rasse betraf, zunehmend unsicher nach den Schrekken des Ersten Weltkrieges, die sich inzwischen aber, im Vergleich mit den seitdem verübten Greueltaten, recht mager ausnehmen.

Die Suche nach den Schuldigen

In diesem »Dämonischen Lexikon« beschäftigen wir uns nur mit Theorien, die angeben, daß *einige* Personen oder Gruppen, die der jeweilige Theoretiker spezifizieren kann – oft mit Vor- und Zunamen sowie Adresse –, schuld an all dem Schrecken sind, der die meisten von uns berührt: vom ökologischen Ungleichgewicht bis zu ökonomischem Elend, von Krieg bis Armut, von Drogenkartellen bis hin zu der Tatsache, daß man am Wochenende keinen Klempner mehr kriegt. Diejenigen, die schuld uns allen gleichermaßen geben, haben keine Verschwörungstheorie, sondern eine Erbsünden-Theorie.

Die unheilvolle Zusammensetzung der Menschheit in Verschwörungstheorien scheint fast immer austauschbar oder homogen zu sein. Wenn eine Verschwörungstheorie postuliert, daß die Mitglieder der Verschwörung nicht alle den gleichen Anteil an der bewußten Bosheit ihrer Anführer haben, ist sie um einiges anspruchsvoller und ein gutes Stück realistischer als die meisten dieser »Sündenbock«-Theorien. *Ezra Pound* zum Beispiel schreibt in Canto 52:

Sünde zieht Vergeltung nach sich, arme Jidds bezahlen für

---

bezahlen für die Vendetta von ein paar großen Juden an Goyim
(= Nichtjuden).[2]

(Das --- steht für »Rothschild«, ein Name, den Pounds Verleger auf Anraten seines Anwalts entfernte. Pound bestand darauf, das --- im Text zu belassen, damit man sah, daß sein Text einer Säuberung unterzogen worden war.)

Was immer man von Pounds poetischem Gebrauch der Muttersprache hält, seine Worte repräsentieren eine der wenigen nicht austauschbaren Verschwörungstheorien: Ein paar große (= reiche) Juden tragen die Schuld an allem, sagt er, und die armen Juden müssen ungerechterweise dafür zahlen. Solche Theorien, die ein Körnchen Vernunft beinhalten, halten sich in Konspirologen-Kreisen meist nicht sehr lang, auch nicht in den Köpfen einzelner Verschwörungsjäger.

Ein paar Jahre nachdem er diese Zeilen geschrieben hatte, begann Ezra Pound im Radio Rome über »die Juden« als homogene Gruppe herzuziehen, die für die schlechte Wirtschaftslage verantwortlich sei. Eine ganz ähnliche Dynamik sieht man in der Entwicklung *fast* aller Verschwörungstheoretiker (außer bei mir, meinen Freunden und, natürlich, den Lesern dieses Buches).

Die austauschbaren Gruppen, wie sie der eifrige Konspirologe fürchtet, kann es in Wirklichkeit gar nicht geben, weil alle Gruppen aus Individuen bestehen, von denen sich jedes auf irgendeine Art vom anderen unterscheidet (keine zwei Gehirne gleichen einander, genausowenig wie zwei Fingerabdrücke).

Nichtsdestotrotz neigen die meisten existierenden Verschwörungstheorien zur Hypothese von der Austauschbarkeit der Teufelsgruppe, und das scheint sowohl ein Ergebnis des »paranoiden« (oder: Staatsanwalt-) Stiles der Geisteshaltung des Verschwörungsjägers zu sein als auch eine Folge der Struktur unserer Sprache, die es einem leicht macht, über Juden, Katholiken, Juristen, Mediziner, Banker, Freimaurer, Politiker, Männer usw. herzuziehen, und zwar als austauschbar und gleichermaßen böse.

Nietzsche wies darauf hin, daß wir, nachdem die Menschheit es müde war, »dieses Blatt« und »jenes Blatt« und »das nächste Blatt« usw. zu sagen, die grammatikalisch-mystische Kategorie »das Blatt« erfanden, in der alle einzelnen Blätter Sonderfälle sind. Aber »das Blatt« existiert nirgendwo außerhalb der Grammatik und der Platonischen Philosophie – daher tendiert unsere Sprache dazu, den Neo-Platonismus zu fördern, indem sie die Welt mit grammatikalischen Abstraktionen bevölkert. Jede Verschwörungstheorie, die sich in Richtung Austauschbarkeit bewegt, nähert sich gleichzeitig auch dem Platonischen Idealismus. Diese »sprachliche Hypnose« scheint so weit verbreitet zu sein, daß der Baron Alfred Korzybski die Wissenschaft der allgemeinen Semantik als einen Heilungsversuch dagegen erfand.[3)]

In anderen Worten: Weil wir »die Juden« oder »die neue Weltordnung« oder »das Patriarchat« sagen können, können wir auch glauben oder beinahe glauben, daß diese grammatikalischen Abstraktionen zur gleichen Art Realität gehören wie Basketbälle, bellende Hunde oder gebackene Bohnen.

Wie die Dinge liegen, verschwindet das Individuum mit all seinen Haaren, Fingernägeln, Idealen, Wahnvorstellungen und seltsamen Gerüchen, und kollektive Hauptwörter spuken in der Welt herum. (Siehe *Hawthorne Abendsen.*)

Besonders Amerikaner scheinen Geschmack an Geschichten zu finden, die behaupten, daß alles Schlechte von den Manipulationen einer bösartigen Gruppierung herrührt, die kein bißchen moralischer ist als SPECTRE in den James-Bond-Geschichten.

Vielleicht sollten wir, statt unsere Bürger in Verschwörungsgläubige und Ungläubige zu spalten, uns selbst teilen: in die, welche die Schuld den bekannteren Verschwörungen geben – CIA, die *Protokolle der Weisen von Zion*, die *Freimaurer* –, und die, die ihre Treue und Gefolgschaft eher abstruseren Theorien geben, wonach die Schuld bei geheimen Gruppen liegt, von denen die meisten normalen Menschen noch nie etwas gehört haben, wie etwa die *Gnomen von Zürich*, die *Malteserritter* oder die Insider.

Diejenigen, welche die Möglichkeit einer Verschwörung, egal wo, rundheraus verneinen, müssen irgendwann, wie seinerzeit Voltaire, erkennen, daß das Ausmaß menschlicher Dummheit etwa dem gleicht, was Mathematiker meinen, wenn sie von »unendlich« sprechen.

Andere, die nicht glauben wollen, daß die Dummheit derart transzendente Proportionen erreichen kann, glauben notgedrungen an irgendeine Form der Verschwörung oder Verschwörungen, zumindest hin und wieder. Dummheit, so glauben wir meistens, kann nicht *alles* erklären, was auf diesem Planeten schiefläuft ...

In der Tat, diejenigen, die da glauben, »Verschwörungstheorien« enthalten nichts als paranoide Phantastereien, sollten bedenken, daß die Regierung der Vereinigten Staaten höchstselbst, aber auch andere fortgeschrittene Regierungen an Verschwörungen glauben und Gesetze dagegen haben. Sonderabteilungen der Polizeimacht haben den Auftrag, mögliche Verschwörungen auf verschiedenen Gebieten aufzudecken – die SEC kümmert sich um Bankschwindel, die »Red Squad« jeder Polizeibehörde hält Ausschau nach subversiven Ideen, Staatsanwälte jagen nach Büchern, die so böse sind, daß sie nicht durch die Meinungsfreiheit geschützt sind (von der Radikale glauben, sie sei dazu da, *alle* Bücher zu schützen), sogar die CIA hält (wenn ihr das profitable Kokain-Geschäft dafür Zeit übrig läßt) nach Verschwörungen von außen Ausschau etc. Wenn wir (oder drei von uns vier) den Leuten, die uns regieren, nicht trauen, dann trauen *die* uns erst recht nicht. Und auch in keinem anderen Land fehlt es an Gesetzen zur Bekämpfung krimineller Vereinigungen und Behörden, die sie aufdecken und verfolgen sollen.

Das erklärt zum Beispiel, wie die italienische Regierung 1980 die *P2-Verschwörung* aufdecken konnte, die über 950 ihrer Agenten in Spitzenpositionen der Regierung untergebracht hatte. Erst kürzlich hat die US-Regierung bei der Tabakindustrie Beweise für eine Verschwörung zur Täuschung der Öffentlichkeit gefunden. Solche Tatsachen sollten uns davor warnen, *alle* Verschwörungstheorien als Zeitvertreib für Spinner und Deppen zu betrachten.

Keine dieser Behörden oder Agenturen, deren Aufgabe es ist, echte Beweise auf den Richtertisch zu legen, hat jemals auch nur Spuren jener wirklich Großen Verschwörungen gefunden, an die die echten Verschwörungsfanatiker glauben.

Dem echten Konspirologen beweist das allerdings nur: Die Großen Verschwörungen haben wirklich universelle Macht, denn die mit der Aufdeckung beauftragten Agenturen sind »selbst ein Teil der Vertuschung«. Gegen diese Art Verblendung kämpfen selbst die Götter vergeblich an.

Andererseits würde natürlich eine wirklich mächtige und wirklich intelligente Verschwörung niemals »aufgedeckt« oder auch nur verdächtigt werden, wie es Mel Gibson in seinem Film *Conspiracy Theory* zeigt. Daher kann niemand auch wirklich verrückte Verschwörungstheorien widerlegen, denn sie alle haben eine seltsame Schleife in ihrer Konstruktion: Jeder Beweis *gegen* sie funktioniert nämlich gleichzeitig als Beweis *für* sie, wenn man die Dinge so sehen will. Daher überlebt die Pop-Dämonologie der Verschwörungstheorie jede Kritik, genau wie ihre Cousine, die Theologie. Leute glauben nicht aus logischen oder wissenschaftlichen Gründen an theologische oder dämonologische Weltmodelle, sondern aus »künstlerischen« oder zumindest emotionalen Gründen.

Diese Modelle oder Geschichten geben harmonische, zusammenhängende und recht schlichte Erklärungen für Ereignisse, die ohne sie chaotisch wirken und jenseits menschlichen Verständnisses zu liegen scheinen. Deshalb glaube ich selbst an viele davon.

Kultisches Zwielicht

Verschwörungstheorien florieren in Zeiten und an Orten der Unsicherheit und Ängste, aber erst in Zeiten, in denen die Regierung selbst Verschwörungen befürchtet, d.h. ihrer Bevölkerung nicht mehr traut, blühen sie richtig auf.

Hier betreten wir wirklich trübes Gelände, wo viele Leute tatsächlich unter Überwachung stehen, weil sie einmal geglaubt und gesagt haben, die Regierung würde sie bespitzeln. »Wenn die Regierung dem Volk nicht traut, warum löst sie es dann nicht auf und wählt ein neues?« fragte einst Bert Brecht.

Eine Regierung, die sich vor ihrem Volk fürchtet, kann es nicht so einfach auflösen oder durch ein beschlagnahmtes, von irgendwoher importiertes Volk ersetzen, also muß sie das Volk, das sie hat, bespitzeln und in dessen Privatleben herumstochern.

»Aberglaube fliegt, wie die Fledermaus, meistens im Zwielicht«, schrieb Sir Francis Bacon. Ganz ähnlich denke ich – nach beinahe 30 Jahren Studium der Verschwörungstheorien –, daß verschrobene Verschwörungstheorien und moderne Folklore am besten in einer Atmosphäre der Unsicherheit und Angst gedeihen. Wenn die Leute nicht wissen, was als nächstes passiert, wird sich jede wilde Story sehr schnell unter der Bevölkerung verbreiten; statt ganz ohne Erklärung für ihre Lage zu bleiben, scheinen die Menschen Geschichten vorzuziehen, und seien sie noch so blödsinnig. Und der Kern jeder guten Geschichte ist, wie in der Verschwörungstheorie auch, das Komplott. Wenn die Leute ihrer Regierung nicht trauen, dann traut diese ihnen auch nicht.

Traut die Regierung dem Volk nicht, traut ihr auch das Volk nicht. Dieses Karussell ist fast schon ein Perpetuum mobile (siehe: *Every Knee Shall Bow*).

In einem Land, in dem Ihr Urin nicht mehr Privatsache ist, sondern die Machtelite ihre Schnüffler ausschickt, um Sie bis ins Innere Ihrer Harnblase auszuspitzeln – wer kann sich da noch frei und sicher fühlen? Daher werden die Leute immer feindseliger und »paranoider« gegenüber ihrem Staat; und die Regierung, die das merkt, wird immer nervöser wegen irgendwelcher »Militanten« oder »Kulten« oder »Hippies« oder »Extremisten« oder sonstigen staatsfeindlichen Minderheiten, die sich *überall* aufhalten und *alles mögliche* aushecken könnten. Daher stellt die Regierung mehr Lauscher und Abhörer ein, legt mehr Wanzen und spioniert das Volk mit immer größerem Eifer aus. Diese seltsame Schleife wird schnell zum Teufelskreis, da sich die staatliche Paranoia in Sachen Volk und die des Volkes in Sachen Staat gegenseitig aufschaukeln (siehe: **Krieg gegen bestimmte Drogen**). Dieser Kreislauf geht weiter, bis das System zusammenbricht, die Finanzierung ausläuft oder, dank göttlicher Intervention, geistige Gesundheit wiederkehrt.

In der Zwischenzeit gedeihen endlose und labyrinthartige Verschwörungstheorien, sowohl bei der Regierung als auch unter den Regierten, die immer mehr Angst voreinander kriegen (siehe: **James Jesus Angleton**). Der Kalte Krieg hat uns Spionage, Schnüffelei und Verfolgungswahn hinterlassen, die keiner rationalen Funktion mehr dienen (wenn sie es je getan haben). Das geht nach dem Ende des Kalten Krieges alles selbst weiter, weil Politik wie die Newtonsche Mechanik einem Gesetz der Trägheit gehorcht, wonach ein politischer Kreuzzug in Bewegung in dieser Bewegung verharrt, bis irgendeine von außen wirkende Kraft diese Bewegung unterbricht. Keine solche Kraft von außen hat bis jetzt unsere Bewegung in Richtung einer Kafka-Orwell-Welt verlangsamt, in der die verrücktesten Phantasiegebilde für mehr und mehr Menschen zunehmend plausibel wirken.

Ein anderer Faktor, der dazu beiträgt, Verschwörungstheorien über die bloße Notwendigkeit hinaus zu vervielfachen, besteht darin, daß alle Geheimdienste zwei Funktionen zu erfüllen haben, nämlich:

▸ das Sammeln von präzisen Informationen
▸ die Herstellung und Verbreitung falscher Informationen.

In anderen Worten: Ein Geheimdienst muß zuerst einmal herausfinden, »was zum Teufel eigentlich los ist«, und zwar aus demselben Grund, aus dem eine Bank oder ein Gemüsehändler oder Sie oder ich solche echten Informationen brauchen.
Daher die riesigen Etats für Punkt 1 oben.
Geheimdienste müssen aber ihren Konkurrenten außerdem immer eine Nasenlänge voraus sein, also den rivalisierenden Geheimdiensten fremder und daher heimtückischer Regierungen. Deshalb geben sie sich die größte Mühe, falsche Informa-

tionen zu verbreiten – »Desinformation«, was nichts anderes bedeutet als »Tarngeschichten«, »Vertuschungen« etc. Um jemanden zu täuschen, der zur Zeit als »der Feind« fungiert, müssen diesen Phantasiegeschichten genug Fakten und genug Plausibilität beigemischt werden, um auch viele andere zu täuschen, die derzeit noch nicht als »Feind« definiert werden.

Auf jeden Fall müssen sie Personen von durchschnittlicher Intelligenz und Erziehung täuschen, oder sie funktionieren schlicht und einfach nicht.

Gute Desinformation sollte auch Personen von überdurchschnittlichem Witz und Wissen überzeugen, wenigstens für eine Weile. Kurz: Moderne Geheimpolizei-Arbeit funktioniert im Grunde wie Poker. Alle Spieler versuchen zumindest zeitweilig, falsche Signale auszusenden und »die echte Wahrheit« hinter den falschen Signalen, die die anderen aussenden, herauszufinden.[4] In einer Welt, in der sich Nationen zueinander auf diese Art verhalten, gedeihen Verschwörungsstories wie Bakterien in Abwasserkanälen. Wie *Henry Kissinger* angeblich sagte: »Jeder in Washington, der nicht paranoid ist, spinnt.«

Jeder Bürger einer auf diese Art regierten Welt, der nicht wenigstens ein bißchen unter Verfolgungswahn leidet, muß schon als Kind einen Gehirnschaden erlitten haben. Diese Paranoia eskaliert rapide, sobald sich die Regierung in ausführliche (wohl publizierte) Schnüffeleien und Bespitzelung der Öffentlichkeit ergeht.

In jeder Nation, in der es nur irgendeine Art Geheimpolizei gibt, lernen die Leute schnell, diejenigen zu verdächtigen, die *sie* verdächtigen. Konkret: Es gibt Amerikaner, die befürchten, daß irgendein Teil der Regierung oder sogar irgendeine Organisation, die nicht zugibt, Teil der Regierung zu sein, als Fassade für die CIA, das FBI, das BATF (Bureau for Alcohol, Tobacco & Firearms), die National Security Agency oder noch esoterischere und manipulativere Gruppen auftritt.

Je allgegenwärtiger die »Kontrolle« der Regierung ist, desto mißtrauischer und vorsichtiger werden die Leute. Und je mehr Leute zeigen, daß ihnen das Vertrauen in die Regierung fehlt, desto mehr wird sich die Regierung genötigt sehen, sie zu bespitzeln, um ganz sicher zu gehen, daß sie sich nicht so weit entfremdet haben, um eine Rebellion auszubrüten oder noch mehr hausgemachte Bomben von der Oklahoma-City-Art zu legen. Die Regierung wird also immer mehr schnüffeln und spionieren, und die Leute werden immer »vorsichtiger« werden. Als eine grobe Form der Umfrage habe ich die Zuhörer in Hunderten von Vorträgen und Seminaren gefragt, ob einer von ihnen jemals freiwillig die *ganze Wahrheit über irgend etwas* einem Staatsbeamten erzählen würde.

Niemand hat je die Hand gehoben und einen solchen Grad an Vertrauen und Füg-samkeit gezeigt. Kein Mann und keine Frau in den Vereinigten Staaten von heute möchte, daß die Bundesbehörden zuviel über das erfahren, was sie oder er wirklich machen.

Seit die Regierung vor langer Zeit schon den Punkt überschritten hat, an dem »alles, was nicht verboten ist, bindende Pflicht ist«, wünscht sie nun durchzusetzen, daß »alles, was nicht bindende Pflicht ist, verboten ist«, ... und so vermuten wir alle, daß wir zumindest technisch betrachtet Kriminelle sind, doch ebenso wie Kafkas Helden sind wir nicht ganz sicher, welche Vorschrift oder Vorschriften wir möglicherweise verletzt haben.

So geraten wir in eine Situation, die bei der Armee *Optimum Snafu* (Snafu = Situa-tion Normal, All Fucked Up) genannt wird. Die oben erfahren nie etwas, was sie veranlassen könnte, den Informanten zu bestrafen, und die unten halten den Mund über all das, was sie tatsächlich sehen, hören, riechen, schmecken oder sonstwie von der Umgebung mitkriegen. Auf lange Sicht versuchen also die Leute an der Spitze der Pyramide Dinge zu regulieren, von denen sie gar nichts wissen, aufgrund von Berichten, die von Lügnern und Arschkriechern erfunden worden sind, um zu ver-hindern, daß die Mächtigen von ihrer schrecklichen Macht allzu zerstörerisch Gebrauch machen.

Aber wenn die meisten Leute immer ein bißchen lügen, wenn sie es mit dem Staat zu tun haben, muß der Staat ein recht seltsames und unrichtiges Bild von den Leu-ten haben und von dem, was sie wirklich tun und wollen.

Gesetze richten sich daher an eine fiktive Bürgerschaft und nicht an die Leute, die wir wirklich sind. Deswegen machen die Gesetze für diejenigen, die sie ertragen müssen, zunehmend weniger Sinn, und die Feindschaft gegenüber der Regierung wächst.

All diese Zyklen verwickeln sich zu einem Knäuel von seltsamen Schleifen und Teufelskreisen, aus denen es gegenwärtig keinen Ausweg zu geben scheint. Wenn nicht, wie schon gesagt, die Finanzierung ausläuft oder eine höhere Macht sich ein-mischt, werden Verschwörungstheorien wachsen und gedeihen, sowohl unter der zunehmend verunsicherten Bevölkerung als auch unter den Politköpfen und Büro-kraten, die versuchen, sie zu regieren. Und jede Stimme, die versucht oder vorgibt, in dieser schizoiden Situation die Wahrheit zu sagen, gerät sofort unter Verdacht, ein weiterer Verführer oder Manipulator zu sein, dessen »Seemannsgarn« so kri-tisch zu betrachten sei, wie ein Postmodernist es mit der Unabhängigkeitserklärung oder dem Zweiten Gesetz der Thermodynamik tun würde. Wir sind inzwischen allesamt Dekonstruktivisten, ob wir dieses Wort nun schon gehört haben oder nicht.

Das Zeitalter der Unsicherheit

Für den Fall, daß irgend jemand glaubt, das geschilderte Bild sei übertrieben oder als Satire gemeint, wollen wir darauf hinweisen, daß zwei kürzlich durchgeführte Umfragen zeigen, wie das öffentliche Vertrauen in die Medien, die uns angeblich »informieren«, auf ein nie dagewesenes Tief gesunken ist. Eine Umfrage des *Wall Street Journal/NBC* fand heraus, daß nur 21 Prozent der Antwortenden die Presse als »sehr« oder »meistens« ehrlich bewerteten. Das heißt, daß fast 80 Prozent von uns nicht mehr soviel Vertrauen in die Medien (Fernsehen, Radio, Zeitungen) haben, wie das einmal der Fall war.

Ganz ähnlich fand eine Gallup-Umfrage heraus, daß nur 29 Prozent von uns »eine ganze Menge« Vertrauen speziell in die Zeitungsmedien haben. Etwa sieben von zehn Leuten haben also wachsende Zweifel und Mißtrauen einem Medium gegenüber, in dem wir einmal die Fakten hinter den unzusammenhängenden »sound bytes« von Radio- und Fernseh-»News« gesucht haben.[5]

Wenn aber die meisten Leute Geschichten oder Modelle brauchen, um die Welt zu erklären, und den Medien nicht mehr glauben, wem können sie dann trauen? Niemandem. Wie können sie dann Entscheidungen treffen? Als Reaktion nehmen sie mehr und mehr an, daß Realität genau das Gegenteil von dem ist, was ihnen die Stimme der Autorität erzählt.

Ich persönlich sehe das alles von einem außergewöhnlichen Aussichtspunkt aus. Verschiedene Umstände haben sich verbunden, um mich in eine einzigartige Position im Spektrum der Verschwörungsliteratur zu versetzen. 1969 bis 71 schrieb ich mit dem verstorbenen Robert Shea *Illuminatus!* Dieses Buch parodiert populäre Verschwörungstheorien der 60er, und zwar in einer absichtlich ungeordneten Weise. Die Perspektive war »Post-Joyce-anisch«, weil dem Leser nicht gesagt wurde, was er dem allwissenden Erzähler traditioneller Fiktion glauben konnte, eher wurde es ihm/ihr überlassen, wie viel oder wie wenig er/sie ernst nehmen wollte von all den Weltmodellen oder »großen Stories«, die von sich wild widersprechenden und manchmal durchgeknallten Erzählern geboten wurden. Die Theorie von Joyces Unsicherheitsprinzip ist viel abstruser und verwickelter, als in dieser kurzen Bemerkung erklärt werden kann, aber im allgemeinen meine ich, wenn ich diesen Begriff verwende, die Art Buch, die sich wie *Ulysses* nicht als fertig *gelöstes* Rätsel präsentiert, sondern als ein Rätsel, an dem man arbeiten muß.

Illuminatus! wird bis heute (1999) immer noch nachgedruckt, 24 Jahre nachdem es zuerst im Jahr 1975 aufgelegt wurde. Es wurde in verschiedene Sprachen übersetzt und als Bühnenstück in Liverpool, London, Amsterdam, Cambridge University, Frankfurt und Seattle aufgeführt. Aus diesem Grunde bekomme ich immer noch Post oder Zeitungsausschnitte von Leuten, die eine ganze Reihe komischer Ansichten von mir haben. Manche glauben, daß all die Verschwörungen in diesem wilden und verrückten Buch wirklich existieren, und wollen mich über die neuesten Schwindeleien informieren. Andere denken, daß ich selbst an keine dieser Verschwörungen glaube und nur als Satiriker (und daher als gerissener Verteidiger des Establishments) schreibe, und sie wollen mich auf den richtigen Trip bringen. Einige glauben, ich engagierte mich absichtlich im Verwirren der seriöseren oder ernsteren Verschwörungstheoretiker; viele haben sogar versucht (zu ihrer eigenen Zufriedenheit), die Verschwörung zu identifizieren, für die ich wirklich arbeite. Viele glauben, es sei die CIA, aber **Lyndon LaRouche** glaubt, daß es die ursprünglichen **Illuminaten** sind. Mae Brussel behauptete zu ihrer Zeit, ich würde für die Rockefellers arbeiten. Dazu bekannte ich mich freudig und fügte hinzu, daß mich David Rockefeller einmal im Monat besucht, um den schmutzig-schnöden Mammon in Goldbarren abzuliefern, die ich bei mir im Keller stapele. Ich dachte, das könnte meiner Kreditwürdigkeit helfen, aber scheinbar hat es außer Mae niemand geglaubt.

Sehen Sie, ich habe noch nie eine dieser Behauptungen dementiert, denn eine glatte Verneinung würde jemanden, der echt mißtrauisch ist, nie überzeugen. Es steht Ihnen frei, irgendeine davon oder alle zu glauben. Um die *X-Akten* zu zitieren, die Bibel derer, die zweifeln: *Trau keinem*! Wer weiß, ob ich nicht letztlich doch ein »Illuminierter Judeo-Freimaurer der Kiffenden Homosexuellen Satanisten vom Planet X« bin.

Die Recherche zum vorliegenden Buch hat mein Vertrauen in die Macht dessen, was William Blake poetische Imagination nannte, erneuert. (Psychiater nennen es manchmal Realitätsflucht.) Ich unternahm eine Menge ähnlicher Recherchen als Co-Autor von *Illuminatus!* und dachte, daß das meiste an diesem Buch ein erneuter

Besuch auf bekanntem Grund und Boden wäre. Zu meinem Erstaunen und meiner Freude hat meine Mitarbeiterin und Forschungskollegin, Miriam Joan Hill, mehr Verschwörungstheorien gefunden, als ich mir je erträumt hätte. Würden wir nicht irgendwann aufhören und dieses Manuskript seinen Verlegern übergeben, könnten wir Jahre so weitermachen und ein Werk mit ebenso vielen Bänden wie die *Encyclopedia Britannica* produzieren.

Man kann scheinbar keine noch so lächerliche und offensichtlich satirische Verschwörungstheorie entwickeln, als daß sie nicht irgendwelche Leute irgendwo glauben würden. Denen, die sich beschweren, weil ihre Lieblingsverschwörung hier nicht dabei ist, kann ich nur sagen, daß Raum und Zeit nicht unendlich sind, schon gar nicht in meinem Alter. Aber lassen Sie sich nicht aufhalten, beschweren Sie sich trotzdem. Vielleicht kriege ich einen Vertrag, um eine Fortsetzung zu schreiben.

»Ah, Zeit! Bargeld! Kunst! Und Geduld!«, wie Melville schrieb.

Ein letztes Wort: Ich fand, daß niemand sehr tief in diesen trüben Gewässern fischen kann, ohne wenigstens gelegentlich Anfälle von Paranoia zu bekommen – d.h. nicht nur mit der Idee zu spielen, daß ein paar der plausibleren Theorien hier wahr sein könnten, sondern sich wegen der dümmsten von ihnen Sorgen zu machen.

Ein Beispiel: Bei Mike Reynolds, einem Autor, den ich aus den 1970ern kenne und den man angeheuert hatte, einen Artikel über »Viehverstümmelungen« für ein elegantes Männermagazin zu schreiben, hatte man eingebrochen und sein Haus durchwühlt, kurz bevor er sein Manuskript einreichte. Er kam, um mit mir über seine Ängste zu sprechen, und ich versichere Ihnen, er war und ist ein vollkommen gesunder und skeptischer Mensch. Dennoch litt er unter einem Anfall ängstlicher Unsicherheit, die ich nur Verschwörungs-Zufall-Syndrom nennen kann: Wenn man diese Art Material nur lang genug anschaut, kann alles Unerfreuliche, das einem passiert – nicht nur ein Einbruch, der jeden aufregt, weil er uns an die eigene Verwundbarkeit erinnert, sondern sogar »Kleinkram« wie komische Geräusche am Telefon, beschädigte (geöffnete?) Post oder *Men In Black,* die an der nächsten Ecke herumlungern –, einen verunsichern: Sind die vielleicht wirklich echt? Checken sie mich nur, oder bereiten sie einen Präventivschlag vor? Und was ist das für ein komisches Geräusch da draußen?

Lassen Sie sich nicht nervös machen. Es geht uns allen so. Außerdem: Wenn Sie zulassen, daß es Sie nervös macht, werden Sie so paranoid wie die meisten Vollzeit-

Verschwörungsforscher, die ich kenne. Aber wenn ich tatsächlich ein CIA-Agent oder ein Rockefeller-Mann oder irgend so etwas wäre, dann würde ich natürlich verhindern wollen, daß Ihnen das alles Sorgen macht, oder nicht?

Bloß weil du nicht paranoid bist, heißt das noch lange nicht, daß sie nicht hinter dir her sind ...

Oder hab ich das schon mal zitiert? Na ja, kann nichts schaden, wenn man es nicht vergißt ...

1) Umfrage veröffentlicht im Magazin *George* (November 1996), zitiert in *Fortean Times*, Februar 1997, S. 21.
2) The Cantos of Ezra Pound, New Directions, 1975, S. 257.
3) Studenten der Semantik-Schule Korzybskis lernen $Blatt_1$, $Blatt_2$ usw. oder $Jude_1$, $Jude_2$ etc. zu sagen, statt »das Blatt« oder »der Jude«. Die meisten Verschwörungstheorien würden eine solche Reform nicht überleben. Stellen Sie sich eine Ausgabe von MS. Magazin (feministische Zeitschrift) vor, in der »der Mann« ersetzt wäre durch $Mann_1$, $Mann_2$ usw.
4) Eine detaillierte Analyse dieser seltsamen Schleife findet sich in *Theory of Games and Economic Behaviour* von John von Neumann und Oskar Morgenstern, Princeton University Press, 1948.
5) Beide Umfragen werden zitiert in: *Christian Science Monitor*, 16. April 1997.

VERSCHWÖRUNGSTHEORIEN VON A–Z

▶ A-ALBIONIC CONSULTING AND RESEARCH

Die plausibelste der Multiverschwörungstheorien – d.h. jener Szenarien, die behaupten, daß nicht *eine* Verbrecherbande diesen Planeten beherrscht, sondern mindestens deren zwei, die sich gegenseitig bekämpfen – kommt von einer Einrichtung
in Ferndale, Michigan, die sich selbst *A-Albionic Consulting and Research* nennt.
A-Albionic fing 1985 mit einer Wald-und-Wiesen-Verschwörungstheorie an, die der
britischen Königsfamilie die Schuld an allem gab – ganz wie **Lyndon LaRouche**, der
als Quelle ihrer Inspiration gedient haben mag. Wie auch immer, 1989 unterzog
A-Albionic Consulting and Research sein Weltmodell einer Revision (sie benutzten
wirklich wissenschaftliche Begriffe wie »Weltmodell« und zeigten auch sonst Anzeichen einer höheren Bildung). Das Nach-1989-Szenario sieht nach A-Albionic so aus
(Zitat, inklusive Großbuchstaben): »Die Offenen und Verdeckten Organe des Vatikans und des Britischen Reiches sind in einen Tödlichen Kampf um die Kontrolle
der Welt verstrickt.«
A-Albionic verfolgt die Spuren dieses tödlichen Kampfes zurück bis zur Regentschaft der ersten Königin Elizabeth, als der protestantisch-katholische Krieg in ganz
Europa tobte. Zu dieser Zeit machten die Engländer – typischerweise – ihren rational-wissenschaftlichen Pionier Sir Francis Bacon zu einem hohen Staatsbeamten,
während der Vatikan *seinen* rational-wissenschaftlichen Pionier **Giordano Bruno**
auf dem Scheiterhaufen verbrannte. Die Britische Krone und der Petersthron sind
seit dieser Zeit verfeindet, und in diesem Weltmodell sind alle »Interessengrup-
pen«, »Gewerkschaften«, »Produzentenverbände«, **Mafia**-Familien, internationale

Banken und Geheimdienste – kurz, alles was in jedermanns Vorstellung zur Verschwörung taugt – unwissentlich zu Marionetten in dieser Mega-Auseinandersetzung geworden. Die Mega-Verschwörung der Windsor-Familie manipuliert einen buntgescheckten Haufen, den A-Albionic Consulting and Research als »Comsymp-Internationale-Banken-Juden-Freimaurer-Labour Party-Britischer Geheimdienst-Sozialistische Internationale-Sozialdemokraten-Fabian-AFL-CIO-UAW-KGB« bezeichnet, genauso unwahrscheinliche Bettgenossen, wie sie in vielen Anti-Illuminaten-Theorien auftauchen. Der Vatikan, auf der entgegengesetzten Seite des Welt-Machtkampfes, kontrolliert eine Versammlung aus »CIA-Internationalen Faschisten-Georgetown-Jesuiten-McCarthyitischen- und Buckleyitischen Malteserrittern« (siehe: *Malteserritter* und *P2*).

Doppelverschwörungstheorien führen oft – wie Einzelverschwörungstheorien – zu logischen Schlüssen, die Außenseitern bizarr erscheinen. *Carroll Quigley*, seinerzeit Professor für Geschichte an der Universität von Georgetown, taucht als Mitglied der Insider in der Theorie der *John Birch Society* auf, und diese vorgeblichen Insider, die sich ganz schön nach Illuminaten anhören, gehören alle zur Jumbo-Verschwörung der britischen Königsfamilie im A-Albionic-Consulting-and-Research-System.

Tatsächlich passen viele rechtsradikale Theorien dazu, wenn man davon ausgeht, daß Insider Illuminaten sind und man beide mit internationalem Bankertum identifiziert (jüdisches oder holländisches Bankertum, wen immer man als Verdächtigen bevorzugt) … Ergo: Quigley war ein Agent der Windsor-Bande.

Aber Professor Quigley lehrte in Georgetown, das den Jesuiten gehört, und das macht ihn zu einem Werkzeug der Vatikan-Konspiratoren, jedenfalls nach A-Albionic. Quigley war der Windsor-Insider-Internationale Banker-Illuminaten-Verschwörung beigetreten, so A-Albionic, um sie bloßzustellen. Quigleys Buch, *Tragedy and Hope,* das oft von Rechten zitiert wird, da es scheinbar »unbeabsichtigt« die Insider-Verschwörung zur Weltregierung enthüllt, hat tatsächlich nichts »Unbeabsichtigtes« an sich. Die Jesuiten haben Quigley losgeschickt, um den Feind auszuspähen und seine Geheimnisse zu veröffentlichen, so A-Albionic Consulting and Research.

Dieses eher kleine Detail im Verschwörungsmosaik wurde während des Präsidentenwahlkampfes 1992 (Verschwörologen) zum Gegenstand leidenschaftlicher Debatten unter Konspirologen, als Bill Clinton in einer Ansprache Professor Quigley als Lehrer erwähnte, der ihn in seiner Jugend gewaltig inspiriert hätte.

Der Mehrheit der rechten Verschwörungsfans »bewies« das, daß Clinton für die Insider arbeitete, oder für die Illuminaten oder zumindest für das Weltbankertum. A-Albionic besteht jedoch auf seiner eigenen Analyse. Wenn Präsident Clinton wirklich von einer Jesuitenschule inspiriert worden war, dann ist er ihrer Meinung nach ein Handlanger der Vatikan-CIA oder Anti-Illuminaten-Verschwörung geworden.

Siehe auch: ▸ The Con, Lady Dianas Tod, *Terra Papers, Yankee and Cowboy War.*
Verweise: ▸ http://a-albionic.com/a-albionic.html

▸ A∴A∴

A∴A∴ ist die Erhabene und Ewige Innere Schule der Eingeweihten,
die schon immer die Entwicklung des Bewußtseins auf diesem Planeten
(und, wenn man daran glaubt, auch anderswo) beaufsichtigt haben.
Der Orden ist im Laufe der Geschichte unter verschiedenen Formen und
Namen aufgetreten.
Aus der A∴A∴-Website: http://www.crl.com/~thelema/aa.html

Der Orden A∴A∴ muß zu den geheimsten Geheimgesellschaften der Welt gezählt werden. Niemand, nicht einmal die wenigen Autoren, die sich zu ihm geäußert haben, weiß genau, wann der Orden A∴A∴ gegründet wurde, welche Gruppierung, die beansprucht, A∴A∴ zu sein, zur Zeit das oder den wirklichen A∴A∴ darstellt, oder auch nur, wofür die Symbolik A∴A∴ überhaupt steht – obwohl natürlich viele behaupten, daß sie die Antworten auf all das wüßten.
Die am besten dokumentierte Form dieser Geheimgesellschaft datiert etwa aus dem Jahre 1906 und blickte bereits damals auf eine lange Geschichte im Untergrund zurück. Sie bezeichnete sich selbst als »Magick« Society für fortgeschrittene Studenten des Okkulten. Magick (ausgesprochen wie das englische Wort magic mit Betonung auf der letzten Silbe) beschäftigt sich mit Bewußtseinsveränderung und erweiterter Wahrnehmung mittels Gesängen, Riten, Drogen, Edelsteinen, Symbolen wie etwa dem Pentagramm und besonderen Übungen zur Stärkung der Willens- und Vorstellungskraft.

Der Meister, nur unter den Initialen V.V.V.V.V. bekannt, beansprucht für den Orden A∴A∴ einen Rang über dem G∴D∴ (*Hermetic Order of the Golden Dawn*), seinerzeit die am meisten fortgeschrittene *Freimaurer*- oder Pseudo-Freimaurerloge in England, wenigstens ihrer eigenen Aussage nach.

Indem sie den höheren Rang beanspruchte, garantierte A∴A∴ sich selbst eine neugierige Anhängerschaft, wenigstens unter jenen, die Okkultismus wirklich ernst nahmen. Genau wie Golden Dawn hatte auch A∴A∴ zehn Grade; man mußte jedoch den zehnten Grad der Golden Dawn erreicht haben, um den ersten Grad der A∴A∴ zu erlangen.

Historiker des Okkulten sind sich generell einig, daß V.V.V.V.V. für *Vi Veri Vniversum Vivus Vici* (Kraft der Wahrheit habe ich das Universum überwunden) steht, eine der elf magischen Formeln von *Aleister Crowley*.

Es scheint, daß Crowley die Voraussetzungen zur Aufnahme in den A∴A∴-Orden ein wenig zu hoch angesetzt hat – der Kandidat mußte nicht nur fortgeschrittener Adept der Golden Dawn sein, sondern auch Meister schwierigster Yogaübungen, um auch nur zur Prüfung für den ersten der zehn Grade des A∴A∴ zugelassen zu werden –, so kamen zuwenig Schüler, die er für würdig erachtete. Crowley widmete seine Energie schließlich mehr der Verbreitung und Führung des *Ordo Templi Orientis*, einer nicht ganz so anspruchsvollen okkulten Loge.

In den Siebzigern bestanden *Kenneth Grant* und ein gewisser Michael Mota darauf, daß A∴A∴ noch immer existierte, über alles andere waren sie sich jedoch nicht einig, besonders was den wirklichen »Kopf« des Ordens betraf – diese Position beanspruchte jeder der beiden. Der gegenwärtig im Internet vertretene Orden scheint weder Grant noch Mota als seinen Kopf anzuerkennen.

John Symonds, feindlich gesonnener Kritiker des Okkultismus im allgemeinen und Crowleys im besonderen, behauptete, den Beweis zu haben, daß A∴A∴ für »Atlanteanische Adepten« stand; Grant hingegen sprach von Argentum Astrum (Silberner Stern), den er mit *Sirius* identifizierte und mit den okkulten Traditionen gewisser avancierter Adepten, die angeblich mit noch viel fortgeschritteneren Adepten in jenem Doppelsternsystem telepathisch kommunizierten.

Rechts-christliche Verschwörungstheoretiker sehen im A∴A∴ und dem Sirius die *Illuminaten* und in der Regel auch die Satanisten. Komischerweise begann Crowley im selben Jahr, in dem er A∴A∴ zu fördern begann, den Titel Epopt der Illuminaten zu benutzen, und er veröffentlichte ein Journal, *The Equinox*, das sich auf der Titelseite jeder Ausgabe als »Journal des wissenschaftlichen Illuminismus« bezeichnete.

Siehe auch: ▶ The Con, Gerard de Sede, George I. Gurdjieff, Merowinger,
Robert Morning Sky, Das Sirius-Rätsel.

Verweise: ▶ http://www.crl.com/~thelema/aa.html
▶ *Portable Darkness*, herausgegeben von Scott Michaelson,
Harmony Books, New York, 1989.
▶ *Cults of the Shadow*, von Kenneth Grant, Samuel Weiser Books,
New York, 1976.
▶ *Light on Freemasonry*, von David Bernard, Vonnieda and Sowers,
Washington D.C., 1958.

▶ ABDUCTEES ANONYMOUS
(Anonyme Entführungsopfer)

Diese Organisation dient als Unterstützungsgruppe für Personen, die glauben, daß sie von Außerirdischen entführt und sexuell belästigt worden sind – sie ist eine der größten Untergruppen in der *Recovered-Memory-* (Wiedererinnerungs-) Gemeinschaft, drittgrößte nach den Inzest-Opfern und der Satanischer-Mißbrauch-Fraktion.

Während Theorie und Therapie der »Wiedererinnerer« in den letzten Jahren wachsender Kritik ausgesetzt waren, haben sie doch immer noch viele Gläubige, die ernsthaft glauben, die Therapeuten würden ihnen dabei helfen, sich an Erlebnisse zu erinnern (nicht etwa zu phantasieren). Zum Beispiel an Erlebnisse wie Inzest, Kannibalismus, Koprophilie (krankhaftes Interesse an den eigenen Exkrementen), Sado-Masochismus, Vergewaltigung, Kindsopfer und/oder Entführungen durch böse *Graue* (eine Rasse unvoreingenommener wissenschaftlicher Forscher und/oder Sexmonster, die aus dem Weltraum kommen und sich darauf spezialisiert haben, genetische Experimente und/oder sexuelle Übergriffe an/auf hilflose/n Menschen durchzuführen).

Abductees Anonymous sagt nichts zum Thema Inzest oder den Satanisten, ebenfalls erschaffen oder entdeckt mittels hypnotischer Techniken, besteht aber darauf, daß »viele Millionen« die Entführungserfahrung gemacht haben und daß, selbst wenn Sie sich nicht daran erinnern können – oder gerade *weil* Sie sich nicht daran erinnern können –, diese interstellare Vergewaltigung auch Ihnen zugestoßen sein muß. Man hat dort eine Liste von 52 Symptomen, die Ihnen helfen können zu entscheiden, ob Ihnen das auch passiert ist. Ein paar der bedeutsameren Anzeichen auf dieser Liste sind:

- Ungewöhnliche Male oder Narben ohne eine plausible Erklärung, wo Sie diese her haben könnten und besonders, wenn Sie eine emotionale Reaktion auf diese Merkmale feststellen (zum Beispiel kleine löffelförmige Eindellungen, geradlinige Narben, Narben am Gaumendach, in der Nase, in oder hinter den Ohren oder an den Genitalien, etc.).
- Kosmisches Bewußtsein, Interesse an Ökologie, an der Umwelt, an Vegetarismus, besonders ausgeprägtes soziales Bewußtsein.
- Starke, unerklärliche Phobien (etwa vor Höhen, Schlangen, Spinnen, großen Insekten, bestimmten Tönen, grellem Licht, Angst um Ihre Sicherheit oder vor dem Alleinsein).
- Das Gefühl, ständig oder oft beobachtet zu werden, besonders nachts.
- Aufwachen mit wunden Genitalien, wofür Sie keine Erklärung finden können.
- Wenn Sie zu Hause oder in der Nähe eine verhüllte Gestalt sehen, besonders in der Nähe Ihres Bettes.
- Ständiges oder gelegentliches Singen im Ohr, besonders wenn es in nur einem Ohr auftritt.
- Unerklärliche Schlaflosigkeit oder Schlafstörungen.
- Angst, daß Sie verrückt werden, schon weil Sie über solche Sachen nachdenken.
- Es fällt Ihnen nicht leicht, anderen zu vertrauen, ganz besonders autoritären Persönlichkeiten.
- Sie träumen von Katastrophen und Zerstörung.
- Sie haben mehrere dieser Symptome, können sich aber beim besten Willen nicht an eine Entführung oder an eine Begegnung mit Aliens erinnern.

Wer solche Stigmata an sich entdeckt, mag sich mit Hilfe der unten angegebenen Web-Adresse an die Abductees Anonymous wenden.

Andererseits könnten viele dieser oder ähnlicher Symptome auch anzeigen, daß Sie ein Inzest-Opfer oder Opfer von Satanischem Mißbrauch waren; besser, Sie checken die dortigen Adressen auch gleich mit. Heutzutage kann man gar nicht vorsichtig genug sein.

| Siehe auch: | ▸ Graue. |
| Verweise: | ▸ http://www.ufomind.com/ufo/topic/abduction/ |

▶ ABEL

Als erstes Mordopfer der Welt (nach judäisch-christlichen Schriften) gehört Abel natürlich in mindestens eine Verschwörungstheorie, und tatsächlich taucht er in zweien auf.

Nach Henry Bailey Stevens gehört die Kain-Abel-Story zur Lügenpropaganda der Fleischfresser im Kampf gegen die Pflanzenfresser. In Stevens' Konstruktion (oder besser Dekonstruktion) der Genesis steht Kain, der Ackerbauer, für die einfache und ehrliche, nichtgewalttätige Menschheit im vegetarischen Zeitalter – Stevens' Version von Rousseaus edlem Wilden – in anderen Worten: für die guten Menschen.

Abel, der Rinderschlächter, repräsentiert die korrupte, fleischfressende Menschheit, die die letzten paar tausend Jahre geherrscht hat und solch üble Angewohnheiten wie Krieg, Sklaverei und Verbrechen eingeführt hat: die bösen Menschen also.

Der Bibel-Mythos, der die Mordschuld ungerechterweise dem netten Kain gibt, dem guten oder ersten Mann, ist ein Versuch der dekadenten Fleischfresser, die Vegetarier zu verleumden – jedenfalls nach Stevens, der eisern darauf besteht, daß Fleischfresser, historisch betrachtet, mehr Neigung zum Mord gezeigt haben als Vegetarier.

Wir wissen nicht, wie Stevens auf diesen kalifornischen Autoaufkleber reagiert hätte:

Ich bin Vegetarier, aber nicht, weil ich Tiere liebe,
sondern weil ich Pflanzen hasse!

Von John Steinbacher kommt eine radikal andere Version des Kain-Abel-Mythos. Er behauptet, Kain sei nicht der heiligen ehelichen Verbindung von Adam und Eva entsprungen, sondern einer eher unheiligen, bestialischen Vereinigung von Eva und der Schlange. Der Schlangenmensch Kain zeugte dann die reptilischen *Illuminaten*, jene schändliche Geheimgesellschaft, die schon immer versucht hat, die Menschheit zu korrumpieren und zu versklaven.

Die schlimmste Form der Verschwörung dieser Kinder Kains sind heute nach Steinbacher die *Federal Reserve Bank* (amerikanische Bundesbank) und der *Internal Revenue Service* (amerikanische Finanzbehörde).

Siehe auch: ▸ AYA, Illuminaten, Robert Morning Sky, *Terra Papers.*
Verweise: ▸ *The Recovery of Culture,* von Henry Bailey Stevens, Harper and
                   Brothers, New York, 1949.
                 ▸ John Steinbacher in der *Los Angeles Free Press,* 26. Juli 1968,
                   aus seinem Buch *Novus Ordo Seculorum.*

▸ HAWTHORNE ABENDSEN

Hawthorne Abendsen (wahrscheinlich ein Pseudonym, weitere Daten unbekannt) verdanken wir eine der haarsträubendsten feministischen Verschwörungstheorien des Patriarchats.

Inside the »Men's Club«: Secrets of the Patriarchy, verfaßt von Abendsen, verfolgt die Verschwörung zurück zu den ersten Nur-Männer-Geheimgesellschaften der ersten Steinzeitstämme. Zu Beginn des Bronzezeitalters, so Abendsen, als sowohl Krieg als auch der Handel die verstreut lebenden Gemeinschaften aufrüttelten und sie miteinander in regelmäßigen Kontakt brachten, begannen diese magischen Brüderschaften zu verschmelzen, und heute sind alle in der *Prieuré de Sion* vereinigt.

Die wichtigsten »Geheimnisse« dieser Verbindung – die mystischen Doktrinen, die DEM PATRIARCHAT unterliegen – bestehen hauptsächlich aus zwei lang gehüteten Geheimnissen:

Die Prieuré identifiziert als den Wahren Gott des Judentums, der Christenheit und des Islam jenen Gott, der Abraham erschien, und nennt seinen Namen als Al Shaddai, »Herr der Schlachten«. In anderen Worten: Die Prieuré dient einer blutrünstigen Gottheit, die mit dem römischen Mars, dem ägyptischen Ra-Hoor-Khuit, dem Ares der Griechen und dem teutonischen Wotan verwandt ist – also schlicht und einfach einem Gott des Krieges und des Blutvergießens. Die Anbetung dieses Gottes besteht hauptsächlich aus Kriegführen (was könnte sich ein Kriegsgott Besseres wünschen?) und aus verschiedenen gräßlichen Menschen- und Tieropfern von der Art, die protestantische Fundamentalisten und »MS. Magazine« einer Satanisten-Verschwörung zugeordnet haben. Tatsächlich haben die Satanisten nichts damit zu tun, so Abendsen: Heiliger Krieg und rituelles Blutvergießen repräsentieren die älteste und echteste Form des judäisch-christlich-islamischen Glaubens. Spätere, menschlichere Abbilder der Gottheiten – etwa der Gott der Liebe – stellen nur einen bewußten Betrug dar, um zu verhindern, daß die Mehrheit den wahren Grund für das erfährt, was die Herrschenden tun. Der Priester ist der Komplize des Tyrannen, auf eine radikalere und schrecklichere Art, als Voltaire oder Marx es sich vorstellen konnten.

Kernstück des Al-Shaddai- oder Kriegsgott-Kultes sind homosexuelle Rituale, die den Männerbund besiegeln und die magische Unterdrückung der Frau als Bürger zweiter Klasse aufrechterhalten. (In diesem Zusammenhang siehe auch: *Christians Awake AIDS-Theorie*).

Ursprünglich war Hawthorne Abendsen der Name des Charakters, der den Roman schrieb im Roman *The Man in the High Tower* von *Philip K. Dick.*

Siehe auch: ▸ Abdul Alhazred, Committee to Protect the Rights and Privileges of Lowcost Housing, The Con, Gerard de Sede, Charles Fort, *Gods of Eden*, Illuminaten, Robert Morning Sky, *Le Serpent Rouge.*

Verweise: ▸ *Inside the »Men's Club«*, von Hawthorne Abendsen, A-Albionic Consulting and Research, Ferndale, Michigan.

▸ **HIRAM ABIFF**

Die zentrale Figur in der Saga der Freimaurerei ist Hiram Abiff, Sohn einer Witwe und der Erbauer des Salomon-Tempels, ein Gebäude, von dem Okkultisten glauben, in seiner Struktur seien die Schlüssel zu allen mystischen und geheimen Angelegenheiten enthalten.

Nachdem er dieses Werk gnostischer Architektur vollendet hatte, wurde Hiram von drei Schurken namens Jubela, Jubelo und Jubelum umgebracht. Die Namen allein suggerieren, daß es sich um eine Allegorie handelt, und Albert Pike, in mancher Hinsicht der Schöpfer der modernen Freimaurerei, weist uns darauf hin, daß sie die zwei Namen Gottes, Ju und Bel enthalten, dreimal wiederholt. Die drei Endungen von Ju-Bel, A-O-UM sollen eine Variante des OM oder AUM sein, wie es von den hinduistischen Völkern verwendet wird, um meditatives Bewußtsein zu erreichen.

Jeder Freimaurer, der den dritten Grad erreicht – dieser Ausdruck ist in die Alltagssprache mit einer ähnlichen, wenn auch verschiedenen Bedeutung eingegangen –,
muß das Märtyrertum Hirams nachvollziehen und nacherleben und erhebt sich
dann, wiedergeboren, als neuer Bruder der königlichen Kunst.

(Im *Ordo Templi Orientis*, der sich als der einzig wahre freimaurerische Orden versteht, von den konventionellen Logen aber als pseudo-freimaurerisch betrachtet
wird, ist Hiram durch den Sufi-Märtyrer Mansur al-Hallaj ersetzt, der zu Tode
gesteinigt wurde, weil er in mystischer Verzückung ausgerufen hatte: »Ich bin die
Wahrheit, und da ist nichts in meinem Turban außer Gott!«)

Hiram baute Salomons Tempel ohne den Lärm von Hämmern, sondern er ver-
zahnte »jedes Stück Messing« mit dem anderen; auch das war symbolisch. Auch
sein Tod hatte viele Bedeutungen: Die drei Schurken töteten ihn, weil er sich weigerte, ihnen das *Freimaurerwort* zu verraten.

Pike liefert den nützlichen Hinweis, daß die drei Wunden Hirams – am Kopf, der
Kehle und am Herzen – den spirituellen Tod der Menschheit durch Tyrannei und
Aberglauben darstellen: Die Kopfwunde steht für den Tod des Gedankens (Gedankenkontrolle), die Wunde an der Kehle für die Unterdrückung der freien Rede
(Zensur), und der Stich ins Herz bedeutet, daß normales menschliches Fühlen ver-
kümmert und stirbt, wenn der Mensch seine Gedanken weder denken noch aus-
drücken darf (im klinischen Jargon: Narzismus und Soziopathie). Das Ziel der Freimaurerei ist es, in Pikes Worten, diese drei Wunden des menschlichen Geistes zu
bekämpfen und die Freiheit des Gedankens, des Wortes und des Bewußtseins
zurückzugewinnen.

Siehe auch:	▶ Staatssiegel der Vereinigten Staaten, Men In Black.
Verweise:	▶ *Conspiracies, Cover-ups and Crimes*, von Jonathan Vankin, Paragon, N.Y., 1992.
	▶ *Morals and Dogma of the Ancient and Accepted Scottish Rite of Freemasonry*, von Albert Pike, Supreme Council of the Southern Jurisdiction, Washington, D.C., 1871.

▶ LORD ACTON

Baron John Emerich Edward Dalberg-Acton (1834–1902), allgemein einfach Lord Acton genannt, führte die liberale römisch-katholische Minderheit an, die die Doktrin der päpstlichen Unfehlbarkeit ablehnte.

Als gelehrter Historiker schrieb Acton einen der berühmtesten Aphorismen aller Zeiten:»Macht macht korrupt, und absolute Macht macht absolut korrupt.«

Actons Aphorismus dient allen Skeptikern staatlicher Allmacht als Motto, egal ob sie nun Verschwörungstheorien entwickeln oder nicht.

Verwandte Regungen findet man bei H. L. Mencken, Benjamin R. Tucker, I. F. Stone, und sogar bei Leo Tolstoi («Um Macht zu erlangen und sie zu behalten, ist es nötig, die Macht zu lieben; Machtliebe aber hängt nicht mit Güte zusammen, sondern mit Qualitäten, die das gerade Gegenteil von Güte sind, wie Stolz, Schläue und Grausamkeit«). Derlei Ansichten motivieren üblicherweise freiheitlich gesinnte Konspirologen.

Eine moderne Variante von Actons Regel kommt von Carl Oglesby, Historiker an der Universität Boston, der schrieb:»Verschwörung ist die normale Fortsetzung normaler Politik mit normalen Mitteln«, und»Verschwörerisches Spiel ist in der Machtpolitik allgemein üblich, und wo es keine Grenzen der Macht gibt, kennt auch die Verschwörung keine Grenzen.«

Alle diese Ansichten kommen in einem Clint-Eastwood-Film vor, dessen Titel sich direkt auf Acton bezieht: *Absolute Power*.

Siehe auch:	▶ Great Pirates, Internal Revenue Service.
Verweise:	▶ *The Heretics Handbook of Quotations*, herausgegeben von Carles Bufe, Sea Sharp Press, San Francisco, 1988 – Acton, Seite 1, Tolstoi, Seite 37.
	▶ *The Yankee and Cowboy War*, von Carl Oglesby, Berkley Medallion Books, New York, 1977, Seiten 25, 26.

▶ JOHN ADAMS ÜBER DAS BANKWESEN

John Adams (1735–1826), Anwalt, Bauer, erstes Mitglied des Kontinentalen Kongresses, welches die Unabhängigkeit von England vorschlug, später Botschafter und Diplomat, dann acht Jahre lang Vizepräsident unter George Washington, Präsident für vier Jahre und allgemein als pragmatischer Konservativer betrachtet, hatte feste Ansichten, was Banken und das Bankwesen betraf, und das erinnert schockierenderweise an einige moderne Verschwörungstheoretiker und Geld-Spinner.

In einem Brief an Benjamin Rush vom 9. Februar 1811 schrieb Adams:

> »Unser Geld- und Bankwesen fand ich noch nie in Ordnung, und ich war
> auch nie zufrieden mit unserem Finanzierungssystem; es ist auf kein logisches
> Prinzip gegründet; es wurde gemacht, um bestimmte Individuen auf öffentliche
> Kosten zu bereichern. Unser ganzes Bankwesen verabscheute ich schon immer,
> werde es weiterhin verabscheuen und werde es verabscheuen bis zum Tode ...
> Ich bin kein Feind des Geldwesens ... aber jede Diskontbank, jede Bank, bei der
> man Zinsen zahlen muß oder die am Einzahler verdient, ist blanke Korruption.
> Man besteuert die Öffentlichkeit für das Wohlergehen und den Profit einiger
> Individuen, es ist schlimmer als die Kontinentalwährung oder irgend ein anderes
> Papiergeld ...
> Ich bin der Ansicht, daß man nur ein zirkulierendes Medium wie Gold oder
> Silber einführen und deklarieren muß; daß nur eine Nationalbank, mit einer
> Zweigstelle in jedem Staat, erlaubt sein dürfte; daß man jede Bank in den
> Vereinigten Staaten auflösen und jede Diskontbank bis in alle Ewigkeit verbieten
> sollte.«

Adams fügt hinzu, daß, wenn er diese Ansichten veröffentlichen würde, sowohl die Föderalisten wie auch die Republikaner sagen würden, er sei reif für Dr. Rushs »Beruhigungsstuhl« (Rush war ein Pionier der Psychiatrie).

Siehe auch: ▶ St. Ambrosius, Bank of England, Thomas Hart Benton, Federal
Reserve Bank, R. Buckminster Fuller, Gnomen von Zürich,
Ezra Pound.
Verweise: ▶ *Selected Writings of John and John Quincy Adams*, Greenwood
Press, Westport, Conn., 1946, Seiten 162–163.

▶ AIDS-VERSCHWÖRUNGSTHEORIEN

In Fort Detrick, Maryland, gibt es ein Forschungslabor, das schon lange Seuchen und andere Formen biologischer Kriegführung untersucht – um uns vor ihnen zu schützen, natürlich.

Nichtsdestotrotz hat man in Fort Detrick den HIV-Virus hergestellt, so lautet eine Vermutung, der dann unglücklicherweise entkam und Menschen in Washington und New York infizierte, bevor er zur internationalen AIDS-Epidemie wurde. Kritiker dieser Theorie, derzufolge Fort Detrick der Ursprung der AIDS-Seuche sei, weisen darauf hin, daß AIDS in Afrika aufgetaucht war, bevor man es in Washington oder New York fand, aber *Dr. Peter Duesberg* hat die Sache kompliziert, indem er mit einiger Plausibilität argumentierte, daß afrikanisches AIDS eine andere Seuche als das amerikanische AIDS sei und keine von ihnen HIV verursache: Die afrikanische Variante, sagt er, kommt von der Unterernährung und die amerikanische Linie vom zu häufigen Gebrauch stimulierender Drogen (Crack, Crank, Poppers).

Diese Drogen steigern die Empfindungsfähigkeit beim Sex und können einen verlängerten, wellenartigen Orgasmus hervorrufen, machen aber leicht abhängig, und man hat sie statistisch mit Paranoia und Herzattacken in Verbindung gebracht, bevor Dr. Duesberg ihnen die Schuld an AIDS gab.

Es wird mit jedem Tag dringender, mit diesem Streit um AIDS aufzuhören und eine echte Diagnose und Therapie zu finden, die von allen anerkannt wird: Es gibt inzwischen 30.000.000 AIDS-Opfer weltweit. Dreißig Millionen.

Siehe auch:	▶ Aspirin-AIDS-Verschwörung, AZT-AIDS-Verschwörung, Christians Awake AIDS-Theorie, Weggeklont?, Iatrogenische AIDS-Theorie, New Yorker U-Bahn-Experiment, Our Lady of the Roses, Jon Rappoport, Salk Impfstoff und AIDS, Sowjetische AIDS-Theorie.
Verweise:	▶ zu 30.000.000 Opfern: KPIG, 107.5 FM, Freedom, Calif., 26. November 1997.

▶ AIWASS

Gemeint ist eine angebliche übermenschliche Intelligenz, von *Aleister Crowley* im Jahre 1904 kontaktiert. Aiwass diktierte Crowley ein Werk namens »*Liber Al*« oder »*Das Buch des Gesetzes*«, welches Kriege und Revolutionen voraussagte, die zum Zusammenbruch der christlichen Zivilisationen und dem Beginn des *Äon des Horus* führen würden. *Liber Al* verkündet auch das Gesetz von *Thelema*, üblicherweise in drei mantra-artigen Aphorismen zusammengefaßt:

▶ »Tu was Du willst soll das ganze Gesetz sein!«,
▶ »Liebe ist das Gesetz, Liebe unter Willen!« und
▶ »Jeder Mann und jede Frau ist ein Stern!«

Nach *Dr. Israel Regardie*, ehemaliger Schüler Crowleys, Okkultist und Reichscher Psychotherapeut, »verkörpert« Aiwass den tiefsten und abgründigsten Teil von Crowleys eigenem Geist, wie er jeder Lebensform zu eigen ist, Säugetieren und Insekten, und der tiefer liegt als das Freudsche oder Jungsche Unterbewußte. *Kenneth Grant*, ein anderer Crowley-Schüler, sagt, Aiwass sei ein Außerirdischer vom *Sirius*. Mitglieder des *Ordo Templi Orientis* beginnen wichtige Rituale mit den hebräischen Worten »*Atoh Aiwass Malkuth ve Geburah ve Gedullah le olahm. Amen.*« (Denn Dein, oh Aiwass, ist das Reich und die Kraft und die Herrlichkeit für immerdar. So sei es.)

Siehe auch: ▶ Philip K. Dick, George I. Gurdjieff, Robert Morning Sky,
                   Das Sirius-Rätsel.
Verweise: ▶ *Confessions of Aleister Crowley*, Bantam, New York, 1971.
                ▶ *Das magische System des Golden Dawn I/III.*, von Israel Regardie,
                   Freiburg 1995.
                ▶ *Aleister Crowley and the Hidden God*, von Kenneth Grant,
                   Samuel Weiser, New York, 1974.
                ▶ *Liber Al vel Legis*, von Aleister Crowley, Hrsg. Peyn und Schulze,
                   Bergen/Dumme, 1989.

▶ ABDUL ALHAZRED

Der halb-legendäre Abdul Alhazred schrieb angeblich um 750 in Damaskus das berüchtigte »Al Azif«. Von dieser außergewöhnlichen (und zweifelhaften) Leistung abgesehen, scheint nur wenig über Alhazred unumstritten zu sein, und manche behaupten sogar, daß er und sein Buch ins Reich der Mystik gehören. Was wir über ihn wissen, stammt hauptsächlich von den wenigen biographischen Informationen in *Al Azif* selbst. Scheinbar ist er in Sana'a im Jemen geboren und reiste viel zwischen Alexandria und dem Punjab herum, lernte viele Sprachen und studierte viele seltsame alte Bücher. (Er prahlt öfter mit seiner Fähigkeit, uralte Manuskripte zu lesen und zu übersetzen, die für geringere Schüler unenträtselbar blieben.)

Im Prinzip lehrt *Al Azif*, daß einst der Menschheit weit überlegene Wesen auf der Erde lebten und nach wie vor gegenwärtig und mächtig sind, »nicht in den Bereichen, die wir kennen, sondern *dazwischen*«, denn »Vergangenheit, Gegenwart und Zukunft: Alles Eins in Yog Sothoth«. (Solche Andeutungen moderner Physik kommen in *Al Azif* recht oft vor.) Verbindungen mit Yog Sothoth oder ähnlichen stellaren Wesenheiten mit so bezaubernden Titeln wie Cthulhu, Azathoth, Nyarlathotop und Der, Dessen Namen Man Nicht Nennt, behauptet *Al Azif*, bringen wundervolle Ergebnisse – »Sternige Weisheit« in den Worten eines Bewunderers. Kritiker behaupten, derartige Geist-Verschmelzungen gipfeln normalerweise in Wahnsinn, gewaltsamem Tod oder Schlimmerem. *Viel* Schlimmerem.

Al Hazreds eigenes Ableben, wie es von Zeitgenossen berichtet wird, klingt unglaublich und stammt wahrscheinlich aus Legende und Folklore, denn angeblich wurde er auf dem Marktplatz von Damaskus in blutige Fetzen gerissen, so als würde er von einem unsichtbaren Monster verschlungen.

Al Azif, von Olaus Wormius unter dem Titel »*Necronomicon*« ins Lateinische übersetzt, hatte eine lange und abwechslungsreiche Geschichte und beeinflußt zunehmend modernen Okkultismus und Verschwörologie – keine schlechte Leistung für ein Buch, von dem behauptet wird, es hätte es nie gegeben.

Siehe auch:	▶ Dr. John Dee, Elmyr, Charles Fort, H.P. Lovecraft, Merowinger, Noon Blue Apples.
Verweise:	▶ http://www.primenet.com/~sothoth/NecroFAQ.html

▶ ALIEN AUTOPSY

Der Film »*Alien Autopsy*«, in dem man sieht, wie eine angebliche Außerirdische aufgeschnitten und zerlegt wird, stellt einen weiteren Streitpunkt in der ohnehin schon hitzigen Debatte dar, was nun oder was nicht im Sommer 1947 in Roswell, New Mexico, passiert ist. Dieser Film, vertrieben von einem gewissen Ray Santilli aus London, beweist entweder, daß Außerirdische gelandet sind (und daß die US Army eins der weiblichen Wesen aufschnitt, um zu sehen, was drin ist), oder daß alte Schwarzweißfilme genauso gute Special Effects haben können wie eine Weltraumoper von George Lucas. *Fortean Times* meint, daß die »realistischeren« Details (d.h. die blutigen Szenen) dieselbe Technik verwenden wie *Snuff*, ein Pornofilm aus den 60ern, der mit dem (vorgetäuschten) Mord an der Hauptdarstellerin endete (*Snuff* scheint erst gedreht worden zu sein, *nachdem* Gerüchte über einen solchen Film mit einem echten Mord darin zwei oder drei Jahre die Runde gemacht hatten).

Skeptiker weisen darauf hin, daß es zum angeblichen Drehzeitpunkt noch keine Spiraltelefonschnur gab, wie sie in dem Film an einer Stelle deutlich zu sehen ist; außerdem, daß Santilli nie eine überzeugende Erklärung dafür gab, wo und wie er an den Film kam. Aber die Gläubigen bestehen hitzig darauf, daß man tatsächlich eine tote Außerirdische und den Doktor, der sie aufschneidet und ihre Organe entfernt, *sehen* kann.

Siehe auch: ▶ Bisoziation, Kornkreise, Elmyr, Men In Black, Noon Blue Apples, Roswell UFO Crash.

Verweise: ▶ *Fortean Times*, April 1997.

► ALIEN-FOTOS

Der Film »*Alien Autopsy*« ist nicht der einzige fotografische Beweis für seltsame Wesen in unserer Mitte. Bob Guccione, Herausgeber von *Penthouse* und *Omni*, zahlte 1997 zwischen 50.000 und 100.000 Dollar (Angaben schwanken) für das Foto eines angeblichen Außerirdischen. Dieses erwies sich als Foto einer Puppe im Internationalen UFO-Museum in Roswell.

Neues Material enthielt 1991 ein Buch namens *UFO Crash Secrets at Wright-Patterson Air Force Base* (die Wiederauflage eines Buches von 1970, das einfach *The Wright Field Story* hieß), es enthielt unter anderem zwei Fotos von angeblichen Aliens, die man bei einem UFO-Absturz in Rußland geborgen haben wollte. Jim Moseley, Co-Autor der ursprünglichen Ausgabe von 1970, verriet kürzlich, daß der Herausgeber der neuen Ausgabe die Fotos hinzugefügt hat, welche eine Statue zeigen, die von 1978 bis 1981 auf einer Kunstausstellung in Montreal zu sehen war. Die Bildhauerin, Linda Corriveau, die die orientalisch aussehende Figur »Mein Traummann« nennt, zeigte sich amüsiert, als sie erfuhr, was aus ihrer Schöpfung geworden war.

Siehe auch: ► Hono Intelligence Service 1901, *Mothman Prophecies*, Noon Blue
                 Apples, OM, Roswell UFO Crash, UMMO-Briefe.
Verweise: ► *Saucer Smear*, Vol. 45, Nr. 1, Januar 1998 (Box 1709, Key West, FL 33041).

► ST. AMBROSIUS AUS MAILAND

St. Ambrosius (etwa 339–397) war eine der Hauptfiguren in der Entwicklung christlicher Theologie und politischer Ethik. 374 wurde er zum Bischof von Mailand ernannt, wurde sowohl als Redner wie auch als Lehrer berühmt und etablierte die offizielle Kirchenlehre in puncto Wucher, die bis zur Renaissance die orthodoxe Ansicht blieb.

Aus Ambrosius' Sicht der Dinge (basierend auf Aristoteles und dem Alten Testament) bedeutet Wucher nicht die Forderung von überhöhten Zinsen, sondern die Forderung von Zinsen *überhaupt*. Diese Ansicht verdammt daher die Gesamtstruktur des modernen Finanzkapitalismus, und tatsächlich ist der Kapitalismus, wie wir ihn kennen, erst entstanden, als man die Ansichten des heiligen Ambrosius zurückwies, zuerst von Johannes Calvin und anderen Protestanten und später durch den Vatikan selbst. Ambrosius verdammte Geldverleih gegen Zinsen als Akt »gegen die Natur«, wie Natur in der Aristotelischen Physik seiner Zeit verstanden wurde: Kühe sind demnach empfindungsfähig und fruchtbar, können also andere Kühe gebären, aber gefühlloses, unfruchtbares Geld kann nicht anderes Geld produzieren, außer durch Schwindel und Fälschung. Wucherer bezeichnete er als »Gierschweine der Ernte« und die Hauptursache von Armut und Hunger.

Ganz ähnliche Ansichten tauchen in moderner Sozialkritik von Konspirologen wie *Benjamin R. Tucker, Lyndon LaRouche* und *Ezra Pound* auf. Ironischerweise lebt Ambrosius' Name im Titel des skandalgeplagten Mailänder *Banco Ambrosiano* weiter.

Siehe auch:	▸ R. Buckminster Fuller, Federal Reserve Bank, P2-Verschwörung.
Verweise:	▸ *Webster's Family Encyclopedia*, Vol. I, p. 87.
	▸ *Patriologia Latina*, Band XVII, Paris, 1845.

▸ AMERICAN DYNASTY

Von den 37 Präsidenten der USA vor Jimmy Carter waren mindestens 18 oder 21 (je nachdem, welcher Quelle man glaubt) nahe Verwandte. Das entspräche etwa 48,6 oder 56,7 Prozent, zu viel um Zufall zu sein, wie Ihnen jeder Verschwörungsspezialist (oder Mathematiker) versichern würde.

John Adams, der mithalf, das *Staatssiegel* zu entwerfen, war mit F. D. Roosevelt verwandt, der es auf die Dollarnoten drucken ließ; selbst ein scheinbarer Außenseiter wie Richard Nixon war mit James Monroe verwandt; drei Präsidenten waren Vettern (Franklin Pierce, James Garfield, Grover Cleveland), und William Henry Harrison war verwandt mit Jefferson, Jackson, Tyler und Benjamin Harrison (seinem Enkel). Calvin Coolidge, Harry Truman und Lyndon Johnson waren etwas entferntere Verwandte von Jefferson, Jackson und den Harrisons.

Die Roosevelt- und Delano-Familien, die Amerika den einzigen Präsidenten lieferten, der viermal hintereinander gewählt wurde, waren mit Grant, Washington, Van Buren und Taft verwandt. Von den 224 Vorfahren im Stammbaum von 21 Präsidenten finden wir 13 Roosevelts, 16 Coolidges und 14 Tylers.

Eine andere Quelle schafft es, 60 Prozent der Präsidenten miteinander verwandt zu machen und die meisten von ihnen mit der superreichen Astor-Familie zu verbinden. Diese Daten enthalten keine Genealogien der letzten vier Präsidenten Carter, Reagan, Bush und Clinton, die wir nicht gefunden haben; Clinton ist aber mit den Rockefellers verwandt, laut einer Quelle in unserem *Prinzessin-Diana*-Eintrag. Der Psychologe G. William Domhoff behauptet, ein großer Teil von Amerikas herrschender Elite sei, genau wie in Europa, durch Heirat miteinander verwandt.

Siehe auch: ▸ A-Albionic Consulting and Research, Carroll Quigley,
                  Yankee and Cowboy War.
Verweise: ▸ *The Illuminoids*, von Neal Wilgus, Sun Books, Albuquerque,
                  N. Mex., 1978, Seiten 37–39, zitiert in *Yipster Times*, Herbst-Winter 1975.
                ▸ *Takeover*, November 1976.

▸ AMERICAN HERO
(Amerikanischer Held)

American Hero, ein Roman von Larry Beinhart, basiert auf der Annahme, daß der Golfkrieg nichts anderes als eine Hollywood-Produktion war. Nach dieser revisionistischen Geschichtsauffassung hat Lee Atwater, der republikanische Experte für »schmutzige Tricks«, bei seinem Tod eine Nachricht hinterlassen, die nur geöffnet werden sollte, wenn Präsident *George Bush* an Popularität verlieren sollte. Diese Nachricht umriß, wie man mit Hilfe von Hollywood-Spezialisten einen »guten« Krieg machen könnte, einen populären Krieg mit nur sehr geringen amerikanischen Verlusten, der so schnell vorbei sein würde, daß organisierter Opposition keine Zeit bliebe, die öffentliche Begeisterung für das Unternehmen zu untergraben. Beinhart ließ die Filmspezialisten einen Wüstenkriegsschauplatz aussuchen, weil Schlachten in der Wüste besonders fotogen seien, und schrieb, daß man Saddam für seine Mitarbeit bestach und ihn einen hitlerähnlichen Schurken spielen ließ.

In diesem Roman wird sehr oft gesagt, daß es sich um pure Fiktion handelt, aber das wird dauernd durch Fußnoten unterminiert, die dokumentieren, daß viele Details tatsächlich wahr sind, und der Schluß überläßt es dem Leser zu entscheiden, ob das Buch nun eine echte Verschwörung beschreibt oder ein geschickt gemachter Scherz ist.

Beinhart stellt 39 Fragen, die die offizielle Version des Krieges weniger einleuchtend aussehen lassen als seine »Fiktion«. Unter anderem: »Warum hielten wir an, obwohl wir bis Bagdad hätten vorstoßen können? ... Was ist aus Saddams Drohung geworden, Terroristen auf den Westen loszulassen? ... Was wurde aus Saddams Drohung der biologischen und chemischen Kriegsführung? ...Wenn Saddam ein zweiter Hitler ist, wie kommt es dann, daß wir ihn an der Macht gelassen haben?« *Publishers Weekly* meint, »*American Hero* macht mehr Sinn als der echte Krieg«; *Kirkus Reviews* nennt ihn »einleuchtend«, und Marshall Brickmann meint, er sei »wahrscheinlich wahr«.

Siehe auch: ▶ Elmyr, Golfkriegssyndrom, Holocaust-Leugner, Pearl Harbor, Weltkriegs-Leugner.

Verweise: ▶ *American Hero*, von Larry Beinhart, München 1996.

▶ YIGIL UND GEULA AMIR

Yigil Amir soll den israelischen Premierminister Yitzhak Rabin wegen dessen »liberaler« Haltung den Palästinensern gegenüber erschossen haben.
Das ist nicht die wahre Geschichte, wenn es nach Yigils Mutter Geula Amir geht. Yigil soll geglaubt haben, daß es um ein Scheinattentat mit Platzpatronen ging.

Verweise: ▶ *Jerusalem Post*, 18. Februar 1997.

▶ JAMES JESUS ANGLETON

James Jesus Angleton arbeitete von 1954 bis 1974 in leitender Funktion im Bereich Gegenspionage für die CIA, bis er wegen illegaler Aktivitäten entlassen wurde. Er war eine merkwürdige, brillante und paranoide Persönlichkeit, besessen von der Jagd nach sowjetischen Maulwürfen innerhalb der CIA und mißtrauisch gegen jedermann. Es scheint, daß er an dem Glauben festhielt, daß Tito ein sowjetischer

Spion war und der oberste sowjetische Maulwurf mindestens den gleichen Rang in der CIA bekleidete wie er selbst.

Im Vorwort haben wir angedeutet, daß ein Benehmen, das man im zivilen Leben als klinische Paranoia einstufen würde, in der Welt der Geheimdienste zu pragmatischer Vorsicht wird. Angleton wußte, daß der KGB liebend gern einen Agenten in der Spitze der CIA hätte; er wußte auch, daß die Russen clever und unermüdlich waren; ergo würde es ihnen schließlich gelingen, und vielleicht war es ihnen auch schon gelungen. Er hörte nie auf, diesen Maulwurf zu jagen, und betrieb noch mehr Geheimnistuerei, als ohnehin üblich war.

A. J. Weberman glaubt, daß Angleton der Kopf hinter der Kennedy-Ermordung war und einen Agenten benutzte, um *Lee Harvey Oswald* mit hineinzuziehen.

Viele Beweise für diese Hypothese findet man auf der unten angegebenen Weberman Website, aber auch unter *Howard Hunt, Marina Oswald, Drei Tramps* und unter den dort genannten Links.

Falls das stimmt, hat er wahrscheinlich geglaubt, daß Kennedy der russische Topspion war, den er so viele Jahre gejagt hat.

Angletons Besessenheit bezüglich dieses Maulwurfs, der den Codenamen *Sasha* trug, ging so weit, daß er Dokumente »shreddern« ließ, lang bevor das üblich wurde, aus Angst, der Maulwurf wühle nachts sein Büro durch.

Edward Petty, ein CIA-Kollege, sagte von Angleton: »Er war ein seltsamer Vogel, ganz der einsame Wolf. Der Mann trieb alles mögliche auf eigene Faust, Dinge, die ihm nie befohlen worden waren … Wenn's um eine Angleton-Operation ging, wußte niemand genau Bescheid.«

Angleton half bei der Gründung der *P2-Verschwörung* in Rom, die antikommunistische und profaschistische Aktivitäten mit Drogenhandel finanzierte, wobei manchmal bis zu 200 verschiedene, echte und erfundene, Banken zur Geldwäsche benutzt wurden.

Siehe auch:	▸ Roberto Calvi, David Ferrie, *In Banks We Trust*, Malteserritter, Octopus, *Skandale der Prieuré de Sion*, World Finance Corporation.
Verweise:	▸ Zu Angletons Paranoia:
	http://www.forbes.com/tool/html/97/aug/cool10802/feature.html
	http://www.worldmedia.com/caq/articles/gladio.html

▶ ANTI-»BOB«

Der Anti-»Bob« ist der böse Zwillingsbruder von J. R. »Bob« Dobbs, dem Gründer und obersten Verwaltungsbeamten (CEO/Chief Executive Officer) der *Church of the Sub-Genius*. Nach der Sub-Genius-Prophezeiung wird der Anti-»Bob« in den »Letzten Tagen« erscheinen, kurz vor dem Tag X (5. Juli 2000), um Millionen Menschen in die Irre zu führen. Diese Vollidioten werden dann aufhören, den Zehnten ihres Einkommens »Bob« zu überlassen, und werden ihr Geld statt dessen dem Anti-»Bob« schicken, aber dafür werden sie alle mit Todes-Atom-Strahlen verdampft, wenn die *Xists* (sprich: EXists) vom *Planet X* kommen. Diejenigen aber, die »Bob« die Treue halten, werden verschont und obendrein reich belohnt.

Siehe auch: ▶ »Bob«, Diskordianismus, Slack
Verweise: ▶ http://www.Sub-Genius.com/

▶ ANTICHRIST

Im Antichrist sieht man gewöhnlich eine Gestalt, die in den Tagen der Apokalypse erscheint und viele Menschen von ihrer christlichen Religion weg in die ewige Verdammnis führt. Die *Katholische Enzyklopädie* akzeptiert dies als Möglichkeit, fügt aber hinzu, daß es sich nicht um eine Person handeln muß, sondern möglicherweise auch um eine Massenbewegung oder eine Kette von Ereignissen.

Bei Sign Ministries liest sich das fundamentalistischer, dort ist der Antichrist als Mann der Gesetzlosigkeit bekannt, als Gog, Sohn der Zerstörung und Verwüstung. Er wird über das letzte teuflische Reich Satans herrschen, seinen Thron in Jerusalem errichten und die Anbetung der ganzen Welt verlangen. Sterben wird er in der Schlacht von Armageddon, dreißig Tage nach dem Ende der siebzigsten Woche seiner Herrschaft (siehe: *Every Knee Shall Bow*).

Im Lauf der Geschichte sind viele Leute von ihren Kritikern als Antichrist verteufelt worden, darunter Nero, Martin Luther und *Aleister Crowley* (der dafür auch die richtigen Initialen hatte). In der gegenwärtigen Dekade wurde der Antichrist von verschiedenen Leuten identifiziert, zum Beispiel als Bill Gates (Präsident von Microsoft), Micky Maus, Computer als soziale Macht und sogar Barney, der Dinosaurier.

In dem Film *Who's That Girl?* wird Madonna gefragt, ob sie der Antichrist sei, aber sie weicht einer Antwort aus. Laut *Naming the Antichrist* von Professor Robert Fuller sind die Amerikaner mehr als jedes andere Volk in der Geschichte von der Idee besessen, den Antichristen zu identifizieren. Er nimmt an, daß dies von der nationalen Gewohnheit kommt, das Leben zu mythologisieren und biblische Metaphern hinter angeblichen Ereignissen zu sehen. Er erwähnt eine lange Liste anderer Kandidaten für den Antichrist, die von verschiedenen Berufs- und Amateurtheologen nominiert wurden: Darunter sind Yasir Arafat, die *Illuminaten* als Gruppe, *Prinz Bernhard*, Jimmy Carter, die katholische Kirche, Kommunismus, England, Saddam Hussein, *Freimaurer*, der New Deal, der Susan-B.-Anthony-Dollar und der mutierte Teenager Ninja Turtles.

Der Antichrist hat seine/ihre eigene Webseite und klingt recht zufrieden über den Fortgang der Welt. Anti sagt, er/sie/es erschien zuletzt als John Lennon, sei aber stärker zurückgekehrt und weitaus populärer als Lennon, und er/sie/es will die Erde zum Ende der christlichen Unterdrückung führen, um totale Freiheit im Jahre 2000 zu erreichen. Er/sie/es prahlt mit totaler Kontrolle über die Medien (siehe: *Medienkritik*).

Siehe auch:	▸ Anti-»Bob«, 666, UFO/Satans-Verschwörungen.
Verweise:	▸ *Naming the Antichrist: The History of an American Obsession,* von Robert Fuller, Oxford University Press, 1995, Seiten 5, 227–228.
	▸ Katholische Enzyklopädie: http://www.aloha.net/~mikesch/cath.htm
	▸ Sign Ministries: http://www.signministries.org/glos/
	▸ Antichrists Own Website: http://www.ANTICHRIST.com/acim.htm

▸ AOL4FREE
(AOL umsonst)

Im Schattenreich zwischen Verschwörung und Ulk nimmt AOL4Free (AOL umsonst) einen ungewöhnlich unklaren Platz ein. Es begann zuerst als typischer Hacker-Joke, kriminell für die, gegen die er gerichtet war: AOL4FREE.COM war ein Programm, das mit der Absicht geschrieben wurde, den illegalen Zugang zu America Online (AOL) zu ermöglichen, eines von Amerikas größten Networks.

Der Urheber mag sich als Rebell gegen den Kapitalismus verstanden haben oder nur als cleverer junger Witzbold, aber das Programm verbreitete sich weit genug, um »Hunderten« von anderen Rebellen oder Witzbolden umsonst Zugang zu AOL zu gewähren; AOL schätzt den entstandenen Schaden auf zwischen 40.000 und 70.000 Dollar. Der Sündenbock, ein junger Yale-Student der Computerwissenschaften, plädierte vor Gericht selbst auf schuldig.

Seither zirkuliert ein falsches AOL4Free-Dokument im Internet, in dem (zusammengefaßt) steht:

VIRUSWARNUNG!!!
E-MAIL »AOL4Free« nicht öffnen!

Jeder, der dies hier erhält, muß es an so viele Leute wie möglich senden [sic]. Diese Problem muß so schnell wie möglich beseitigt werden.

Vor ein paar Stunden öffnete ich eine E-Mail mit der Betreffzeile: »AOL4FREE.COM«. Innerhalb von Sekunden erschien ein Fenster, das mir meine Dateien zeigte, die gerade gelöscht wurden. Ich schaltete meinen Computer sofort aus, aber es war zu spät. Der Virus zerstörte alles. Er fraß auch die Anti-Virus-Software, die mit dem Windows-'95-Programm kam ...

Da Leiterverschwörungen weder eine Organisation noch einen Boß haben und jedes Mitglied spontan in Übereinstimmung mit seiner/ihrer eigenen Bosheit handelt, wird es sie so lange geben, wie der Funke der Anarchie in den Herzen der Menschen glimmt.

Siehe auch: ▸ CIAC.
Verweise: ▸ http://ciac.llnl.gov/ciac/CIACHoaxes.html

▶ ÄON DES HORUS
(Zeitalter des Horus)

Die nächste Stufe der Geschichte wird von *Aleister Crowley* Äon des Horus genannt – so wie andere sie das Zeitalter des Wassermanns nennen oder New Age
oder die Neue Weltordnung, etc.
In Crowleys Prophezeihungen, unterstützt von einem Engel oder Außerirdischen
oder übermenschlichen Wesen namens Aiwass, ist die Menschheit durch das Zeitalter der Isis (etwa: frühes Matriarchat) und das des Osiris (Patriarchat) gegangen
und stand nach 1904 an der Schwelle des Horus-Zeitalters, des gekrönten und
siegreichen Kindes. Gemeint ist eine Zeit, eingeleitet von Kriegen und Revolutionen, der ein Äon »der Liebe, des Lichtes und der Freiheit« folgen würde, ganz so wie
Rabelais' hedonistische Abtei von *Thelema* sich über den ganzen Planeten ausbrei-
tet. Die Kriege nach 1904 und andere Gewaltausbrüche repräsentieren einen Aspekt
des Horus namens Ra-Hoor-Khuit, ein Kriegsgott der blutigsten Art. Das Zeitalter
von Liebe und Freiheit steht für Hoor-Par-Krat, den Gott der Stille und des Lichtes.
Horus wurde »Herr der zwei Horizonte« genannt, weil er aus diesen entgegengesetzten Aspekten besteht und weil er sowohl die aufgehende als auch die unter-
gehende Sonne symbolisiert, Ost und West. Crowley vergleicht Horus außerdem
mit der chinesischen Vereinigung von *Yin und Yang*.

Siehe auch:	▶ Hawthorne Abendsen, Illuminaten, Joachim von Floris, *Liber Al*, The Sacred Chao.
Verweise:	▶ http://www.crl.com/~thelema
	▶ *Das magische System des Golden Dawn I/III.*, von Israel Regardie, Freiburg 1995.

▶ ARDENNER WALD

Ein bewaldeter Hügelzug im Nordosten Frankreichs, im Durchschnitt etwas über
500 Meter hoch. Die Ardennen waren im Ersten und Zweiten Weltkrieg Schauplatz
heftiger Kämpfe, beschäftigen Verschwörungsforscher aber aus einem anderen
Grund: *Dagobert II.*, letzter König der *Merowinger*, wurde dort am 23. Dezember
679 während der Jagd ermordet. Am 23. Dezember 1972 und ebenfalls in den Arden-

nen wurde auch der mysteriöse »Marquis de B.« ermordet, nachdem er *Gerard de Sede* mitgeteilt hatte, die Merowinger stammten zum Teil von Außerirdischen vom *Sirius* ab.

Siehe auch:	▸ Lady Dianas Tod, Robert Morning Sky, Noon Blue Apples, 23 Rätsel.
Verweise:	▸ Webster's *Family Encyclopedia*, Band I (A-Bei).
	▸ *La Race fabuleuse*, von Gerard de Sede, Editions J'ai Lui, Paris, 1973.
	▸ *Der Heilige Gral und seine Erben*, von Michael Baigent, Henry Lincoln und Richard Leigh, Bergisch-Gladbach, 1984.

▸ ÄREA 51

Groom Lake Air Force Base, besser bekannt als Ärea 51 (eine Planquadrat-Nummer), hat den schwärzesten Ruf unter allen allgemein bekannten US-Regierungs-Einrichtungen; nur Fort Detrick hat noch einen schlechteren Ruf, und den kennen nur Schwule und Linke. Die Gerüchte, Legenden und Enthüllungen über die Ärea 51 sind so wild und zahlreich, daß sogar ein dritter Name hinzugekommen ist – Dreamland.

Groom Lake, Ärea 51, Dreamland ist eine streng geheime US-Militärbasis, deshalb läßt sich keine Gruselgeschichte darüber mit gutem Gewissen wirklich dementieren. Die Regierung versteckt *irgend etwas* dort; die einzigen offenen Fragen sind: Was ist es diesmal, und warum verstecken sie es vor uns? Die Antworten auf diese Fragen hängen hauptsächlich 1. von Ihrer persönlichen Mischung aus Leichtgläubigkeit und Skeptizismus ab und 2. davon, welche »Informations«quellen Sie persönlich als verläßlich erachten.

Hier sind ein paar – unserer Meinung nach – unbestreitbare Fakten:

Ärea 51 gibt es seit über 40 Jahren. Das Gebiet liegt etwa 200 Kilometer nordwestlich von Las Vegas in den abgelegenen Wüsten- und Bergregionen Nevadas. Ärea 51 hat die längste Start- und Landebahn der Welt. Normale Leute kommen nie näher als 40 Kilometer an die Basis heran, bevor man sie anhält und wegschickt.

Die Gerüchte begannen mit dem Piloten *John Lear*, der schon seit einiger Zeit behauptet, Freunde beim Geheimdienst hätten ihm anvertraut, daß die Regierung irgendwann zwischen 1969 und 1971 einen Vertrag mit Außerirdischen geschlossen habe, in dem es um einen Austausch zwischen ihrer Technologie und der Bereitschaft der Regierung geht, mit den Aliens zu kooperieren, wenn es um deren »Forschung« geht. Diese beinhaltet sowohl Viehverstümmelungen als auch genetisch-sexuelle Belästigungen von Menschen.

Andere nannten andere Daten für diesen Vertrag (1947, 1957, etc.), aber alle stimmen mit Lear überein, daß Groom Lake/Ärea 51/Dreamland bei irgendwelchen Experimenten mit Außerirdischen eine Schlüsselrolle spielt.

Eine Umfrage im Internet (von einer Science-fiction-Fan-Szene-Website) ergab, daß von 1.700 Antwortenden 77 Prozent glauben, in Ärea 51 gäbe es UFOs oder außerirdische Technologie, 75 Prozent glauben, daß dort Außerirdische sind oder waren, 95 Prozent glauben, daß die Air Force dort geheime Projekte testet, und 59 Prozent sind der Ansicht, daß die Geheimnistuerei dort auf »begründeten nationalen Sicherheitsinteressen« beruht.

Die Art Bell Radio Show hält eine Dauereinladung für derzeitige oder ehemalige Dreamland-Mitarbeiter aufrecht, sie anzurufen und anonym mitzuteilen, was sie wissen. Dies führte am 11. September 1997 zu einem sehr interessanten und finsteren Anruf betreffend die Ärea 51. Die Mitschrift liest sich so:

Männlicher Anrufer: Hallo, Art?

Art: Ja.

Anrufer (klingt verängstigt): Ich hab nicht viel Zeit.

Art: Gut. Mal sehen, fangen wir damit an, daß wir herausfinden, ob Sie die Verbindung korrekt benutzen.

Anrufer: OK, in der Ärea 51?

Art: Ja. Sind Sie ein Angestellter oder sind Sie das jetzt?

Anrufer: Ein früherer Angestellter. Ich, ich bin aus medizinischen Gründen entlassen worden, vor einer Woche etwa und, und ... (*würgt*) und lauf seither in der Gegend rum. Verdammt, ich weiß nicht, wo ich anfangen soll, die, die werden, die werden mich ganz schnell hier einpeilen.

Art: Wenn Sie nicht lang am Telefon bleiben können, geben Sie uns ganz schnell irgend etwas!

Anrufer [versucht anscheinend, Weinen zu unterdrücken]: Okay, ääh, ääh, okay, was wir uns als Aliens vorstellen, Art, das sind extradimensionale Wesen, ein Vorläufer vom Raumfahrtprogramm, wo sie Kontakt mit gemacht haben. Die sind nicht, was sie vorgeben. Sie haben ne Menge Bereiche vom, vom, vom Militär infiltriert, besonders die Ärea 51. Die Katastrophen, die kommen, das Militär, Tschuldigung, die Regierung weiß Bescheid.

Und es gibt ne Menge sicherer Gegenden auf der Welt, wo sie die Leute jetzt hinbringen könnten, Art.

Art: Also, die machen, die machen nichts?

Anrufer: Machen die nicht. Sie wollen, daß die größten Bevölkerungszentren ausradiert werden, damit man die paar, die übrig bleiben, leichter kontrollieren kann …

Art [unverständlich]: … entlassen …

Anrufer [schluchzt, dann unverständlich]: Ich sage wir g…

Hier verschwand die Sendung aus dem Äther (Zuhörer müssen sich wie die von 1938 gefühlt haben, als **Orson Welles'** berühmtes Drama über eine Marsinvasion für eine lange, lange Minute unterbrochen wurde …).

Dann wurde eine alte Sendung eingeblendet (ein Interview mit einem Polizeibeamten aus Los Angeles, Mark Furhman). Später wurde erklärt, daß ein technisches Versagen für die Unterbrechung des Anrufes verantwortlich war, aber eine Menge Leute glauben das immer noch nicht …

Siehe auch:	▸ William Cooper, Philip J. Corso, *NASA, Nazis und JFK,* Mothman Prophecies, UMMO-Briefe.
Verweise:	▸ *Enthüllungen: Begegnungen mit Außeridischen und menschlichen Manipulationen,* von Jaques Vallee, Frankfurt, 1996.
Anruf:	▸ http://www.artbell.com/satoutage.html

▸ ASPIRIN-AIDS-VERSCHWÖRUNG

Howard Armistead aus West-Hollywood glaubt, daß Aspirin als sehr nützliche Zugabe zu anderen AIDS-Therapien dienen kann. Er präsentierte 1992 auf der 8. Internationalen AIDS-Konferenz in Amsterdam eine Studie zu diesem Thema, sprach vor dem kalifornischen Ryan-White-AIDS-Komitee und verteilte 1996 1500 Kopien seiner Studie auf der AIDS-Konferenz in Yokohama 1996. Nichtsdestotrotz stößt er auf bemerkenswertes Desinteresse sowohl bei Ärzten als auch unter Homosexuellen, was er hauptsächlich auf die übliche Kombination aus Konservativismus und Skeptizismus zurückführt, die man allen neuen oder alternativen Therapien entgegenbringt. Trotzdem sind wir auf sein Werk aufmerksam geworden – durch einen E-Mailer, der glaubt, daß es eine kommerzielle Verschwörung gibt, um die Forschung und Diskussion von Armisteads Ideen zu unterdrücken.

Die American Foundation for AIDS Research Treatment Directory warnt, daß Aspirin, besonders in hohen Dosen, zu Magengeschwüren führen kann.

Herr Armistead nimmt seit 1990 zusätzlich zu seiner herkömmlichen AZT-Therapie sieben Aspirin pro Tag und ist Direktor des Project for Aspirin Research and Education (PARE). Er glaubt, daß sein HIV aus der Zeit um 1982 stammt und sich noch nicht zu AIDS entwickelt hat.

| Siehe auch: | ▸ AIDS-Verschwörungstheorien. |
| Verweise: | ▸ http://www.apla.org/apla/9509/aspirin.html |

▸ ASSASSINI
(Mörder)

»Assassini« ist ein alter europäischer Ausdruck für die Ismaelische Sekte des Islams, die zur Zeit von Aga Khan geführt wird. Der Ausdruck »Assassin« ist entweder auf Hassan i Sabbah, den Gründer der Sekte, zurückzuführen oder auf »Haschisch«, das die Ismaelis damals (ca. 1100 v. Chr.) in Verbindung mit Sufi-Tänzen nahmen. Jeder, der versucht hat, (sehr) schnell zu tanzen, während er von starkem Cannabis benebelt war, kann Ihnen versichern, daß der veränderte Zustand leicht mystische Ekstasen erreichen kann, es sei denn, der Novize fällt vorher durch eine Panikattacke aus.

Hassan i Sabbah mischte, nach anderen Berichten, Haschisch ins Essen potentieller Rekruten (meistens männliche Jugendliche) für seine Verteidigungsstreitkräfte. Wenn sie ganz unter dem Einfluß des Haschisch standen, führte man sie in den Garten der Freuden für süße Liebeleien mit den Huris, wie sie dem Gläubigen versprochen sind, sobald er das Paradies erreicht. Diejenigen, die dieser Trip davon überzeugte, daß Hassan tatsächlich den Schlüssel zum Paradies hatte, würden Assassini, Killer im modernen Sinne und die ersten »Schläfer«-Agenten der Geschichte. Sie würden jahrelang hart und ehrlich am Hofe eines Königs oder Schahs arbeiten, der den Ismaelis nicht wohlgesonnen war, manchmal viele Jahre lang, aber beim ersten Anzeichen von Kriegsvorbereitungen gegen Hassan würden sie ihren Herrn die Kehle durchschneiden. Das machte jedermann recht nervös, wenn es um Feindseligkeiten gegen Hassan i Sabbah ging.

Hassans letzte Worte waren angeblich: »Nichts ist wahr, alles ist erlaubt.«

Dank William S. Burroughs wurde das zu einer Art Mantra der literarischen Gegenkultur unserer Zeit.

Siehe auch: ▸ Abbe Barruel, Ewige Blumenkraft, *Geschichte der Geheimgesellschaften,*
                   Sex Magick, Krieg gegen gewisse Drogen.
Verweise: ▸ http://home.fireplug.net/~rshand/streams/masons/assassins.html
               ▸ *History of Secret Societies,* von Akron Daraul, Citadel Press,
                   New York, 1961.
               ▸ *Die Assassinen,* von Bernhard Lewis, Frankfurt, 1989.

▸ ASSOCIATION FOR ONTOLOGICAL ANARCHY
(Vereinigung für ontologische Anarchie)

Die Association for Ontological Anarchy (Ontologie: Wesenslehre; Lehre vom Grundbestand des Seienden), ein Produkt von *Hakim Bey* und seinen Freunden, versucht: »eine gesunde irrationale Grundlage, eine seltsame Philosophie, wenn Sie so wollen, für die freien Religionen herzustellen, für die psychedelischen & diskordianischen Strömungen, für nicht-hierarchischen Neopaganismus, antinomische Heresie, Chaos und Kaos Magick, revolutionäre Hiobsboten, ›unbekirchte‹ und anarchische Christen, magischen Judaismus, die Maurisch-orthodoxe Kirche, *Church of the Sub-Genius,* etc., etc.«

(Kaos Magick, Produkt des englischen Mathematiker-Mystizisten Peter Carroll, vereint Ideen von *Aleister Crowley, Diskordianismus* und Chaos-Mathematik.)

Die AOA weist außerdem die (angloamerikanischen) Verbformen »is« und »be« zurück (siehe: *Sprache als Verschwörung*), sponsert *poetischen Terrorismus* und hat einen langen philosophischen Stammbaum, zusätzlich zu den religiösen Kirchenzugehörigkeiten wie oben erwähnt, und erkennt ihre geistige Verwandtschaft mit Max Stirner, Nietzsche, Surrealismus und Situationismus. Sie hat sogar ihre eigene Hohlwelt-Theorie und psychischen Kontakt mit den »Kallikaks der hohlen Erde, den Lovecraft-Renegaten, Einsiedlern, beleidigten und inzestuösen Schmugglern,

Kriminellen auf der Flucht, nach den Entropiekriegen untergetauchten Anarchisten, Flüchtlingen vor dem genetischen Puritanismus, chinesischen Tong-Dissidenten & Fanatikern des Gelben Turbans, laskarischen Höhlenpiraten, bleichen Müll-Whiteys von den Proll-Kriegswirren der Industrie-Dome entlang Twaiths Landzunge & der Walgreen Küste & Edsel-Ford-Land – die Trogs haben seit 200 Jahren das Folkgedächtnis der Autonomen Zone am Leben erhalten, ein Mythos, der eines Tages wieder auftauchen wird«.

Obwohl von den Medien noch nicht entdeckt und vulgarisiert, hat die AOA doch schon soviel Einfluß auf die Untergrundkultur wie die Beatles, bevor sie berühmt wurden.

Siehe auch:	▸ The Con, Elmyr, H. P. Lovecraft, *Necronomicon*, OM.
Verweise:	▸ http://www.unicorn.com/lib/taz.html

▸ AYA

Laut dem Forscher Robert Morning Sky war eine Königin namens AYA (oder AA in manchen Sprachen) das Urbild für alle großen Mutter-Gottheiten der »primitiven« Menschheit. AYA war keine Metapher, Mythos oder Erdsymbol, schreibt Robert Morning Sky, sondern die wirkliche Königin einer Schlangenrasse aus der Gegend um den Orion, die eine lange, lange Schlacht mit einer Wolfsrasse vom *Sirius* schlugen, während dieser die Erde zuerst von AYA und ihren Schlangenkriegern erobert wurde und später von den wölfischen Leuten vom Hundsstern. *Robert Morning Sky*, der Linguistik an der Universität von Arizona studierte, gründet seine Theorie auf traditionelle Hopi-Legenden, seine eigene Analyse der sprachlichen Wurzeln der Namen ägyptischer, babylonischer und griechischer Göttinnen; und auf die Begegnung seines Großvaters mit einem Außerirdischen, der den UFO-Absturz von Roswell (siehe: *Roswell UFO Crash*) 1947 überlebt hatte.

Siehe auch:	▸ Philip J. Corso, *Gralswächter*, *Terra Papers*, UFO-Verschwörungen.
Verweise:	▸ *Guardians of the Grail*, von Robert Morning Sky, Morning Sky Books, Phoenix, Arizona, o.J.

▶ **AL AZIF**

Al Azif oder »Das Buch des verrückten Arabers« wurde angeblich im 8. Jahrhundert von *Abdul Alhazred* verfaßt und enthält die erstaunlichste Metaphysik, mit der die Menschheit je konfrontiert wurde. Es drängt uns, interstellare Wesen mit bösem Ruf anzubeten oder wenigstens Allianzen mit ihnen zu bilden. Besser bekannt ist das Buch unter dem Namen seiner lateinischen Übersetzung, *Necronomicon*, und Robert M. Price hat argumentiert, daß die bekannte Bezeichnung – oder Beleidigung – der meisten modernen Kommentatoren von Alhazred als »verrückter Araber« nicht den Punkt trifft: Im klassischen Arabisch bedeuten »Verrückter«, »Poet« und »Prophet« alle praktisch das gleiche.

Der Titel *Al Azif* bedeutet etwa »Buch des Summens«, aber das bedeutet mehr, als der Leser gemeinhin realisiert, denn *azif* ist das Summen, das man des Nachts in der Wüste hört, wenn die Djinn aktiv werden. Ähnliche Summgeräusche begleiten regelmäßig Berichte von modernen UFO-Sichtungen.

Siehe auch: ▶ Campuskreuzzug für Cthulhu, Charles Fort, H. P. Lovecraft.
Verweise: ▶ *Critical Commentary on the Necronomicon*, von Roger M. Price,
                 Cryptic Publications, Mount Olive, N.C., 1988.
                ▶ http://www.primenet.com/~sothoth/

▶ **AZT-AIDS-VERSCHWÖRUNG**

Der Food and Drug Administration (FDA, US-amerikanische Lebensmittel- und Arzneibehörde) wird vorgeworfen, alte AZT-Daten unterschlagen zu haben, damit das Mittel AZT 1987 für AIDS-Patienten zugelassen wurde. Dieser Behauptung nach hat ein FDA-Analytiker empfohlen, AZT wegen gravierender Nebenwirkungen, darunter Anämie, nicht zuzulassen, wurde aber überstimmt. Homosexuelle Theoretiker behaupten, daß die hastige Art und Weise, in der die Medizin und die Medien AZT fördern, in Wirklichkeit Teil einer Kampagne ist, die homosexuelle Gemeinschaft weltweit auszulöschen.

Kritiker von AZT behaupten, daß es hochgiftig sei, Nieren und Leber schwer schädige, die DNA-Synthese blockiere, Übelkeit und heftiges Erbrechen hervorrufe und sogar Krebs verursache.

Siehe auch: ▸ AIDS-Verschwörungstheorien, Chicagoer Malaria-Studie, Tuskegee Syphilis Study.

▶ **BABYGIFT**

Die Säuglingsmilch-Industrie, ein Multimilliarden-Dollar-Unternehmen, ist angeblich schuld daran, daß jährlich Tausende von Kindern an Diarrhöe und Unterernährung sterben. Das geschieht, sagen die Kritiker, weil die meisten dieser Getränke in Wasser aufgelöst werden müssen und die Mehrzahl der Opfer verarmte Einwohner der Dritten Welt sind, die keinen Zugang zu gesundem Wasser haben; sie mischen das Milchpulver mit verseuchtem Wasser, und dadurch wird es zur tödlichen Gefahr. Viele Eltern töten ihre Kinder auch versehentlich durch falsche Anwendung, weil sie die Gebrauchsanweisung nicht lesen können. Schuld sind auch aggressive Werbekampagnen, deren Zielgruppe arme und unterernährte Frauen sind, die glauben, daß diese Art Nahrung ihren Kindern bessere Überlebenschanchen bietet als die eigene Muttermilch, obwohl Kritiker genau das Gegenteil behaupten.

Siehe auch: ▶ AIDS-Verschwörungstheorien, Dr. Wilhelm Reich, Tuskegee
                      Syphilis Study.
Verweise: ▶ http://www.disinfo.com

BANCO AMBROSIANO

Banco Ambrosiano, eine Mailänder Bank, war ein wichtiger Teil der *P2-Verschwö-rung* in Italien in den 70er und 80er Jahren. Der Präsident der Bank, *Roberto Calvi*, wurde 1982 wegen Geldwäsche, Unterschlagung und Beteiligung an einer langen Li-ste politischer und finanzieller Verbrechen angeklagt, zusammen mit *Michele »The Shark« Sindona* und Erzbischof *Paul »The Gorilla« Marcinkus*; der Erstgenannte war Präsident der Franklin National Bank und der Letztere Präsident der Vatikan-bank. Calvi tauchte unter, aber am 18. Juni 1982 fand man ihn unter einer Brücke in London hängend, die Taschen mit Ziegelsteinen gefüllt. Am selben Tag stürzte Calvis Sekretärin, Graziella Corrocher, aus einem Fenster der Bank in Mailand zu Tode. In beiden Fällen sprach man sowohl von Selbstmord als auch von Mord.

Während der Untersuchung der Unregelmäßigkeiten im Banco Ambrosiano fand man heraus, daß Calvi und seine Helfer mehr als 200 »Geisterbanken« gegründet hatten, Geldinstitute, die nur in seinen Büchern existierten, aber ein Labyrinth der Verwirrung schufen für die, die versuchten, zum Kern dieser Verschwörung vorzu-dringen. Eine echte Bank, Cisalpina auf den Bahamas, von Calvi und Erzbischof Marcinkus verwaltet, war anscheinend tief darin verstrickt, Kokaingelder aus La-teinamerika mit Hilfe der *World Finance Corporation* in Miami sauber zu waschen.

Siehe auch: ▸ James Jesus Angleton, Licio Gelli, John Hull, MMAO, Ezra Pound.

Verweise: ▸ *The Calvi Affair*, von Larry Gurwin, Pan Books, London, 1984.
▸ *In Banks We Trust*, von Penny Lernoux, Doubleday/Anchor, New York, 1984.
▸ *Im Namen Gottes*, von David Yallop, München, 1988.

▸ BANK OF ENGLAND

Die Bank von England, gegründet 1692 von William P. Paterson (1658–1719), war die erste Institution in Privatbesitz, die eine nationale Währung ausgab.

Kritiker des gegenwärtigen Währungssystems betrachten das Jahr 1692 als das Ende der Herrschaft von Regierungen und den Beginn der Herrschaft der Banker, die von der Öffentlichkeit nicht gewählt und ihr auch weitgehend unbekannt waren.

Was *Ezra Pound* das Zeitalter der Wucherei nennt, datiert er aus diesem Grund von 1692 an, und die einzigen Zeilen in seinem Heldenepos *The Cantos,* die unterstrichen sind, zitieren (ein wenig verändert) Paterson in einem Brief an potentielle Investoren:

Hat den Nutzen des Zinses an all
den Geldern, welche sie, die Bank, aus Nichts erschafft.

Die Tatsache, daß Ausgabebanken offensichtlich Geld »aus dem Nichts« erschaffen und die Steuerzahler der Nation dafür Zinsen zahlen lassen, bleibt einer der Hauptkritikpunkte am modernen Bankwesen. (Siehe: *Federal Reserve Bank.*)

Siehe auch: ▸ St. Ambrosius aus Mailand, John Adams über das Bankwesen,
              Bank of the United States, Thomas Hart Benton, GRUNCH.
Verweise: ▸ *The Two Nations,* von Christopher Hollis, Routledge, London, 1937,
              Kapitel 2.
              ▸ *The Cantos,* von Ezra Pound, New Directions, New York, 13. Auflage,
              1995, S. 233.

▸ **BANK OF THE UNITED STATES**

Sie war die erste Institution in Privatbesitz, die in den Vereinigten Staaten die nationale Währung ausgab. Die Bank of the United States wurde 1791 von Alexander Hamilton gegründet und 1833 von Andrew Jackson wieder abgeschafft. Daß die Bank hinter der versuchten Ermordung von Präsident Andrew Jackson stand, wird vom Conspiracy-Museum in Dallas, Texas (gleich um die Ecke der Dealey Plaza, dem Schauplatz des Mordes an John F. Kennedy), behauptet. Das Museum vermutet Banker hinter *jedem* Attentat, ob gelungen oder versucht.

Siehe auch: ▸ Bank of England, Thomas Hart Benton, MMAO, Marina Oswald,
              Rosenkreuzer.
Verweise: ▸ Conspiracy Museum, Dallas, Texas.
              ▸ *Thirty Years View: The Working of Government for Thirty Years,*
              1820–1850, von Thomas Hart Benton, New York, 1854.

▶ ABBÉ BARRUEL: RIESEN-VERSCHWÖRUNGSTHEORIE

1797 druckte ein verbitterter französischer Jesuit, Abbé Augustin Barruel, seine Theorie darüber, warum es zur Französischen Revolution gekommen war. Wo andere Historiker diese soziale Explosion den Leiden der Armen zuschreiben würden oder den Ambitionen der aufstrebenden Händlerklasse oder der Entfremdung des Adelstandes (die den König fast alle verachteten und ihn hinter seinem Rücken »der fette Knabe« nannten) oder einer Kombination dieser Kräfte, auf den Weg gebracht durch die neuen Ideen von Vernunft und Demokratie, hatte der zornige Priester eine einfachere Theorie: Die Revolution war das Ergebnis der Machenschaften einer buchstäblich teuflischen Verschwörung.

Die Ansichten dieses extrem reaktionären Priesters scheinen nur eine Angelegenheit von rein historischem Interesse zu sein, wenn seine Riesen-Verschwörungstheorie, wie er sie zwischen 1797 und 1808 entwickelt hatte, im Lauf der Zeit nicht solche Ausmaße angenommen hätte, daß sie seitdem fast alle Verschwörungs-Enthusiasten direkt oder indirekt beeinflußt hat.

Zuallererst gab der Abbé den bayerischen *Illuminaten* die Schuld an der Revolution, einer Geheimgesellschaft, die von 1776 bis 1786, als sie von der bayerischen Regierung verboten wurde, existierte; es braucht nicht viel Phantasie, sich vorzustellen, daß die Illuminaten noch nicht verschwunden waren, als man sie 1786 verdammte. Vielleicht gab es sie noch unter anderem Namen, und vielleicht hatten sie wirklich eine Rolle beim Aufstand von 1789 gespielt. Diese These erschien etwa gleichzeitig in einem anderen Buch, »Proofs of a Conspiracy« (*Beweis einer Verschwörung*), von einem ernsthaften, schottischen Akademiker (und ehemaligem Freimaurer) namens John Robison, der behauptete, die Illuminaten hätten die meisten Freimaurerlogen auf dem Kontinent unterwandert, und er warnte seine schottischen, irischen und englischen Brüder, nicht zuzulassen, daß diese Verschwörer auch noch die britischen Logen infiltrierten.

Aber Barruels Werk ging viel weiter als das Robisons. Nicht nur hätten die Illuminaten die Kontrolle über die Freimaurer auf dem Kontinent an sich gerissen, hieß es, sondern sie sollen auch schon lange existiert haben, bevor sie unter dem Namen Illuminaten in Bayern auftauchten. Tatsächlich soll es sie seit 1000 Jahren gegeben haben, und bei ihrer Gründung im neunten Jahrhundert sollen sie sich als Templer oder *Tempelritter* bezeichnet haben.

Die Inquisition beschuldigte die Templer der Teufelsanbetung und der Sodomie (siehe: *Christians Awake AIDS-Theorie*), und Abbé Barruel betrachtete die Inquisition nicht mit »säkular-humanistischem« Skeptizismus. Die teufelsanbetenden Templer, so entschied er, hatten als verborgener Satanskult von ihrer angeblichen Auflösung 1308 bis zu ihrem Wiederauftauchen 1776 als bayerische Illuminaten, überlebt.

Eine tausend Jahre alte Verschwörung, so etwas gefällt dem echten Verschwörungs-Enthusiasten, und es verging nicht viel Zeit, bis Abbé Barruel von Männern mit ähnlich starker Einbildungskraft mit noch epischeren Verschwörungssagen hörte. Mehrmals änderte er seine eigene Theorie, um die Ideen einzuarbeiten, die seiner einzigartigen hahnebüchenen Vorstellung von dem entsprach, worum die Welt sich drehte. Die Templer wurden beispielsweise zu Verbündeten der *Assassini*, jener islamischen Gruppe, die Haschisch in ihren Ritualen gebrauchte und eine recht seltsame Spielart des Sufismus lehrte. Sie hörte sich an wie der »Pantheistische Multi-Ego-Solipsismus«, den Robert Heinlein später für eine Science-fiction-Story erfand. »Nichts ist wahr, alles ist erlaubt«, dieser angebliche Assassini-Slogan vermittelt eine Ahnung von ihrem mystischen Nihilismus.

Schließlich begegnete der Abbé einem geheimnisvollen *Captain Simonini*, der ihm erzählte, »die Juden« als solche stünden hinter allem; die Riesen-Verschwörungstheorie nennt die internationalen Banker, namentlich die *Rothschilds*. Um 1808 herum hatte Barruel einen dauerhaften Beitrag zur Ideologie der Rechten geleistet: Seine einheitliche Verschwörungstheorie, nach der alles, was Rechtsradikale hassen, von den Machenschaften satanisch-sodomitischer Tempelritter, gottloser Freimaurer, arabischer Haschischraucher und finsterer jüdischer Banker herrührt.

Ein großer Teil seines Fu-Manchu-artigen Mythos verbreitete sich schnell über Neuengland, und manche Föderalisten, besonders im Klerus, verwendeten ihn gegen Thomas Jefferson, von dem sie behaupteten, er sei der Spitzenmann der Illuminaten in der damals neuen US-Regierung.

(*John Adams*, Vorsitzender der Föderalistischen Partei und wegen der Französischen Revolution im Streit mit Jefferson – später versöhnten sie sich wieder –, verachtete diese undurchsichtige Horrorstory und versuchte, sie zu bekämpfen. Das Ergebnis war, daß er, Adams selbst, in den Werken von Matthew Josephson, einem Anti-Illuminaten-und-Anti-Rockefeller-Kreuzritter des 20. Jahrhunderts, als Kopf der amerikanischen Illuminaten auftaucht.)

Die gesamte Barruelsche jüdisch-maurisch-arabische Verschwörung tauchte gelegentlich in der Anti-Freimaurer-Partei in den USA um 1840 auf und hat seither alle rechtsgerichtete Politik in Europa beeinflußt, den italienischen Faschismus und den deutschen Nazismus eingeschlossen. Eine geschönte Version, ohne den übertriebenen Antisemitismus, zirkuliert derzeit unter der christlichen Rechten des Reverend Pat Robertson. Eine ganz und gar ungeschönte Version, Antisemitismus eingeschlossen, motiviert einen großen Teil der amerikanischen »Miliz«-Bewegung.

Siehe auch: ▸ Gnomen von Zürich, Merowinger, Ezra Pound, *Die Protokolle der Weisen von Zion.*

Verweise: ▸ *The Illuminoids*, von Neal Wilgus, Sun Press, Albuquerque, New Mex., 1977.
                    ▸ http://www.conspire.com/
                    ▸ *A Short History of Anti-Semitism*, von Vamberto Morais, New York, 1976, Seiten 193–195.

▸ UWE BARSCHEL

Am Nachmittag des 11. Oktober 1987 meldeten die Agenturen den Fund der Leiche von Uwe Barschel in der Badewanne des Genfer Hotels »Beau Rivage«. Er war von »stern«-Reportern entdeckt und fotografiert worden. Drei Wochen zuvor hatte Barschel als schleswig-holsteinischer Ministerpräsident seine berühmte »Ehrenwort«-Pressekonferenz gegeben, in der er alle Vorwürfe, gegen seinen Konkurrenten Björn Engholm im Wahlkampf mit Wanzen und schmutzigen Tricks vorgegangen zu sein, als »haltlos« zurückgewiesen hatte. Doch dann packte »Der Spiegel« die eidesstattlichen Aussagen seines für diese Tricks zuständigen Mitarbeiters Pfeiffer aus, »Waterkantgate« war geboren. Barschels Immunität wurde aufgehoben, und er floh »in Urlaub« nach Gran Canaria. Von dort aus machte er sich dann auf nach Genf, angeblich um von einem Agenten namens Roloff Informationen zu erhalten, die das Komplott gegen ihn – Barschel – aufdecken sollten. Doch es tauchten weder diese Informationen noch dieser Agent auf, sondern zwei Tage später ein mit Medikamenten vergifteter Barschel in der Badewanne. Angefangen von den Journalisten, die ihn entdeckten und die, bevor sie die Polizei riefen, erst einmal zwei Stunden ihrem investigativen Geschäft nachgingen, über eine Serie von Ermittlungs- und Obduktionspannen der Schweizer Behörden, bis zu Barschels nachweislich letztem Termin vor der Genf-Reise – ein Besuch bei dem Großwaffenhändler, CIA- und Mossad-Partner Adnan Kashoggi – enthält der Fall alle Ingredienzen, die ihn zum idealen Feld von Verschwörungstheorien machten: Das Barschel-Rätsel ist nicht nur »Waterkantgate«, sondern auch das JFK-Attentat im Deutschland-Format.

»Unkontrolliertes Herumraten bringt Verwirrung und weitet sich zu einem phantastischen Spiel aus, wenn am Beginn keine Fakten stehen«, notierte der Kriminologe Armand Mergen in seiner 1998 erschienenen Studie » *Tod in Genf – Ermittlungsfehler im Fall Barschel – Mordthese vernachlässigt?*«. Fakt aber zum Beispiel ist, daß die bei der Obduktion gefundenen betäubenden Medikamente schon lange nicht mehr im Handel erhältlich waren – und deshalb auch einiges für die These des Ex-Geheimdienstmannes Victor Ostrovsky (*Geheimakte Mossad, München 1994*) spricht, der vorgetäuschte Selbstmord sei durch die Einbringung eines Präparats mittels einer Sonde bewerkstelligt worden. Hintergrund waren demnach vom Mossad eingefädelte Waffengeschäfte mit dem Iran, die über Deutschland und Dänemark abgewickelt wurden und bei denen mittlere Beamte des Bundesnachrichtendienstes (BND) als Strohmänner und Zwischenhändler eingeschaltet waren. Als die Verschiffung von dänischen Häfen aus Probleme bereitete, sollte sie nach Schleswig-Holstein verlegt werden, Barschel wurde in die Geheimoperation eingeweiht – und lehnte ab. Daraufhin hätte der Mossad dem vom Springer-Konzern zur Unterstützung Barschels abgestellten Pressereferenten Rainer Pfeiffer mit Enthüllungen aus seiner dubiosen Vergangenheit gedroht und zur Sabotage Barschels veranlaßt – durch ebenjene überaus plumpe, angeblich in Barschels Auftrag ausgeführte Observation des SPD-Kandidaten Engholm, die dann dem »Spiegel« so kurz vor der Landtagswahl gesteckt wurde, daß Barschel nicht mehr reagieren konnte. Als er nach seiner Abwahl androhte, vor dem Untersuchungsausschuß auszupacken, sei er dann von einem BND-Mann nach Genf gelockt und von einem Mossad-Team ermordet worden. Ob es sich bei diesem BND-Mann um den »deutschen James Bond« Werner Mauss handelt, der wie einige andere dubiose Gestalten etwa um die Todeszeit Barschels hektische Flugbewegungen um Genf veranstaltete und angeblich im Nachbarhotel abgestiegen war, bleibt weiterhin im Dunkeln.

Unter Berufung auf die »innere Sicherheit« schließen die Gerichte die Öffentlichkeit bei der Klärung dieser Hintergründe bis heute aus. Und die Verschwörungstheorien blühen, wobei die hier dargestellte nicht nur ziemlich genau in das Muster der konkurrierenden Iran-Contra-Waffenkanäle paßt (siehe dazu: *Andreas v. Bülow: Im Namen des Staats, München 1998*), sondern auch erklären kann, warum ein stramm konservativer PR-Mann fürs Grobe der »linken Kampfpresse« die heißeste Enthüllung des Jahrzehnts lieferte – und der »Spiegel« bis heute an der dubiosen Selbstmordthese festhält. (M.B.)

Verweise: ▸ »*Tod in Genf – Ermittlungsfehler im Fall Barschel –*
            Mordthese vernachlässigt?«, von Armand Mergen,
            Heidelberg, 1988.
          ▸ »*Geheimakte Mossad*«, von Victor Ostrovsky, München, 1994.

▸ BEETHOVEN ALS ILLUMINAT –
UND VIRTUELLER VERGEWALTIGER

Ludwig van Beethoven (1770–1827) könnte ein Mitglied der Illuminaten gewesen sein, oder wenigstens ein Sympathisant – dieser Hinweis stammt nicht von einem Verschwörungsfan, sondern aus einem gelehrten Werk über Leben und Vorstellungen des großen Komponisten, verfaßt von dem Musikwissenschaftler Maynard Solomon (folgende, in Klammern stehende Seitenzahlen beziehen sich auf dieses Werk).

Solomon weist darauf hin, daß Beethovens erster Musiklehrer, der viel Einfluß auf den heranwachsenden Jungen hatte, der Komponist Christian Gottlob Neefe war, einer der Führer des Illuminaten-Ordens. Beethoven schrieb einst an Neefe: »Wenn ich jemals ein berühmter Mann werde, werden auch Sie einen Anteil an meinem Erfolg haben!« (S. 26–27)

Beethovens erstes größeres Werk, die *Kaiser-Josef-Kantate* von 1790, war von den Illuminaten selbst bestellt worden (S. 48) und feiert Kaiser Josef von Habsburg als Lichtbringer und Feind des Aberglaubens (der Kaiser schloß die katholischen Schulen in Österreich und ersetzte sie durch öffentliche oder Volksschulen).

Solomon fand heraus, daß der Einfluß der Illuminaten auf Beethoven mindestens so lange dauerte, bis er *Choral Fantasy* (1808) schrieb und daß die meisten seiner Freunde Freimaurer und/oder Illuminaten waren (S. 206–207).

Diese Verbindungen sind insofern besonders interessant, als Solomons Interesse nur Beethovens Verwicklung mit den Ideen der »Aufklärung« gilt; ihm scheint nicht bewußt zu sein, daß er Ludwig mit einer Geheimgesellschaft in Verbindung brachte, die noch heute Furcht und Argwohn erregt.

Eine andere, erstaunliche Sicht Ludwigs stammt aus der Feder der Feministin Susan McClary, die behauptet, daß die Neunte Symphonie, normalerweise als die Hymne universeller Liebe gesehen, in Wirklichkeit eine Vergewaltigungsphantasie darstellt. Frau McClary findet jede klassische Musik ebenso anstößig, und zwar wegen ihrer »phallischen Gewalt« und wegen ihres »Unterleibs-Getrommels«.

Siehe auch: ▶ Maria-Magdalena-Kirche, Ewige Blumenkraft.
Verweise: ▶ *Beethoven*, von Maynard Solomon, Schirmer Books, New York, 1977.
               ▶ Ms. McClary, *Minnesota Composers' Forum*, Januar 1987.

▶ **ALBERT BENDER**

1954 schloß Albert Bender sein erst kurz zuvor gegründetes Internationales UFO-Büro, weil er, wie er sagte, von drei *Men In Black* terrorisiert werde.

Diese finsteren Gestalten, immer in Schwarz und oft als Trio auftretend, sind schon verschiedentlich in UFO-Verschwörungs-Geschichten aufgetaucht.

Bender beschreibt seine Erfahrung mit den schwarzen Männern in seinem Buch *Flying Saucers and the Three Men*; Grey Barker fügt andere Fälle und noch erschreckendere Details in seinem Buch *They Knew Too Much About Flying Saucers* (*Sie wußten zuviel über fliegende Untertassen*) hinzu. Beide sind in der unten angegebenen Quelle zusammengefaßt.

»Men In Black« sind mittlerweile das Thema einer Kinokomödie.

Studenten der Folklore und des Okkulten könnten hier ein gruseliges Echo der drei Schurken, die den *Sohn der Witwe* ermordeten, aus der *Freimaurer*-Sagenwelt finden.

Siehe auch: ▶ Mary Hyre, *Mothman Prophecies, Das Sirius-Rätsel*, UFO/Satans-
                 Verschwörungen.
Verweise: ▶ *UFO, 1947–1997: Fifty Years of Flying Saucers*, herausgegeben
                 von Hilary Evans und Dennis Stacey, John Brown Publishing,
                 London, 1997.

▶ THOMAS HART BENTON

So wie England zwei Winston Churchills hatte (Romanautor und Staatsmann), hatte Amerika zwei Thomas Hart Bentons (Maler und Politiker). Letzterer, Senator Thomas Hart Benton, ist zum Liebling der Anti-Banken-Verschwörologen geworden, weil seine Reden gegen die Bank der Vereinigten Staaten die einleuchtendste Kritik an unserem Banksystem enthalten, die jemals geäußert wurde.

Laut Benton, dessen Ansichten in dieser Angelegenheit auch von den Präsidenten Jackson und van Buren geteilt wurden, hat die Bank der Vereinigten Staaten die Macht des Kongresses an sich gerissen, indem sie ihr eigenes Papiergeld ausgab und mit Hilfe dieses Papiers die Zinssätze dergestalt manipulierte, daß die Oberschicht begünstigt und die allgemeine Öffentlichkeit »ausgeraubt« oder doch zumindest benachteiligt wurde. Jackson widerrief die Zulassung der Bank, und van Buren erneuerte dessen Veto, als Pro-Bank-Kräfte im Kongreß versuchten, die Privilegien wiederherzustellen; Benton schildert die Details dieses »Bankenkrieges« (wie er genannt wurde) in lebhafter und eindrucksvoller Prosa.

Es gab keine Institution wie die Bank der Vereinigten Staaten mehr, die ihr eigenes Papier anstelle von Staatsgeldern ausgab, bis der Kongreß 1913 die *Federal Reserve Bank* ins Leben rief.

Siehe auch: ▶ John Adams über das Bankwesen, Bank of England, R. Buckminster Fuller, Colonel Edward House, Ezra Pound, Rosenkreuzer.

Verweise: ▶ *Thirty Years View: The Working of Government for Thirty Years 1820–1850*, von Thomas Hart Benton, New York, 1854.

▶ BERMUDADREIECK

Das sogenannte Bermudadreieck (oder, melodramatischer: Teufelsdreieck) war der Schauplatz von über 200 mehr oder weniger mysteriösen Fällen, in denen Schiffe oder Flugzeuge verschwanden, und wurde dadurch zum Subjekt einer ganzen Reihe von ulkigen und/oder übernatürlichen Theorien.

Zum Teil rührt das daher, daß das Dreieck keine festen Grenzen hat, weil es ja kein wissenschaftliches oder politisches Konstrukt ist, und Sensationsschreiber haben es

vergrößert, um so viele seltsame Verschwindensfälle wie möglich darin unterzubringen. Ein paar haben das Bermudadreieck bis in den Golf von Mexiko und sogar
in den Pazifik »gedehnt«.

Das klassische oder ursprüngliche Bermudadreieck, begrenzt durch Bermuda,
Miami und Puerto Rico, hat dennoch seinen eigenen Anteil an Merkwürdigkeiten.
Der Erste, der so etwas vermeldete, war Christoph Kolumbus, der die Gegend 1492
durchsegelte und bemerkte, daß sein Kompaß auf bizarre Art versagte und daß das
15.-Jahrhundert-Äquivalent eines UFOs an seinem Schiff vorbeischoß – mal als
»seltsame Lichter«, mal als einzelne »Flamme« beschrieben, die in die See stürzte.
Das Gebiet wurde aber erst durch den mysteriösen Fall der *Marie Celeste* berühmt,
einer 33-Meter-Brigantine, die man 1872 dort treibend fand, etwa 400 Meilen von
ihrem Kurs entfernt und völlig verlassen. Ein Boot war ausgesetzt worden, aber
weder von ihm noch von der Besatzung fand man je eine Spur, und man entdeckte
auch keinen Grund, warum sie das Schiff hätten verlassen sollen. Verschiedene
Geschichten kursieren darüber, manche als Fiktion und manche als Tatsachen veröffentlicht, die noch gruseligere Details hinzufügen, darunter geheimnisvolle Strudel, die die Besatzung in eine Untergrundwelt im hohlen Erdball zogen. (Siehe
Dr. Raymond Bernard und *Richard Shaver.*)

Der Fall aber, der das Bermudadreieck zum festen Bestandteil der Folklore machte,
war das Verschwinden von Flug 19 im Jahr 1945 – fünf Marine-Bomber auf einem
Routine-Übungsflug, die spurlos verschwanden, nachdem sie eine unzusammen-
hängende Nachricht gesendet hatten, die die Buchstaben FT wiederholte und dann
unhörbar wurde. Die Suche nach ihnen dauerte Wochen, aber man fand nie auch
nur die geringste Spur von den Flugzeugen, den Besatzungen oder auch nur von
Wrackteilen.

Die offizielle Position der US Navy besagt, daß die Geheimnisse des Dreiecks von
drei Hauptfaktoren herrühren:

1. Dieser Teil des Atlantiks ist einer von zwei Orten auf der Erde, an dem ein Mag-
    netkompaß nicht genau nach Norden weist, sondern bis zu 20 Grad abweichen
    kann. In den meisten Fällen sind kleine Fahrzeuge und Amateursegler ver-
    schwunden, die leicht durch die Kompaßabweichungen in Verwirrung hätten
    geraten können und vom Kurs abkamen. Der zweite solche Ort liegt im Pazifik
    und wird von den Japanern »Teufelssee« genannt, weist ebenfalls magnetische
    Anomalien auf und ist für das Verschwinden vieler Schiffe bekannt.

2. Das Bermudadreieck liegt im turbulentesten Teil des Golfstromes, wo Stürme, Wasserhosen und das Wetter generell nicht nur Unfälle verursachen, sondern auch alle Spuren und Beweise ebenso schnell versenken oder verstreuen können.

3. Die Topographie des Gebietes reicht von ausgedehnten Untiefen bis zu einigen der tiefsten Gräben, die die Wissenschaft kennt. Starke Strömungen, plötzlich auftretende Stürme und viele Riffe machen Unfälle geradezu wahrscheinlich.

Und die Lichter oder das Feuer, das Kolumbus sah, müssen Teil eines Meteoritenschauers gewesen sein. Es gibt also letztendlich nichts wirklich Unheimliches in unserer Welt und nichts zu befürchten. Außer natürlich, Sie fangen jetzt an, sich richtig Sorgen um Flug Nummer 19 zu machen, und fragen sich, was dessen »FT FT FT FT FT«-Signale zu bedeuten hatten.

Siehe auch: ▸ *Fortean Times, Mothman Prophecies,* Noon Blue Apples.
Verweise: ▸ http://www.history.navy.mil/faqs/faq8-1.htm

▸ DR. RAYMOND BERNARD

Dr. Raymond Bernard war ein Pseudonym von Walter Siegmeister (1901–1965), der auch unter den Namen Dr. Robert Raymond und Dr. Uriel Adriana schrieb.

Als Dr. Raymond Bernard verfaßte er *The Hollow Earth* (1963), nach wie vor das meistverbreitete Buch zu diesem Thema. Trotz seiner Hohlwelt-Idee und anderen ausgefallenen Vorstellungen hielt Siegmeister/Bernard/Adriana einen echten Doktortitel (Ph.D.) der New Yorker Universität (1932) und hatte zuvor schon den Grad eines Magisters von der Universität Columbia erhalten. Seine frühesten Interessen waren Theosophie und Antroposophie. Obwohl ein gebildeter und ernsthafter Mann (dem man allenfalls gelegentliches finanzielles Mißmanagement vorwerfen konnte), glaubte Bernard nicht nur, daß die Erde hohl war, sondern auch, daß sie von Überlebenden des Untergangs von Atlantis bewohnt war, sogenannten »Terras«, die gute vier Meter groß waren und die gleiche strenge Diät aus ungekochtem Gemüse hielten, an die auch Bernard glaubte. Sie kamen aus einem Loch in der Gegend von Brasilien, flogen in UFOs herum und zeigten sich gelegentlich den Menschen, wobei sie sich scherzhaft als Venus- oder Marsbewohner ausgaben.

Dieser bemerkenswerte Mann glaubte auch den Prophezeiungen einer puertoricanischen, medial begabten Frau, die sich Payita nannte und einen Atomkrieg voraussagte, der 1965 beginnen sollte und alles Leben auf der Erde bis zum Jahr 2000 auslöschen würde. Wer aber die richtige Diät hielt und in der utopianischen Kommune lebte, die Bernard in Ecuador gegründet hatte, kein Geld verwendete und sexuell enthaltsam war, würde von den Terras gerettet und auf den Mars gebracht werden, bevor der nukleare Holocaust losging.

Der einzige Grund, warum sich diese Vorstellung nicht überall verbreitete, war natürlich eine akademische Verschwörung zur Aufrechterhaltung orthodoxen Gedankengutes, die Dr. Bernards Wirken entweder ignorierte oder lächerlich machte. Payita, die Hexenfrau, überzeugte Bernard auch davon, daß sie regelmäßig Besuch von der Großen Mutter erhielt, einer Gottheit der Vorfahren, die ihr die wahre Geschichte der Welt enthüllt hatte. Diese Große Mutter hatte parthenogenetisch (d.h. ohne Sex) alle Rassen im Sonnensystem geboren, angefangen mit den perfekten Superfrauen vom Uranus, die sich ebenfalls parthenogenetisch reproduzierten und daher keine Männer brauchten. Zufällig aber gebar eine von ihnen eine »defekte Frau« – den ersten Mann. Sein Name war Luzifer, und er machte seither nichts als Ärger, indem er die Leute dazu anhielt, Fleisch zu essen und mit Geld zu bezahlen. Seine Nachkommen bewohnten den Saturn und waren weit entfernt von der Perfektion ihrer weiblichen Vorfahren. Noch mehr degenerierte Nachkommen wanderten auf die Erde aus und degenerierten dort immer weiter, bis wir (die allerdegeneriertesten Nachfahren) zu gewohnheitsmäßigem Fleischkonsum und Geldverkehr hinabsanken. Und das Allerschlimmste ist: Wenn wir Gemüse essen, kochen wir es vorher.

Der Autor des vorliegenden Buches traf einmal eine Frau, die Bernard 2000 Dollar für seine utopianische Kolonie geliehen hatte und das Geld nie zurück bekam. Sie hatte ihn als ernsthaften und intelligenten Wahrheitssucher in Erinnerung. Eine andere Quelle jedoch besagt, daß Bernard, nachdem er in seine ecuadorianische Kolonie gezogen war, »schmutzig« und ungepflegt wurde, möglicherweise sogar geisteskrank.

Bernard schrieb außerdem ein Buch mit dem Titel *Menstruation: Ursachen und Heilung*, in dem er behauptet, daß die Menstruation durch Fleischverzehr, enge Kleidung und zuviel Sex verursacht wird. Eine Frau, die nichts als ungekochtes Gemüse aß, sich in weite Gewänder kleidete und Sex nur einmal im Jahr zur Frühlings-Sonnwende hatte, würde von der Plage verschont bleiben.

Als Bernard 1965 starb, war der vorausgesagte Atomkrieg fällig. Daß er nicht ausbrach, war für seine Schüler kein Grund, ihren Glauben zu verlieren. Einige entwickelten einen noch viel festeren Glauben und bestanden darauf, daß Bernard nicht tot war, sondern in Shamballah oder Agharti weiterlebte, zwei Städten aus der theosophischen Sagenwelt. Kürzlich soll er auch quicklebendig in der Kleinstadt Houston, Missouri, gesehen worden sein.

Siehe auch: ▸ Abel, AYA, Richard Shaver, *Unterirdische Welten.*
Verweise: ▸ *Subterranean Worlds*, von Walter Kafton-Minkel, Loompanics Unlimited, Port Townsend, Wash., 1989.

▸ PRINZ BERNHARD

Der niederländische Prinz Bernhard taucht in verschiedenen populären Verschwörungstheorien auf. Er gründete die *Bilderberger*, eine ultrageheime Gruppe reicher, weißer Männer, die sich einmal im Jahr treffen, um auszuhecken, wie sie uns am besten ausbeuten können. Dieses Mißtrauen gegenüber den Bilderbergern kommt normalerweise von Leuten, die selbst nicht so reich, nicht so weiß oder nicht Manns genug sind, um dem Club beitreten zu können. Der Grund dafür mag derselbe sein wie jene Merkwürdigkeit, die dem Philosophen George Carlin auffiel: daß man nie einen SHIT HAPPENS-Aufkleber auf einem Rolls-Royce sieht.
Nach Ansicht der genealogisch-konspiratiologischen Theoretiker Michael Baigent, Henry Lincoln und Richard Leigh war Prinz Bernhard ein direkter Abkömmling von Jesus Christus und Maria Magdalena. Deshalb, so denken manche Okkultiker, gehört er zu einem Genpool, der dazu bestimmt ist, über die Welt zu herrschen. Andere bekannte Bilderberger sind ebenfalls Teil dieses Genpools und mit den alten Merowingern verwandt, die angeblich halbe Fische waren.

Siehe auch: ▸ Maria-Magdalena-Kirche, Gerard de Sede, Noon Blue Apples.
Verweise: ▸ *Der Heilige Gral und seine Erben*, von Michael Baigent, Henry Lincoln, Richard Leigh, Bergisch-Gladbach, 1984.

▶ BESCHNEIDUNGS-VERSCHWÖRUNG

Obwohl die männliche Beschneidung in der amerikanischen Gesellschaft weitgehend als gesundheitliche Maßnahme akzeptiert wird und nur die weibliche Zircumzision (wie sie in anderen und daher weniger rationalen Gesellschaften praktiziert wird) als barbarisch betrachtet wird, haben verschiedene Leute entgegengesetzte Ansichten dazu.

Dr. Paul Fleiss, bekannt als Vater der berühmten »Beverley Hills Madam« Heidi Fleiss und als Kinderarzt von Madonna und Kind, ist auch ein entschiedener Gegner der Beschneidung. In seiner Schrift *Die Funktion der Vorhaut* legt er dar, daß die männliche Beschneidung nicht mehr Berechtigung hat als die weibliche. Der wahre Grund dieses Rituals sei derselbe wie bei der weiblichen Version: die empfindlichsten Teile zu zerstören und damit das sexuelle Verlangen zu vermindern. »Diejenigen von uns, die beschnitten wurden, hat man verstümmelt.« Das Schreien eines Kindes während dieses Rituals »ist nicht wie jedes andere Geschrei, sondern sondern auf heftige Schmerzen zurückzuführen«.

Die Nationale Organisation zur Wiederherstellung von Männern (National Organisation of Restoring Men, NORM) geht auf Hippie-Mütter der 60er Jahre zurück, die realisierten, daß Beschneidung anti-intuitiv sei. Die Gruppe Ärzte gegen Beschneidung (Doctors Opposing Circumcision, DOC) in Seattle sagt, ihr Erziehungsprogramm habe die Rate männlicher Beschneidung in den USA von 90 Prozent auf 60 Prozent gesenkt.

Verweise: ▶ »Bring Back My Foreskin to Me« von Paul Krassner,
                The Realist, Venice, Kalifornien, Sommer 1997.
             ▶ *New York Times*, 27. Februar 1997.

▶ BEST EVIDENCE
(Bester Beweis)

Best Evidence, ein Video des Kennedy-Verschwörungs-Forschers David Lifton, enthält Interviews mit Angestellten des Parkmann-Krankenhauses in Dallas, wohin Kennedy nach den Schüssen gebracht wurde, und mit Mitarbeitern des Bethesda-Krankenhauses in Maryland, wo man Stunden später die Autopsie durchführte. Die Parkmann-Zeugen beschreiben eine kleine Schädelverletzung, die Bethesda-Zeugen eine viel größere Wunde. Drei verschiedene Särge werden beschrieben, zwei normale und ein teurer Bronzesarg. Die Leiche scheint in das Bethesda-Krankenhaus durch den Hintereingang gebracht worden zu sein, der Sarg durch die Vordertür. Zwischen beiden Krankenhäusern verschwand das komplette Gehirn, eine bis heute ungeklärte Tatsache.

Viele kleinere Widersprüche unterstützen Liftons These, daß Agenten der Regierung (die einzigen, die zwischen den Krankenhäusern an die Leiche herankamen) den Köper soweit veränderten, daß er zur Theorie des Todesschusses von hinten paßte und die rivalisierende Theorie von mindestens einem Schuß von vorn unterminiert wurde. Man kann nur annehmen, daß in mindestens einem der Krankenhäuser Leute mit erheblicher Gedächtnisschwäche arbeiten.

Lifton weist darauf hin, daß die Wunden der Bethesda-Leiche für das Ergebnis der Warren-Kommission eine große Rolle spielten, welches besagt, daß der Täter ein »verrückter Einzelgänger« war, obwohl beinahe 75 Prozent der Zeugen dachten, der Schuß oder die Schüsse wären von vorn, vom Grashügel (grassy knoll), gekommen. Die Beweisführung dieses Videos, wenn man sie denn akzeptiert, schließt alle Verschwörungstheorien aus, welche die Schuld Pro-Castro-Kubanern, Anti-Castro-Kubanern, der *Mafia* oder den Ölmillionären geben. Wenn an Kennedys Körper wirklich etwas verändert wurde, wie diese Zeugen vermuten lassen, wurde es von Regierungsangestellten getan.

Siehe auch: ▶ James Jesus Angleton, John-F.-Kennedy-Attentat,
                     A. J. Webermann.
Verweise: ▶ *Best Evidence*, Rhino Home Video, Santa Monica, California, 1990.

▶ **BEWEIS EINER VERSCHWÖRUNG**

Proofs of a Conspiracy von John Robison, zuerst veröffentlicht im Jahre 1801, ist eine der beiden Hauptquellen (neben **Abbé Barruel**) zur Theorie der *Illuminaten*-Verschwörung. Robison ist für die meisten Leser wahrscheinlich glaubwürdiger als der französische Royalist Abbé Barruel, weil er nicht über die *Freimaurer* herzieht (er war selbst einer), auch nicht antisemitisch ist und generell die meisten Exzesse der rechten Anti-Illuminaten-Theoretiker vermeidet.

Robisons These lautet einfach, daß die Illuminaten die Grand Orient Lodge of Egyptian Freemasonry infiltriert hatten und planten, auch andere Logen zu unterwandern; er schrieb dies hauptsächlich, um andere Freimaurer vor diesem Komplott zu warnen. Er behauptete, daß die Illuminaten 84 deutsche Logen kontrollierten, acht in England und viele in ganz Europa und in den Vereinigten Staaten (*Proofs of a Conspiracy*, S. 116). Ihr Ziel sei die Abschaffung aller Regierungen und organisierten Religionen und die Erschaffung einer Welt, die auf Anarcho-Kommunismus oder Anarcho-Syndikalismus begründet ist.

Robisons Beobachtung zu Geheimgesellschaften der Illuminaten-Art ist es wert, zitiert zu werden:

Nichts ist so gefährlich wie eine mystische Assoziation. Das Objekt bleibt ein Geheimnis in der Hand der Führer, und der Rest kriegt einfach einen Ring durch die Nase, an dem man ihn nach Lust und Laune herumführen kann; obwohl sie nach dem Geheimnis hecheln, gefällt ihnen alles um so mehr, je weniger sie sehen.

Siehe auch: ▶ Noon Blue Apples, P2-Verschwörung, Prieuré de Sion.
Verweise: ▶ *Proofs of a Conspiracy*, von John Robison, Christian Book Club of America, Hawthorn, California, 1961.

▸ HAKIM BEY

Hakim Bey ist der einzige Autor im heutigen Amerika, der noch esoterischer ist als Thomas Pynchon (siehe: *Die Versteigerung von Nr. 49*). Er weigert sich nicht nur, sich fotografieren zu lassen, er erzählt auch ein paar Geschichten über sein früheres Leben, in denen er manchmal behauptet, der Hofdichter eines ungenannten indischen Fürsten gewesen zu sein, manchmal auch der Bibliothekar des Schahs von Persien. Als das »*Time Magazin*« versuchte, ihn zu interviewen, verbreitete er das Gerücht, ein schiitischer Terrorist zu sein, und tauchte unter; als »*High Times*« dasselbe versuchte, bekamen sie keine Antwort von seinem Verleger, aber der Interviewer fand einen Zettel auf seinem Bett, auf dem stand, er solle um 21 Uhr zur Mott Street kommen. Dort nahmen ihn drei Männer in Schwarz (*Men In Black*) in Empfang und brachten ihn in einen Keller in Chinatown. Hier erwartete ihn Hakim Bey oder jemand, der sich für ihn ausgab. Bey, dessen Stil die wüstesten Elemente von Autoren wie *Ambrose Bierce*, H. L. Mencken, André Breton und Nietzsche vereint, ist der Ursprung von Dutzenden phantastischer, wunderbarer und seltsamer Vorstellungen. Zu seinen Schlüsselkonzepten gehören ontologische Anarchie, *poetischer Terrorismus*, die vorübergehend autonome Zone und das Millennium.
Ontologische Anarchie vereint Elemente des traditionellen Anarchismus (siehe: *Regierung als kriminelle Verschwörung*) mit *Diskordianismus*, mathematischer Chaostheorie, Surrealismus, der maurisch-orthodoxen Wissenschaft des Noble Drew Ali und Teilen verschiedener mystischer Traditionen, besonders jene der Sufis und Taoisten. Sie besteht im Grunde aus (a) der immerwährenden Suche der Anarchisten nach der maximalen Freiheit des Individuums und (b) einem Schreibstil von so postmoderner Dichte und nietzscheanischem Zorn, daß er den Leser dauernd zu der Einsicht zwingt, wie wenig Freiheit wir jemals erfahren haben und wieviel blanke Tyrannei wir gegenwärtig erdulden müssen.
Poetischer Terrorismus begann als Graffiti-Kampagne, aber Bey definiert ihn mittlerweile als »komische Mischung aus heimlicher Aktion und Lügen (alles, worum es bei Kunst geht)« und vergleicht Straßentheater mit Guerillatheater. »Wenn Sie das, was Sie tun, ›street performance‹ nennen, haben Sie schon einen Riß zwischen Künstler und Publikum ... Wenn Sie aber einen Streich spielen, einen Zwischenfall verursachen, eine Situation schaffen, dann gelingt es möglicherweise, die Leute teilnehmen zu lassen und ihre Freiheit zu maximieren.«
Die Temporary Autonomous Zone (abgekürzt TAZ und in der US-Gegenkultur

wohlbekannt) entsteht aus der Vorstellung, daß uns die Elite nie wirkliche Freiheit geben wird (siehe: *The Con*) und die Massen oder *Pinks* zu hypnotisiert und zu robotisiert sind, um danach zu verlangen. Das Beste, was wir tun können, ist also, eine Vorübergehende Autonome Zone zu finden, sie so lang wie möglich geheimzuhalten und wieder zu verschwinden, sobald der Staat entdeckt, daß es sich irgend jemand irgendwo gutgehen läßt. Kritiker nennen das einen »Club Med für Hippies«, aber die Idee, die dahinter steckt, ist recht radikal. Wie ein Zen-Meister sagte, als man ihn fragte, was Tao ist: »Nicht stehenbleiben!«

Das Millennium, wie Bey es sieht, unterscheidet sich ziemlich von anderen Vorstellungen zu diesem Thema. Der Tod des Kommunismus – zuerst als Fall der Sowjetunion, dann als das Verwelken einer Idee, die Intellektuelle ernst nehmen – bedeutet, daß die Unzufriedenen (Anarchisten, Voodooisten und andere, die ähnliche Vorstellungen wie Bey haben) die einzige Opposition zur gegenwärtigen Geld- und-Macht-Elite sind. Ob es uns gefällt oder nicht, die Randgruppen sind in einen apokalyptischen Kampf verwickelt: Entweder werden die Kontrolltechniken der Elite so perfektioniert, daß man abweichende Meinungen abschaffen kann, oder die Ketzer werden zu einer Bewußtseinsebene mutieren, von der aus sie heilige Wunder wirken können, um den alten Traum der Freiheit für alle zu verwirklichen. Das muß nicht unbedingt im Jahr 2001 passieren; Bey meint lediglich, daß wir in einem Jahrtausend-Notfall leben.

Siehe auch: ▸ Bisoziation, Aciation for Ontological Anarchy, »Bob«, *F for Fake*, Noon Blue Apples, OM.

Verweise: ▸ http://www.hightimes.com/~hightimes/ht/mag/956/Bey.html

▸ AMBROSE BIERCE

Ambrose Bierce (1842 – ????) kämpfte im amerikanischen Bürgerkrieg; daher stammt seine tiefe Verachtung der Menschheit und ihres Anspruchs auf »moralische Werte«. Er zog später in den Westen, wurde Skandaljournalist und entwickelte einen empörenden und übermütigen Schmähstil, der später H. L. Mencken beeinflußte. Berühmt wurde er aber durch seine Kurzgeschichten *In the Midst of Life* (1891), bemerkenswert durch einen präzisen, gefühllosen und »objektiven« Stil, den

Hemingway kopierte und den man später mit seinem Namen verband. Er kehrte zu seinem polemischen Journalismus in *The Devils Dictionary* (1906) zurück, einer nicht gerade lustigen Sammlung zynischer Epigramme in englischer Sprache. Bierces spätere Arbeiten handeln zunehmend von seltsamen und unheimlichen Themen und oft von anderen Welten oder Dimensionen, die manchmal auf unsere normale Realität treffen: *H. P. Lovecraft* gab zu, daß diese Erzählungen sein eigenes Werk stark beeinflußt haben.

1913 ging Bierce nach Mexico und verschwand dort ganz einfach. Niemand weiß, wo und wann er starb, und es gibt phantastische Geschichten darüber, wie er in die alternativen Welten verschleppt wurde, die er beschrieb. *Charles Fort* bemerkte originellerweise, daß ein kanadischer Geschäftsmann namens Ambrose Small etwa zur gleichen Zeit verschwand, und schlug vor, nach einem Ambrose-Sammler Ausschau zu halten.

Siehe auch:
- ▸ *Gods of Eden*, Kenneth Grant, Robert Morning Sky, *Mothman Prophecies*.

Verweise:
- ▸ Ambrose Bierce Gesamtwerk.
- ▸ *Mitten im Leben*, von Ambrose Bierce, Claassen, Hildesheim, 1993.
- ▸ Columbia Concise Encyclopedia.
- ▸ Webster's Family Encyclopedia.

▸ BILDERBERGER

Die Bilderberger, ursprünglich in Bilderberg in den Niederlanden von *Prinz Bernard* zusammengerufen, bestehen aus Männern, die allesamt sehr reich und fast alle sehr weiß sind. Da sie sich inzwischen jedes Jahr einmal in einer anderen Stadt treffen, ist der Name Bilderberger ziemlich anachronistisch – es weiß aber kein Außenstehender, wie sie sich selbst nennen … Obwohl sie aller Arten von Verrat und Verbrechen bezichtigt werden – in erster Linie von denen, die glauben, daß alle reichen Weißen nichts anderes tun als Untaten auszuhecken –, hat man die Bilderberger nie irgendeines Verbrechens überführt (das zeigt nur, wie sehr sie die Dinge unter Kontrolle haben, so die eifrigeren Konspirologen).

Die Bilderberger haben die bewundernswerte Fähigkeit, alle Publicity in öffentlichen Medien zu vermeiden. Lawrence Wilmot zum Beispiel dokumentiert in *The*

Spotlight vom 10. Mai 1993 das beinahe vollständige Fehlen von Hinweisen auf die Bilderberger in Veröffentlichungen. Mindestens 50 Journalisten, sagt Wilmot, erscheinen zu jeder UN-Verlautbarung, aber niemand versucht auch nur, über Bilderberger-Treffen zu berichten; als er dies einigen Mainstream-Journalisten gegenüber erwähnte, bekam er ironisches Gelächter zu hören, und Anthony Holder vom *London Economist* sagte unverblümt, »die Bilderberger sind von unserer Aufgabenliste schon vor Jahren auf Befehl von oben gestrichen worden«. Wilmot zitiert auch eine nicht ganz so finstere Theorie darüber, warum wir so wenig über die Bilderberger hören und lesen: »Wir wissen kaum etwas über ihre Existenz (der Bilderberger), und wir berichten nicht über ihre Aktivitäten«, versichert William Glasgow, der verantwortliche Redakteur für internationale Organisationen von *Business Week*, »vielleicht ist es eine Sparmaßnahme. Wir können es uns schließlich nicht leisten, über alles zu berichten, oder?«

Wilmot fährt fort:

> *Der Grund, warum dieser anmaßenden Versammlung eine Geheimhaltung*
> *gewährt wird, die die Massenmedien keiner Regierung erlauben würden,*
> *nicht einmal Europas herrschenden Königshäusern, war, nach übereinstimmender*
> *Meinung von UN-Korrespondenten, einfach: »Die Bilderberger sind zu mächtig*
> *und allgegenwärtig, um aufgedeckt zu werden«, wie es der französische Rund-*
> *funkjournalist Thierry de Segonzac ausdrückte.*

Laut *The Spotlight* sind der amerikanische Präsident Bill Clinton und der frühere Präsident George Bush Mitglieder der Bilderberger. Genau wie David Rockefeller ...

Siehe auch: ▸ Hawthorne Abendsen, John Birch Society, Gnomen von Zürich, Fletcher Prouty.
Verweise: ▸ http://www.livelinks.com/sumeria/politics/bilders.html

▶ JOHN BIRCH

John Morrison Birch (1919–1945), christlicher Missionar in China und Nachrichtenoffizier für die US Air Force, wird von der nach ihm benannten John Birch Society beinahe als Heiliger verehrt. Birch ging nach China, trotz der Warnung seines Pastors, daß das Land für Christen zunehmend unsicher wurde. Angeblich erwiderte Birch:»Ich weiß, daß Kommunismus der große Feind ist, aber der Herr hat mich gerufen. Mein Leben ist in seiner Hand, und es gibt keine Umkehr.« Während des Zweiten Weltkrieges färbte er seine Haare schwarz und kleidete sich den Landessitten entsprechend. Birch erwarb gründliche Kenntnisse der chinesischen Sprache und Kultur. Er arbeitete hinter den japanischen Linien und sammelte Nachrichten für die US Air Force. Nach dem Luftangriff auf Tokio von 1942 half er General Doolittle und seinen Besatzungen bei der Flucht.[1]

Am 25. August 1945 wurde Birch von kommunistischen Guerilleros erschossen, und 1958 benannte Robert Welch die John Birch Society nach ihm, dem ersten Amerikaner, der im Kalten Krieg ums Leben kam.

Verweise: ▶ »John Birch: A Patriotic Exemplar«, von William Norman Grigg, *The New American*, 13. Dezember 1993.

[1]   General Doolittle startete 1942 mit zweimotorigen Bombern von einem Flugzeugträger aus und bombardierte Tokio. Die Besatzungen konnten nicht wieder auf dem Flugzeugträger landen und flogen nach China weiter, wo sie untertauchten, ein paar von ihnen kamen ums Leben. Die Japaner hatten sich bis dahin vor Luftangriffen sicher gefühlt.

▶ JOHN BIRCH SOCIETY

Die John Birch Society vertritt Werte und Ansichten, die sowohl gemäßigten Konservativen als auch rechtsradikalen Extremisten gemeinsam sind – den jüdisch-christlichen Sexualcode, die Theorie des freien Marktes, den Ruhm der Verfassung der Vereinigten Staaten, etc. Was die John-Birch-Leute von anderen unterscheidet, ist ihre ganz spezielle Verschwörungstheorie. Sie erinnert an die mystische Vorstellung, daß Gegensätze Manifestationen einer verborgenen Einheit sind (siehe: *The Sacred Chao* und *Yin und Yang*), tut dies jedoch in einer sehr konkreten und sinistren Weise.

Die Birch-Doktrin besagt, daß Kommunismus und Kapitalismus beide Teil einer viel größeren Verschwörung finanzieller Insider sind, die sowohl die kapitalistischen als auch die paar verbleibenden kommunistischen Staaten kontrollieren. Diese Insider klingen ziemlich nach *Illuminaten*, kopieren diese aber eher, so der führende Birch-Verschwörologe Gary Allen. Sie wurden im vergangenen Jahrhundert von *Cecil Rhodes* und anderen europäischen Finanziers organisiert und manipulieren Regierungen und öffentliche Meinung, zum Beispiel unter dem Deckmantel des *Council on Foreign Relations*.

Die Birch-Theorie stützt sich stark auf das Zeugnis des Dr. Bella Dodd, ehemals Mitglied der kommunistischen Partei der USA und später erbitterter Gegner des Kommunismus. Nach Dr. Dodd kamen einmal wichtige Befehle für die Partei nicht aus Moskau, sondern von drei Männern im Waldorf-Tower in New York – alle drei reiche amerikanische Kapitalisten. »Ich glaube, die kommunistische Verschwörung ist nur ein Zweig einer weitaus größeren Verschwörung«, sagte Dodd, »ich würde wirklich gern herausfinden, wer tatsächlich hinter den Dingen steckt!« Die drei Mystery-Millionäre mögen eine entfernte Ähnlichkeit mit den drei Schurken haben, die den *Sohn der Witwe* in der *Freimaurer*-Legende umbrachten, oder auch mit den drei *Men In Black*, die UFO-Kontaktpersonen heimsuchen (und vielleicht auch noch mit den drei Soldaten – ein Schotte, ein Engländer und ein Waliser –, die den irischen Träumer in James Joyces *Finnegans Wake* quälen).

Eine andere Quelle, aus der die Birch-Verschwörung schöpft, ist ein dickes, fettes Buch namens *Tragedy and Hope* von **Professor Carroll Quigley**, welches auch andere rechte Verschwörungsfans beeinflußt hat. Professor Quigley von der Georgetown University in Washington, die von den Jesuiten geleitet wird, spricht darin von »Gruppen am runden Tisch« aus Intellektuellen und Politikern, finanziert und geführt von einer betuchten Elite, die hinter der Bühne die westlichen Demokratien kontrollieren. Diese Gruppen, sagen die Birch-Leute, sind die Insider, und Cecil Rhodes war ihr Gründervater. »Dieses Netzwerk«, schreibt Quigley, »hat nichts gegen die Zusammenarbeit mit Kommunisten oder irgendwelchen anderen Gruppen und tut das auch dauernd.« Eine andersartige Version von Professor Quigleys Buch und seiner Bedeutung findet sich in *A-Albionic Consulting and Research*.

Siehe auch: ▸ Gnomen von Zürich, LAWCAP, MMAO.
Verweise: ▸ http://www.jbs.org/

▶ BISOZIATION

Bisoziation ist ein Ausdruck, den der Schriftsteller und Philosoph Arthur Koestler (1905–1983) eingeführt hat. Er bezeichnet »die Wahrnehmung einer Situation oder Idee … in zwei zusammenpassenden, aber gewohnheitsmäßig unvereinbaren Bezugsrahmen«, ein Prozeß, von dem Koestler behauptet, er stecke hinter den menschlichsten unserer Verhaltensweisen: dem *Witz,* der *wissenschaftlichen Theorie* und dem *Kunstwerk.*

Der Autor des vorliegenden Buches schlägt vor, daß Bisoziation auch hinter einer anderen, typisch menschlichen Geschichte steckt: der Verschwörungstheorie.

Bezugsrahmen, die Koestler auch Matrizen nennt, werden auch als Raster oder Realitätstunnel in verschiedenen Wissenschaften bezeichnet. So ein Rahmen, Matrize, Realitätstunnel etc. ist ein Weg, Erfahrung zu organisieren: ein Code in unserem Nervensystem, der dem Gehirn sagt, wo es die verschiedenen Informationen verstauen soll. Wenn Bisoziation stattfindet, haben wir zwei kollidierende oder verschmelzende Rahmen. Das kann vergnüglich, beinahe sexuell sein, und nicht selten ist es fruchtbar.

Im Humorbereich kann Bisoziation durch Oscar Wildes »Sind die Hamlet-Kommentatoren wirklich verrückt, oder tun sie nur so?« illustriert werden. *Hamlet* als Charakter (der verrückt sein könnte) verschmilzt mit *Hamlet* als Stück, und die mögliche Verrücktheit des einen oder beider überträgt sich auf die Kommentatoren (dieser doppelten Doppelassoziation unterliegt das Paradox, daß wir uns mit Hamlet identifizieren können, obwohl wir wissen, daß er in Wirklichkeit Laurence Olivier ist und wir nur einem Bühnenstück zuschauen – eine Art der Bisoziation oder Wahnsinn oder mystische Ganzheit, die sozial akzeptierbar ist, weil sie im Theater ritualisiert und lokalisiert ist. Würden Sie jedoch Lord Olivier auf der Straße begegnen und ihn als Hamlet ansprechen, dann wäre das unakzeptierbare Verrücktheit).

Dieselbe Kollision von Bezugsrahmen zeigt sich in Mae Wests »Ist das eine Pistole in Ihrer Tasche, oder freuen Sie sich nur, mich zu sehen?«, oder in Groucho Marxs »Ich schoß einmal auf einen Elefanten in meinem Pyjama. Wie er in meinen Pyjama kam, werde ich wohl nie erfahren.«

Die gleiche Bisoziation ereignet sich in der wissenschaftlichen Entdeckung immer wieder. Newton sieht einen Apfel fallen, wie schon viele vor ihm, und bisoziiert das plötzlich mit den Umlaufbahnen der Planeten: die Geburt der klassischen Gravitationslehre. Kein anderer als ein Verrückter oder ein Genie würde eine simple

Frucht, die von einem schlichten Baum fällt, mit den Bewegungen der Himmelskörper in Bezug setzen.

Genauso waren, obwohl es uns schwerfallen mag, uns daran zu erinnern, Elektrizität und Magnetismus zwei verschiedene Dinge – bis zu James C. Maxwell, dessen Bisoziation in Elektromagnetismus so grundlegend für die moderne Physik ist wie Einsteins Bisoziation von Raum und Zeit in die Raumzeit.

Bisoziation findet sich in der Kunst; mein Lieblingsbeispiel ist Yeats' »Eine schreckliche Schönheit ward geboren«. Nie zuvor waren Schrecken und Schönheit so nahe beieinander. Und die Vorstellung von Schmerz und Herrlichkeit einer Geburt erreicht eine andere Ebene, eine Bisoziation der Bisoziation, wenn man sich erinnert, daß dieser Satz die gescheiterte irische Rebellion von 1916 beschreibt, die direkt zum Unabhängigkeitskrieg (1918–1921) führte, aus dem die Nation geboren wurde.

Oder Shakespeares »Blut, Du bist Blut: Lass uns ›Guter Engel‹ auf des Teufels Horn schreiben«. Oder, um in eine andere Kunstrichtung zu springen, man denke nur an Picassos Skulptur, die ein Stierschädel zu sein scheint, aber in Wirklichkeit aus Fahrradteilen entstanden ist.

Natürlich entwickeln sich aus vielen Bisoziationen nur falsche Theorien oder banaler Blödsinn, so Koestler. Im Leben eines Humoristen oder Wissenschaftlers oder Künstlers mag das das Spannendste sein: Man weiß nie, ob man Geniales oder Kitsch produziert hat.

Verschwörungstheorien enthalten einen großen Anteil an Bisoziation, und oft weiß man nicht, ob man sie als (unbeabsichtigten) Humor, wahre Sozialwissenschaft oder nur schwarze Kunst klassifizieren soll. Bedenken Sie diese Beispiele:

Die Bisoziation von drei Millionären im Waldorf-Tower mit der Kommunistischen Partei der Vereinigten Staaten (siehe: *John Birch Society*).

Die Bisoziation von Königin Elisabeth II. und einer Hippie-Bude in der Haight-Ashbury-Gegend um 1968 (siehe: *Lyndon LaRouche*).

Die Bisoziation von George Bushs Ölquellen und den Aliens, die die CIA vor uns verbirgt (siehe: *William Cooper*).

Irgendeine Form der Bisoziation taucht, glaube ich, in jeder Verschwörungstheorie auf, und das erklärt, warum so viele über eine bestimmte Theorie lachen, während andere sie als Enthüllung der nackten Wahrheit begrüßen.

Siehe auch: ▶ *F for Fake*, Charles Fort, Prieuré de Sion.
Verweise: ▶ *The Act of Creation*, von Arthur Koestler, Macmillan, New York, 1964, Seite 35 ff.

▶ BOA: BANK-OF-AMERICA-VERSCHWÖRUNG

Die Initialen der Bank von Amerika haben den Verdacht eines Schriftstellers erregt, der unter dem Pseudonym Wednesday N. (Mittwoch N.) schreibt. BOA, so sagt er, sei der Name einer »Schlangenart, die ihre Opfer zu Tode quetscht«, und fährt fort, daß die stetig ansteigende Zahl von Bankgebühren die wahren Motive der BOA zeigt: »Boas sind kaltblütige, skrupellose Schleicher, die vor nichts zurückschrecken.«

Siehe auch: ▶ Banco Ambrosiano, Bank of England, First Interstate Bank,
                  Gnomen von Zürich.
Verweise: ▶ http://www.hallucinet.com/asylem/asylem2/as_boa.html

▶ »BOB«

Der Gründer, Erlöser und Märtyrer der Church of the Sub-Genius, J. R. »Bob« Dobbs, wird von seinen Anhängern einfach »Bob« genannt, und gelegentlich durchbricht der wilde Ruf ›Lob sei »Bob«!‹ den sonst so feierlichen Ton der Sub-Genius-Nichterweckungsversammlungen.

»Bobs« Mutter wurde von einem Milchmann verführt, der (vielleicht) von den aztekischen Göttern abstammte. Als junger Mann wurde »Bob« Champion-Vertreter für Aluminiumgleise und wäre vermutlich in diesem Beruf geblieben, wenn er nicht eines Tages mit L. Ron Hubbard in einem Aufzug steckengeblieben wäre. Nach dieser schrecklichen Erfahrung gründete »Bob« seine eigene Religion und wurde schnell genauso reich wie Hubbard, »Rolls-Royce«-Raijneesh oder der Papst.

»Bob« lebte für einige Jahre in Dobbstown, und selbst dort war es schwer, ihn persönlich zu treffen. Wer eine Audienz wollte, mußte sich einer Operation zur Öffnung des dritten Nasenlochs durch eine medizinische Rockgruppe namens »Doctors for ›Bob‹« unterziehen, dennoch erlitten viele durch die Begegnung mit dem Halbgott »Bob« teilweise Amnesie, Augenschmerzen, Sonnenbrand und morbide Ängste, etwa davor, daß *Men In Black* als Zeugen Jehovas verkleidet in ihre Wohnungen eindringen wollten, um sie einer Gehirnwäsche zu unterziehen.

1982 wurde »Bob« in San Francisco von einem seiner Schüler namens Puzzling Evidence (Irreführender Beweis) erschossen, bzw. von bis zu sechs anderen Leuten, je nach der Verschwörungstheorie, an die Sie persönlich lieber glauben.

Siehe auch: ▸ The Con, Diskordianismus, Slack.
Verweise: ▸ Rev. Ivan Stang, Church of the Sub-Genius, P.O.Box 140306, Dallas,
                   TX 75214.

▸ BOOK OF THE SUB-GENIUS

Als Auswahl früher Sub-Genius-Phrasendrescherei enthält das *Book of the Sub-Genius* so brillante Zen-Geistesblitze wie:

▸   »Mann, das ist ja noch relativer, als Einstein dachte!«
▸   »Benimm dich wie ein Arschloch, und sie werden dich wie ihresgleichen behandeln!«
▸   »Ich pople mir den verdammten Terror der Götter aus der Nase!«
▸   »Iß einen Hamburger nicht einfach – friß ihn in Grund und Boden!«

Der rätselhafteste (aber auch erhellendste) Text lautet:

> *»Bob« ist*
> *»Bob« wird*
> *»Bob« ist nicht*
> *Nichts ist. Nichts wird. Nichts ist nicht.*
> *Daher: Nichts ist Alles.*
> *Daher:*
> *Alles ist »Bob«*

Siehe auch: ▸ »Bob«, The Con, Diskordianismus, OM.
Verweise: ▸ *The Book of the Sub-Genius*, Sub-Genius Foundation, Simon and
                   Schuster, New York, 1987.

▶ BORN IN BLOOD

John J. Robinsons *Born in Blood* behauptet, daß die *Freimaurer* (und paradoxerweise auch ihre paranoidesten Kritiker) historisch gesehen recht haben, wenn sie eine direkte Abstammung der Freimaurer von den Tempelrittern beanspruchen. Orthodoxe Historiker, die das schon immer als romantisch abgetan haben, haben laut Robinson eine Menge Beweise übersehen. Man weiß, daß die Unterdrückung der Templer durch die Inquisition in Schottland nie durchgesetzt wurde, skeptische Nicht-Freimaurer-Historiker haben nie in der Geschichte dieses Landes nach Beweisen für die Entwicklung überlebender Tempelritter zu Freimaurern gesucht. Robinson tut das und findet faszinierende Daten.

Sein Hauptbeweis besteht aus Grab- und Kircheninschriften, einer Neubewertung von Freimaurerlegenden und bisher unerklärten Erzählungen, wonach seltsame Verbündete die schottischen Patrioten zu verschiedenen Zeiten unterstützt haben sollen. All das summiert sich zu der überzeugenden (wenn auch nicht bewiesenen) Annahme, daß die schottischen Tempelritter unter neuem Namen überlebt und sich letztendlich zu den Freimaurern des 18. Jahrhunderts entwickelt haben. Robinson führt außerdem gute Argumente für einen Einfluß der Templer/Freimaurer auf die englische Bauernrebellion von 1381 an, was erklären könnte, warum die *Malteserritter* in diesem Aufstand zum Ziel von Gewalt wurden.

Einer der Aufrührer, Wat Tyler, oder Wat, the Tyler, war nach Robinson ein Freimaurer (ein Mitglied einer Freimaurerloge wird nach wie vor Tyler genannt). Das Buch dokumentiert den Einfluß der Freimaurer auf Sir Francis Bacons *Nova Atlantis* und den Einfluß dieser utopischen Novelle auf spätere Radikale und Humanisten, beschäftigt sich jedoch nicht mit den *Illuminaten*.

Siehe auch:	▶ A-Albionic Consulting and Research, Christians Awake, AIDS-Theorie.
Verweise:	▶ *Born in Blood: The Lost Secrets of Freemasonry*, von John J. Robinson, Evans and Company, New York, 1989.

▶ **LEE BOWERS JR.**

Lee Bowers jr., ein Eisenbahnangestellter, arbeitete zum Zeitpunkt von Kennedys Ermordung in einem Stellwerk in Dallas hinter dem Grashügel. Er sagte vor der Warren-Kommission aus, daß er zwei Männer hinter dem Zaun sah sowie einen Lichtblitz, als die Schüsse fielen, aber seiner Aussage wurde nicht nachgegangen. Am 9. August 1966 kam Bowers bei einem Autounfall ums Leben. Anscheinend fuhr er seinen Wagen gegen einen Brückenpfeiler. Zum Zeitpunkt des Unfalls befand sich Bowers in einem »seltsamen Schockzustand«, so ein Pathologe.

Siehe auch: ▶ John-F.-Kennedy-Attentat, Mary Pinchot Meyer, Drei Tramps, »The Whole Bay of Pigs-Thing«.

Verweise: ▶ *The Big Book of Conspiracies*, von Doug Moench, Paradox Press, New York, 1995, Seite 15.

▶ **BROEDERBOND**

Der Broederbond, eine ritualistische Geheimgesellschaft, vom Philadelphia *Inquirer* als Schattenkabinett beschrieben, kontrollierte Südafrika angeblich mehr als vier Jahrzehnte lang. Jeder südafrikanische Staatschef und alle Minister waren Mitglieder dieser Gruppe, die die Apartheid erfand und fast fünfzig Jahre lang rücksichtslos durchsetzte. Der Broederbond entschied auch, daß sich Apartheid nicht länger durchsetzen ließ, und überwachte die Verhandlungen Präsident F. W. de Klerks mit den Schwarzen zur Beteiligung an der Macht.

In einer Rezension des Buches *Anatomy of a Miracle: The End of Apartheid and the Birth of a New South Africa* von Patti Walmeir fügt der *Christian Science Monitor* hinzu, daß der Broederbond schon in den späten 80ern Geheimgespräche mit verbotenen Schwarzenorganisationen führte, als er die weiße Vormachtstellung noch mit äußerster Gewalt durchsetzte.

Der Kopf dieser Geheimgesellschaft war Professor J. P. de Lange, der schließlich entschied, daß es unmöglich sei, den Fortbestand der Weißen in der Nation ohne Beteiligung der Schwarzen an der Macht zu garantieren.

Siehe auch: ▸ Bilderberger, Council on Foreign Relations, Gnomen von Zürich,
                     Octopus, P2-Verschwörung.
Verweise: ▸ Philadelphia Inquirer, 28. Januar 1990.
                 ▸ Christian Science Monitor, 9. April 1997.

▸ BROTHERHOOD

(The Brotherhood: The secret World of Freemasonry) von Stephen Knight fügt der
Anti-Freimaurer-Verschwörungsstory ein paar neue Anklagen hinzu. In einem großen Teil des Buches versucht Knight zu zeigen, daß der KGB die Freimaurer überall
dort unterwandert hat, wo es ihm gelang, einen Fuß in die Tür zu kriegen, und daß
daher die Sowjets hinter der *P2-Verschwörung* in Italien steckten. Außerdem versucht er zu beweisen, daß der KGB durch seine Kontrolle der Freimaurerlogen auf
breiter Ebene die britische Regierung infiltrieren konnte, ihre Nachrichtendienste
(früher: MI 5 und MI 6) eingeschlossen, weshalb England mehr enttarnte »Maul-
würfe« als andere NATO-Länder hatte.

Selbst die eifrigsten Anti-Freimaurer-Verschwörologen würden wahrscheinlich
zugeben, daß diese These mehr Einbildung und Spekulation enthält als harte Fakten. Aber Knight wird besser, wenn es um den mächtigen Freimaurereinfluß auf
Scotland Yard geht und er ehemalige Beamte zitiert, die von der Notwendigkeit
sprechen, Mitglied der Loge zu werden, wenn es um Beförderung ging. Das verleiht
seiner Theorie einige Glaubwürdigkeit, die besagt, daß Scotland Yard im Fall des
erhängten *Roberto Calvi* in London sehr schnell zu einer Selbstmorderklärung kam,
da man Freimaurer-Symbolismus in den Details erkannte. (In Calvis Taschen fand
man Ziegelsteine, und seine Leiche hing dort von der Brücke, wo die steigende Flut
sie bedeckte. Ziegel werden mit dem Ursprung der Freimaurer assoziiert, und dort
zu hängen, wo die steigende Flut die Körper bedeckt, ist eine Drohung, die zur Aufnahme in den Ersten Grad gehörte, bis die Freimaurer sie nach diesem Fall offiziell
aus den Riten entfernten.) Die meisten Forscher glauben, daß die P2-Bande sowohl
vom KGB als auch von der CIA Geld nahm (und sie beide übers Ohr gehauen hat).

Siehe auch: ▸ Freimaurer, Illuminaten, P2-Verschwörung.
Verweise: ▸ *The Brotherhood: The secret World of Freemasonry,* von Stephen Knight,
                     Grenada, London, 1984.

▶ **GIORDANO BRUNO**

Giordano Bruno (1548–1600), italienischer Wissenschaftler, Philosoph und vielleicht Verschwörer, wurde am 16. Februar 1600 in Rom auf dem Scheiterhaufen verbrannt. Die meisten Historiker erwähnen nur, daß Giordano Bruno der Ketzerei angeklagt war, weil er die Astronomie des Kopernikus lehrte, aber der Historiker Frances Yates, der sich auf die okkulten Aspekte der frühen wissenschaftlichen Revolution spezialisiert hatte, weist darauf hin, daß man Bruno 18 verschiedener Verbrechen anklagte, darunter Ausübung der Hexerei und Organisation einer Geheimgesellschaft, die sich gegen den Vatikan stellen sollte. Yates glaubt, daß Bruno möglicherweise auch eine Rolle in der Erfindung des *Rosenkreuzer*tums und der *Freimaurerei* gespielt hat.

Brunos Lehren verbinden die neue Wissenschaft seiner Zeit mit dem traditionellen Mystizismus der Kabbala. Er glaubte an ein Universum des unendlichen Raumes mit unendlich vielen bewohnten Planeten und an eine Art dualistischen Pantheismus, in welchem das Göttliche in jedem Teil verkörpert wird, jedoch immer in entgegengesetzten Formen, die sowohl einander widersprechen als auch sich gegenseitig unterstützen.

Wie auch immer seine Verbindung zu Geheimbünden aussah, er beeinflußte Hegel, Marx, die Theosophie, James Joyce, *Timothy Leary, Diskordianismus* und *Wilhelm Reich*.

Siehe auch: ▸ Äon des Horus, John Dee, Illuminaten, Sacred Chao, Yin und Yang.
Verweise: ▸ *Giordano Bruno and the Hermetic Tradition*, von Frances Yates,
                University of Chicago Press, 1964.

▶ **BUCH DER LÜGEN**

Das Buch der Lügen *(Book of Lies)* ist das rätselhafteste und absichtlich perverseste der magick-mystischen Handbücher des unerhörten *Aleister Crowley*, und für die, die etwas davon entziffern können, ist es auch eines der komischsten Bücher. Crowley behauptet, in einem Kapitel die innersten Geheimnisse der *Freimaurer* und *Illuminaten* zu enthüllen, weigert sich aber zu sagen, in welchem. Grundsätzlich enthält der Text dieselben Paradoxa wie die *Principia Discordia* oder die Rätsel des Zen-Buddhismus, kombiniert mit lyrischen Passagen, in denen es scheinbar um verschiedene Arten sexueller Akrobatik geht, wenn man es so verstehen will, oder um veränderte Bewußtseinszustände auf dem Weg zur mystischen Erleuchtung, wenn man es lieber so sieht. Ein Kapitel beginnt zum Beispiel so:

Nichts ist
Nichts wird
Nichts ist nicht.

Für die meisten Leser mag das wie purer Quatsch klingen, aber es beschreibt recht präzise den mystischen Zustand namens Shivadarshana der Hindus. Die Pointe findet sich in unserem Eintrag unter **Book of the Sub-Genius**.

Siehe auch: ▶ Bisoziation, Diskordianismus, Illuminaten, Noon Blue Apples, Ordo Templi Orientis.

Verweise: ▶ *Das Buch der Lügen*, von Aleister Crowley, München, 1995.

▶ BUCKAROO BANZAI: DURCH DIE ACHTE DIMENSION

Buckaroo Banzai (oder mit vollem Titel: *The Adventures of Buckaroo Banzai Across the Eighth Dimension*) ist einer der Filme, die wie *Repo Man* oder *The Magic Christian* eine kleine, aber überzeugte Anhängerschaft haben (die wahrscheinlich vom FBI oder der CSICOP überwacht wird). Der Held, Dr. Banzai, ist ein großer Wissenschaftler, Gehirnchirurg und verbrechensbekämpfender Supermann, jedoch politisch-korrekterweise nicht der Weiße-Amerikaner-Stereotyp, sondern multiethnisch (Halbasiate) und obendrein noch Rockstar und New-Age-Philosoph (»Wo immer du gehst … *da bist du!*«). Im Film geht es um eine Verschwörungsgeschichte, aber Sie müssen diesen Abschnitt nicht lesen, falls Sie das Video leihen wollen. Ich werde nämlich die Hauptüberraschungseffekte in diesem Film verraten: Die Marsinvasion von 1938 war keine Fälschung von **Orson Welles** – sie ist wirklich passiert! Orson und alle anderen wurden nämlich nach der Invasion einer

Gehirnwäsche unterzogen, und das schreckliche Erlebnis wich der Erinnerung an einen Scherz.

Siehe auch: ▸ Ärea 51, Philip K. Dick; Charles Fort, *Gods of Eden*, Recovered Memory Therapy.

Verweise: ▸ *The Adventures of Buckaroo Banzai Across the Eighth Dimension*, Regie W. D. Richter, LIVE Videos, 1984.

▸ BÜRGERVERGASUNG

Nach der unten angegebenen Quelle hat das US-Militär Wolken von angeblich »harmlosem« Gas über sechs amerikanischen und kanadischen Städten verbreitet, um etwas über ähnliche Vorgänge unter Bedingungen der chemischen Kriegführung herauszufinden. Ein Bericht hält fest, daß unter den Betroffenen Atmungsbeschwerden weit verbreitet waren.

Siehe auch: ▸ Chicagoer Malaria-Studie, Kuba: Bakterienkrieg?, El Salvador: Bakterienkrieg?

Verweise: ▸ http://home.earthlink.net/~bkonop/GermIncidents2.html

▸ PRÄSIDENT GEORGE BUSH

Nach dem »Roman« oder der »Dokumentation« *American Hero* hatte George Bush, der größte Präsident zwischen Ronald Reagan und Bill Clinton, die Gewohnheit, sein schweres Schlafmittel Halcyon gegen ärztlichen Rat mit einem Schuß Scotch Whiskey zu nehmen. Das könnte die seltsame und fast rührende Tatsache erklären, daß Mr. Bush häufig unfähig war, klare Sätze zu bilden. Zum Beispiel:

Sie können nicht Präsident der Vereinigten Staaten sein, wenn Sie keinen Glauben haben. Denken Sie an Lincoln, geht auf die Knie in schweren Zeiten und im Bürgerkrieg und lauter so Zeug. Kann man nicht. Und wir sind gesegnet.

Sie brauchen sich wegen mir keine Sorgen – Don't cry for me, Argentina.
Jetzt muß ich aber los und mich entspannen. Der Doktor hat mir gesagt,
ich soll mich entspannen. Der Doktor hat mir gesagt, ich soll mich entspannen.
Der Doktor hats gesagt. Er wars. Er hat gesagt: »Entspannen«.

Siehe auch: ▶ Bilderberger, William Cooper, Trilaterale Kommission,
»The Whole Bay of Pigs Thing«.

Verweise: ▶ Zitiert aus: *Bushisms,* Workman Publishing, New York, 1992,
Seiten 7, 17.

▶ **DER ZWEITE GEORGE BUSH**

Laut einer Aktennotiz des FBI hatte man »George Bush von der CIA« am 23. November 1963 über die Reaktion von Exilkubanern auf das *John-F.-Kennedy-Attentat* unterrichtet.

Da George Bush aber jede Verbindung mit der CIA verneint, bevor er 1976 von Präsident Gerald Ford zum Direktor der Agentur ernannt wurde, ist George Bush entweder (a) ein Lügner, oder (b) es gibt einen zweiten George Bush. Konspirologen der Rechten wie der Linken bevorzugen Möglichkeit (a).

Paul Kangas, ein Verschwörungsjäger, der davon überzeugt ist, daß George Bush CIA-Agent war, vertritt die Ansicht, daß die CIA kaum zulassen würde, daß man jemand zu ihrem Boß machte, der nicht seit langen Jahren »ihr Mann« gewesen sei.

Verweise: ▶ »The Role of Richard Nixon and George Bush in the Assassination of President Kennedy«, *The Realist*, Nr. 117, Sommer 1991.

▶ **CARA CALVI**

Cara Calvi, die Witwe von Roberto Calvi, nahm als Zeugin an der zweiten Untersuchung zum Tode ihres Gatten in London teil. Sie wandte sich vehement gegen das Verdikt der ersten Anhörung, der Tod des Bankiers sei Selbstmord gewesen, und sagte, man habe ihn umgebracht, weil er als Kronzeuge die Namen derer nennen wollte, die einen höheren Rang in der *P2-Verschwörung* hatten als er selbst. Auf die Frage, ob Calvi vorhatte, Personen aus dem Vatikan zu benennen, erwiderte Frau Calvi »Ja« und fügte hinzu, es handele sich um Personen »von ganz oben«. Bei der zweiten Anhörung verwarf man die Entscheidung der ersten und bezeichnete Calvis Todesursache als unbekannt.

Verweise: ▶ Irish Times, 21. Juni 1983.

▶ **ROBERTO CALVI**

Siehe: ▶ James Jesus Angleton, Cara Calvi, *Calvi-Affäre*, Gladio, Der nackte Papst, P2-Verschwörung, Michele »The Shark« Sindona.

▶ CALVI-AFFÄRE

Die Calvi-Affäre von Larry Gurwin vom *Institutional Investor* in London unternimmt den Versuch einer sinnvollen Erklärung der *P2-Verschwörung*, die die italienische Finanzwelt und Europa insgesamt mehrere Jahre lang in den 70er und 80er Jahren erschütterte. Gurwin konzentriert sich in erster Linie auf *Roberto Calvi*, den Präsidenten des *Banco Ambrosiano*, dessen seltsamer Tod – man fand ihn erhängt unter einer Londoner Brücke, nachdem er in Italien verschwunden war – besonders englische Investoren schockte.

Calvi war der P2-Brüderschaft beigetreten, einem Geheimbund innerhalb der Grand Orient Lodge of Egyptian Freemasonry, da er glaubte, daß P2 der Schlüssel zu ökonomischer und politischer Macht in Italien war. Durch seine Verbindung mit P2 und enge Beziehungen zu Erzbischof *Paul »The Gorilla« Marcinkus* von der Vatikanbank sowie seine fruchtbare Vorstellungskraft schuf er vollkommen erfundene Banken überall auf der Welt und benutzte sie für heimliche und illegale Operationen – Calvi wurde sehr, sehr reich, zog aber auch die unwillkommene Aufmerksamkeit von Bankprüfern auf sich.

Durch *Licio Gelli*, Gründer der P2-Gruppe, war Calvi mit der *Mafia*, der *CIA*, dem KGB und einer ganzen Ansammlung von kriminellen und terroristischen Vereinigungen verwickelt, aber dank seiner Beziehungen zum Vatikan wurde er der »Bankier Gottes« genannt und schien gegen die Risiken seines Berufes immun. Dann stürzte das Kartenhaus in sich zusammen; Calvi fand sich wegen Veruntreuung unter Anklage und wurde einer Vielzahl anderer Straftaten verdächtigt; er floh aus Italien. An dem Tag, an dem er sich in London erhängte oder erhängt wurde, fiel seine Sekretärin aus einem Fenster (oder wurde gestoßen) des Banco Ambrosiano in Mailand.

Siehe auch:	▶ Gladio, *Godfather – Der Pate*, Potere Occulto, Prieuré de Sion, Michele »The Shark« Sindona.
Verweise:	▶ *The Calvi Affair: Death of a Banker*, von Larry Gurwin, Pan Books, London, 1984.

► CAMPUSKREUZZUG FÜR CTHULHU

»Ich fand es!«
Slogan des Campuskreuzzuges für Christus.

»Es fand mich!«
Slogan des Campuskreuzzuges für Cthulhu.

Der Campuskreuzzug für Cthulhu behauptet nicht nur, die älteste Studentenver-
einigung der Welt zu sein, sondern auch lang vor den Griechen und vor Atlantis,
sogar »vor dem ersten Versuch der *Illuminaten*, die Welt zu erobern«, mit seinen
»Fangarmen« die ganze Welt im Griff zu haben. Der Cthulhu-Club verehrt die
Großen Alten, Weltraumriesen aus dem *Necronomicon* des *Abdul Alhazred* und
den Schriften von *H. P. Lovecraft* und soll existiert haben, bevor die Menschen auf
der Erde erschienen. Der Kult organisierte früh in diesem Jahrhundert Campus-
kreuzzüge in vielen Universitäten der USA.
Cthulhu, normalerweise als schleimig-grüner Oktopus von der Größe eines Berges
dargestellt, ist vielleicht keine besonders hübsche Gottheit, aber die Campuskreuzfahrer bestehen darauf, daß seine Moralvorstellungen und Gewohnheiten nicht
schlimmer als die anderer Götter sind.
Der Campuskreuzzug in Binghampton, N.Y., hat vor, ein »Ziggurat des Verhängnis-
ses« zu errichten, und zwar durch Sklavenarbeit, falls die Studenten das nötige Geld
nicht aufbringen.
Andere Gruppen planen ein Rassenprogramm der »ethnischen Säuberung«, welches
auf der Annahme beruht, daß »wenn jeder mindestens einmal im Jahr badet – ob
nötig oder nicht –, dann werden sich die Beziehungen zwischen den Rassen entscheidend verbessern«. 1996 schlugen die Kreuzfahrer Cthulhu für die Präsidenten-
wahl vor, mit dem Slogan »Warum das kleinere Übel wählen?«
Die Cthulhuisten haben, wie ihre Rivalen, die Campuskreuzfahrer für Christus, eine
Menge Pamphlete veröffentlicht, darunter interessante Titel wie » *Yog Sothot* Neblod
Zin«, »Abdul Alhazred war NICHT verrückt«, »Cthulhu fthagn« und andere.

Siehe auch: ► Kenneth Grant, Robert Morning Sky.
Verweise: ► http://www.emunix.emich.edu/~winterh/ccc/

▶ WILLIAM CASEY

1981 wurde William Casey, ein Anwalt und Börsenmakler, der auch Bücher über Rechtsfragen und Geschichte geschrieben hat, von Ronald Reagan zum neuen Chef der CIA ernannt.

Casey war ein *Malteserritter* mit klaren Moralvorstellungen: »Manches ist richtig, und manches ist falsch, in alle Ewigkeit richtig und in alle Ewigkeit falsch«, erzählte er den Zuhörern anläßlich einer Saint-Patricks-Day-Feier. Er zweifelte nie an seiner Fähigkeit, Richtig und Falsch unterscheiden zu können.

Da der Kongreß der CIA weitere illegale Aktivitäten in Nicaragua verboten hatte, machte sich Casey, der wußte, daß die Regierung dort unten in aller Ewigkeit falsch lag, daran, einen Krieg zu führen, ohne daß der Kongreß dahinterkam. 1982 genehmigte Casey das Projekt »Black Eagle«, mit dessen Hilfe die Contras, die die nicaraguanische Regierung stürzen wollten, finanziert und unterstützt werden sollten. Casey hatte Freunde in mehreren Regierungen (Israel, Argentinien, Saudi-Arabien), die im Tausch gegen andere Gefälligkeiten Waffen und Geld an die Contras lieferten. Obwohl das illegal war und Casey den Kongreß ständig belog, war er unschuldig, denn er hatte bis in alle Ewigkeit recht.

Darum hatte er auch kein Problem damit, Geschäfte mit Juan Ramón Matta Ballesteros, genannt Matta, zu machen, einem Kokain-Großdealer aus Honduras. Laut *Newsweek* lieferte Mattas Organisation seit 1985 »vielleicht ein Drittel des in den USA konsumierten Rauschgiftes«. *George Bush* unterstellte inzwischen in aller Stille die »Drug Enforcement Agency« der National Security Agency und schloß dann ihr Büro in Honduras.

Hauptrollen im Eagle-Projekt spielten unter anderem auch General Richard Secord, militärischer Logistikexperte und angeblich auch CIA-Beamter, und Colonel Oliver (Olli) North, der später vor dem Kongreß zugab, daß er »Akten gesäubert … Dokumente vernichtet und andere geändert« habe, als erste Einzelheiten des Drogen- und Waffen-Deals durchsickerten.

Casey starb während der Untersuchung der langen Liste von Verbrechen, die notwendig waren, um den Krieg zu führen und für den Kongreß unsichtbar zu halten, an einem Gehirntumor. Das Christic Institute, eine Anwaltsfirma, versuchte Secord und North vor Gericht zu stellen, aber das Gericht verwarf ihre Beschwerde. Oliver North ist noch immer Persona non grata in Costa Rica, dessen Regierung die Auslieferung von John Hull verlangte, auf dessen Farm in Costa Rica Waffen für Kokain getauscht wurden.

Siehe auch:	▸ »Fragt nach dem Kokain!«, John Hull, P2-Verschwörung, *Veil*, World Finance Corporation.
Verweise:	▸ Casey über seine Sicht von Falsch und Richtig: *Veil: The Secret Wars of the CIA*, von Bob Woodward, Pocket Books, New York, 1987, S. 119.

▸ DANNY CASOLARO

Danny Casolaro, einer der Eigentümer von Computer Age Publications, verkaufte 1990 seinen Anteil an der Firma, um eine neue Karriere als freier Schriftsteller und Journalist zu beginnen. Die erste größere Story, auf die er stieß, betraf die *Inslaw* Company, die behauptete, daß bestimmte Personen im Justizministerium ihre neue Software namens *PROMIS* entwendet hatten. Die Klage wurde später von einem Bundesgericht abgewiesen. Als Casolaro die Klagen und Gegenklagen des Falles untersuchte, stieß er auf Beweise, die eine wahrhaft gigantische globale Verschwörung zu enthüllen schienen, welche er *Octopus* nannte. Als ihm auffiel, daß mehr und mehr Personen in diesem Fall unter mysteriösen Umständen ums Leben gekommen waren, bat er seinen Bruder, nicht an einen Unfall zu glauben, falls auch ihm etwas zustoßen würde.

Am 10. August 1991 fand man Danny Casolaro mit zerschnittenen Handgelenken tot in seiner Badewanne. Die offizielle Version lautete auf Selbstmord, obwohl viele seiner Freunde darauf bestanden, daß er nicht der Typ dazu gewesen war.

Verweise:	▸ *The Octopus: Secret Government and the Death of Danny Casolaro*, von Kenn Thomas und Jim Keith, Feral House, Portland, Oregon, 1996.

▶ CASTRO ALS SUPERMAULWURF

Die Sowjets hatten schon lange den Verdacht, ebenso wie bestimmte Elemente im KGB, daß Fidel Castro kein richtiger kommunistischer Revolutionär sei, sondern ein CIA-Maulwurf, der zu den höchsten Rängen des KGB vordringen sollte, genau wie sich der sowjetische Spion *Sasha* angeblich in die CIA eingeschlichen hatte. Kurz nach Castros Machtergreifung ließ sich ein Russe in Havanna nieder, angeblich als Korrespondent der Nachrichtenagentur TASS. Er war ein hochrangiger KGB-Offizier und offensichtlich auf Castro angesetzt, um herauszufinden, ob er ein Maulwurf war. Der Autor der unten genannten Webseite bemerkt dazu: »Ein Charakteristikum, das alle Geheimdienstbeamte, Ost und West, haben, ist ein Verstand, der für alles offen ist. Für sie ist nichts unmöglich, nur weil es unwahrscheinlich ist.« (Weise Worte; so weise, daß wir sie uns für die Einleitung zu diesem Buch ausgeliehen haben.)

Er weist darauf hin, daß *James Jesus Angleton* von der CIA-Spionageabwehr immer an dem Verdacht festhielt, daß Tito ein kommunistischer Maulwurf war und daß jemand in der CIA mit mindestens dem gleichem Rang wie er selbst ein kommunistischer Spion mit dem Codenamen Sasha sei.

Siehe auch: ▶ Franklin Delano Roosevelts Ermordung, Fedora, Elmyr.
Verweise: ▶ http://www.livelinks.com/sumeria/politics/supermol.html

▶ MONA CHAREN

Die Kolumnistin Mona Charen ist der Ansicht, daß die Bürger der Vereinigten Staaten ihrer Regierung zu sehr mißtrauen und jeden Glauben verloren haben. Die Schuld gibt sie Hollywood, und sie sagt über die neueren Filme:

> *Da sind überall Verschwörungen. Das ist nicht nur Oliver Stone, der sein Zeug*
> *vertickt, obwohl er der Schlimmste ist, mit seinen gefälschten »historischen«*
> *Dramen. In einem Film nach dem anderen, sogar in dem im Grunde harmlosen*
> *»Independence Day«, geht es vollkommen selbstverständlich um Regierungen,*
> *die Geheimnisse haben und die in Verschwörungen verstrickt sind.*

Frau Charen findet die Vorstellung einer verschwörerischen Regierung (bestes Beispiel: Stones *JFK* und *Nixon*) »ernsthaft demoralisierend«, »weit hergeholt«, »vollkommen absurd« und fragt scharf: »Muß denn wirklich alles eine Verschwörung sein?«

Diese Frau behalten wir besser im Auge: Sie klingt wie eine von DENEN.

Verweise: ▸ *San Jose Mercury News*, 30. März 1997.

▸ CHICAGOER MALARIA-STUDIE

Etwa 400 Gefängnisinsassen in der Gegend von Chicago wurden während des Zweiten Weltkrieges mit Malaria infiziert, als Teil eines Crash-Programmes zur Entwicklung von Malariaheilmitteln. Obwohl man den Opfern sagte, daß sie einen kriegswichtigen Beitrag leisten würden, gab man ihnen keine wirklichen Informationen über das, was man mit ihnen machte, wie es später das Nürnberger Kriegsverbrechertribunal verlangte.

Der Fall wurde tatsächlich im Fall der Nazi-Ärzte von der Verteidigung in Nürnberg vorgebracht, als eines von vielen Beispielen, um ihr Verhalten als Kriegsanstrengung zu rechtfertigen.

Siehe auch: ▸ AIDS-Verschwörungstheorien, Kuba: Bakterienkrieg?,
Haiti-Experiment, El Salvador: Bakterienkrieg?
Verweise: ▸ http://home.earthlink.net/~bkonop/GermIncidents2.html

▶ NOAM CHOMSKY

Noam Chomsky (geb. 1928) hatte zwei Karrieren – eine als distinguierter Theoretiker auf dem Gebiet der Sprachwissenschaften und eine zweite als der brillanteste und unerbittlichste Kritiker der amerikanischen Außenpolitik.

Aus irgendeinem Grund (siehe: *Bilderberger*) haben die Medien Professor Chomskys Werk in seiner Rolle als Sozialkritiker buchstäblich ignoriert; vielleicht denken sie, daß seine Arbeit nicht der Rede wert sei.

Wie viele Kritiker aus der Linken und einige der extrem Rechten (Pazifismus und Isolationismus überlappen sich manchmal) war Chomsky gegen alle Kriege, in die uns unsere Regierung in diesem Jahrhundert verwickelt hat. Sein Hauptaugenmerk richtete sich auf die Entwicklung einer Theorie des freiheitlichen Sozialismus (und/oder Anarchismus) als eine Alternative zu Machtpolitik aller Art (siehe: *Lord Acton, Regierung als kriminelle Verschwörung, Benjamin R. Tucker*). Chomskys originellste und vernichtendste Kritik am Establishment beschäftigt sich aber mit der Rolle der Medien, ein Dauerthema in seinen sozialen Gedanken und zentrales Thema in seinem Buch *Necessary Illusions: Thought Control in Democratic Societies*.

Chomsky sieht es folgendermaßen und dokumentiert es auch gründlich:

Die Medien spielen nicht die Rolle eines »Wachhundes«, sondern dienen dem Establishment als »Propagandaministerium«. Das heißt nicht, daß er glaubt, es gäbe keine Meinungs- und Pressefreiheit; er argumentiert jedoch, daß die Bandbreite der Standpunkte, die man der Öffentlichkeit präsentiert, zunehmend enger wird, und manche kritischen Standpunkte werden so an den Rand gedrängt, daß nur allergründlichste Nachforschungen sie ans Tageslicht bringen können (Chomsky selbst wurde die längste Zeit seiner Karriere auf solche Art an den Rand gedrängt und ist es größtenteils heute noch). Die wichtigsten Medien gehören ein paar Multi-Milliardären, und die Direktoren- und Managerposten werden mit Leuten aus den unteren Rängen der gleichen privilegierten Elite besetzt. Statistisch gesehen werden gleiche Wahrnehmung, gleiche Standpunkte und dieselben Einstellungen immer dominanter, abweichende Wahrnehmungen werden »aussortiert«. Die Öffentlichkeit sieht daher nur einen kleinen Teil des wirklichen politischen Spektrums – von ganz rechts bis zur Mitte der Straße – und hört buchstäblich nichts von Alternativen. Diesen Vorgang nennt Chomsky »Herstellung von Zustimmung«, ein Ausdruck, den er ironischerweise von dem konservativen Intellektuellen Walter

Lippman übernahm, der 1921 sagte, daß Tyranneien die Bevölkerung mit Gewalt kontrollieren, daß Demokratien aber die »Zustimmung« der Kontrollierten »herstellen«. Für Chomsky ist jede Form der Zustimmungsproduktion Orwellsche Gedankenkontrolle. Chomsky betont daher in seiner Kritik des Vietnamkrieges, daß die Medien nur die Wahl zwischen »Tweedledee und Tweedledum«[1] lassen, d.h. zwischen den sogenannten Falken und Tauben. Er formuliert es so:

Beide Seiten, die Falken und die Tauben, haben sich auf etwas geeinigt:
Wir haben ein Recht auf unsere Aggression gegen Südvietnam. Mehr noch,
sie geben noch nicht einmal zu, daß eine Aggression stattfindet. Sie nennen
den Krieg »Verteidigung« von Südvietnam, wobei sie in Orwellscher
Manier Angriff durch Verteidigung ersetzen. In Wirklichkeit greifen wir
Südvietnam genau so an, wie die Russen Afghanistan angegriffen haben.
Wie die Russen in Afghanistan mußten wir zuerst eine Regierung an die Macht
bringen, die uns um Hilfe bitten würde, und bis wir eine gefunden hatten,
mußten wir eine Regierung nach der anderen stürzen. Schließlich fanden wir
eine, die uns einlud, nachdem wir schon jahrelang ihre ländlichen Gebiete
und ihre Bevölkerung attackiert hatten. Das ist Aggression. Niemand hielt
das für falsch, oder besser gesagt, niemand, der das für falsch hielt, wurde zur
Diskussion gebeten.

Auf diese Art wendet Chomsky seine Art Analyse noch immer auf die offizielle Propagandalinie der jüngeren US-Außenpolitik an.

Siehe auch: ▸ Mona Charen, Council on Foreign Relations, Medienkritik,
             Yankee and Cowboy War.
Verweise: ▸ Chomsky allgemein:
             http://wwwdsp.ucd.ie/~daragh/chomsky.html
             ▸ Vietnam:
             http://worldmedia.com/archive
             Necessary Illusions: Thougt Control in Democratic Societies,
             von Noam Chomsky, South End Press, Boston, 1989.

1)   = die verrückten Zwillingsbrüder aus ›Alice im Wunderland‹

▶ CHRISTIANS AWAKE AIDS-THEORIE

Eine Gruppe gottesfürchtiger Amerikaner, Christians Awake (Christen erwacht), hat eine der originellsten AIDS-Theorien auf Lager: Schuld an allem sind die *Freimaurer*. Laut Christians Awake haben die Freimaurer Amerika von Anfang an regiert und sind deshalb eine Geheimgesellschaft, weil sie alle schwul sind. Selbst George Washington war homosexuell, und das Washington Monument ist ein Phallussymbol. Nach fast 200 Jahren dieser schwulen Freimaurer-Regierung wurde Gott zornig und bestrafte die Sündenböcke mit AIDS.

Ronald Reagan ist nach Ansicht dieser Gruppe auch ein Freimaurer und trägt deshalb Mitschuld an AIDS, außerdem hat er jüdische Kommunisten in die Regierung gebracht. Und heimlich war er auch noch ein Befürworter von Abtreibungen.

Siehe auch: ▶ *GENISIS*, Our Lady of the Roses, UFO-Satans-Verschwörung.
Verweise: ▶ Christians Awake, PO Box 3513, Birmingham, AL 35211, USA.

▶ CHURCH OF THE SUB-GENIUS

Siehe: ▶ »Bob«, The Con, Slack.

▶ CIA

Siehe: ▶ James Jesus Angleton, CIA LSD-Forschung, Charles Colson, Gladio, John Hull, E. Howard Hunt, »The Whole Bay of Pigs Thing«.

▶ **CIAC**

Keine CIA-Fassade (hoffen wir), sondern die Computer Incident Advisory Capability (Beratungsmöglichkeit für Computer-Zwischenfälle), Teil des US-Departments of Energy (Energieministerium), die eine Website unterhält (siehe unten), welche Computerbenutzer in Fragen echter oder eingebildeter Viren berät. Ein Update der CIAC vom 7. April 1997 sagt:

> »Zur Zeit ist das Internet überschwemmt mit Informationen über Viren.
> Neben echten Viren gibt es jedoch auch Computerviren-Schabernack.
> Obwohl diese Streiche kein System infizieren, kosten sie doch Zeit und Geld.
> *Wir von CIAC verbringen jedenfalls mehr Zeit mit der Enttarnung von Viren-Witzen als mit der Unschädlichmachung echter Viren.*«
> [Kursivierung vom Verfasser.]

In anderen Worten: Eine nennenswerte Minderheit unter uns ist außerordentlich bösartig oder hat einen recht seltsamen Sinn für Humor.

Verweise: ▶ http://ciac.llnl.gov/ciac/CIACHoaxes.html

▶ **CIA LSD-FORSCHUNG**

1953 begann die Central Intelligence Agency mit einer Serie von Experimenten mit LSD (Lysergsäurediathylamid), eine der stärksten bewußtseinsverändernden Drogen, die man – damals wie heute – kennt.

Die LSD-Forschung war Teil eines größeren Programmes namens *MK-ULTRA*, welches CIA-finanzierte Studien über Hypnose, Elektroschocks, Lobotomie und Wahrnehmungsentzug enthielt. In einer »experimentellen Studie« namens Operation Midnight Climax benutzte die CIA ein Bordell in San Francisco, in dem die Prostituierten LSD in die Drinks der Gäste gaben, während die CIA-Voyeure durch venezianische Spiegel zuschauten. Im Lexington Neurotic Hospital gab man schwarzen Patienten (und nur schwarzen) 75 Tage lang stetig erhöhte Dosen der Droge. Eine Untersuchung des Kongresses fand heraus, daß zwischen 1955 und 1958

Tausende von US-Bürgern LSD ohne ihr Wissen oder ihre Zustimmung erhielten; die Regierung mußte schließlich Millionen von Dollar Schadenersatz an die Opfer selbst oder an die Familien derer, die Selbstmord begingen, zahlen.

Siehe auch: ▸ AIDS-Verschwörungstheorien, MK-ULTRA, Tuskegee Syphilis Study.
Verweise: ▸ *The Big Book of Conspiracies*, von Doug Moench, Paradox Press, New York, 1995, Seiten 48–50.

▸ JEAN COCTEAU

Jean Cocteau (1889–1963) gehört zu den vielseitigsten Künstlern dieses Jahrhunderts. Er beschäftigte sich mit Dichtung, Drama, Graphik, Malerei, Ballett und Film (seine bekanntesten Filme sind *Die Schöne und das Biest* und *Das Blut eines Dichters*). Er gehörte mit zu den Begründern des Surrealismus und war, angeblich, der 23. Großmeister der ultrageheimen *Prieuré de Sion*.
Cocteaus Verbindung mit der rätselhaften Prieuré beweist ein Dokument der Geheimgesellschaft, das seine Unterschrift trägt. Michael Baigent, Henry Lincoln und Richard Leigh ließen die Unterschrift von zwei Experten prüfen, die sie als Cocteaus Handschrift erkannten, nicht als Fälschung. Damit dürfte die Sache feststehen, außer für die, die *Elmyr* und Clifford Irving nicht vergessen haben.

Siehe auch: ▸ Maria-Magdalena-Kirche, Gerard de Sede, Noon Blue Apples.
Verweise: ▸ *Der Heilige Gral und seine Erben*, von Michael Baigent, Henry Lincoln und Richard Leigh, Bergisch-Gladbach, 1984.

▶ **DIE BRÜDER COLLIER**

Die Brüder Kenneth und James Collier sind erfahrene Journalisten (Kenneth arbeitet hauptsächlich für die *New York Daily News* und James für *Miami News* und *Hialah Home News*), und zufällig sind sie davon überzeugt, daß Wahlschwindel seit etwa 1970 etwas ganz Normales geworden ist. Der Grund, sagen sie, sei die Verwundbarkeit des Computersystems, das mit den ersten Stimmen Hochrechnungen erstellt, normalerweise mit erstaunlicher Treffsicherheit.

Diese Präzision, glauben die Colliers, ist nicht den Wundern der Technik zuzuschreiben, sondern der Tatsache, daß nur ein einziges Computersystem benutzt wird, um Voraussagen für NBC, ABC, CBS, Associated Press und UPI zu machen. Dieses System könne durch finstere Kräfte, wie beispielsweise die *CIA*, manipuliert werden. Die Colliers haben ein Buch namens *Votescam* geschrieben, in dem sie ihre Überzeugung detailliert darlegen, und sie haben gegen Personen und Gruppen Klage erhoben, die sie für einen Teil der Votescam-Verschwörung halten, darunter das Republikanische Nationalkomitee, die Liga der weiblichen Wähler und Richter Scalia vom Obersten Gerichtshof.

Siehe auch: ▶ Bisoziation, Noon Blue Apples, *Veil.*
Verweise: ▶ *Conspiracies, Cover-Ups and Crimes*, von Jonathan Vankin, Paragon House, New York, 1992, Seiten 19–32.

▶ **CHARLES COLSON**

Charles Colson, einer der vielen Nixon-Mitarbeiter, die aufgrund der Watergate-Verschwörung ins Gefängnis mußten, wurde später zum Christen. Interessanter ist, was er dem *Time*-Magazin erzählte: »Meinen Leuten sag ich das nicht. Die denken, ich hab sie nicht mehr alle. Ich glaube, daß die CIA Dorothy Hunt umgelegt hat.«

Siehe auch: ▶ Flug 553, E. Howard Hunt, »The Whole Bay of Pigs Thing«.
Verweise: ▶ *The Yankee and Cowboy War*, von Carl Oglesby, Berkley Madallion Books, New York, 1977, S. 227, zitiert nach *Time* vom 8. Juli 1974.

► COMMITTEE TO PROTECT THE RIGHTS AND PRIVILEGES OF LOW-COST-HOUSING
(Komitee zum Schutz der Rechte und Privilegien von Niedrig-Kosten-Unterbringung)

1973 veröffentlichte der Journalist Matthieu Paoli in der Schweiz sein Buch *Les Dessous* (auf englisch: *Undercurrents*, Unterströmungen), in dem es um eine monarchistische Verschwörung ging, die er in seiner Heimat und in Frankreich aufgedeckt hatte. Paoli wurde auf diese Verschwörung oder Gruppe Ende der 60er Jahre aufmerksam, als er ein paar Ausgaben ihres internationalen Nachrichtenblattes *Circuit* in einem Haus der **Grand Loge Alpina** fand, dem größten Freimaurerorden in der Schweiz.

Das Blatt schien sich nur mit Weinkultivierung, Genealogie und Astrologie zu beschäftigen, enthielt aber auch komische Tips und hermetische Bezüge, die offensichtlich nur Eingeweihten verständlich sein konnten. Als Herausgeber fungierte ein Committee to Protect the Rights and Privileges of Low-Cost-Housing – obwohl in dem Journal kaum je das Thema Unterbringung diskutiert wurde –, aber als Paoli zu der angegebenen Adresse ging, gab es dort kein solches Komitee.

Nach Hinweisen von ungewöhnlich kommunikativen Logenmitgliedern fand Paoli schließlich die echte Adresse der **Prieuré de Sion**, der wirklichen Herausgeber von *Circuit*. Die Adresse gehörte zur De-Gaulle-Regierung in Paris, genauer zum Komitee für öffentliche Sicherheit (während der französischen Revolution unter Führung Robespierres eine Haupttriebfeder des Terrors, jetzt aber recht respektierlich). Die Manager des Komitees schienen kultivierte Herren und Patrioten – André Malraux, Literatur-Nobelpreisträger, einflußreicher Kunstkritiker und Widerstandskämpfer während der Nazi-Besetzung, und **Pierre Plantard des Saint Clair**, Gelehrter, Okkultist und ebenfalls ehemaliger Résistance-Kämpfer (der Gefangennahme und Folter durch die Gestapo überlebt hatte).

Beide Männer waren De Gaulle treu ergeben. Nichtsdestoweniger hatte Paoli das Gefühl, daß hinter der mystischen Politik von *Circuit* entweder der Versuch steckte, die Reste der königlichen Familie wieder auf den französischen Thron zu bringen oder aber gar nichts – d.h. ein bloßer Schabernack, also kein absichtlicher oder gewinnbringender Streich. Paoli versucht in seinem Buch zu zeigen, daß die Gruppe hinter dem Journal, die Prieuré de Sion (siehe auch: **Maria-Magdalena-Kirche** und **Gerard de Sede**) also, in einer Art Code schrieb (zum Beispiel Weinherstellung: = Rassenhygiene oder Veredelung, denn Wein wurde mit Blut gleichgesetzt, oder modern ausgedrückt mit menschlichen Genen) und sich mit dem »Blut« oder den Genen der königlichen Familie und anderer verwandter Königshäuser befaßte. Einige von Paolis Beweisen unterstützen diese Theorie oder irgendeine andere Erklärung nicht. Als Beispiel: Auf dem Titel des ersten *Circuit*, das er sah und das seine Neugier weckte, sieht man eine Karte von Frankreich mit dem Davidstern daraufgedruckt und darüber etwas, das wie eine fliegende Untertasse aussieht. Obwohl der Davidstern für die Juden natürlich eine positive Bedeutung hat, sehen antisemitische Verschwörungstheoretiker überhaupt nichts Positives darin. In der antisemitischen Literatur bedeutet der Davidstern über einer Nation, daß diese unter die Kontrolle der »Internationalen Jüdischen Verschwörung« geraten ist. Kann eine Gruppe namens Sion (eine andere Bezeichnung für Israel) Antisemitismus predigen? In diesem Fall offensichtlich nicht. *Circuit* legt nahe, daß der »Wein« (Gene) der französischen Aristokratie sich direkt auf den »Wein« der Könige von Judäa im Alten Testament bezieht, besonders auf David und Salomon.

Aber was hat das alles mit einer fliegenden Untertasse auf dem *Circuit*-Titel zu tun (siehe: *UFO-Verschwörungen*)?

Nachdem er *Les Dessous* veröffentlicht hatte, nahm Paoli seltsamerweise einen journalistischen Auftrag in Israel an. Die dortige Regierung nahm ihn unter dem Verdacht der Spionage fest, befand ihn für schuldig und ließ ihn erschießen.

Siehe auch: ▸ Tempelritter, Merowinger, P2-Verschwörung, *Protokolle der Weisen von Zion.*

Verweise: ▸ *Der Heilige Gral und seine Erben,* von Michael Baigent, Henry Lincoln und Richard Leigh, Bergisch-Gladbach, 1984.

▸ THE CON
(Die Verschwörung)

The Con, kurz für The Conspiracy oder Die Verschwörung, kontrolliert alle größeren und kleineren Verschwörungen, von denen Sie je gehört haben. Was hinter The Con steckt und wer ihre Mitglieder sind, weiß J. R. »*Bob*« Dobbs, Gründer, Mahatma, Messias und Generaldirektor der *Church of the Sub-Genius*/Sub-Genius Foundation. Unter The Con findet man die *Bilderberger,* die Anhänger der *Trilate-*

ralen Kommission, Illuminaten, geklonte Kommunisten, Naziteufel, interstellare Bankiers und die Führer aller rivalisierenden Sekten und Kirchen. Alle *Pinks* (normale oder angepaßte Menschen) sind angestellte Diener der Con. Wer denkt, daß die Con nur ein Witz oder eine Parodie anderer Verschwörungen ist, dem sagt die Kirche des Sub-Genius, daß dies die »*Zeit der Pisse* ist – jenes vorhergesagte Zeitalter, in dem der Mensch nicht nach seinem Werk, nicht nach seiner Herkunft oder gar nach seinem Äußeren beurteilt wird, sondern nach seinem Urin«.

»Sie hören dich durch dein Telefon ab, obwohl der Hörer auf der Gabel liegt, und filmen dich mit Satelliten, die in jede Straße sehen können, *überall* ...«

»Sie treten dir die Tür ein, wann immer sie wollen. Alles, was sie tun müssen, ist ›Drogen!‹ brüllen, und schon ist deine Frau im Knast, deine Kinder in der Anstalt, dein Haus und dein Auto gehören plötzlich ihnen ...«

»Niemand da oben ist dein Freund; niemand da oben will, daß du etwas hast, was du Freiheit nennen könntest. Der Sinn der Regierung ist es, Konsumenten zu erzeugen und Arbeiter, die die Kosten der Arbeit niedrig und den Ertrag für die Eigentümer hoch halten ...«

»Denn diese Nation ist so krumm und pervers geworden, daß dir nicht einmal deine eigenen Körperflüssigkeiten gehören, weder deine Blase noch deine Blutgefäße sind noch privat. *Es gibt keinen Ort, wo sie dich nicht beobachten.*«

So steht es im *Buch der Uronomics*, einem uralten Sub-Genius-Text, kürzlich veröffentlicht in *Revelation X*: »Und das Tier spricht: An ihrer Pisse sollt ihr sie erkennen, und an deiner Pisse wird man dich erkennen. Und nach ihrer Pisse wird man sie teilen. Und ihre Namen wird man in den Schnee schreiben.«

Siehe auch:	▸ »Bob«, Mona Charen, Regierung als kriminelle Verschwörung, Corey Hammond, S.O.B.
Verweise:	▸ http://www.Sub_Genius.com
	▸ *Revelation X*, übersetzt aus den ursprünglichen Sprachen von der Sub-Genius Foundation, Simon and Schuster, New York, 1994.
	▸ Zu Urin-Überwachung und Drogen-Screening in Deutschland vgl. *Mein Urin gehört mir*, von Ronald Rippchen, Löhrbach, 1996.

▶ CONSPIRACY NATION

Conspiracy Nation erscheint als gedrucktes und als Onlinemagazin im World Wide Web, wobei die Onlineversion nur die besten Teile der Druckausgabe enthält. Es scheint offen für alle Verschwörungstheorien zu sein, linke wie rechte, glaubhafte und komplett verrückte. Ein paar Beispiele: Ein Artikel darüber, wie der »U.S. National Security«-Staat die Morde an **Martin Luther King jr.** und Malcolm X organisiert hat; wie »selektive Wahrnehmung« den Glauben daran aufrechterhält, daß alle Attentate das Werk verrückter Einzeltäter seien; Beweise, daß Mark Chapman John Lennon unter dem Einfluß von »Mind Control« erschoß; wie Banken es hinkriegen, Kunden Geld zu hohen Zinssätzen zu leihen, ihnen selbst jedoch niedrige Zinsen zahlen; und warum der unabhängige Anwalt im Fall Vince Foster, Robert Fisk, wegen Interessenkonflikts hätte ausgeschlossen werden müssen.

Verweise: ▶ http://www.shout.net/~bigred/cn-html

▶ WILLIAM COOPER

William oder Bill Cooper ist ein ehemaliger Marine-Nachrichtendienstoffizier, der in *UFO-Verschwörung*skreisen seit Jahren aktiv ist. Unter anderem behauptet er, selbst Unterlagen über die Allianz zwischen der US-Regierung und den außerirdischen Invasoren gesehen zu haben; daß dieser Vertrag von den Aliens wiederholt gebrochen wurde, die Regierung aber wegen den überlegenen Waffen der Außerirdischen nichts dagegen tun kann; daß Alien-Wissenschaftler hinter Viehverstümmelungen und UFO-Entführungen stecken; daß die notorische CIA-Kokain-Connection ins Leben gerufen wurde, um ohne Wissen des Präsidenten oder des Kongresses Geldmittel (Drogengelder) für gewisse CIA-Alien-Verschwörungen zu beschaffen; daß *George Bush* viel länger in der CIA war, als zugegeben wird, und daß seine küstennahen Ölplattformen nur eine Fassade für Kokainschmuggel waren; und daß der Geheimdienst selbst John F. Kennedy ermordete, weil er versuchte, die CIA-Alien-Verschwörung zu stoppen. Cooper unterscheidet mehrere Arten von Außerirdischen, die auf unserem Planeten herumspuken:

- die normalen *Grauen*, die wir alle aus den Entführungsgeschichten kennen,
- einen zweiten Typ Graue mit einer langen Nase,
- große, blonde, nordische Typen und
- »die Orangenen«.

Woher sie kommen: vom Orion, den Pleiaden, Betelgeuse, Barnards Stern und von Zeta Reticuli.

In mehreren Vorträgen (darunter einer, den der Verfasser 1991 im Phenomicon in Atlanta, Georgia, hörte) sagte Cooper, er sei nicht sicher, ob irgendwelche der oben aufgeführten Geschichten wahr seien und daß es möglich sei, daß man ihn getäuscht habe. Das aber hieße, daß die Regierung absichtlich Angestellte ihrer Nachrichtendienste hinters Licht führe und Gerüchte über eine Invasion von Außerirdischen verbreite, um irgendetwas anderes zu verbergen – etwas, das nach Cooper *noch viel schlimmer* sein muß als ein Vertrag, der uns an außerirdische Monster verschachert.

Siehe auch:	▸ Aiwass, Philip J. Corso, Charles Fort, John-F.-Kennedy-Attentat, Merowinger, James Oberg.
Verweise:	▸ Allgemein: *Bill Cooper Exposes Top Secrets*, Shining Star Productions, 7820 East Evans, Scottsdale, AZ 85260 (zweistündiges Video). ▸ Zu den verschiedenen Typen von Außerirdischen: Cooper, zitiert in *Enthüllungen: Begegnungen mit Außerirdischen und menschlichen Manipulationen*, Jacques Vallee, Zweitausendeins, Frankfurt, 1994.

▸ PHILIP J. CORSO

Philip J. Corso, Armee-Nachrichtenoffizier im Ruhestand, hat eine der ausgeflipptesten Theorien über den UFO-Absturz in Roswell 1947 (siehe: *Roswell UFO Crash*) verbreitet. Laut Corso sind in Roswell wirklich Außerirdische abgestürzt, und seither bereitet sich das US-Militär auf einen Krieg mit ihnen vor; der wahre Grund für Ronald Reagans SDI (Strategic Defense Initiative, weithin als »Star Wars« bekannt) war nicht die Abwehr sowjetischer Raketen, sondern die Vorbereitung auf einen Krieg mit den Aliens, die vom Militär EBEs oder Extraterrestrial Biological Entities (Außerirdische Biologische Wesen) genannt werden.

Senator Strom Thurmond schrieb das Vorwort zu Corsos Buch *The Day After Roswell*, distanzierte sich aber später davon.

Corsos Integrität wurde von Kenn Thomas in Frage gestellt, der darauf hinweist, daß Corso lange Zeit CIA-Beamter war und in verschiedenen Theorien über das *John-F.-Kennedy-Attentat* erwähnt wird. *James Oberg* behauptet auch, daß nicht nur Corso, sondern alle früheren Nachrichtenoffiziere, welche die Alien-Verschwörungstheorie unterstützt haben, Teil einer massiven Desinformationskampagne sind, deren Ziel es ist, die tatsächlichen Aktivitäten der US-Regierung durch verwirrende und widersprüchliche UFO-Geschichten zu verschleiern.

Siehe auch: ▸ *Alien Autopsy*, William Cooper, Robert Morning Sky, Planet X.
Verweise: ▸ *Time*, 23. Juni 1997, S. 66.
             ▸ *Fortean Times*, Nr. 105, Dezember 1997.

▸ **COUNCIL ON FOREIGN RELATIONS**

Der »Rat für auswärtige Beziehungen« entstand 1921 aus den »Runder-Tisch-Gruppen« um *Cecil Rhodes* und *Colonel Edward House*. Das Ziel dieser Gruppen war die Errichtung einer »New World Order« oder Neuen Weltordnung, in der das derzeitige Chaos und die internationale Anarchie Stabilität und Frieden weichen würden. Kritikern zufolge ist das Ziel des Rates und ähnlicher Gruppen (beispielsweise Englands Royal Institute of International Affairs) sicherzustellen, daß eine Clique von Insidern (reiche anglo-amerikanische Familien) mehr und mehr und letztlich für immer die Welt beherrschen würden. Die Rechtsradikalen halten den Rat für eine Fassade der *Illuminaten*.

Nach Professor Carroll Quigley haben durch das Council on Foreign Relations (CFR) viele linksliberale Aktivisten hohe politische Positionen in Amerika erreicht, aber die Macht, die diese energischen Linken ausübten, war nicht ihre Macht und auch nicht die der Kommunisten, sondern letztendlich die Macht des internationalen Finanzklüngels.

Wenn ein Spektrum liberaler bis marxistischer Gruppen groß genug wird, meint Quigley, bekommt es sein Geld letzten Endes von »Thomas Lamont und der Morgan-Bank ... (und) einem ganzen Netzwerk verflochtener, von Steuern befreiter Stiftungen«.

Grundsätzlich drückt Quigley Zustimmung mit den Zielen dieser Finanzelite aus, und die *John Birch Society* meint, daß er sie nur »aus Versehen« verrät, aber *A-Albionic Consulting and Research* hat eine subtilere Vorstellung von Quigleys Rolle. Nach Ansicht der *Washington Post* kommt die CFR einem »herrschenden Establisment in den Vereinigten Staaten am nächsten«. 1969 etwa waren Mitglieder der CFR: Bill Clinton, die Berater George Stephanopoulos und John Gibbons, der außerordentliche Direktor der National Security Gordon Adams, Staatssekretär Warren Christopher, CIA-Direktor John M. Deutsch, der Vorsitzende der vereinigten Stabschefs John Shalikashvili und viele andere. CFR-Mitglieder sind unter anderem auch die Botschafter in Australien, Chile, Frankreich, Indien, Italien, Japan, Korea, Mexiko, Nepal, Nigeria, Philippinen, Polen, Rußland, Slowenien, Spanien, Südafrika, Syrien, Tschechien und Großbritannien. CFR-Leute sitzen auch in den Chefetagen der großen Stiftungen wie etwa der Ford Foundation und in den Medien, besonders natürlich in den Fernsehstationen. Das wäre nicht weiter wichtig, wenn die CFR Millionen von Mitgliedern hätte, sie hat jedoch nur 3.200.

Verweise: ▶ *New American*, 16. September 1996, Seiten 13–19.

▶ CREATION SCIENCE – SCHÖPFUNGSWISSENSCHAFT

Schöpfungswissenschaft (Creation Science), ihren Anhängern auch als Gute Wissenschaft bekannt, widerspricht der Bösen Wissenschaft, wie sie in den meisten höheren Lehranstalten der USA gelehrt wird. Die Schöpfungswissenschaft hat ihre eigenen Lehranstalten und Universitäten, ihre eigenen Doktorgrade und, wie das Komitee für wissenschaftliche Untersuchung des Paranormalen oder der Vatikan, ihre eigenen Methoden zur Unterscheidung zwischen Gut und Böse.
Die Grundlehre der Schöpfungswissenschaft beinhaltet: Das physische Universum hat nicht schon immer existiert, sondern wurde übernatürlich erschaffen; das Leben entwickelte sich nicht durch natürliche Prozesse, sondern wurde von einem bestimmten, übernatürlichen Schöpfer erschaffen, ebenso jede Pflanze und jedes Tier, die sich nicht etwa aus anderen Pflanzen oder Tieren entwickelten; das trifft ganz besonders für Menschen zu; kurz: Die Gute Wissenschaft stimmt mit den jüdisch-christlichen Schriften überein.

Das Institut für Schöpfungsforschung hat typischerweise einen Stab aus sieben Philosophiedoktoren, einem Doktor der Medizin und einem der Erziehungswissenschaften; allesamt mit Abschlüssen von prestigebeladenen Universitäten wie Harvard oder UCLA (Universität von Kalifornien, Los Angeles).

Die Liste der von der Guten Wissenschaft empfohlenen Literatur umfaßt neben Büchern für »noch nicht gerettete Wissenschaftler« Titel wie: *Was ist Schöpfungswissenschaft?*, *Die Fossilien sagen immer noch Nein* und *Hat man Ihr Gehirn gewaschen?* Die Tatsache, daß die meisten von uns noch nie von diesen Werken gehört haben, zeigt wieder einmal, welche Kontrolle die Evolutionsverschwörung über die Medien hat.

Siehe auch: ▸ AIDS-Verschwörungstheorien, Corrydon Hammond,
               Dr. Wilhelm Reich, UFO-Satans-Verschwörungen.
Verweise: ▸ http://www.icr.org/abouticr/tenets.htm
               ▸ http://www.icr.org/goodsci/faq-gs.htm

▸ **ALEISTER CROWLEY**

Edward Alexander Crowley, geboren am 12. Oktober 1875 (um die Welt von dem Unglück zu befreien, das am selben Tag im Jahre 1492 für sie begann, wie er behauptete), führte ein Leben als Mystizist, Okkultist, Abenteurer und Bohemien. 1898, im Alter von 23 Jahren, trat er dem *Hermetic Order of the Golden Dawn* bei, einem okkulten Orden, der sich den gnostischen und kabbalistischen Techniken »spirituellen Wachstums« widmete, also in etwa dem, was wir heutzutage Bewußtseinserweiterung nennen.

Zu den Golden-Dawn-Methoden, die Crowley beherrschte, gehörte die Kenntnis jener Grenzzustände, die man als »außerkörperliche Erfahrung«, »Visualisierung«, »außersinnliche Wahrnehmung« oder »Erreichung der Gottform« bezeichnet – das Einswerden mit einer beliebigen Gottheit mit Hilfe von Techniken, die Okkultisten übernatürlich nennen, Skeptiker aber eher als enthusiastische Schauspielerei bezeichnen. Crowley selbst schwankte zwischen der okkulten und der skeptischen Ansicht hin und her.

Zwischen 1900 und 1909 unternahm er ausgedehnte Reisen und studierte mal länger, mal kürzer, nichteuropäische mystische Systeme wie Buddhismus, Taoismus,

Hinduismus und Sufismus. In diesen Jahren sammelte er Erfahrung in *dharana* (Konzentration auf einen Punkt), *mantra* (ständige Wiederholung einer Phrase, um das Wandern der Gedanken zu unterbinden), Yoga-, Dehnungs- und Entspannungsübungen, in der tantrischen Technik von *Sex Magick* (»Einswerden« mit einer Gottheit, indem man während des Aktes diese Gottheit mit dem Sexpartner identifiziert) und ähnlichen Künsten; er entwickelte außerdem sein eigenes System, indem er riesige »Korrespondenztafeln« schuf, auf denen die Bezeichnungen aller mystischen Schulen zu denen jeder anderen in Beziehung gesetzt wurden, zum Beispiel: Der griechische Gott Pan, der Hindugott Shiva, die Tarotkarte »Der Gehängte«, die Farbe Blau, das Element Wasser, der hebräische Buchstabe MEM und das Rauschmittel Marihuana beziehen sich alle auf die »Astralebene«, der Crowley die Nummer 23 (die 23. Ebene oder Stufe der menschlichen Wahrnehmung) gibt. Um diese Stufe zu aktivieren, würde Crowley Pan oder Shiva anrufen, in einem Ritual, in dem Marihuana, die Farbe Blau, Wasser, Wanddekorationen mit der Tarotkarte des Gehängten und dem Buchstaben MEM eine Rolle spielen. Das ginge so durch 32 Ebenen oder Stufen.

1904 durchlebte Crowley in Kairo eine psychische Revolution, aus der er mit dem Buch »*Liber Al*« hervorkam, einem prophetischen und verblüffenden Werk, von dem er immer behauptete, er hätte es »empfangen«, nicht geschrieben.

Crowley gefiel zuerst weder diese Erfahrung noch das Buch, und es gelang ihm, beides für nahezu zehn Jahre zu ignorieren. Nach 1914 jedoch fühlte er sich zunehmend unter ihrem Bann und widmete schließlich den Rest seines Lebens der »Mission«, die ihm das Buch auferlegte. Nach 1919 sprach er von der Kairoer Erfahrung als einer Begegnung mit einer übermenschlichen Intelligenz; einer seiner Schüler, *Kenneth Grant*, hat behauptet, die Wesenheit entstamme dem Doppelsternsystem *Sirius*, während ein anderer Schüler namens *Israel Regardie* es vorzog zu sagen, Crowley hätte Tiefen des menschlichen Unterbewußtseins erreicht, von denen weder Freud noch Jung etwas gewußt hätten.

Wen oder was Crowley auch »kontaktet« hat, seine wichtigste Botschaft geriet dem weitgehend agnostischen Mystiker beinahe zum Dogma: »Tu was du willst soll das ganze Gesetz sein. Liebe ist das Gesetz, Liebe unter Willen. Jeder Mann und jede Frau ist ein Stern.«

Liber Al sagt Kriege und Revolutionen voraus, von denen Crowley oder irgendein anderer Intellektueller im Jahr 1904 nichts ahnen konnte, verspricht aber auch eine verheißungsvolle neue Gesellschaft, die irgendwann in der Zukunft aus den Ruinen erwachsen würde. Der letzte Absatz sagt, daß die Botschaft des Buches »enthüllt und verhüllt« ist. Enthüllt denen, die reif dafür sind und verborgen vor anderen? Sowohl im Ersten als auch im Zweiten Weltkrieg scheint Crowley für den britischen Nachrichtendienst gearbeitet zu haben, wobei es Vermutungen gibt, daß er auch für die deutsche Seite gearbeitet habe, zumindest im Ersten Weltkrieg. Dieses Geheimnis und das Rätsel um die Herkunft der Macht oder Wesenheit, die er in Kairo entfesselt hatte, machten Crowley zu einer zentralen Figur in den meisten religiösen und dämonologischen Verschwörungen unserer Zeit.

Crowley änderte seinen Vornamen in Aleister, so daß die kabbalistische Zahl seines Namens *666* ergab, die Zahl des *Antichrist*. Es machte ihm Spaß, Leichtgläubige zu erschrecken, deshalb stammt sein Ruf als Satanist nicht nur von religiösen und paranoiden Rechten; er spielte die Rolle hin und wieder absichtlich, jedoch immer auf absurde und satirische Weise.

Zusätzlich zu den erwähnten »respektablen« mystischen Praktiken tat sich Crowley als Pionier schamanistischer und psychedelischer Studien hervor und nahm jede Art von bewußtseinsverändernden Drogen mit großem Vergnügen, je nachdem, welche der 32 Stufen er erreichen wollte; er beendete sein Leben als Heroinabhängiger. Er arbeitete sich durch mehrere Grade verschiedener Freimaurerlogen, darunter die Scotch-und-York-Riten, die Order of Memphis and Mizraim und den *Ordo Templi Orientis*, wo er Äußeres Haupt wurde (das Innere Haupt bleibt für Nichterleuchtete unsichtbar).

Crowley wurde nach seinem Tod als Priester des Neuen Äons in vielen okkulten Kreisen akzeptiert (der Titel ist etwa vergleichbar mit einem Master des New Age), aber weitaus größer ist (vor allem unter Rechten) sein Ruf als größter Satanist des Jahrhunderts.

Ungeachtet dessen, daß er die zweite Hälfte seines Lebens in Armut verbrachte, taucht Crowley in manchen Verschwörungstheorien als Verbündeter des internationalen Bankertums oder der Illuminaten oder anderer Weltbeweger auf, angeblich lieferte er die dämonische Energie für ihre materialistischen Intrigen.

Das Auge im Dreieck, sein bevorzugtes Freimaurersymbol, verwickelte sich auf mysteriöse Weise in das *Staatssiegel der Vereinigten Staaten*, die *Federal Reserve Bank* und die *New World Order*.

Aleister Crowley starb 1947 im Alter von 72 Jahren, eine reife Leistung, wenn man die Belastungen in Erwägung zieht, denen er Geist und Körper ausgesetzt hat. Er schrieb Dutzende von Gedichtbänden, ein paar Romane, haufenweise mystische

Essays und war recht aktiv als Schachspieler, Jäger und Bergsteiger. Zu seinen Leistungen zählt der höchste Aufstieg auf den Himalayagipfel K2, der dort je ohne Sauerstofftanks unternommen wurde (1904; 7010 Meter).

Siehe auch: ▸ Freimaurer, Hermetic Order of the Golden Dawn, Illuminaten,
                 Merowinger, Ordo Templi Orientis, Rosenkreuzer, 666.
Verweise: ▸ http://www.crl.com/~thelema
             ▸ *Das magische System des Golden Dawn I/III.*, von Israel Regardie,
                 Freiburg 1995.
             ▸ *Portable Darkness*, herausgegeben von Scott Michaelson,
                 Harmony Books, New York, 1989.

▸ CRYPTO-ANARCHY

Cryptospace bezeichnet den Teil des Cyberspace, der für Regierungsschnüffler unsichtbar bleibt – das High-Tech-Äquivalent der Survivial-Gruppen der extremen Rechten. Wie Timothy May schreibt:

> *Starke Kryptographie, veranschaulicht durch RSA (ein öffentlicher Schlüssel-*
> *Algorithmus) und PGP (Pretty Good Privacy), schafft eine Verschlüsselung,*
> *die alle Computer des Universums nicht knacken können ... anonyme*
> *E-Remailer verwenden Crypto für E-Mails, die sich nicht zurückverfolgen*
> *lassen ... Digital Cash, un-zurückverfolgbar und anonym wie echtes Bargeld,*
> *ist ebenfalls im Kommen.*

J. Orlin Grabbe kommentiert:

> *Die Regierung will nicht, daß Sie Kryptographie verwenden, weil sie wissen will,*
> *wo Sie Ihr Geld haben, damit sie sich einen Teil davon abgreifen kann. Sie will auch*
> *nicht, daß Sie Drogen nehmen, es sei denn, die Regierung ist selber der Dealer.*

Virtuelle Gemeinschaften mit virtuellem Geld existieren bereits im Cryptospace. Das erste nicht zinsbringende, nicht zu versteuernde virtuelle Geld tauchte 1983 in Vancouver auf und hatte sich bis 1990 bis nach San Diego im Süden ausgebreitet.

Man fand keinen Hinweis auf eine Absicht, sich nach Osten auszubreiten, das heißt aber nicht, daß es nicht geschieht: Das Ganze kann auch immer kryptischer werden …

Verweise: ▸ Allgemein:
»Crypto-Anarchy and Virtual Communities«, tcmay@netcom.com
▸ Bereits existierendes virtuelles Geld:
Encyclopedia of Social Inventions, Institute of Social Inventions, London, 1990.

▸ CSETI

Das Center for the Study of Extraterrestrial Intelligence (CSETI), gegründet von Steven M. Greer, M.D., vertritt den Standpunkt, daß es Beweise für die Existenz außerirdischer Zivilisationen und Raumschiffe gibt; daß Außerirdische seit langer Zeit die Erde besuchen und daß sich dieser Kontakt seit 1947 intensiviert hat.
CSETI versucht, bilateralen Kontakt zwischen Menschen und Außerirdischen mit »friedlichen und kooperativen Zielen« zu kultivieren. Die CE-5-Initiative, von CSETI finanziert, will diesen Kontakt beschleunigen; das Projekt Starlight versucht Leute aus allen Wissensgebieten zusammenzubringen, die daran arbeiten sollen, diesen Kontakt auf nicht schädliche Weise der Menschheit zu enthüllen.

Siehe auch: ▸ Aiwass, AYA, William Cooper, Charles Fort, Robert Morning Sky, UMMO-Briefe.
Verweise: ▸ http://www.cseti.org

▶ DAGOBERT II.

Dagobert II., einer der letzten Könige der Merowinger-Linie, ist lange Zeit als ein von Märchenerzählern erfundener König betrachtet worden. Selbst heutzutage, da seine historische Existenz außer Zweifel steht, erscheint er halb-legendär und ist eng mit den Geheimnissen verbunden, die die *Maria-Magdalena-Kirche* und die *Prieuré de Sion* umgeben.

Dagobert II. verbrachte anscheinend den größten Teil seines Lebens in Irland, und nach seiner Rückkehr nach Frankreich war er noch nicht lange König gewesen, als ihn Unbekannte am 23. Dezember 679 in den Ardennen ermordeten.

Nach Gerard de Sede entstammte Dagobert einer Verbindung der alten Israeliten mit Außerirdischen vom *Sirius*. Aber nach Michael Baigent, Henry Lincoln und Richard Leigh in *Der Heilige Gral und seine Erben* stammte er direkt von Jesus und Maria Magdalena ab.

Siehe auch:	▸ Aiwass, George I. Gurdijeff, Bob Quinn, *Das Sirius-Rätsel*.
Verweise:	▸ *La Race fabuleuse*, von Gerard de Sede, Editions J'ai Lui, Paris, 1973.
	▸ *Der Heilige Gral und seine Erben*, von Michael Baigent, Henry Lincoln und Richard Leigh, Bergisch-Gladbach, 1984.

▶ **DAIMONIC REALITY**
(Dämonische Wirklichkeit)

Daimonic Reality von Patrick Harpur untersucht UFOs und eine weite Bandbreite von paranormalen Phänomenen von einem recht einzigartigen Standpunkt aus. Obwohl Harpur *daimonic* nie richtig definiert – »das Dämonische, das sich definieren läßt, ist nicht das wahre Dämonische«, wie Lao-Tse sagen würde –, scheint es sowohl innerhalb als auch außerhalb von uns zu existieren. Wie der griechische Daemon und der christliche Dämon kann es gute/heilende Formen annehmen, aber auch böse/erschreckende Formen, das hängt weitgehend von unserem rationalistischen Ego-Zustand ab.

Das Dämonische ist in gewissem Sinne mit dem kollektiven Unbewußten Carl G. Jungs vergleichbar – in uns ein Teil unseres Selbst, den das Ego gern leugnen würde, außerhalb in allen anderen Menschen und in den Träumen, Mythen und Künsten der Welt.

Aber Harpur folgt dem irischen Poeten (und *Golden-Dawn*-Schüler) W. B. Yeats so wie er Jung folgt und führt einige seiner Ideen auf *Giordano Bruno* und die hermetischen Alchimisten-Mythiker der Renaissance zurück.

Das Dämonische ist nur etwas mehr personalisiert und individualisiert als Jungs Unbewußtes. Harpurs Hauptthese ist, daß das Dämonische immer bösartigere und schrecklichere Formen annehme, solange wir es nicht erkennen (uns mit ihm anfreunden, wie Jung sagen würde). *Graue* aus den UFO-Entführungsgeschichten würden bewußt unser egozentrisches und »wissenschaftliches« Zeitalter widerspiegeln, meint er – sie zeigen keine Gefühle in bezug auf die Menschen, mit denen sie experimentieren, genau wie der Idealstudent keine Gefühle und schon gar kein Mitleid mit den Tieren hat, die in seinem Labor gequält werden. Obwohl sich *Daimonic Reality* mit Themen beschäftigt, die vielen Verschwörungstheorien gemeinsam sind, paßt dieses Buch doch nicht so ganz in diese Kategorie. *Wir sind* sozusagen *die Verschwörer*. Wir haben den kreativsten Teil in uns selbst unterdrückt, und nun entkommt er uns in schreckenerregenden Formen.

Siehe auch: ▶ Abductees Anonymous, Aleister Crowley, *Mothman Prophecies*,
                Richard Shaver.
Verweise: ▶ *Daimonic Reality: A Field Guide to the Otherworld*,
                von Patrick Harpur, Penguin, London, 1995.

▶ **JOHN DALY**

Der Journalist John Daly wurde als Moderator der populären US-Fernsehshow »What's My Line?« bekannt. Daly heiratete die Tochter des liberalen Richters Earl Warren, ein berüchtigter Schurke für alle John-F.-Kennedy-Ermordungs-Theoretiker (und für alle Rassentrennungsfans).

Seit Dorothy Kilgallen, eine Mitarbeiterin von »What's My Line?«, an einer angeblich versehentlich eingenommenen Überdosis starb, zählen viele sie zu den mehr als hundert Post-JFK-Mordopfern (kurz vor ihrem Tode hatte sie Jack Ruby interviewt).

Die unvermeidliche Daly-Kilgallen-Verbindung fand ihren Weg in die Konspirologie in der *alt.conspiracy* Newsgroup im März 1996, wo Eric Paddon schrieb:

> *Ehrlich, es hat mich schon immer verwundert, daß kein Schwein jemals was aus der Tatsache gemacht hat, daß John Daly, der Moderator von »Line«, zufällig der Schwiegersohn von Earl Warren ist, und daß Kilgallen ein paar Stunden nach ihrem Auftritt in »Line« ums Leben kam. Könnte wichtig gewesen sein, Daly zu fragen, was er nach der Show gemacht hat. Ne Schande, daß Oswald nie ne Chance gekriegt hat, in »What's My Line« aufzutreten. Hätte wahrscheinlich alles erklärt.*

Siehe auch: ▶ John-F.-Kennedy-Attentat-Quellen, *Yankee and Cowboy War.*
Verweise: ▶ ep993185@oak.cats.ohiou.edu in alt.conspiracy März 1996.

▶ **DÄMONISCHER LIEBHABER**

»*Der Terrorist ist die logische Verkörperung patriarchalischer Politik in einer technologistischen Welt*«, schreibt Robin Morgan, ebenfalls kursiv, in ihrem Buch *The Demon Lover: On the Sexuality of Terrorism.* Establishment-Theorien, daß Terrorismus von bestimmten Gruppen gefördert wird (als sie das Buch schrieb, waren das stets Kommunisten, heutzutage Araber), wies sie zurück; sie findet den wahren Grund zu lügen in der männlichen Psyche: Männer leben in einem Zustand politischer Barbarei, nur Frauen sind friedlich. Für Morgan ist das Phänomen Terrorismus

nur »der Sohn, der macht, was der Vater gemacht hat« – eine Freudsche Art auszu-
drücken, daß Terrorismus nichts anderes ist als die Gegenwehr der Armen, Schwa-
chen und Unterdrückten gegen die Machtelite, wobei man dieselben Taktiken ein-
setzt wie die Elite. Tun es die Reichen, nennt man es Krieg oder wenigstens Polizei-
aktion, sind es aber die Opfer oder diejenigen, die sich mit ihnen identifizieren,
dann nennt man es Terrorismus. So hat man es uns beigebracht. Morgan faßt es,
ebenfalls kursiv, so zusammen: Terrorismus ist die »*Demokratisierung der Gewalt*«.
Bei der gewalttätigen Problemlösung geht es weniger um bestimmte Probleme; sie
rührt daher, daß Männern beigebracht wird, »kriegerisch« zu sein, und zwar von
jener monströsen Einrichtung, dem Patriarchat. Gewalt erregt die Männchen
sexuell, sagt sie, und der Titel eines ihrer Kapitel stammt von dem Weather-Under-
ground-Slogan »Wargasm«.

Siehe auch: ▸ Hawthorne Abendsen, Recovered Memory Therapy.
Verweise: ▸ *The Demon Lover: On the Sexuality of Terrorism,* von Robin Morgan,
                 Norton and Co., New York, 1989, Seiten 25, 27, 33 passim.

▸ DR. JOHN DEE

Dr. John Dee (1527–1608) war der größte englische Mathematiker seiner Zeit und
ein eifriger Student der Astrologie und des Ritual-*Magick*. Der Hexerei gegen
Queen Mary I. angeklagt, wurde er freigesprochen und später Favorit der Königin
Elisabeth I. Glaubt man seinem Buch *Mysteriorum Libri Quinque,* gelang es Dee und
Sir Edward Kelley, einige Engel oder engelsgleiche Illusionen anzurufen, darunter
auch einen Dämon, den sie schnell wieder wegschickten; Dee behauptete außerdem, sie hätten das Geheimnis der Alchimie gelüftet.
H. P. Lovecraft zitierte aus Dr. Dees *Necronomicon*-Übersetzung und löste noch
mehr Kontroversen in den Debatten über den Text aus. Manche behaupteten sogar,
daß keine Übersetzung dieses Buches von Dr. Dee zu finden sei; man hat aber eine
gefunden und mit gelehrten Einführungen von Dr. Stanislaus Hinterstoisser und
dem Philosophen Colin Wilson versehen. Lovecraft soll seine Kenntnis dieses verbotenen Textes aus einer Ausgabe haben, die sein Vater von der Grand Orient Lodge
of Egyptian Freemasonry in Providence, Rhode Island, geliehen hatte.

Siehe auch: ▸ Campuskreuzzug für Cthulhu, Illuminaten, P2-Verschwörung.
Verweise: ▸ *Concise Columbia Encyclopedia*, Columbia University Press,
                New York, 1983, S. 224.
              ▸ Mysteriorum:
                http://www.avesta.org/dee/s13188.htm
              ▸ Necronomicon:
                The Necronomicon with Commentaries, Neville Spearman Co.,
                Suffolk, England, 1978.

▸ DEROS

Deros sind bösartige Zwerge, die im Inneren der Erde leben und mit Hilfe von Super-Mind-Maschinen die Menschen auf der Erdoberfläche quälen.
Dies enthüllt uns *Richard Shaver*, der behauptet, daß alles Böse, Übernatürliche oder Paranormale, das Menschen zustößt, wie Poltergeister, spontane Selbstverbrennung oder Spuk, der teuflischen Wissenschaft dieser kleinen Dero-Monster zuzuschreiben ist.

Siehe auch: ▸ Dr. Raymond Bernard, The Con.
Verweise: ▸ Siehe: *Shaver*

▸ LADY DIANAS TOD

Am Tag nach dem Tod von Prinzessin Diana (Spencer), gegen 8 Uhr morgens, hörte der Verfasser die erste Verschwörungstheorie von einer lokalen Radiostation (KPIG in Freedom, Kalifornien). Ein Anrufer sagte, die königliche Familie hätte den »Mord« befohlen, aus Angst, daß Dianas Begleiter, Dodi Fayed, ein *Araber*, zuviel Einfluß auf den zukünftigen König, Prinz William, gewinnen könne. Dieses Szenario taucht, mal so und mal so, in den meisten Verschwörungstheorien über den Tod der Prinzessin auf.
Der *Fortean Times* zufolge wurde die Theorie des anti-arabischen Motives durch den lybischen Präsidenten Ghaddafi noch bekräftigt, der so zitiert wird:

»Britannien ist ein Schurkenland«, weil es »einen arabischen Bürger hinrichtet, der eine englische Prinzessin heiraten wollte«. Diese Theorie erschien angeblich auch in ägyptischen Zeitungen.

Die Forteaner erwähnen aber auch ein paar einfallsreichere Theorien, wie sie in England zirkulieren, darunter Berichte über seltsame Lichter; man darf also vermuten, daß die Diana-Legende und die *UFO-Verschwörungen* bald miteinander verschmelzen. Ein paar der Szenarios:

▸ Diana wurde von Waffenhändlern umgebracht, weil sie gegen den Einsatz von Landminen war; arabische fundamentalistische Selbstmordkommandos waren die Täter;

▸ den Fahrer hatte man mittels eines »Mikro-Injektors« unter LSD gesetzt;

▸ die Todesfälle waren nur vorgetäuscht, damit Di und Dodi ihre Ruhe vor der verdammten Presse hatten.

Das interessanteste Szenario erschien in einem Onlinemagazin namens »*Conspiracy Nation*« unter der herrlichen Überschrift »Wer Prinzessin Diana kontrolliert, kontrolliert die Welt!«. Nach dieser Version steckt die heiße Spur am Unfallort: Der Pont de l'Alma-Tunnel »ist uralt und reicht bis zu den *Merowingern* zurück (ca. 500-751 v. Chr.) und weiter«. *Conspiracy Nation* stellt fest, daß »in vorchristlicher Zeit die Pont de l'Alma ein heidnischer Opferplatz war«, der Name enthält alma (Seele) und pontis (Brücke), also: »Seelenbrücke«.

»Alle europäischen Königshäuser stammen von den Merowingern ab«, fährt das Blatt fort und wiederholt die Behauptung, daß diese wiederum von Jesus abstammen.

Prinzessin Diana, als geborene Spencer, stammte von den Stuarts ab, die England vier Könige gaben (James I., Charles I., Charles II., James II.) und die einen Teil Merowinger-Blut in sich tragen. Im Vergleich dazu, sagt der Artikel, sind die gegenwärtigen Mitglieder der Königsfamilie »Hochstapler«.

Um die Kontrolle Dianas wetteiferten 1. Die *New-World-Order-* oder *Bank-of-England*-Fraktion, gegründet von König William III. von Oranien, der die Gründung der privaten Bank von England erlaubte, und 2. der echte europäische Hochadel, d.h. der aus der Merowinger-Linie stammende, fährt das Magazin fort und macht die Angelegenheit noch komplexer:

Innerhalb der New-World-Order-Fraktion bekriegen sich kleinere Fraktionen,
*zum Beispiel die **Rothschilds** gegen die Rockefellers. Der Plan der New-World-*
Order-Fraktion war, Lady Diana mit einem Amerikaner zu verheiraten.
Obwohl Bill Clinton um viele Ecken vom Rockefeller-Clan abstammt, wird
er von diesem abgelehnt und hat sich den Rothschilds angeschlossen. Bill Clinton
war der vorgesehene, zukünftige Gatte der Lady Diana, wobei Hillary Clinton
entweder durch Scheidung oder durch Mord ausgeschaltet werden sollte.
Die Rockefellers waren wütend; unter keinen Umständen würden sie eine
Heirat zwischen Clinton und Diana erlauben. In Großbritannien würde Prinz
William im Alter von 25 Jahren den Thron besteigen; falls Prinz Charles nicht
abdanke, würde man ihn ermorden.

Lady Di weigerte sich aber, Bill Clinton zu heiraten, und schien nicht abgeneigt,
Dodi zu ehelichen, wobei sie auch in die saudische Königsfamilie geheiratet hätte;
MI 6 (der britische Geheimdienst) beschloß, sie wegen dieser Ungehörigkeit zu eli-
minieren. Den Schauplatz Pont de l'Alma wählten sie, um ein »Signal zu setzen«,
das eventuell zur Heiligen Diana führen würde, eine neue Form der dreifachen
Mondgöttin der Heiden, die auch Diana genannt wurde.
Con Nation schließt daraus: »Das ist der Beginn einer ›neuen Religion‹: Wer diese
neue Religion kontrolliert, beherrscht die Welt!« *Fortean Times*, ohne sich einer der
Verschwörungstheorien anzuschließen, zeigt eine ähnliche Sicht des Diana-Kultes:

Um die meisten Aspekte der großen Mutterreligion des Altertums miteinander
in Einklang zu bringen, nimmt die neue Göttin Diana auch bei rivalisierenden
Kulten Anleihen auf, zum Beispiel von Mutter Teresa, Fürstin Gracia Patricia
und Evita Peron; im Lauf der Zeit wird daraus vielleicht einmal ein Kult.

Das Magazin weist darauf hin, daß man Diana bereits Heilungen zugeschrieben hat
und man ihre Erscheinung in einem Porträt von Charles I. im St. James Palast sah.
Auch der Karikaturist Jules Feiffer betrat die Lady-Di-Verschwörungswelt mit einer
Zeitungskarikatur vom 21. September 1997, in dem eine Dame verkündet:

Die wahre Geschichte ist: Prinzessin Di ist unter den Einfluß dieser ägyptischen
Geldsäcke geraten – sobald also Prinz William den Thron bestieg, würden sie
hinter ihm an der Macht sein. Das Königshaus war mit der Gefahr konfrontiert,

die Krone an einen skrupellosen Haufen von Euro/Dritte-Welt-Trickbetrügern
zu verlieren. Also ließen sie MI 5 den ›Unfall‹ vorbereiten, was die Attacken
auf die Boulevardpresse erklärt … man wollte sie davon abhalten, die Wahrheit
zu drucken. Die Verbindung zur Ermordung von Mutter Teresa ist mir aber
im Moment noch nicht ganz klar.

Siehe auch: ▸ A-Albionic Consulting and Research, Bank of England, Dagobert II.,
              Gerard de Sede, Grand Loge Alpina, Grand Orange Lodge of Ireland,
              Noon Blue Apples.
Verweise: ▸ Jules Feiffer, *San José Mercury News*, 21. September 1997.
              ▸ *Conspiracy Nation*, Band 10, Nr. 95.
              ▸ *Fortean Times*, November 1997.

▸ PHILIP K. DICK

Philip K. Dick, einer der besten Science-fiction-Autoren unserer Zeit (zwei erfolgreiche Filme, *Blade Runner* und *Total Recall*, basieren auf seinen Romanen), trat in
seinen letzten Jahren in einen veränderten Bewußtseinszustand ein und wurde,
je nach Standpunkt des Betrachters, zum religiösen Propheten, zum bedeutenden
existentialistischen Philosophen oder zum kompletten Vollidioten.
Einer seiner Psychotherapeuten versuchte ihn zu überzeugen, daß seine ganze
Erfahrung von sexuellem Mißbrauch herrührte, den er als Kind erlitten habe.
Alles begann am 17. November 1971, als, während er unterwegs war, unbekannte
Personen in sein Haus einbrachen, viele seiner Akten stahlen und gerade so viel
Schaden anrichteten, um eine Drohung anzudeuten.
Da Dick in der Bürgerrechtsbewegung und in der Antikriegsbewegung aktiv war, ist
es wahrscheinlich, daß der Einbruch entweder ein Teil der COINTELPRO-Opera-
tion des FBI war – ein Versuch, Abweichler zu terrorisieren – oder ein Fehltritt von
einem von Nixons »Klempnern«, die später durch den Watergate-Einbruch be-
rühmt wurden. Wie auch immer, Dick spürte, daß sich mächtige und unbekannte
Gegner für ihn interessierten.
Drei Jahre später, 1973, wurde ihm ein Zahn gezogen, und man gab ihm Sodium
Pentathol. Er hatte in den 60ern LSD genommen (wer nicht?), nahm öfter Meta-
Amphetamine (Speed), um Bücher termingerecht fertigzustellen, und hatte im Zuge

der Gesundheitswelle in den 70ern seinen Körper mit Vitaminen überschwemmt. Er glaubt, daß all das bei dem, was dann geschah, eine Rolle gespielt haben mag.

Einen Monat lang mußte Dick zusehen, wie sein ganzes Universum zusammenbrach und nicht etwa durch ein neues Universum ersetzt wurde, sondern von einer ganzen Serie von hypothetischen oder virtuellen Universen. Er lebte buchstäblich in seinen eigenen Sci-Fi-Geschichten und in der gnostischen Theologie, von der er fasziniert war. Manchmal kam es ihm so vor, als erinnere er ein vergangenes Leben als gnostischer Christ in Rom um das Jahr 70; manchmal, daß sein Freund, der Bischof James Pike, mit ihm reinkarnierte; manchmal auch, daß dreiäugige Wesen vom *Sirius* alles Leben auf der Erde kontrollierten; manchmal, daß er in einem telepathischen Sendekanal zwischen russischen Parapsychologen und Außerirdischen gefangen war; und dergleichen mehr.

Als Dick wieder vergleichsweise normal wurde, betrachtete er diese Erfahrung mehr und mehr als den größten Fall von *Falscherinnerung* in der Geschichte der Menschheit, aus dem er teilweise erwacht war. Das heißt für ihn **The Empire Never Ended** (er schrieb diesen Satz stets so: halbfett): Das meiste aus den letzten 2000 Jahren in der Geschichte ist nie passiert. Das Römische Reich unterzog uns einer Gehirnwäsche, damit wir glauben, in einer ganz anderen Welt zu leben, und nicht merken, daß wir in Wirklichkeit im Messianischen Zeitalter leben. Nixon ist Nero, die Morde, an die wir uns zu erinnern glauben, sind verzerrte Erinnerungen an Christen, die man den Löwen vorwarf, und nichts innerhalb unserer Wahrnehmungsgrenzen ist, was es zu sein scheint.

Da er sowohl Science-fiction-Autor als auch Philosoph war, begann Dick an dieser Theorie zu zweifeln. Tatsächlich ist das längste Buch, das er je schrieb, bis jetzt nur teilweise publiziert, eine mehr als 1000 Seiten umfassende *Exegesis* über seine Erfahrungen und die nachklingenden Nachbeben veränderten Bewußtseins, in der er eine Theorie nach der anderen ausprobiert, um herauszufinden, was ihm zugestoßen ist, ohne sich je für eine zu entscheiden. Unter anderem schreibt er seine Erlebnisse Zebra zu, einer hypothetischen Riesenintelligenz, die unsichtbar bleibt, weil sie wie ihre Umgebung aussieht, wie das bei manchen Insekten der Fall ist – nur daß Zebra wie die *gesamte* Umgebung aussieht.

Oft sprach er statt dessen von VALIS (Vast Active Living Intelligence System), das die dreiäugigen Sirianer hiergelassen haben, um uns bei unserer Evolution zu helfen. Sein letztes Buch, *The Transmigration of Timothy Archer*, weist alle metaphysischen Interpretationen ähnlicher Erfahrungen des Helden zurück und zieht den

Schluß, daß alles, was wir von Bewußtseinserweiterung lernen können, darin besteht, toleranter zu sein, einander verdammt noch mal mehr zu lieben und irgendwas Konkretes gegen Leid und Ungerechtigkeit auf diesem Planeten zu tun. Dick starb kurz darauf; wäre das nicht passiert, hätte sein nächstes Buch unzweifelhaft von Philip K. Dick und dem, was ihm und seiner Welt zugestoßen ist, gehandelt.

Siehe auch: ▸ *Die Versteigerung von Nr. 49, Daimonic Reality,* Robert Morning Sky, *Das Sirius-Rätsel.*

Verweise: ▸ *Divine Invasions: A Life of Philip K. Dick,* von Lawrence Sutin, Underwood-Miller, Lancaster, Pa., 1989.
▸ *The VALIS Trilogy,* von Philip K. Dick, Quality Paperback Book Club, New York, 1990.
▸ *In Search of VALIS: Selections from the Exegesis,* von Philip K. Dick, Underwood-Miller, Lancaster, Pa., 1991.

▸ DISKORDIANISMUS

Diskordianismus erhebt den Anspruch, die erste *echte* Religion der Welt zu sein, und fußt auf der Anbetung von Eris, der Göttin des Chaos. Einer der beiden Gründer wurde der Komplizenschaft im Mordfall John F. Kennedy beschuldigt. Von manchen wird behauptet, daß Diskordianismus nichts als ein komplizierter Witz ist, der sich als neue Religion ausgibt. Diskordianer halten dem entgegen, daß Diskordianismus eine neue Religion ist, die sich als komplizierter Witz ausgibt. Sie spalten sich in zwei Lager, getreu ihrer Devise »Wir Diskordianer müssen auseinanderhalten!«

Auf einer Seite steht die Erisian Liberation Front (ELF) unter Kerry Thornley für Anarcho-libertären Anti-Autoritarismus und ihr gegenüber die Paratheo-Anametamystikhood of Eris Esoteric (POEE), geführt von Gregory Hill. Diese beiden Diskordianismen stellen die materielle Manifestation des metaphysischen Eintopfes dar (siehe: *Sacred Chao*).

Der Gründer der ELF, Kerry Thornley, wurde wegen Komplizenschaft beim *John-F.-Kennedy-Attentat* vom Staatsanwalt von New Orleans, D. A. Jim Garrison, angeklagt. Thornley glaubte zuerst, Garrison habe sich einfach geirrt, gewann aber spä-

ter den Eindruck, daß ihn irgend jemand für den Fall als Sündenbock aufgebaut hatte, daß das Lee-Harvey-Oswald-Szenario schiefging. Garrison fand nie genug Beweise, um Thornley zu überführen; Thornley aber verschickt nach wie vor Verlautbarungen zu dem Fall, in denen er Erstaunliches behauptet, darunter, daß er und Oswald vom Marinegeheimdienst einer Gehirnwäsche unterzogen worden wären und daß man ihr Gedächtnis gelöscht habe; daß er aber durchschaut habe, was geschehen ist, und daß die Diskordianische Gesellschaft weder eine neue Religion noch ein komplizierter Witz sei, sondern ein CIA-Attentatsbüro.
Sowohl die Diskordianer als auch die *Church of the Sub-Genius* verteilen Thornleys Anklagen und Verleumdungen mit großem Eifer.

Siehe auch: ▸ OM, Noon Blue Apples.
Verweise: ▸ http://www.kbuxton.com/discordia/
                 ▸ Zu Thornley:
                   Conspiracies, Cover-Ups and Crimes, von Jonathan Vankin,
                   IllumiNet Press, Lilburn, Ga., 1996, S. 6.

▸ DOLCHSTOSSLEGENDE

Eine Verschwörung von deutschen Militärs und Nationalisten, die nicht zugeben wollten, daß sie den Ersten Weltkrieg verloren hatten:
Am 10. Dezember 1918 begrüßten Friedrich Ebert und der Rat der Volksbeauftragten die nach der Kapitulation durch das Brandenburger Tor in Berlin heimkehrenden deutschen Truppen mit den Worten: »Ich grüße euch, die ihr unbesiegt vom Schlachtfeld heimkehrt!« Damit wurde er ungewollt zum Urheber der »Dolchstoßlegende« vom im Felde unbesiegten Heer, das nur durch das Versagen der Heimat den Krieg verloren habe, obwohl die Oberste Heeresleitung zuvor unter dem Eindruck der verlorenen Schlachten des Jahres 1918 einen sofortigen Waffenstillstand gefordert hatte.
So konnte General Erich Ludendorff am 18. November 1919 vor dem parlamentarischen Untersuchungsausschuß erklären: »Die deutsche Armee ist von hinten erdolcht worden!« Damit wälzte er die Verantwortung für die Niederlage auf das Volk und die Heimatfront ab und vergiftete das politische Klima in Deutschland auf Jahre hinaus. (M.B.)

▶ **DOPPELKREUZ-SYSTEM**

Das Doppelkreuz-System gehört seit dem Elisabethanischen Zeitalter zur Spionage, und die Briten perfektionierten es im Zweiten Weltkrieg. Das »20-Bureau«, so genannt, damit nicht einmal MI 5 und MI 6 genau wußten, womit es sich befaßte, beschäftigte sich mit der Enttarnung und dem »Umdrehen« deutscher Agenten. Das Umdrehen (Rekrutierung) basiert auf Drohung und Bestechung, denn Spione kann man aufhängen, und sie haben die gleiche Söldnermentalität wie jeder andere. Was am 20-Bureau so amüsant ist: Es war viel erfolgreicher, als man je zu träumen gewagt hatte. Sie drehten nicht viele, sondern *alle* deutschen Agenten in England um, ein so großer Erfolg, daß sie es selbst nicht glauben wollten. Erst nach dem Krieg wurde ihnen das Ausmaß ihres Erfolges klar, als sie die deutschen Unterlagen einsehen konnten. Die Bezeichnung 20-Bureau kommt von der römischen Zahl XX.

Siehe auch: ▶ James Jesus Angleton, Fedora.
Verweise: ▶ *The Double Cross System in the War of 1939–1945*, von Sir John Master-
                man, Yale University Press, 1972.

▶ **DREI TRAMPS**

Eine der großen Kontroversen im Zusammenhang mit dem *John-F.-Kennedy-Attentat* dreht sich um »die drei Tramps«, die auf dem bekannten Grashügel in Dallas gesehen worden sein sollen. Einige Verteidiger der Warren-Kommission sagen, die Männer wären drei Tage lang festgehalten worden, seien identifiziert und anschließend freigelassen worden, da keine Beweise gegen sie vorlagen.
Kritiker sagen jedoch, die drei Tramps wären sofort nach ihrer Festnahme freigelassen worden und seien in den Polizeiakten nicht mit Namen genannt. Dieses Mysterium hat sich im Lauf der Jahre ein wenig geklärt, aber auch ein wenig verschleiert. Insgesamt sechs Männer sind als die drei Tramps bekannt geworden. Zuerst waren es John Gedney, Harold Doyle und Gus Abrahms, die gleich nach dem Anschlag festgenommen und nach vier Tagen freigelassen worden waren. Es handelt sich demnach nicht um die bekannten drei Tramps von den berühmten Fotos, die man sofort wieder freiließ und nie in den Akten festhielt. Die Polizei wäre nie über die

bekannten drei Tramps gestolpert, hätte sie nicht einen Tip von *Lee Bowers Jr.* bekommen, der sah, wie sich die drei in einem Güterzug versteckten. Das Foto der späteren drei Tramps ist der Grund für den fortgesetzten Disput, denn einer von ihnen sieht *E. Howard Hunt* von der CIA ganz schön ähnlich. Tatsächlich sind viele Leute, die sich die Fotos genau angesehen haben, bereit zu beschwören, daß es wirklich E. Howard Hunt ist.

Siehe auch: ▸ Hiram Abiff, John Birch Society, Flug 553, Men In Black, »The Whole Bay of Pigs Thing«.

Verweise: ▸ http://ourworld.compuserve.com/homepages/Mgriffith_2/suspects.htm
▸ *Popular Alienation*, hrsg. von Kenn Thomas, IllumiNet Press, Lilburn, Ga., 1995, Seiten 173–174.

▸ DAS 23-RÄTSEL

Seit die *Illuminatus!*-Trilogie auf die absurde (oder finstere) Beziehung zwischen der Zahl 23 und allen möglichen verschwörerischen und/oder »paranormalen« Phänomenen hingewiesen hat, haben andere die mystische 23 durch Raum und Zeit verfolgt, und inzwischen hat sie sogar ihre eigene Website.

Daran kann man erkennen, wieviel Merkwürdigkeit man dem »Zufall« in die Schuhe schieben kann, bevor es anfängt, hohl zu klingen und man den rutschigen solipsistischen Abhang hinabschlittert, dorthin, wo man finstere Absichten hinter allem und jedem sieht. Hier sind ein paar Beispiele:

▸ 2/3 = .666, die Zahl des Tieres ...

▸ AOL-chat-rooms lassen jeweils nur 23 Leute auf einmal zu.

▸ Im Film *Airport* sitzt der verrückte Terrorist auf Platz 23 ...

▸ Im Film *Airplane II* heißt das Raumschiff XR-2300 ...

▸ 230 Menschen starben bei der von Verschwörungsgerüchten umrankten TWA-Flug-800-Katastrophe.

▸ Der Buchstabe W ist der 23. im Alphabet und hat zwei Spitzen, die nach unten zeigen und drei, die nach oben zeigen.

▸ Die erste Apollo-Mondlandung war bei 23.63° Ost; die zweite fand bei 23.42° West statt.

- Der 19. April ist der Tag der Schlacht von Lexington, des Holocausts von Waco, Texas und des Bombenanschlags von Oklahoma City. Amerikaner schreiben dieses Datum 4/19, Europäer schreiben 19.4; wie auch immer: Addiert ergibt sich 23 ...
- William Shakespeare wurde am 23. April 1556 geboren und starb am 23. April 1616.
- Ärea 51 ist der Schauplatz unbekannter Forschungen der amerikanischen Regierung (und das kombinierte CIA/Alien-Hauptquartier, wenn es nach UFO-Konspirologen geht), und 51 zerfällt in 23 + 23 + 2 + 3.
- Am 23. August 1305 wurde William Wallace wegen Verrates hingerichtet.
- *Star Trek* spielt im 23. Jahrhundert; ebenso *Babylon Five*.
- Der menschliche Biorhythmus hat 23 Tage.
- Das Blut braucht 23 Sekunden, um durch den menschlichen Körper zu zirkulieren.
- Julius Cäsar erlitt durch seine Mörder 23 Stichwunden.
- Sidney Carton war der 23. Mann, der an der spannendsten Stelle von Dickens' *Tale of Two Cities* geköpft wurde.
- Nach **Noam Chomsky** sind mehr als die Hälfte der internationalen Medien im Besitz von 23 Gesellschaften.
- Mann und Frau tragen jeweils 23 Chromosomen zur Befruchtung bei.
- Der durchschnittliche Raucher raucht 23 Kippen pro Tag.
- Am 23. Dezember 2012 wird die Welt enden – nach einer alten Maya-Prophezeiung.
- Bei den alten Sumerern und den alten Ägyptern war der 23. Juli, wenn Sirius hinter der Sonne aufging, der Beginn des neuen Jahres.
- Die Automarke Nissan besteht aus den japanischen Begriffen »Ni«, das heißt 2, und »San«, das 3 bedeutet. Nissan = 23.
- Das Amtsenthebungsverfahren gegen Richard Nixon fand gemäß Artikel 2, Absatz 3 der US-Verfassung statt.
- Die Vereinigten Staaten zündeten 23 Atombomben über dem Bikini-Atoll im Pazifik.
- In einer neueren Verfilmung von *Alice im Wunderland* hüpft ein ausgestopftes Kaninchen aus einer Schachtel mit der Nummer 23.
- Die erste Primzahl, in der beide Ziffern Primzahlen sind und eine weitere Primzahl ergeben, ist 23.

- Shakespeare war 46 (23 + 23) Jahre alt, als die King-James-Bibel herausgegeben wurde. Psalm 46 (2 × 23) hat als 46. Wort »shake«, das 46. Wort, vom Ende her gelesen, ist »spear«. Erklären Sie das mal!
- In *Star Wars* wurde Prinzessin Leia in der Zelle AA-23 gefangengehalten.
- Die Adresse der Freimaurerloge in Stafford, England, ist 23 Jaol Road. In New York City ist sie in der 23. Straße.
- Jede 23. Welle, die auf einen Strand rollt, ist doppelt so groß wie die anderen.
- 23 Zeichen (Zahlen und Buchstaben) befinden sich auf jeder amerikanischen Münze.
- Das Uranium Isotop in Atombomben heißt U235.
- Die New York Yankees haben die World Series 23mal gewonnen.

Hier noch ein paar Daten aus dem deutschen Sprachraum:

- 23. Februar 1923: Rainer Maria Rilke beendet die »Sonette an Orpheus«, die vier Wochen später im Druck erscheinen.
- 23. Mai 1923: Gründung der Sozialistischen Arbeiter-Internationale.
- 23. November 1923: Rücktritt des Kabinetts Stresemann. NSDAP und KPD werden in ganz Deutschland verboten.

Siehe auch: ▸ Ardenner Wald, Der zweite George Bush, Jean Cocteau, Philip J. Corso, Aleister Crowley, Gerard de Sede, Colonel Edward House, Krieg gegen gewisse Drogen, »The Whole Bay of Pigs Thing«.

▸ PETER DUESBERG, M.D.

Dr. Peter H. Duesberg stimmt der populären Ansicht, daß AIDS durch HIV verursacht wird, nicht zu, und seine Anhänger behaupten, daß die Billionen von Dollar, die für AZT und andere HIV-bezogene Therapien ausgegeben werden, der Grund dafür sind, daß Duesbergs Arbeiten vom medizinischen Establishment abgelehnt werden.

Seit 1984 auf einer Konferenz des National Institute of Health verkündet worden war, daß AIDS durch HIV verursacht wird, hat Duesberg beklagt, daß die Mediziner »die akademische Freiheit und die selbstkorrigierende Debatte dem Konformismus geopfert haben«. In seinem Buch *Inventing the AIDS-Virus* führt er eine Vielzahl von Fällen an, in denen Personen an AIDS oder AIDS-ähnlichen Symptomen gestorben sind, ohne daß man eine Spur des HIV-Virus bei ihnen gefunden hätte. Diese Fälle hat man aus der AIDS-Literatur herausgenommen, indem man AIDS neu definiert hat, so daß jeder ohne HIV als nicht-AIDS-erkrankt definiert wird, selbst wenn man zuvor AIDS diagnostiziert hat. Laut Duesberg ist das ein Wortspiel, um einen weitverbreiteten Irrtum nicht eingestehen zu müssen. Wie andere Kritiker glaubt auch er, daß AZT den Patienten nicht hilft (siehe: *AZT-AIDS-Verschwörung*).

Duesberg vertritt die Ansicht, daß AIDS hauptsächlich durch stimulierende Drogen verursacht wird, besonders durch Amylnitrat »Poppers« und Kokain, sowie durch Unterernährung. Beides trifft häufig auf AIDS-Opfer zu.

Obwohl seine Schriften sehr umstritten sind, hat Duesberg weiterhin eine Professur für Molekularbiologie an der University of California in Berkeley und ist Mitglied der National Academy of Sciences.

Siehe auch: ▸ AIDS-Verschwörungstheorien, Iatrogenische AIDS-Theorie,
               Jakob Segal.
Verweise: ▸ *Inventing the AIDS-Virus*, von Peter Duesberg, Regnery, 1996.

▶ **ELMYR**

Elmyr de Hory, auch als Baron Elmyr von Houry, Herzog Elmyr, Baron Elmyr Hoffman, Joseph Dory und unter Hunderten von anderen Namen bekannt, wurde 1968 in Frankreich wegen Bilderfälschung verurteilt.

Wie viele Fälschungen hat dieses vielnamige Individuum angefertigt? Diese Frage beschäftigte nicht wenige Kunsthistoriker und Kriminologiestudenten, denn nach Verbüßung seiner kurzen Gefängnisstrafe schrieb Elmyr zusammen mit dem jungen amerikanischen Autor Clifford Irving die ganze Geschichte seiner kriminellen Karriere auf – in einem Buch namens *Fake!*

Dort heißt es, daß Elmyr für Tausende von klassischen Kunstwerken verantwortlich sei, die heute in Museen auf der ganzen Welt hängen. Diese Behauptung betrifft einen großen Teil des künstlerischen Erbes und ist natürlich sehr umstritten.

Orson Welles drehte einen Film über den Elmyr-Skandal, in dem der Baron direkt vor der Kamera ein paar recht echt aussehende Picassos, Modiglianis, Van Dunkens usw. auf die Leinwand zaubert. Elmyr besteht in dem Film, wie auch im Buch, darauf, daß er und andere, ungenannte Fälscher ohne weiteres die sogenannten Kunstexperten täuschen können und daß diese Experten ihre »Autorität« nur durch Betrug und Gruppenzusammenhalt aufrechterhalten.

Soll man nun diesem alten Betrüger oder diesen »anerkannten« Fachleuten glauben, die von ihm mindestens ein paarmal hinters Licht geführt worden sind? Die Problematik wird noch komplizierter, wenn der Film die betrügerischen Aktivitäten von Elmyrs Mitarbeiter, Mr. Irving, in der Angelegenheit einer *Howard-Hughes-*Biographie enthüllt. Dabei ging es darum, ob die Gerichte eher einer *Stimme* am

Telefon, die wie Howard Hughes klang, glauben würden oder aber einer *Unterschrift* unter einem Vertrag, den Irving vorlegte, und die von drei Experten als absolut authentisch und von Hughes stammend bezeichnet worden war. Gruseligerweise entschieden sich die Richter für die Stimme, und Irving mußte ins Gefängnis (später hieß es dann, sowohl die Stimme als auch die Unterschrift seien gefälscht gewesen). Die Sache wurde noch verzwickter, als Welles enthüllte, daß Teile des Films (scheinbar eine Dokumentation) ebenfalls gefälscht waren. Verglichen mit anderen Themen in diesem Buch, hörte sich das nach Kleinkram an, wenn nicht die Howard-Hughes-Debatte in die Nähe einer großen politischen Verschwörung geraten wäre; und die Unfehlbarkeit der »Kunstexperten« sieht sich erneuten Angriffen der Postmodernisten und Multikulturalisten in den Universitäten ausgesetzt, die wie Elmyr behaupten, daß Kunstexperten hauptsächlich bluffen. Diese Behauptung beweist sich dadurch selbst, daß beinahe alle »Klassiker«, die von Experten als echt befunden worden sind, von männlichen Weißen, wie sie selbst welche sind, stammen.

Siehe auch:	▸ Nicholas Bourbaki, *Buckaroo Banzai*, Castro der Supermaulwurf, Jean Cocteau, *Gemstone File*, Noon Blue Apples.
Verweise:	▸ *Fake!* Von Clifford Irving, McGraw-Hill, New York, 1969.
	▸ *F for Fake*, Regie: Orson Welles, Sati Tehran Films, 1973.

▸ EL SALVADOR: BAKTERIENKRIEG?

1982 behaupteten Gewerkschaftler in El Salvador, daß unmittelbar nach amerikanischen Luftangriffen Epidemien von bisher unbekannten Krankheiten ausgebrochen seien. Es gibt keine richtigen Beweise, welche die Anschuldigung bakteriologischer Kriegführung unterstützen, siehe jedoch: *Kuba: Bakterienkrieg?* und *Nicaragua: Bakterienkrieg?*

1987 mußte das US-Verteidigungsministerium aufgrund einer Klage zugeben, daß die Regierung noch immer 127 Forschungsprogramme über chemische und biologische Kriegführung betreibt, obwohl diese Forschung angeblich schon 1972 für ungesetzlich erklärt wurde.

Siehe auch:	▸ AIDS-Verschwörungstheorien.
Verweise:	▸ http://home.earthlink.net/~bkonop/GermIncidents2.html

▶ ENTSOUVERÄNISIERUNG

Nie zuvor waren die Ungerechtigkeiten und die Wucht einer gedankenlosen
Geldmacht so offensichtlich für eine solch gewaltig große Menge gebildeter,
kompetenter und konstruktiv denkender Menschen auf der ganzen Welt.
Bald wird ein kritischer Moment erreicht sein, in dem die Intuition der verant-
wortungsgeleiteten Mehrheit, im Gegensatz zu zornigen Maschinenstürmern
und rächenden Robin Hoods, angesichts einer umfassenden funktionalen
Diskontinuität des nationalen techno-ökonomischen Systems nach weltweiter
Reorientierung unserer planetarischen Affären ruft und diese durchsetzt.
R. Buckminster Fuller, *Grunch of Giants*, S. 89

Ein Begriff aus *R. Buckminster Fullers* techno-soziologischen Theorien, *Entsouve-*
ränisierung (desovereignization), bezeichnet die schrittweise Dezentralisierung der
Macht, von der Fuller glaubte, daß sie unweigerlich der Internet-Revolution folgen
müsse. In diesem Modell verlieren die *Great Pirates*, die seit Beginn der Bronzezeit
die Erde kontrollieren, diese Kontrolle an das Internet und an seine User – eine
Gruppe, von der Fuller glaubt, daß sie letztendlich die Mehrheit von uns allen
bilden werde.

Diese »Entsouveränisierung«, so nahm Fuller an, würde zu mehr Systemselbstkor-
rektur in der politischen Ökonomie führen, damit auch zu mehr Zufriedenheit für
alle und zu rationaleren Entscheidungsprozessen.

In anderen Worten, nach dem Versagen der repräsentativen Demokratie muß sie
(nach Fullers Ansicht) durch direkte elektronische Demokratie ersetzt werden,
jetzt, da wir über eine Technologie verfügen, die es vermag, »alle zu bevorteilen,
ohne irgend jemand zu übervorteilen«.

Die Großen Piraten, die *Illuminaten*, die Insider, oder wer auch immer nach Ansicht der Verschwörungstheoretiker die Welt regiert, regieren sie nicht mehr wirklich. Die Macht wandert schneller und schneller in das dezentralisierte menschlich-
elektronische »Gehirn«, das Internet.

Siehe auch: ▶ Crypto-Anarchy, LAWCAP.
Verweise: ▶ http://www.teleport.com/~pdx4d/grunch.html
               ▶ *Grunch of Giants*, von R. Buckminster Fuller, St. Martin's, 1983.

▶ **EVERY KNEE SHALL BOW**
(Jedes Knie beuge sich)

Every Knee Shall Bow von Jess Walter, einem Journalisten aus Spokane, ist eine detaillierte und objektive Studie des Falles Vicki und Randy Weaver, in dem sich alle Feindseligkeiten, Ängste und Verschwörungsgeschichten unserer Tage zu einem blutigen, verrückten und wahrscheinlich unvermeidbaren Höhepunkt aufschaukelten.

Vicki Jordison, geboren 1949, hielt sich für eine bibelkundige Seherin, die in Bibeltexten verborgene Bedeutungen erkennen konnte. 1971 heiratete sie Randy Weaver (geboren 1948), und sie wurden ein normales christliches Ehepaar, das allenfalls leicht rechtschristlich orientiert war, aber Vickis Visionen sollten das bald ändern. Nachdem sie Hal Lindsays *The Late Great Planet Earth* gelesen hatte – eine fundamentalistische Interpretation biblischer Prophezeiungen, die behauptet, daß wir in den letzten Tagen dieses Planeten leben –, wurde Vicki zunehmend apokalyptisch und las mehr und mehr Verschwörungsliteratur. In der Bibel (Matthäus 24) fand sie eine »Prophezeiung«, die sie so interpretierte, daß die letzte Schlacht zwischen Christus und dem *Antichrist* 1987 stattfinden würde. Die Weavers flohen schließlich zum Ruby Ridge, einem Berg in Idaho nahe der kanadischen Grenze, bewaffneten sich und bereiteten sich auf den Holocaust vor – auf den Tag im Jahr 1987, wenn das *ZOG* (Zionist Occupied Government, d.h. die von Zionisten besetzte Regierung) beginnen würde, alle Christen abzuschlachten. Wie andere Endzeitgruppen verloren auch die Weavers ihre Überzeugungen nicht, als das Jahr 1987 ohne Armageddon verging; sie warteten weiter, wohl wissend, daß sie selbst sich irren konnten, die Bibel aber unfehlbar war.

Dann beging Randy einen Fehler: Weil er Geld brauchte, verkaufte er eine abgesägte Schrotflinte an einen V-Mann der Regierung. Dieser V-Mann hatte zuvor »The Order« auffliegen lassen, eine Neonazi-Terrorgruppe, die mehrere Banküberfälle und einen Mord begangen hatte, und er dachte nun, Randy wäre auch so einzuschätzen; Randy hatte aber niemals zu irgendeiner Nazi-Gruppierung gehört. Er merkte, daß er in eine Falle geraten war, und befürchtete, daß das *ZOG* ihn und seine Familie ermorden wolle. Die Weavers bereiteten sich darauf vor, sich und ihr Stückchen Berg zu verteidigen.

Die dann folgende 18monatige Belagerung und die schließlich stattfindende Tragödie basierte auf Paranoia auf beiden Seiten: Die Regierungsbeamten glaubten, die Weavers seien Neonazis, während die Weavers glaubten, diese Agenten, die sie überreden wollten, sich zu stellen, gehörten zu der satanischen ZOG und würden das lang erwartete Gemetzel an den Christen beginnen.

Die Sache spitzte sich zu, und Vicki wurde mit ihrem Baby im Arm erschossen. Ihr 14jähriger Sohn und ihr Hund Striker wurden im Durcheinander ebenfalls erschossen, und die Regierungsbeamten benahmen sich genauso teuflisch, wie die Weavers es erwartet hatten. Nach einer langwierigen Selbstuntersuchung erklärten sich FBI und das Bureau of Alcohol, Tobacco and Firearms für völlig unschuldig; der Agent, der Vicki und ihr Baby erschoß, verweigerte die Aussage, um sich nicht selbst zu belasten, ein zweiter wurde entlassen, weil er Beweismaterial vernichtet hatte. In einem folgenden Zivilprozeß wurden den überlebenden Weavers 3,1 Millionen Dollar Schadenersatz zuerkannt.

Siehe auch: ▸ Food and Drug Administration, Krieg gegen gewisse Drogen.
Verweise: ▸ *Every Knee Shall Bow,* von Jess Walter, Harper Collins, New York, 1995.

▸ **EWIGE BLUMENKRAFT**

Ewige Blumenkraft, der Slogan der **Illuminaten,** wurde zuerst von der Zeitschrift *Teenset* enthüllt. Nach diesem Artikel waren die Illuminaten ursprünglich die islamische Ishmaeli-Sekte und tauchten erst 1776 über Adam Weishaupt in Europa wieder auf. Das Magazin beschrieb die Ishmaelis als »Drogenabhängige« und behauptete, Weishaupt hätte durch die Lehren von Hassan i Sabbah und durch Hanf, den er in seinem Garten anbaute, »Erleuchtung erlangt«. Außerdem wird behauptet, Beethovens Symphonien seien durch Illuminismus und »Flower Power« inspiriert.

Siehe auch: ▸ »Bob«, The Con, Diskordianismus.
Verweise: ▸ »The Conspiracy«, von Sandra Glass, *Teenset,* März 1969,
                 Seiten 34–40.

▶ EXCLUDED MIDDLE

The Excluded Middle ist eine Zeitschrift, die das weite Feld zwischen den beiden wichtigsten UFO-Theorien erforschen will. Diese beiden Theorien sind: »Es sind außerirdische Raumschiffe!« und »Es sind Streiche und Halluzinationen!« *Excluded Middle* lehnt diese Ansichten nicht grundsätzlich ab, interessiert sich aber hauptsächlich für Fälle, die nicht so aussehen, als seien sie das Werk von Aliens, Witzbolden oder Spinnern. Der Name des Magazins scheint aus einem der *UMMO-Briefe* zu stammen, der sagt:

> *Wir lehnen das irdische Prinzip des Dritten Ausgeschlossenen Begriffs*
> *(Die Ausgeschlossene Mitte, nach Aristoteles) ab, nach der Behauptungen*
> *nur richtig oder falsch sein können. Die gesamte Ontologie terrestrischer Denker*
> *ist mit Ausdrücken gesättigt wie »Ich bin«, »Ich bin nicht«, »Ich existiere«,*
> *ohne die Möglichkeit für andere Formen verschiedener Zusammenhänge.*
> *Solange Ihr nicht die Form Eurer informativen Kommunikation klärt, wird*
> *der Prozeß der Wahrheitsfindung mühsam und langsam sein.*

Siehe auch: ▶ Chw.primenet.com/~exclmid/

▶ **F FOR FAKE**
   (F für Fälschung)

Das ist ein irgendwie gefälschter Film über die möglicherweise falsche Biographie eines wirklich großen Kunstfälschers – oder über einen Mann, der behauptet, ein wirklich großer Kunstfälscher zu sein.

Angeblich führte *Orson Welles* Regie, sicher aber hat er den Film herausgegeben und eine Rolle darin gespielt. Der Film dreht sich hauptsächlich um die Karriere von *Elmyr*, einem Kunstfälscher, der vielleicht, vielleicht auch nicht, einen großen Teil der Meisterwerke moderner Kunst hergestellt hat, die heute in unseren Museen hängen.

Ob Elmyr nun die ganze Zeit ein echter Fälscher war oder nur ein Teilzeit-Fälschungs-Fälscher (d.h. ob er auch soviel gefälscht hat, wie er behauptet) bleibt dahingestellt, aber der Film scheint seine Behauptung zu stützen, daß »Kunstexperten« einen echten Picasso von einem falschen genausowenig unterscheiden können wie Sie und ich und daß ihr Berufsstand nur durch frechen Bluff weiterbesteht.

Im Film ist die Geschichte von Elmyrs Biographen, Clifford Irving, der später beinahe eine gefälschte *Howard-Hughes*-Biographie verkauft hätte, kunstvoll mit dem Elmyr-Thema verwoben. Ein Höhepunkt des Filmes besteht darin, daß sich die Zuschauer zwischen zwei einander entgegengesetzten Versionen der »Wahrheit« entscheiden sollen. Diese beiden Versionen sind:

1. ein von Hughes unterschriebener Vertrag, dessen Echtheit von Handschrift-»Experten« bescheinigt wird, und
2. eine Stimme am Telefon, die behauptet, Hughes zu sein.

Außerdem geht es um Orson Welles' Karriere als »Fälscher« (sagt er selbst) und als Meister der Täuschung in seiner Funktion als Bühnen- und Filmdirektor, aber das vermischt sich mit der Geschichte der »sagenhaft reichen« Oja Kodor, die Picasso beschwindelt haben soll und merkwürdige Beziehungen zu Clifford Irving und sinistren, nie identifizierten Schweizer Bankiers unterhielt (siehe: *Gnomen von Zürich*). Von »Anwälten« sei er gewarnt worden, diese Seite der Geschichte nicht allzu gründlich zu erforschen, sagt Welles dazu. Aber eine Baroness spielt eine Rolle und noch ein Kunstfälscher und ... an diesem Punkt enthüllt Welles, daß ein Teil des Filmes selbst eine Fälschung ist, und überläßt es den Zuschauern herauszufinden, was sie nun glauben wollen und was nicht.

Teile des Films entstanden unter der Regie von François Reichenbach, und Reichenbach hat einmal als Verkäufer für Elmyrs gefälschte Bilder fungiert; das macht die Sache noch verdächtiger.

Für die Geschichte über Hughes, der in der Wüste herumläuft und statt Schuhen Kleenex-Schachteln an den Füßen trägt, gibt es einige Zeugen, aber der Verfasser des vorliegenden Werkes weiß nicht, was er von der Story über das Schinkensandwich halten soll, das jede Nacht in dem Baum versteckt war, an dem Hughes vorbeikam. Oja Kodor war auch nicht »sagenhaft reich« und hat Picasso nicht beschwindelt, wurde aber die letzte Frau Orson Welles ...

Siehe auch: ▸ Elmyr, *Buckaroo Banzai*, Jean Cocteau, *Gemstone File*, Hank Greenspun, Noon Blue Apples.

Verweise: ▸ *F for Fake*, Regie Orson Welles, Sat Tehran Films, 1973.

▶ FALSE MEMORY SYNDROME FOUNDATION

Die False Memory Syndrome Foundation (Stiftung zur Erforschung des Falsch-Erinnerungs-Syndroms), gegründet 1992, versucht Journalisten (und die Öffentlichkeit) mit der Arbeit von Psychiatern und Psychologen bekannt zu machen, die die Theorie und Praxis der *Recovered Memory Therapy* in Frage stellen.
Die Kritik fußt hauptsächlich auf folgenden Tatsachen:

1. Klinische Forschung zeigt, daß falsche Erinnerungen auch ohne Hypnose leicht eingepflanzt werden können, besonders bei kleineren Kindern.
2. Eine wachsende Zahl von Patienten hat selbst die in der Hypnose entdeckten, angeblichen Erinnerungen verworfen.

Verärgerte Expatienten haben ihre Hypnotiseure erfolgreich wegen Fahrlässigkeit verklagt.

Siehe auch: ▶ Abductees Anonymous, Corrydon Hammond, Monstermacher.
Verweise: ▶ *Making Monsters: False Memories, Psychotherapy, and Sexuell Hysteria,* von Richard Ofshe und Ethan Watters, University of California Press, Berkeley and Los Angeles, 1996.

▶ FEDERAL RESERVE BANK

Es wird behauptet, daß die Federal Reserve Bank 1913 als ökonomisches Werkzeug mit dem Ziel gegründet wurde, Bankiers und bestimmte Politiker reich zu machen, während der Rest der Bevölkerung arm, dumm und manipulierbar bleiben sollte. Das mag sich wie typischer Verschwörungsblödsinn anhören, ändert aber nichts daran, daß die meisten Leute arm, dumm und manipulierbar sind.
Siehe: http://www.disinfo.com

Im Prinzip ist die Federal Reserve Bank, seit ihrer Gründung Gegenstand der Kritik vor allem von rechts, aber auch von links, eine private Körperschaft unter minimaler Regierungskontrolle, die all das Geld macht, daß die Amerikaner in ihren Brieftaschen herumtragen. Kritiker befürchten, daß die Regierung die Bank nicht so kontrolliert, wie sie sollte, daß sie sogar selbst in ihrer Schuld steht und daß die Bank generell mehr Macht angehäuft hat als alle Regierungsbeamten zusammen. (Dieselben Befürchtungen gab es von Andrew Jackson, Martin van Buren und Senator *Thomas Hart Benton* gegen die erste *Bank of the United States*).

Einem Kritiker vom *Spotlight*-Magazin gefällt es überhaupt nicht, daß die Bank Papiergeld ausgibt. Er weist darauf hin, daß die Verfassung die Ausgabe von Geld, das nicht aus Gold oder Silber besteht, verbietet (Artikel 1, Absatz 10), und sagt: »Sie machen wirklich ein gutes Geschäft. Sie geben ein Stück Papier aus mit einer Nummer, die so viele Nullen drangehängt hat, wie es ihnen paßt. Dann nennen sie es Geld. Sie wissen ganz genau, daß man Gold und Silber nicht fälschen kann. Sie ziehen die Papiermethode vor.«

Derselbe Autor erzählt die amüsante und etwas unheimliche Geschichte von dem Stück »echten« Papiergeldes, das er in seinem Haus fand – ein Silberzertifikat, also der altmodische Papierdollar, den man gegen einen Silberdollar eintauschen konnte. Er versuchte, ihn einzuwechseln, und wurde von Pontius zu Pilatus geschickt, bis er entdeckte, daß die Banken 1964 aufgehört hatten, Silberzertifikate in Silberdollar umzutauschen, und daß das Papier, wie alles Bundesgeld, nur gegen Papier getauscht werden kann. Klingt nach Kafka, nicht wahr? Das erste »Geld« oder was immer es war, das die Bundesbank 1914 herausgab, hatte den (hier übersetzten) Aufdruck:

Diese Banknote ist gesetzliches Zahlungsmittel für alle nationalen und Federal-Reserve-Banken und für alle Steuern, Zölle und andere öffentlichen Abgaben. Auf Verlangen ist es durch das Schatzamt der Vereinigten Staaten in der Stadt Washington, District of Columbia, in Gold oder andere gesetzliche Zahlungsmittel bei jeder Federal Reserve Bank einzutauschen.

Während Kritiker wie Ezra Pound das moralische und juristische Recht der Bank, Geld auszugeben, bezweifeln, war das Geld doch eintauschbar gegen Gold oder »gesetzliche« Zahlungsmittel. (Man erinnert sich: Die Verfassung verlangt, daß gesetzliche Zahlungsmittel aus Gold oder Silber bestehen müssen!)

1950 wurde der Aufdruck geändert in:

Diese Banknote ist gesetzliches Zahlungsmittel für alle Verpflichtungen,
öffentlich oder privat, und ist auf Verlangen in gesetzliches Geld durch
das Schatzamt der Vereinigten Staaten oder bei jeder Federal Reserve Bank
einzutauschen.

Das war um einiges zweideutiger – welcher Bürger kennt schon die verfassungs-
rechtliche Definition von gesetzlichem Geld? –, trotzdem würde vor Gericht die
Bedeutung bestehenbleiben, daß man auf Verlangen Gold oder Silber für das Papiergeld erhalten müsse. 1963 ersetzte man den Aufdruck wiederum durch den, der
bis heute gilt:

Diese Banknote ist gesetzliches Zahlungsmittel für alle Verpflichtungen,
öffentlich oder privat.

Das bedeutet schlicht und einfach, daß Papiergeld nicht mehr gegen echtes Metall
getauscht werden kann, nicht einmal gegen Kühe, wie das im alten Rom der Fall
war. Es ist nur Geld, weil die Bundesbank das sagt und weil niemand in der Regierung etwas dagegen tut. Das ist, zusammengenommen, die Meinung der Rechten
über die Federal Reserve Bank: Sie sehen das Institut einfach als gigantischen Fäl-
scherring, der uns zwingt, immer höhere Zinsen auf Geld zu zahlen, das die Regierung selbst herausgeben könnte, wie sie es einmal getan hat, ohne dafür Zinsen zu
verlangen, wenn das Volk es so verlangt ...
Wie Thomas Edison einst sagte: »Wenn die Regierung Anleihen drucken kann,
kann sie auch Geld drucken.«
Nachdem das Federal-Reserve-Gesetz 1913 den Kongreß passierte, schrieb der Abge-
ordnete Charles A. Lindbergh (der später ein berühmter Flieger wurde) an den Kongreß:

Dieser Vorgang etabliert den größten Trust der Welt ... wenn der Präsident
diese Vorlage unterschreibt, wird die unsichtbare Regierung der Macht des Geldes,
deren Existenz die Money Trust Investigation bewiesen hat, gesetzmäßig ...
Das neue Gesetz wird eine Inflation schaffen, wann immer sie vom Trust
gewünscht wird.

Bankenkritiker haben soviel gegen die *Rothschilds* und gegen *David Rockefeller*, weil der Londoner Rothschild-Bank und der Chase Manhattan (Rockefellers Bank) angeblich der Löwenanteil der Federal Reserve Bank gehört. Matthew Josephson, ein Konspirologe in den 30er bis 50er Jahren, dessen Werke zur Zeit unauffindbar sind, bestand darauf, daß die wahre Macht von der Warburg Bank in Amsterdam ausgeübt wird und damit Teil der »Oranien-Übernahme« von England und Amerika war, die auf die unrechtmäßige Einsetzung des Holländers Wilhelm von Oranien als König von England folgte (siehe: *Lady Dianas Tod, Grand Orange Lodge of Ireland*). Der Kongreßabgeordnete Wright Patman führte viele Jahre lang einen Ein-Mann-Kreuzzug gegen die Federal Reserve Bank, mit dem Erfolg, daß er nur zum Helden der Anti-Bank-Verschwörologen wurde. Er sagte:

In den USA von heute haben wir effektiv zwei Regierungen ... wir haben die verfassungsmäßige Regierung ... und dann haben wir eine unabhängige, unkontrollierte und unkoordinierte Regierung im Federal Reserve System, die die Geldmacht ausübt, die eigentlich durch die Verfassung der Regierung vorbehalten ist.

Es gab nie eine Prüfung der Federal Reserve Bank. In vergangenen Jahren haben die Senatoren Dorgan und Metcalf und die Kongreßabgeordneten Gonzales und Crane versucht, eine Überprüfung der Federal Reserve Bank zu veranlassen, aber alle diese Versuche sind bis dato gescheitert. Das AFL-CIO Executive Council veröffentlichte am 21. Februar 1996 ein Statement, in dem die Federal Reserve Bank wegen ihres »ungerechtfertigten Angriffs auf das Bureau of Labor Statistics« (Büro für Arbeits-Statistik) getadelt wurde, der eine Verfälschung des Konsumenten-Preis-Indexes zur Folge haben wird und so Arbeiter und Rentner beraubt, während die Federal Reserve Bank und ihre Mitglieder davon profitieren.

Siehe auch: ▸ John Adams, GRUNCH, MMAO, Fletcher Prouty, Rosenkreuzer.
Verweise: ▸ Das AFL-CIO-Statement: http://www.aflcio.org/home.htm

▶ FEDORA

1962 kontaktierte ein Angehöriger der Sowjetischen Gesandtschaft bei den Vereinten Nationen in New York das FBI und bot ihm seine Dienste an, denn, so sagte er, »ich will mich am KGB rächen, der mich schlecht behandelt hat«. Unter dem Codenamen »Fedora« versorgte er das FBI mit scheinbar wertvollen Informationen, und J. Edgar Hoover freute sich, daß er jetzt seinen eigenen Sowjetinformanten hatte, von dem die CIA nichts ahnte (Hoover haßte die CIA).

Zehn Jahre lang arbeitete Fedora für das FBI und lieferte eine Unmenge von »Insiderinformationen« aus dem KGB. 1974 kehrte Fedora sicher in die Sowjetunion zurück, und 1982 einigten sich CIA und FBI darauf, daß Fedora ein falscher Überläufer war, der Hoover Desinformationen lieferte – genau die Art Maulwurf, hinter der *James Jesus Angleton* schon immer her war.

Siehe auch: ▶ Doppelkreuz-System, Elmyr, Noon Blue Apples, Orson Welles.
Verweise: ▶ http://www.jfkweb.simplenet.com/voice/nosenho.htm

▶ DAVID FERRIE

David Ferrie, ein schriller Homosexueller aus New Orleans, talentierter Amateurwissenschaftler und ein ziemlich mysteriöser Mann, unterhielt seltsame Beziehungen zur *Mafia* und zur CIA. Der Staatsanwalt von New Orleans, Jim Garrison, entdeckte Beziehungen zwischen Ferrie, Clay Shaw und Lee Harvey Oswald und hatte vor, Ferrie zu verhaften, der aber starb zuvor in New Orleans.

Ein Gerücht, daß er durch einen Karateschlag ins Genick ums Leben kam, konnte nicht bewiesen werden. Ferries Partner *Eladio del Valle*, auch von Garrison verdächtigt, starb am selben Tag wie Ferrie, jedoch in Miami. Es gibt keinen Zweifel daran, daß er ermordet wurde.

Siehe auch: ▶ John-F.-Kennedy-Attentat.
Verweise: ▶ http://weberman.com

▶ FIRST INTERSTATE BANK

Der Konspirologe Wednesday N. weist darauf hin, daß die Initialen der First Interstate Bank das Wort FIB ergeben. Fib ist ein englisches Wort für schwindeln.

Siehe auch: ▶ Bank of the United States, *In Banks We Trust.*
Verweise: ▶ http://www.hallucinet.com/asylem/asylem2/as_boa.html

▶ FLUG 553

Am 8. Dezember 1972 stürzte der United-Airlines-Flug 553 von Washington nach Chicago in der Nähe von Chicagos Midway Airport ab. Dabei kamen zwei Personen am Boden und 43 Passagiere des Fluges ums Leben. Unter den Opfern befand sich Dorothy Hunt, die Frau von E. Howard Hunt, einem CIA-Agenten, der u.a. in die Schweinebucht-Affäre verwickelt war, und ein paar Tage später behauptete Sherman Skolnick, es gebe Beweise dafür, daß es sich um einen Anschlag gehandelt habe, mit dem Ziel, Frau Hunt zu töten. Die untersuchenden Flugsicherheitsbehörden und das FBI kamen jedoch zu dem Schluß, daß es sich um einen Unfall gehandelt habe.

Für Menschen, die mißtrauisch sind (besonders wenn es um Behörden geht), schließt das den Fall nicht ab. Skolnick zum Beispiel weist darauf hin, daß 50 FBI-Agenten buchstäblich sofort an der Absturzstelle erschienen, obwohl die nächste FBI-Dienststelle 40 Minuten Fahrzeit entfernt ist. Fünfzig FBI-Agenten halten sich selten in einer Dienststelle auf; normalerweise haben sie Außendienst, es sei denn, man habe sie für ein bestimmtes Vorhaben versammelt. Das ist der erste Grund, der Skolnick ein falsches Spiel vermuten ließ. Andere Unstimmigkeiten, die Skolnick, Professor Carl Oglesby und anderen auffielen, waren:

▶ Dorothy Hunt hatte angeblich einen Teil der einen Million Dollar erhalten, die Nixon Howard Hunt versprochen hatte, damit er nichts über The Whole Bay of Pigs Things (Schweinebucht-Affäre) verriet. Manche sagen, sie hätten 350.000 Dollar erhalten, andere 250.000 Dollar. Nach dem Absturz fand man aber nur 100.000 Dollar bei ihr.

▶ Der Pilot, der komischerweise Captain Whitehouse hieß, hatte eine nicht unbedeutende Menge Zyanid in seinem Blut. Es heißt, daß es durch chemische Reaktionen nach dem Absturz in seinen Körper geriet; Kritiker sagen, das sei absurd, und 3,9 Mikrogramm pro Milliliter im Blut des Piloten wiesen eher auf absichtliche Vergiftung hin.

▶ Sofort nach dem Absturz gab Präsident Nixon persönlich zwei guten Bekannten leitende Funktionen in der Absturzuntersuchung – Egil Krogh für das Transportministerium und Alexander Butterfield zur Federal Aviation Authority (Bundesluftfahrtbehörde). Innerhalb eines Monates stieß ein dritter Nixonkumpel dazu, Dwight Chapin, der das Weiße Haus verließ, um eine Stelle bei United Airlines anzutreten, die ihn mit jeder Phase der Untersuchung in Berührung brachte.

▶ Nach dem Absturz verschwand der Flugschreiber und tauchte dann mysteriöserweise wieder auf, und zwar beim Gesundheitsamt, das ihn angeblich aus Versehen mitgenommen hatte (an einer Absturzstelle!?).

Das Hauptargument gegen die Annahme, daß Nixon und seine Mitverschwörer den Flug 553 »in die Luft jagten«, ist, daß die Regierung nicht 44 Unschuldige töten würde, nur um eine einzige Frau loszuwerden. Der Historiker Oglesby schreibt:

Die unterstellte Tat ist so monströs, daß die Unterstellung selbst schon monströs erscheint. Würden diese unseren dunklen Mächte wirklich so viele unbeteiligte Menschen töten, um sich selbst zu schützen? Würden sie das tun? Heutzutage?
In der Zeit von My Lai? Von Geheimen Kriegen? Allende? Dallas? Memphis? Los Angeles? Fred Hampton? Watergate?

[My Lai: Schauplatz bewiesener amerikanischer Kriegsverbrechen in Vietnam. Allende: demokratisch gewählter Präsident von Chile, von der CIA erschossen, laut Senate Intelligence Committee (Geheimdienstkomitee des Senats).
Dallas, Memphis, Los Angeles: Schauplätze der Morde an John F. Kennedy, Martin Luther King jr., Robert F. Kennedy.
Fred Hampton: Black-Panther-Führer, von der Polizei in Chicago unter ungeklärten Umständen erschossen.]

Siehe auch: ▸ James Jesus Angleton, Charles Colson.

Verweise: ▸ *The Yankee and Cowboy War*, von Carl Oglesby, Berkeley Medallion
                    Books, New York, 1997, Seiten 227–267.

▸ FOGG-MUSEUM-EXPERIMENT

1962 organisierte das Fogg Museum der Universität Harvard eine ungewöhnliche Kunstausstellung, in der einige Gemälde Fälschungen, die meisten aber echt waren. Man lud »Experten« ein, die versuchen sollten, die Fälschungen zu entdecken. Unter denen, die mindestens eine Fälschung erkannten, waren der Vorsitzende des Fachbereichs Kunst von Princeton und der Sekretär des Fogg Museums. Die meisten Gäste behielten ihre Meinung für sich und machten sich Notizen, aber als verkündet wurde, welche Gemälde gefälscht waren, »zerknüllten sie schweigend ihre Notizen«.

Siehe auch: ▸ Elmyr, *F for Fake*, OM, UMMO-Briefe, Orson Welles.

Verweise: ▸ *The Act of Creation*, von Arthur Koestler, Macmillan, New York, 1964,
                    S. 402.

▸ FOOD AND DRUG ADMINISTRATION
(Lebensmittel- und Drogen-Aufsicht)

Im Laufe der letzten zehn Jahre hat sich die Food and Drug Administration (FDA) durch Überfälle auf alternative Gesundheitsfirmen hervorgetan – Firmen, die offen und, wie sie glaubten, legal operierten. Diese Razzien nehmen mehr und mehr die gewalttätige Form an, wie man sie von Überfällen der DEA auf verdächtigte Crack-Dealer kennt. In jedem Fall verkauften die Firmen Kräuter und Vitamine, die eine wachsende Minderheit von Medizinern gutheißt, denen aber mächtige Interessen und die FDA entgegenstehen. Die Life Extension Foundation (Stiftung zur Lebensverlängerung) schrieb:

*Mit ihrer Einschüchterungstaktik terrorisiert die FDA Amerikaner, damit sie
sich an die Polizeistaats-Parteilinie der Gesundheitsvorsorge und Medizin halten.
Das Ziel der FDA ist nicht nur, die Arbeit und das Leben der Zielpersonen
zu zerstören, sondern auch Angst und Schrecken im ganzen Land zu verbreiten,
damit andere, die sonst etwa gegen die Agentur rebellieren könnten, eingeschüch-
tert und unterwürfig bleiben.*

Siehe auch: ▸ *Speisen der Götter*, Regierung als kriminelle Verschwörung,
Dr. Wilhelm Reich, Krieg gegen gewisse Drogen.
Verweise: ▸ http://www.livelinks.com/sumeria/health/raids.html

▸ CHARLES FORT

Charles Hoy Fort (1877–1932) war für die Wissenschaft, was Voltaire für die Religion war – er unterminierte sie mit soviel Sarkasmus und Witz, daß ihre Dogmen
danach viel unsicherer und weit weniger absolut wirkten, als ihren Vertretern recht
war. In vier wirklich komischen, gut dokumentierten und – für die Orthodoxen –
recht ärgerlichen Büchern sammelte er Berichte über Anomalien wie Fische, Frösche, Ziegel, hohle Metallkugeln und anderes Zeug, das vom Himmel fiel; über
Riesen und Feen, scheinbare Verletzungen der Naturgesetze; seltsame Lichterscheinungen im All (von ihm sind frühe UFO-Berichte); Leute mit angeblich übermenschlichen Fähigkeiten; einen sprechenden Hund, der sich in grünen Rauch auf-
löste etc. »Forteanische Ereignisse« nennt man dergleichen ihm zu Ehren, und seine
vier Bücher zu diesen Themen heißen: *Das Buch der Verdammten* (1919), *New Lands*
(1923), *Lo!* (1931) und *Wild talents* (1932).

Fort sammelte Aberhunderte solcher Berichte, manche stammten zugegebenermaßen aus der damaligen Regenbogenpresse, die meisten aber doch aus wissenschaftlichen Zeitschriften. Er entwickelte seine eigene Philosophie des Super-Agnosti-
zismus (ähnlich dem modernen Dekonstruktivismus) nach dem Motto: Nichts,
was wir denken, ist absolut wahr, und jede Idee und Vorstellung existiert in einem
Wahrscheinlichkeitsfluß. Selbst wenn wir irgendwann eine absolute wahre Feststellung treffen könnten, meint Fort, würde sie doch nicht lange wahr bleiben. Fort
mutmaßte voll Humor über Dinge, die andere später ernst nehmen würden, etwa

die Möglichkeit außerirdischer Invasionen in der Vergangenheit, oder über Menschen, die jetzt Kontakt mit Außerirdischen hatten und ihnen bei irgendeinem kosmischen Plan helfen, von dem wir keine Ahnung haben.

»Ich glaube, wir sind Privatbesitz«, schrieb er einmal (siehe: **Kenneth Grant**).

Die Vorstellung von feindlichen Aliens, die mit bösartigen Menschen zusammenarbeiten, ist mittlerweile in einigen Verschwörungstheorien fest verankert; siehe *UFO-Verschwörungen*. Der Skeptiker Fort bestand immer darauf, daß er seinen eigenen Theorien ebensowenig glaubte wie denen anderer Leute.

Siehe auch: ▶ *Daimonic Reality*, H. P. Lovecraft, Robert Morning Sky.
Verweise: ▶ http://www.forteantimes.com
              ▶ *Das Buch der Verdammten*, von Charles Fort, Zweitausendeins, Frankfurt, 1994.

▶ FORTEAN TIMES

Die monatlich erscheinende Zeitschrift *Fortean Times* führt **Charles Forts** Werk weiter: »Nachdenken über das Undenkbare«. Die Ausgabe hat 66 Seiten und ist voll mit aktuellen Berichten über Fischregen, Spuk, unbekannte Tiere, spontane Selbstverbrennungen, etc., die Korrespondenten auf der ganzen Welt einsenden, zusammen mit Artikeln über Themen wie Kornkreise, UFOs, Verschwörungen und überhaupt alles, was von Konservativen als ketzerisch oder anrüchig betrachtet wird. In vergangenen Ausgaben fanden sich zum Beispiel Artikel über:

▶ ein neues Buch, in dem behauptet wird, das »Marsgesicht« sei Elvis,

▶ ein Mensch-Schimpanse-Mischwesen, das in Texas lebt und 47 Chromosomen hat (eins mehr als der Mensch),

▶ eine wachsende Liste von Identifizierten Flugobjekten (IFOs) der Gemüseart, wahllos aus rasenden Autos auf Fußgänger geworfen (darunter Fälle in England, wo alte Leute wiederholt von Eiern getroffen wurden; ein Mann in Yorkshire erblindete auf einem Auge, als er von einem Ei getroffen wurde; ein Mann wurde von einer Rübe getroffen und starb; mehrere Personen in Australien wurden von Kürbissen getroffen),

- eine geleeartige Substanz, die man nach UFO-Sichtungen in Australien fand,
- Kreuze und Engel in einer Kapelle in Tennessee, persönlich berichtet von einem *Fortean-Times*-Autor,
- ein Foto von einem Schwein mit zwei Köpfen,
- eine nüchterne Analyse von Jürgen Heinzerling über angebliche Geisterkommunikationen, die mit dem Radio und anderen elektronischen Geräten empfangen wurden,
- Spukgeschichten, die Autofahrer am Blue Bell Hill in Kent, England, erschreckt haben: menschliche Gestalten, die vors Auto laufen, getroffen und überfahren werden, dann aber spurlos verschwunden sind.

Aber das ist nur eine kleine Auswahl. Die monatliche Kolumne »Criminal Croppers« zeigt, daß auch Verbrechen ihre komische Seite haben können. Daniel Bowden aus Virginia, zum Beispiel, der sein eigenes Kreditinstitut überfiel. Zwölf Tage später kam er zurück, um seine Beute einzuzahlen, und wurde – natürlich – verhaftet.

Amüsant, wenn auch tragisch, sind die »strange death«-Stories. In einem Fall stürzte sich der Redakteur Tim Nicholson von der Zeitschrift *Arena* von einer Klippe, weil man ihn bei einigen Entscheidungen überstimmt hatte. Er hinterließ einen Abschiedsbrief und eine Ausgabe der Zeitschrift voller Streichungen und Kürzungen.

In einer anderen Ausgabe finden sich Fotos von schönen Kornkreisen mit einem Artikel von John Michell, der argumentiert, daß, selbst wenn andere dieser Kreise Fälschungen wären, es sich doch um bislang unbekannte Fälschungstechniken handelte.

Verweise:
- http://www.forteantimes.com
- *Fortean Times*, John Brown Publishing, The Boathouse, Crabtree Lane, Fulham, London SW6 6LU UK.
- Fliegendes Gemüse:
  Fortean Times, Nr. 53, 1990.

»FRAGT NACH DEM KOKAIN!«

Während der Anhörungen im Senat wegen der Iran-Contra-Affäre erhoben sich drei Zuschauer und riefen: »Fragt nach dem Kokain!« Sie wurden festgenommen, wegen Nichtachtung des Kongresses angeklagt und zu einem Jahr Gefängnis verurteilt. Keiner der Senatoren fragte je nach dem Kokain.

Siehe auch: ▸ John Hull, Gladio, Octopus, World Finance Corporation.
Verweise: ▸ *Coverup: Behind the Iran-Contra-Affair*, 72minütige Farbvideo-Dokumentation von Barbara Trent, Empowerment Project, 1988.

▸ FREEDOM IS A TWO-EDGED SWORD
(Freiheit ist ein zweischneidiges Schwert)

Freedom is a Two-Edged Sword von John Whiteside Parsons oder Jack Parsons ist mit das überzeugendste Statement der **Thelema**-Philosophie, abgesehen vom Werk **Aleister Crowleys**, der auch Parsons Mentor war. Jack Parsons war ein Ingenieur, der beim Aufbau des Jet Propulsion Laboratory (JPL) mithalf, das eine wichtige Rolle in der Anfangszeit des amerikanischen Raumfahrtprogrammes spielte; er war außerdem Mitbegründer der Aerojet General Corporation, die die Booster-Raketen herstellt, welche beim Space Shuttle benutzt werden. Für seine Verdienste um die Raumfahrt benannte man einen Mondkrater nach ihm (37° Nord, 171° West).
Parsons war Mitglied des **Ordo Templi Orientis** und ein überzeugter libertärer Philosoph. In *Freedom is a Two-Edged Sword*, geschrieben in den 40er und frühen 50er Jahren, zerlegt er die Lieblingsideen der Liberalen und der Konservativen, wendet sich gegen Kommunismus und gegen Senator McCarthys unverantwortliche Hexenjagd gegen sogenannte Kommunisten und verteidigt die extremsten, fast anarchistischen politischen Positionen auf buchstäblich jedem Gebiet. Wie in Dr. **Wilhelm Reichs** Schriften aus dieser Zeit lehnt Parsons nicht nur jede Ausweitung der Staatsmacht ab, sondern gibt die Schuld an solchen Tendenzen den Massen, die Unterdrückung tolerieren und manchmal sogar gutheißen.
Auf den Zweiten Weltkrieg und den danach folgenden Kalten Krieg bezogen, schreibt er:

Wieder ist eine Generation blutig untergegangen, um die Welt sicherer zu machen. Aber das Böse, das die Welt unsicher macht, bleibt unbesiegt und plant schon neue Opfer und neues Blutvergießen. Schuld sind nicht allein die Kriegshetzer, Plutokraten und Demagogen. Wenn die Bevölkerung Ausbeutung und Herrschaft, egal unter welchem Namen, toleriert, verdient sie die Sklaverei. Der Tyrann allein macht die Tyrannei nicht möglich. Das Volk macht sie möglich, nicht andersherum.

Parsons, der im großen und ganzen in Crowleys Fußstapfen trat, aber durchaus eigene Akzente setzte, sah die einzige Hoffnung für Freiheit in Neo-Crowleyschen Magick-Übungen, die das Individuum auf die »Bewußtseinsrevolution« vorbereitet, welche in den 60ern zu einer kleineren Massenbewegung wurde und die als Untergrundbewegung immer noch nicht ausgerottet ist, trotz der Bemühungen aller Regierungen.

Jack Parsons kam 1952 im Alter von 38 Jahren bei einem Laborunfall ums Leben. Wäre er am Leben geblieben, wäre er mit Sicherheit ein berühmter Wissenschaftler und wahrscheinlich einer der größten psychedelisch-libertären Philosophen unserer Zeit geworden.

Siehe auch:	▸ *Daimonic Reality, Speisen der Götter*, Regierung als kriminelle Verschwörung, *Liber Al.*
Verweise:	▸ *Freedom is a Two-Edged Sword,* von John Whiteside Parsons, Ordo Templi Orientis, New York, und Falcon Press, Las Vegas, 1989, Zitat siehe Seiten 18–19.

▶ FREIMAURER

*Freimaurer. Ein Orden mit geheimen Riten, grotesken Zeremonien und
fantastischen Kostümen, ursprünglich von Kunsthandwerkern in London
während der Regentschaft von Charles II. gegründet, dem die Toten vergangener
Jahrhunderte in ununterbrochener Folge beigetreten sind, so daß er nun
alle Generationen jenseits von Adam umfaßt und jetzt auserwählte Rekruten
unter den Bewohnern des Chaos und der gestaltlosen Leere der Vor-Schöpfungs-
zeit zusammentrommelt.*

Ambrose Bierce, The Devils Dictionary

Viele Stämme haben sowohl rein männliche wie auch rein weibliche Geheimgesellschaften, die dazu beitragen, ihre kulturellen Werte bzw. ihren Realitätstunnel aufrechtzuerhalten. Freimaurerei ist sicherlich die größte, wahrscheinlich die älteste
und immer noch die umstrittenste aller rein männlichen Geheimgesellschaften, die
in unserer Welt überlebt haben.

Keine zwei Gelehrten können sich darauf einigen, wie alt sie ist, geschweige denn,
wie »gut« oder »böse« sie ist (siehe: »***Born in Blood***« – ein Buch, das sie bis ins
Mittelalter zurückverfolgt; Werke aus dem letzten Jahrhundert verlegen sie noch viel
weiter in die Vergangenheit, was Bierces oben zitierten Sarkasmus inspiriert hat).

Obwohl man Freimaurerei oft als politische oder religiöse Verschwörung bezeichnet, ist es Freimaurern doch verboten, politische oder religiöse Themen innerhalb
der Loge zu diskutieren. Gary Dryfoos vom Massachusetts Institute of Technology,
der die beste Freimaurerwebsite pflegt, betont diesen Punkt, und er bezeugt, daß
er nach vielen Jahren als Freimaurer, auch von hohem Rang, nicht einmal gefragt
wurde, ob er an heidnischen oder satanischen Riten teilnehmen wolle oder ob er
Interesse habe, sich an einem Komplott gegen irgendeine politische Partei zu betei-
ligen.

Die Werte, die man in Freimaurerlogen lehrt, sagen er und andere Freimaurer, sind
Wohltätigkeit, Toleranz und Bruderschaft. Eingefleischte Anti-Freimaurer bezeichnen das natürlich als Lügen. Die Feinde der Freimaurer, üblicherweise Katholiken
oder fundamentalistische Protestanten, bestehen darauf, daß Freimaurerriten heidnische Elemente enthalten. Das stimmt wahrscheinlich, aber diese Religionen enthalten selbst heidnische Elemente, etwa das Yule-Fest, die Frühjahrs-Sonnwende,
Tod-und-Wiederauferstehungs-Märtyrer (bei den Christen der angeblich histo-

rische Jesus, bei den Freimaurern der angeblich allegorische Hiram). Diese und andere Elemente des Christentums und der Freimaurerei haben eine lange heidnische Vorgeschichte, wie in den 12 Bänden von Sir James George Frazers *Golden Bough* dokumentiert wird.

Was die orthodoxen Kirchen an den Freimaurern am meisten stört, ist, daß sie, wie auch unsere Verfassung, die gleiche Toleranz gegenüber allen Religionen propagiert, und das, so wird befürchtet, verringert das Zugehörigkeitsgefühl zu einer bestimmten Religion. Wer darauf besteht, daß sein Dogma akzeptiert wird, und wer alle anderen als Irrlehren verteufelt, sieht in dieser freimaurerischen Einstellung ganz zu recht eine Bedrohung für seinen Glauben.

Siehe auch: ▸ Grand Orange Lodge of Ireland, Illuminaten, P2-Verschwörung, Rosenkreuzer.

Verweise: ▸ http://thelonious.mit.edu/Masonry/Essays/ugl-whatis.html
                 ▸ *Light on Freemasonry,* von David Bernard, Vonnieda and Sowers, Washington, D.C., 1858.

▸ FREIMAURERWORT

Der *Sohn der Witwe* wurde ermordet, weil er sich weigerte, das Freimaurerwort zu verraten. Dieses Wort (und die damit verbundenen telepathischen Kräfte) ist zugegebenermaßen verlorengegangen, aber Freimaurermeistern wird ein Ersatzwort gegeben, womit sie Personen prüfen können, die vorgeben, Freimaurer zu sein, vielleicht aber Betrüger sind. Dieses neue Ersatz-Freimaurerwort ist natürlich ein streng gehütetes Geheimnis, und es kann gut zwei oder drei Stunden dauern, bis man in einer Bücherei eins der »Geheimnisse-der-Freimaurer-enthüllt«-Bücher findet, in dem man dann erfährt, daß das Wort Mah-hah-bone lautet. Fangen Sie damit an, was Sie wollen.

Verweise: ▸ *Light on Freemasonry,* von David Bernard, Vonnieda and Sowers, Washington, D.C., 1858.

▶ R. BUCKMINSTER FULLER

R. Buckminster Fuller (1895–1983) hat mehr Anspruch auf die Bezeichnung Universalgenie als irgendein Mensch nach Leonardo da Vinci. Fuller lieferte nicht nur geniale Beiträge zur Architektur, Design-Lehre und Mathematik, sondern war auch Poet, Sozialwissenschaftler und fertigte globale Entwürfe an, und seine Geometrie hat sogar Eingang in die organische Chemie gefunden. Ein Molekül, das Buckminsterfulleren oder der »Bucky Ball«, folgt tatsächlich der synergetischen Geometrie, von der Fuller behauptet hat, man würde sie auf allen Ebenen der Natur finden – die Wissenschaftler müßten nur danach Ausschau halten. »Bucky« glaubte, daß moderne Design-Lehre es ermöglichen würde, jedem Menschen auf der Erde einen hohen Lebensstandard zu sichern – »alle bevorteilen, ohne irgend jemand zu benachteiligen« –, die Verwirklichung dieser Wissenschaft werde aber durch »Ignoranz, Furcht, Gier und Zonenvorschriften« behindert. Seine Theorien über die Rolle verschiedener Gruppen bei der Aufrechterhaltung dieser Dystopie trotz der Möglichkeit einer Utopie finden sich unter *Great Pirates*, *GRUNCH*, *LAWCAP* und *MMAO*.

Verweise: ▶ http://www.teleport.com/~pdx4d/grunch-html

▶ GEHEIMGESELLSCHAFTEN UND IHRE ROLLE IM 20. JAHRHUNDERT

Das Buch *Geheimgesellschaften und ihre Rolle im 20. Jahrhundert* von Jan van Helsing versucht zu beweisen, daß alle anderen Verschwörungen, die je angeblich aufgedeckt worden sind, nur als Tarnung für die ursprünglichen *Illuminaten* dienen, die wiederum nur eine Fassade der *Rothschild*-Familie sind. Der Zweck dieser Verschwörung besteht darin, endlose Kriege zu verursachen, Nationen dazu zu zwingen, Geld zu leihen und sich bei den Banken zu verschulden, die mehr oder weniger direkt den Rothschilds gehören.

Van Helsing liefert eine Liste der größten Missetäter in diesem Illuminaten-Komplott: Darauf stehen der okkulte Schriftsteller und britische Staatsmann Lord Edward Bulwar-Lytton, McGeorge Bundy, *George Bush*, die Familie Delano (mit Frederic Delano von der *Federal Reserve Bank* und Franklin Delano Roosevelt), die Familie du Pont, Lloyd George, *Colonel Edward House, Henry Kissinger*, J. P. Morgan, Queen Elisabeth II., *Cecil Rhodes, David Rockefeller*, Earl Warren und viele andere, in Verschwörungs-Fankreisen berühmte Namen.

Er glaubt außerdem, daß der UFO-Absturz in *Roswell* wirklich passiert ist, daß kurze Zeit danach ein zweites Raumschiff in Laredo, Texas, abgestürzt ist und daß es die Illuminaten waren, die John F. Kennedy umgebracht haben.

Die tatsächlichen Killer waren die CIA-Agenten Orlando Bosch, *E. Howard Hunt*, Frank Sturgis und Jack Ruby (siehe: *A. J. Webermann*).

Trotz der Anti-Rothschild-Betonung und einiger Passagen über reiche Rabbis in der

»Weisen von Zion«-Verschwörung ist das Buch nicht antisemitisch und stellt die Nazis als verrückte Haßfanatiker dar. Obwohl viele Thesen an das erinnern, was Hitler in den 1930er Jahren sagte (*deshalb steht das Werk in Deutschland auf dem Index für jugendgefährdende Schriften*, d. Hrsg.), endet das Buch doch mit einem Plädoyer für Liebe und Toleranz.

Siehe auch: ▸ The Con, Geschichte der Geheimgesellschaften, Weltrevolution.
Verweise: ▸ *Geheimgesellschaften und ihre Rolle im 20. Jhd.*, von Jan van Helsing, Ewertverlag, Lathen, 1995.

▸ GEHEIMSCHLÜSSEL DER UFONAUTEN

The Secret Cipher of the UFOnauts von Allen Greenfield gilt selbst in der UFO-Bibliographie als ein sehr seltsames Buch. Es versucht zu zeigen, daß in merkwürdigen Wörtern bei UFO-Kontaktfällen, bei »channeling«, in bestimmten Freimaurerritualen und in dem enigmatischen **Liber Al** von **Aleister Crowley** derselbe Schlüssel auftaucht. Entziffert man ihn als eine Form der englischen Kabbala, enthüllt er, daß die »voll Erleuchteten« die ganze Geschichte hindurch mit dem UFO-Phänomen zu tun hatten.

In Jungscher Terminologie:

> *… die Phänomene selbst sind von Natur aus nicht faßbar, können jedoch auf unsere Realität auf phänomenologische Weise einwirken, weil sie archetypisch sind.*

Das heißt im Sinne Jungscher Psychologie, daß archetypische Mythen, also Mythen, die in den Tiefen des Massen-Unterbewußtseins verwurzelt sind, die Kraft haben, Ereignisse zu formen und die Geschichte zu verändern. Das Wort »Mythos« ist hier nicht als Synonym für Lüge oder Falschheit gebraucht, sondern als eine Form der Kommunikation, die sich von der Alltagssprache unterscheidet, so wie sich Poesie und Allegorie unterscheiden.

Jung selbst äußert diese Ansicht in einem 1952 erschienenen Buch *Fliegende Untertassen, Ein moderner Mythos, von Dingen, die am Himmel gesehen werden.*

Greenfield geht weiter als Jung (der nichts von den Illuminaten wußte): »Die ganz Erleuchteten kontrollieren die Realität in einem solchen Ausmaß, daß der Mythos selbst in Kontrolle ist. Außerdem erringen sie, in einem sehr realen Sinne, seine Nichtstofflichkeit« (S. 13). Oder, wie Don Juan zu Carlos sagte, sie nebeln sich ein, so daß nichts, das sie betrifft, klar oder sicher erkennbar ist. Sie können eher in der Sprache poetischer Mythen als in der von Händlern oder Steuerberatern diskutiert werden.

Obwohl Greenfield einige der Schlüssel mit *Sirius* und Orion in Verbindung bringt, identifiziert er die »Wesenheiten« doch nie unzweideutig als Außerirdische, er zieht John Keels Bezeichnung *Ultraterrestrier* vor. Er weist aber darauf hin (S. 32), daß Crowleys Skizze eines »enochischen« (engel-dämonischen) Wesens, LAM, von 1920 ganz verblüffend denen ähnelt, die in der modernen UFO-Literatur als *Graue* bezeichnet werden.

Siehe auch: ▸ Robert Morning Sky, *Mothman Prophecies.*
Verweise: ▸ *The Secret Cipher of the UFOnauts,* von Allen Greenfield, IllumiNet Press, Lilburn, Ga., 1994.

▸ **GEHIRNWÄSCHE**

Der Gruppenselbstmord von 39 Mitgliedern der *Heavens-Gate*-Sekte hat das Interesse an dem Thema Gehirnwäsche bei den Massenmedien und auch im Internet erneuert.

Unsere Forscherin, Miriam Joan Hill, fand im Netz verschiedene Definitionen dieses Begriffes, siehe folgende typische Quellen:
– http://www.crashsite.com/SofTV/MindControl/Brain-washing.html
– http://www.az.com/~bipolar/

Die meisten Verfasser verstehen unter »Gehirnwäsche« *jede Form des Unterrichts, der Indoktrination, der Einübung etc., die Vorstellungen vermitteln, welche dem jeweiligen Autor mißfallen.*

Das erscheint völlig subjektiv. Dr. Timothy Leary und der Autor bieten da ein wissenschaftlicheres und objektiveres Modell an, das wir hier kurz zusammenfassen wollen:

Der Vorgang der Gehirnwäsche beginnt mit der Isolation des Subjektes, wobei alle Verbindungen mit Personen (Familie, Freunde, Geliebte, etc.), die störend in den Prozeß eingreifen könnten, unterbrochen werden. Das Subjekt soll sich hilflos und isoliert fühlen, wird aber regelmäßig ernährt. So werden kindliche Programme oder Instinkte reaktiviert, die das schutzsuchende Subjekt veranlassen, die Person, die es ernährt, als mütterliches oder nährendes Objekt zu betrachten, so wie das Neugeborene sich auf die Mutter oder den nächstbesten Ersatz fixiert.

Die schockierende Ankunft in einer neuen Umgebung und die Abhängigkeit von einer »Mutter«-figur aktiviert alle Bio-Überlebens-Schaltkreise des Gehirns oder das »Bewußtsein« eines Menschen oder einer anderen lebenden Kreatur.

In der zweiten Phase, noch immer isoliert, aber regelmäßig ernährt, wird der »Patient« so lange erniedrigt und verspottet, bis er sich mit all seinen Ideen, Gewohnheiten und Vorstellungen »ganz falsch« fühlt. In der Hierarchie der Bedürfnisse kommt Status direkt nach Futter und Nahrung – das Subjekt wird bald versuchen, sich so zu verhalten, daß es für die Sekte (das Armeestraflager, das politische Gefängnis etc.) akzeptabler wird. Dasselbe Statusprogramm verursacht, daß ein Kind die Rollen, Regeln und Tabus des Stammes annimmt, in den es geboren wurde. Es aktiviert die gesamten emotional-territorialen Schaltkreise im Gehirn – das »Ego« im normalen Sprachgebrauch.

Drittens wird dem Subjekt beigebracht, die Worte und Vorstellungen der Gruppe, in die es aufgenommen werden soll, nachzuäffen. Gleichzeitig werden Vorstellungen und Worte aus der (Vor-Gehirnwäsche) Vergangenheit verspottet und unterdrückt.

Das funktioniert so natürlich, wie ein Schulkind das semantische System und die neurolinguistischen Reflexe seiner Kultur annimmt, sobald es begriffen hat, daß Nahrung und Status von seiner Mitarbeit abhängen. Dies aktiviert und prägt semantisch-rationale Schaltkreise – den »Verstand«.

Alle diese Schritte werden von einem System der Belohnung für Nachgeben und der Bestrafung oder des Statusverlustes für »Rückschritte« begleitet. Der Prozeß ist abgeschlossen, wenn das Opfer nicht nur das Glaubenssystem seiner »Wärter« nachplappert, sondern anfängt, ihm wirklich zu glauben, so wie ein Kind zuerst durch den Realitätstunnel seiner Eltern geprägt wird und später durch die Schule, auf die es von den Eltern geschickt wird.

Die meisten Regierungs-Gehirnwäscher gehen nicht weiter, im Gegensatz zu manchen Sekten, die nach diesen Programmen (Bio-Überleben, Status und Semantik) dem Subjekt ein neues Sexualverhalten und neue Moralvorstellungen oktroieren, je nach den Launen des jeweiligen Sekten- oder Kultführers.

Verweise: ▶ »How to Wash Brains«, von Timothy Leary und Robert Anton Wilson, in *Neuropolitik,* von Leary, Wilson und George Koopman, Sphinx, Basel, 1984.

▶ GENERAL REINHARD GEHLEN

General Reinhard Gehlen diente Hitler als Chef der Rußlandaufklärung der Abwehr und erfüllte diese Aufgabe so außerordentlich gut, daß man ihn den »Superspion« des Zweiten Weltkrieges nannte. Gehlen war es gelungen, den sowjetischen Geheimdienst zu infiltrieren, und zwar dank seiner Verbindung zu General Andrei Wlassow, einem Offizier der Roten Armee, der zur pro-zaristischen, anti-kommunistischen Untergrundbewegung gehörte (siehe: *Doppelkreuz-System*).
Nach dem Krieg gelangen Gehlen noch ganz andere Sachen: Er schaffte es nicht nur, nicht mit den anderen Nazigrößen vor Gericht gestellt zu werden, sondern auch, seine Naziuniform gegen die eines amerikanischen Generals zu tauschen, und das innerhalb einer Woche. Das war Teil eines Geschäfts, das ihn zum mächtigsten Spion der Vereinigten Staaten in Europa machte. Er hatte seine eigene Organisation, den geheimnisvollen *Apparat Gehlen*, der in vielen Spionageromanen erwähnt wird und zumeist aus Exnazis und Weißrussen bestand. Gehlen hatte 52 Kisten mit Geheiminformationen über die Sowjetunion vergraben, und er tauschte sie gegen die besten Bedingungen, die er von den USA kriegen konnte. Bald war er die Hauptquelle der CIA, wenn es um die Sowjetunion ging. Der Historiker Carl Oglesby merkt an, daß die CIA-Vorstellung von der sowjetischen Realität sich nicht unbedingt mit der objektiven Realität decken mußte, da sie hauptsächlich von Erz-Zaristen stammte und durch einen Nazigeneral übermittelt wurde.
Der Apparat Gehlen arbeitete gänzlich ohne Überwachung durch die USA, gemäß den Bedingungen von Gehlens Geschäftsvertrag. Die CIA sagte ihm, was sie gern hätte, und er beschaffte es. Sie hatten keine Ahnung, wie er es tat, und wollten es wohl auch gar nicht wissen.

Siehe auch: ▸ A-Albionic Consulting and Research, Corrydon Hammond,
Malteserritter, *Yankee and Cowboy War.*

Verweise: ▸ *Yankee and Cowboy War,* von Carl Oglesby, Berkley Medallion Books,
New York, 1977, Seiten 15, 38–42.

▸ vgl. auch: *Das schwarze Reich. Geheimgesellschaften und Politik
im 20. Jahrhundert,* von E. R. Carmin, München, 1997.

▸ LICIO GELLI

Licio Gelli (geb. 1919) begann seine Verschwörerkarriere im Zweiten Weltkrieg. Es gelang ihm, sowohl für die Gestapo als auch für den kommunistischen Untergrund als Agent zu arbeiten, wobei er beide von seiner Loyalität überzeugen konnte – keine Kleinigkeit im Umgang mit Gruppen, bei denen Mißtrauen zum täglichen Brot gehörte. Gelli entkam nach dem Krieg einer Verurteilung als Kriegsverbrecher, weil sich die Untergrundkämpfer für ihn einsetzten.

Später wiederholte er diese Leistung, nachdem er in das *Gladio*-Projekt der CIA verwickelt wurde, und ließ sich auf die Gehaltsliste des KGB setzen. Er formte die *P2-Verschwörung* als Teil oder Anhang von Gladio und wurde bald einer der mächtigsten Männer Italiens, denn die Regeln der P2 verlangten eine »Beichte« jedes neuen Mitglieds während der Initiation, und das verschaffte ihm bergeweise Erpressungsmaterial.

Als die P2-Verschwörung zusammenbrach und Gelli aus Italien floh (ein anderes P2-Mitglied im militärischen Nachrichtendienst hatte ihn vor seiner bevorstehenden Verhaftung gewarnt), fand man in seinem Haus Unterlagen, die bewiesen, daß zur P2 43 Parlamentsmitglieder gehörten, dazu rund 900 Regierungsbeamte, alle führenden Offiziere der Streitkräfte, der Nachrichtendienste sowie Führungskräfte der Medien, der Industrie und der Banken.

Gelli tauchte eine Weile in Südamerika unter, kehrte dann mit einem gefälschten Paß nach Europa zurück und versuchte, Geld von einem Schweizer Nummernkonto abzuheben. Dabei wurde er erkannt und verhaftet und sollte nach Italien ausgeliefert werden; die Schweizer aber, die angeblich die unbestechlichste Polizei der Welt haben, konnten ihn nicht länger als 72 Stunden festhalten. Dann verschwand er aus seiner Zelle – ein Wunder, das noch nicht erklärt werden konnte – und kehrte nach Südamerika zurück.

Schließlich wurde er doch nach Italien ausgeliefert und wegen terroristischer Bombenanschläge vor Gericht gestellt. Er wurde freigesprochen, und die Regierung hat nie versucht, ihn wegen der vielen anderen Verbrechen vor Gericht zu stellen. Offiziell hieß es, der Grund sei seine schlechte Gesundheit, aber Skeptiker glauben eher, daß er immer noch über Berge von Erpressungsmaterial verfügt.

Manche denken, P2 sei seit den 1980ern tot; andere sind der Ansicht, daß sie unter neuem Namen weiter existiert und in Italien, Lateinamerika und sogar den Vereinigten Staaten aktiv ist.

Siehe auch: ▸ James Jesus Angleton, Roberto Calvi, *Im Namen Gottes, Skandale der Prieuré de Sion.*

Verweise: ▸ *Im Namen Gottes,* von David Yallop, München, 1988.
            ▸ *The Calvi Affair,* von Larry Gurwin, Pan Books, London, 1984.

▸ THE GEMSTONE FILE
(Die Gemstone-Akte)

So wie es zwei Winston Churchills und zwei Thomas Hart Bentons gibt, gibt es auch zwei *Gemstone Files*. Die erste oder größere *Gemstone* wurde von jemandem namens Bruce Roberts geschrieben, von dem man wenig weiß, außer daß er am 30. Juli 1976 an irgendeinem Tumor starb – an einem Tumor, den ihm die CIA eingepflanzt hat, wie er behauptete. Seine *Gemstone File* hatte über 1000 Seiten, und bis jetzt fand sich niemand, der sie publizieren wollte; aber sie hatte Nachkommen – von denen die meisten *Skeleton Key to the Gemstone File* hießen, davon abgesehen unterschieden sie sich aber sehr vom Original.

Die zweite *Gemstone File,* herausgegeben von dem Konspirologen Jim Keith, ist eine Sammlung von Essays veschiedener »Experten« (darunter der Verfasser dieses Buches), die herauszufinden versuchen, wie genau das ursprüngliche Werk ist. Der erste *Skeleton Key* (Nachschlüssel), der an viele Forscher verschickt wurde, während Roberts starb, war das Werk einer Journalistin namens Stephanie Caruana; er beginnt:

> *1932: Onassis, ein griechischer Drogenhändler und Schiffseigner, der seine erste Million mit dem Verkauf von »türkischem Tabak« (Opium) in*

Argentinien machte, hat sich mit Joseph Kennedy, Eugene Meyer und Meyer
Lansky auf ein profitables Geschäft geeinigt. Onassis sollte Schnaps für Joseph
Kennedy direkt nach Boston verschiffen (es war die Zeit der Prohibition
in Amerika). Außerdem ging es um ein Heroingeschäft mit Franklin und
Elliot Roosevelt.

Jeder, der jetzt das Handtuch wirft, weil er das alles für Paranoia hält, versäumt das eigentlich Aufregende. Roberts/Caruana machen weiter, Jahr für Jahr, von 1932 bis 1975, und bringen jede wichtige Figur des amerikanischen Finanzwesens, der Politik und der Geschäftswelt mit der *Mafia* in Verbindung, in einem chaotischen Wirbel aus Dope, Mord, Betrug, Vendetta und jeder Art von Schurkenstreichen, die man sich überhaupt vorstellen kann.

So heißt es zum Beispiel, daß Onassis selbst die Mafia übernahm, obwohl sich alle Fachleute einig sind, daß die Führung dieser Organisation ausschließlich in sizilianischen Händen liegt. Als *Howard Hughes* wegen seiner Kontrolle über Nixon zur Bedrohung wurde, ließ Onassis ihn kidnappen, auf der Insel Skorpios gefangensetzen und machte ihn dort zum Heroinabhängigen. Ein Double namens L. W. Rector spielte fortan Hughes Rolle. Nach dem Herzanfall Joe Kennedys 1961 begehrten John und Robert Kennedy gegen die Kontrolle durch Onassis/die Mafia auf und mußten eliminiert werden.

Mary Joe Kopechne erfuhr als Robert Kennedys Sekretärin zuviel aus den Akten und wurde, um ihr Schweigen sicherzustellen, ertränkt.

Das Ganze klingt nach Italien während der *P2-Verschwörung* in den 1970er Jahren. Könnte das wirklich die wahre Geschichte der »Heimat der Freiheit« sein?

Mae Brussell hält das alles weitgehend für wahr, glaubt aber, daß man Aristoteles Onassis zuviel Macht zutraut. Sie hält Onassis, wie auch Nixon, für einen echten Schurken, aber nicht für schlauer als die Superschurken, die bis heute unbekannt geblieben sind (siehe: *Potere Occulto* und *Fletcher Prouty*).

Jonathan Vankin findet es gut, daß es das Buch gibt, weil es dominante Paradigmen in Frage stellt und den Leser in größte Verwirrung stürzt.

Der plausibelste Teil der ganzen Story ist wahrscheinlich der, in dem sich Howard Hughes aufgemacht hat, die amerikanische Regierung zu kaufen, Stück für Stück, bis er schließlich buchstäblich seinen eigenen Präsidenten besaß: Richard Nixon.

Der unwahrscheinlichste Teil: die Behauptung, daß Johnny Roselli persönlich in Dallas John F. Kennedy erschossen hat. Die Vorstellung, ein Spitzen-Mafiosi würde sich in einem Fall wie diesem persönlich die Hände schmutzig machen, gehört in einen billigen Krimi. Wenn Roselli involviert war, wie schon vermutet worden ist, kann man sich sicher sein, daß er zum fraglichen Zeitpunkt in einer anderen Stadt war und daß es keinerlei Verbindung zwischen ihm und dem Killer gäbe.

Am besten ist die Story, wie Onassis einen Partner von Hughes namens Merryman umbringen mußte, weil er Clifford Irving ein paar schmutzige Insider-Geschichten verraten hatte.

Der Sage nach hat Bruce Roberts die meisten seiner Informationen aus einer Bar, in der sich CIA-Agenten trafen. Manche dieser Geschichten klingen wirklich, als könnten sie nur aus einer Bar voller besoffener Spione kommen.

Siehe auch:	▸ A-Albionic Consulting and Research, Hughes vs. Rockefeller, John-F.-Kennedy-Attentat, *Yankee and Cowboy War.*
Verweise:	▸ *The Gemstone File,* hrsg. von Jim Keith, IllumiNet Press, Lilburn, Ga., 1992.

▸ GENISIS

GENISIS: First Book of Revelations (Das erste Buch der Offenbarung) von David Wood sieht das *Prieuré-de-Sion*-Mysterium, das Verschwörungsforscher seit über zwei Dekaden beschäftigt, von einer neuen Warte aus. Ausgehend von der englischen Kunst oder Wissenschaft oder Spinnerei des »Ley Hunting« (die Suche nach verborgenen Energiemustern in der Landschaft, sogenannte Ley-Linien) verbindet Wood alle wichtigen Beiträge in der Literatur über die Prieuré – das Grab in *Nicholas Poussins Shepherds of Arcadia* eingeschlossen – und findet ein Muster, das er The Vagina of Nuit nennt (siehe: *Liber Al*).

Wood leitet daraus und aus anderen Fakten und Legenden eine ganz neue Geschichtsschreibung für Frankreich und die ganze Menschheit überhaupt ab, nach der wir alle von Atlantis abstammen und unser Schöpfer nicht Gott war, sondern ein Konsortium von Außerirdischen vom *Sirius* namens Elohim, die uns in einem ziemlich verpfuschten und unfertigen Zustand zurückließen.

(»Elohim«, der Name der Schöpferischen Kraft in der Genesis, ist ein weiblicher Plural, eine Tatsache, die Generationen von Rabbis und christlichen Theologen als bloße grammatikalische Äußerlichkeit abgetan haben. Die *King-James-Bibel* und andere Bibeln übersetzen es mit »Gott«, wenn man es aber wörtlich übersetzt, bedeutet es »Göttinnen«. Al Shaddai, Gott der Schlachten, taucht erst später auf und YHVH, fälschlich Jehova ausgesprochen, noch sehr viel später.)

Wood behauptet auch, daß die Mitglieder der Prieuré als Opfer für Isis ihre Penisse amputieren. (Siehe die gegensätzliche Ansicht von *Hawthorne Abendsen.*)

Siehe auch:	▸ Gerard de Sede, Gnomen von Zürich, Kenneth Grant, Fletcher Prouty, *Das Sirius-Rätsel.*
Verweise:	▸ *GENISIS: First Book of Revelations,* von David Wood, Baton Press, Tunbridge Wells, England, 1985.

▸ GESCHICHTE DER GEHEIMGESELLSCHAFTEN

Da in den meisten Verschwörungstheorien der Anti-Illuminatismus ein Hauptthema ist, gehört Akron Darauls *History of Secret Societies* in den Bücherschrank eines jeden Konspirologen. Daraul findet, ähnlich wie *Abbé Barruel,* Spuren illuministischer Doktrin in der islamischen Ismaeli-Sekte, die man auch *Assassini* nennt; sie wurde 1092 von Hassan i Sabbah gegründet und wird heute vom Aga Khan geführt.

Er findet außerdem illuministische Gedanken und Symbole in der *Roshinaya* (Die Erleuchteten), die im 16. Jahrhundert in Zentralasien aktiv war, und ebenso in den spanischen *Allumbrados* (Die Erleuchteten). Darum repräsentieren in Darauls Version die bayerischen Illuminaten, 1776 von *Adam Weishaupt* gegründet, nur die spätere Manifestation einer viel älteren Tradition.

Noch vorhandene Dokumente zeigen mehrere Ähnlichkeiten zwischen den deutschen und den zentralasiatischen Illuminaten, Ähnlichkeiten, die sich nicht mit purem Zufall erklären lassen (*History of Secret Societies,* S. 225).

Obwohl Daraul die wiedererstandenen Illuminaten in Paris in den 1880er Jahren erwähnt, schließt er sich nicht der Vorstellung an, daß die Illuminaten auch heute noch existieren.

Siehe auch:	▸ Aleister Crowley, Wiedererstandene und kopierte Illuminaten, Merowinger, Noon Blue Apples, Ordo Templi Orientis.
Verweise:	▸ *History of Secret Societies,* von Akron Daraul, Citadel Press, New York, 1961.

► SAM GIANCANA

Sam »Mooney« Giancana (1905–1975) war Hitman oder Vertragskiller bei der *Mafia* unter Al Capone und wurde zum gefürchtetsten Gangster der westlichen USA. Man schätzt, daß er selbst 20 Menschen umbrachte, noch bevor er zwanzig wurde, und er soll in seinem Leben an mehr als 200 Morden beteiligt gewesen sein. Selbst in Gangsterkreisen gibt es Leute, die sich zu weit außerhalb sozialer Normen bewegen, und zu diesen gehörte Sam Giancana.

Sam gab damit an, daß er an dem berühmten Saint-Valentine's-Day-Massaker (am 14. Februar 1929) beteiligt war, bei dem sieben Mitglieder der »Bugs« Moran Gang hingerichtet worden waren, weil sie Capones Gebietsgrenzen verletzt hatten; aber von solch ungehobelten Anfängen stieg er auf, bis er alle Gewerkschaften in Hollywood unter seiner Kontrolle hatte und dazu die der Lastwagenfahrer in ganz Nordamerika.

Giancana spielte eine große Rolle bei der Wahl von John F. Kennedy zum Präsidenten, der nur um Haaresbreite gewann, und es heißt, er gewann nur mit Hilfe Giancanas. Der Grund war, daß Giancana Joe Kennedy, einem alten Freund aus der Prohibitionszeit, einen Gefallen tun wollte. Als die Kennedy-Brüder ihren öffentlichen Krieg gegen die Mafia begannen, fühlte sich Sam Giancana betrogen. Nach Aussage seines Neffen Sam Giancana jr. plante und überwachte Sam die Ermordung John F. Kennedys in Dallas.

Sams Neffe behauptete weiter, daß Sam auch die Ermordung von *Marylin Monroe* arrangiert hatte, um damit Robert Kennedy in eine Lage zu bringen, in der er erpreßbar wäre. Sam wurde noch während der Untersuchung durch das House Select Committee on Assassinations durch Schüsse in den Mund ermordet.

| Siehe auch: | ► *Gemstone File, Godfather – Der Pate*, John-F.-Kennedy-Attentat, MMAO, *Yankee and Cowboy War*. |
| Verweise: | ► Arts and Entertainment TV, *Biography* »Sam Giancana: The Gangster Who Dreamed«, 11. Februar 1988. |

► GLACIER NATIONAL PARK: MEN IN BLACK

Üblicherweise werden *Men-In-Black*-Vorfälle nur im Zusammenhang mit UFOs berichtet, aber einer der seltsamsten Fälle ereignete sich im August 1967 im Glacier National Park, als zwei Camper von einem Grizzlybär getötet wurden.

Unter den Wanderern, die sich um die verstümmelten Opfer sammelten, war ein Mann, der für so einen Ausflug nicht passend angezogen war, sondern einen schwarzen Anzug, schwarze Krawatte und schwarze Schuhe trug. Er verschwand so plötzlich, wie er gekommen war, und man fand nie eine Erklärung dafür.

Siehe auch: ► Mary Hyre, »Sarah«.
Verweise: ► *The UFO Silencers*, von Timothy Green Beckley, Inner Light Publications, New Brunswick, N.J., 1990, S. 4.

► GLADIO

Gladio war eines dieser Projekte, wie sie sich nur *James Jesus Angleton* ausdenken konnte. In den letzten Tagen des Zweiten Weltkriegs formte Angleton, damals Offizier bei der OSS, einem Vorläufer der CIA, eine Gruppe aus italienischen Faschisten (bzw. nach Italiens Kapitulation, Exfaschisten), die seine Angst vor der KPI, damals die größte kommunistische Partei Europas, teilten.

Um die Kommunisten daran zu hindern, die Macht im Parlament an sich zu reißen, machten sich Angleton und seine Freunde daran, die Ergebnisse der italienischen Wahlen zu verändern. Als Angleton Chef der Gegenspionage bei der CIA geworden war, erhielt dieses Projekt den offiziellen Namen Gladio und genug Geldmittel, um die italienische Politik bis in die 80er Jahre, vielleicht sogar bis heute, zu beeinflussen. Gladio schmiedete Geheimallianzen zwischen der Mafia und bestimmten Vatikanbeamten; rekrutierte frühere Faschisten für Terroranschläge, die man dann der Linken in die Schuhe schob; zahlte Millionen an politische Parteien, Journalisten und andere, um die Wahlen nach rechts und weg von der Linken zu kippen; und überwachte wahrscheinlich die Entführung und die Ermordung von Premierminister Aldo Moro, der Kommunisten in seinem Kabinett zugelassen hatte. Im Mai 1965 wurde die Planung von Gladio in einem Papier namens »Strategie der Spannung« niedergelegt. Dabei handelte es sich um folgendes Szenario:

Es sollten so viele, vorgeblich linksradikale, Terroranschläge durchgeführt werden, daß die italienische Bevölkerung nach einer rechteren, vielleicht sogar neofaschistischen Regierung rufen würde. Eine Kopie dieses Plans fand die Polizei im Haus von *Licio Gelli* nach seiner Flucht aus Italien, als er im März 1981 verhaftet werden sollte. Die *Malteserritter* bildeten das Rückgrat von Gladio und Gelli, der selbst einer von ihnen war. Als er seine ultrageheime *P2*-Loge bei den Freimaurern formte, gab er zwei anderen Malteserrittern wichtige Aufgaben, nämlich *Roberto Calvi* und *Michele »The Shark« Sindona*.

Siehe auch: ▸ John Hull, Paul »The Gorilla« Marcinkus, World Finance Corporation.
Verweise: ▸ http://www.worldmedia.com/caq/articles/gladio.html
               ▸ *Im Namen Gottes*, von David Yallop, München, 1988.

▸ GNOMEN VON ZÜRICH

Der britische Premierminister prangerte einmal die »Gnomen von Zürich« an und sagte, sie hätten mehr Macht als alle Regierungen in Europa. Die meisten Leute nahmen an, daß er damit die mächtigen Banken in Zürich meinte, aber Steve Mizrach sagt, Wilson hätte die *Grand Lodge Alpina* im Sinn gehabt, die größte Freimaurergemeinschaft in der Schweiz, zu der die meisten Schweizer Bankiers gehören und überhaupt fast jeder, der in der Schweiz Rang und Namen hat.

Die Grand Lodge und/oder die Gnomen wurden für die Konspirologen durch Matthew Paoli interessant, der ihre Verbindungen mit der *Prieuré de Sion* dokumentierte (siehe: *Committee to Protect the Rights and Privileges of Low-Cost-Housing*), und durch David Yallop, der behauptete, daß diese Schweizer Freimaurer-Bankiers heimlich die *P2*-Verschwörung in Italien unterstützten. Wenn wir diesen Anschuldigungen glauben, dann haben sich die Gnomen zur Wiedereinführung der Monarchie in Frankreich und des Faschismus in Italien verschworen. Welche Pläne sie für andere Länder haben, ist bis dato nicht bekannt.

Siehe auch: ▸ Gerard de Sede, Erzbischof Lefebvre, Robert Morning Sky,
                 Noon Blue Apples, Octopus, Fletcher Prouty.
Verweise: ▸ http://www.clas.ufl.edu/anthro/fortpages/rennes-sion.html

▶ GODFATHER – DER PATE

Mario Puzos *Mafia*-Roman »Godfather« (»Der Pate«), nach dem drei immens erfolgreiche Filme gedreht wurden, übte eine besondere Faszination auf *Roberto Calvi* aus, den Präsidenten des *Banco Ambrosiano* und eine der Schlüsselfiguren im italienischen *P2*-Skandal. Er empfahl den Roman, wann immer man auf Bücher zu sprechen kam. »Lies das!« pflegte er zu sagen, »Dann kapierst du, wie die Welt wirklich läuft!« *Michele* »*The Shark*« *Sindona*, Präsident der Franklin National Bank und auch Mitverschwörer von P2, kaufte Aktien an erster Stelle für die Mafia durch eine seiner Finanzfassaden.

Siehe auch: ▶ Licio Gelli, Paul »The Gorilla« Marcinkus, Octopus,
Shakespeare als Verschwörungsforscher.
Verweise: ▶ Zu Calvi:
The Calvi Affair, von Larry Gurwin, Pan Books, London, 1984.
▶ Zu Sindona:
Im Namen Gottes, von David Yallop, München, 1988.

▶ THE GODS OF EDEN
(Die Götter von Eden)

The Gods of Eden, ein 535-Seiten-Wälzer von einem Mann, der sich William Bramley nennt (er gab in einem Interview mit dem Journalisten Jonathan Vankin zu, daß es sich um einen Künstlernamen handelt), stellt uns eine außergewöhnliche Variante der derzeit populären Kosmischen Verschwörungstheorien vor. Statt erdgebundener Schurken wie *Illuminaten* oder Insider postuliert Bramley eine Kontrollgruppe von Außerirdischen, die er »die Wächter« nennt. In seinen eigenen Worten:

> *Die Menschen scheinen eine Sklavenrasse zu sein, ... einst Arbeiterressource*
> *für eine außerirdische Zivilisation ... heute noch in Privatbesitz.*
> *Um diesen Besitz zu kontrollieren und die Erde als eine Art Gefängnis*
> *zu erhalten, hat diese Zivilisation ewigen Konflikt unter den Menschen gesät,*
> *hat geistigen Verfall gefördert und das Leben auf der Erde physisch äußerst*
> *hart gemacht.*

Laut Vankin soll Bramley ein Pseudonym benutzen, weil er ein erfolgreicher Anwalt ist und sich nicht der Lächerlichkeit preisgeben will. Sein Buch enthält 15 Seiten Bibliographie und vermeidet die Art hysterischer Sprache und Dogmatismus, die für einen Großteil der Verschwörungsliteratur typisch ist.

Siehe auch: ▸ Ärea 51, AYA, Philip K. Dick, Charles Fort, Kenneth Grant, Robert Morning Sky, Fletcher Prouty.

Verweise: ▸ *The Gods of Eden,* von William Bramley, Dahlin Family Press, San José, Ca., 1990.
▸ *Conspiracies, Cover-Ups and Crimes,* von Jonathan Vankin, Paragon House, New York, 1991.

▸ GOLFKRIEGSSYNDROM

Seit dem Golfkrieg klagen ehemalige Teilnehmer über eine Anzahl verwandter Symptome, die von den Medien Golfkriegssyndrom genannt werden. Das Pentagon verneint standhaft, daß der Krieg irgend etwas damit zu tun hätte.

Nachdem 1996 CBS-News eine Sendung über leidende Veteranen gebracht hatte, zwang der Druck der Öffentlichkeit den Kongreß, Aufklärung vom Verteidigungsministerium zu verlangen.

Das Pentagon gab daraufhin zu, daß 20.000 US-Soldaten aufgrund der Zerstörung eines Munitionsbunkers *möglicherweise* chemischen Kampfstoffen ausgesetzt gewesen sein *könnten.* Fälle von ähnlichen Symptomen bei Soldaten, die nicht in der betroffenen Gegend waren, bleiben unerklärt, außer einer vagen Vermutung, es handele sich um »post-traumatisches Streßsyndrom«. Veteranenverbände bestehen nach wie vor darauf, daß einige dieser Probleme von experimentellen (Schutz-) Impfungen herrühren, die man bei den Truppen durchführte, bevor sie in den Kampf zogen.

Siehe auch: ▸ *American Hero,* George Bush, Tampa Bay.
Verweise: ▸ http://home.earthlink.net/~bkonop/GermIncidents2.html

▶ ANATOLI GOLITSIN

Anatoli Golitsin, KGB-Offizier, lief 1964 zur CIA über und wurde zu einem der mysteriösesten Mysterien in der Spionagegeschichte, hauptsächlich weil seine Aussagen denen eines früheren Überläufers, *Yuri Nosenko*, widersprachen. Einer der Hauptstreitpunkte war die Existenz oder Nichtexistenz eines sowjetischen Maulwurfs mit dem Codenamen *Sasha* in der Führungsspitze der CIA. Golitsin behauptete, Sasha sei real, und Nosenko behauptete, er sei nur erfunden worden, um die CIA in die Irre zu führen.

Der Fall bleibt ungeklärt, weil *James Jesus Angleton*, Chef der CIA-Spionageabwehr, Golitsins Aussagen befürwortete und Nosenkos Aussagen verwarf. Angleton soll der Anstifter zur Ermordung von John F. Kennedy gewesen sein, das glauben jedenfalls viele Verschwörungsforscher. Nosenkos spätere Zeugenaussage bestätigte die Warren-Kommission und diente dazu, die Verschwörungstheorien um *Lee Harvey Oswalds* Verbindungen zur CIA zu diskreditieren.

Siehe auch:	▶ Fedora, E. Howard Hunt, »The Whole Bay of Pigs Thing«.
Verweise:	▶ http://www.jfkweb.simplenet.com/voice/nosenko.htm
	▶ http://www.weberman.com/htdocs

▶ GOOD TIMES VIRUS – 1

»Good Times« hieß der beliebteste und gleichzeitig unbeliebteste Scherzvirus im Internet – beliebt bei bösen Witzbolden und recht unbeliebt bei Anfängern im Netz, die – immer noch – darauf reinfallen. Die Original-»Good Times«-Nachricht wurde im November 1994 losgeschickt und enthielt die Warnung:

> *Wichtige Information … Es gibt einen Virus bei American Online, der*
> *mit E-Mail verschickt wird. Wenn Sie eine Nachricht namens »Good Times«*
> *erhalten: NICHT lesen oder herunterladen! Es ist ein Virus, der Ihre*
> *Festplatte löschen wird. Senden Sie diese Nachricht an alle Ihre Freunde!*
> *Es wird Ihnen helfen!*

Obwohl das bald als Witz entlarvt wurde, zirkuliert es noch immer im Netz und erschreckt die Anfänger. Später erschien eine verbesserte Version, die unter anderem sagte:

FCC veröffentlichte letzten Mittwoch eine wichtige Warnung. Anscheinend hat ein User von American Online einen Virus von nie dagewesener Zerstörungskraft konstruiert. Andere, wohlbekannte Viren wie zum Beispiel Stoned, Airwolf oder Michelangelo verblassen angesichts der Aussichten, die diese neueste Schöpfung eines verdrehten Geistes offenbart ...

Auch das zirkuliert noch immer und erschreckt die Leute. Inzwischen ist eine Parodie erschienen, über die sich die Computerfreaks vielleicht totlachen können, die aber genauso viele Leute das Fürchten lehren kann wie der ursprüngliche Virus (siehe: Good Times – 2).

Siehe auch: ▸ CIAC, Irina, Leiter-Verschwörungen, OM.
Verweise: ▸ http://ciac.llnl.gov/ciac/CIACHoaxes.html

▸ GOOD TIMES VIRUS – 2

Die »Good Times Virus«-Parodie liest sich wie folgt (leicht gekürzt):

Goodtimes wird Ihre Festplatte neu beschreiben. Nicht nur das, er wird alle Disketten durcheinanderwerfen, die in der Nähe Ihres Computers liegen. ... er wird die Magnetstreifen auf Ihren Kreditkarten entmagnetisieren, die Sender auf Ihrem Fernseher durcheinanderbringen und mit Hilfe von Subspace-Field-Harmonics alle Ihre CDs zerkratzen. Er wird Ihrer Ex-Freundin Ihre neue Telefonnummer geben. Er wird Kool-Aid in Ihr Aquariumwasser mischen ... Wegen Goodtimes werden Sie sich in einen Pinguin verknallen. Alpträume über Zirkuszwerge werden Sie heimsuchen ... Er wird Ihre Großmutter verführen ... Goodtimes wird Ihr Auto von einem Parkplatz zum anderen bewegen, damit Sie es nicht mehr finden können. Er wird Ihren Hund treten.

Er wird unzüchtige Nachrichten auf der Voice-Mail Ihres Bosses hinterlassen –
mit Ihrer Stimme!
Er ist heimtückisch und subtil … Sie werden an Borkenfäule erkranken.

Verweise: ▶ Siehe Good Times – 1.

▶ DER HEILIGE GRAL UND SEINE ERBEN

Der Heilige Gral und seine Erben ist das einzige Buch über die **Prieuré de Sion** und
die **Maria-Magdalena-Kirche,** das es zum Bestseller gebracht hat. Die drei Autoren,
Michael Baigent, Henry Lincoln und Richard Leigh, interviewten *Gerard de Sede,*
der behauptet, daß die Prieuré aus Abkömmlingen des Königshauses von David besteht, die sich mit Außerirdischen vom **Sirius** vermählt haben. De Sede läßt durch-
blicken, daß er nicht als Außenseiter sprach, sondern als Mitglied der Prieuré.
Das wirft für den wahren Freund von Verschwörungen die Frage auf, wie es denn
dann mit Baigent, Lincoln und Leigh aussieht. Stehen sie außerhalb, als objektive
Untersuchende, oder innerhalb und füttern uns mit den Geschichten, die uns die
Prieuré glauben machen möchte? Wie dem auch sei, als sich Baigent, Lincoln und
Leigh mit Herrn de Sede trafen, sprachen sie hauptsächlich über ein anderes seiner
Bücher, *L'or de Rennes-le-Château (Der Schatz von Rennes-le-Château),* das sich um
die Mysterien der halblegendären **Merowinger**-Dynastie dreht. Es handelt außerdem von der seltsamen Maria-Magdalena-Kirche in Rennes-le-Château, die in den
1890er Jahren von dem noch seltsameren Priester **Vater Béranger Saunière** erbaut
wurde, der angeblich einen Schatz fand, nachdem er alte Pergamente aus einer
anderen Kirche entziffert hatte (siehe: **Noon Blue Apples**).
Eine der Kreuzstationen in der Maria-Magdalena-Kathedrale zeigt Verschwörer,
die Jesu Leiche nachts aus dem Grab schmuggeln, und man erinnert sich an den
berühmten Ketzerspruch, daß Jesus nie starb: Jemand gab ihm ein Narkotikum, das
einen Scheintod zur Folge hatte, und nachdem er sich eine Weile versteckt hatte,
täuschte er entweder seine Auferstehung vor und/oder verschwand nach Indien, um
dort zu predigen, und/oder starb schließlich in Japan.
Es zirkulieren verschiedene Versionen dieser Story, darunter auch der rätselhafte
Koranvers, in dem Jesus sagt: »Sie glaubten, sie hätten mich gekreuzigt, ich aber

lachte über sie.« Noch merkwürdiger ist eine Passage in *einigen*, nicht allen frühen Manuskripten des Tacitus, in der es heißt, Jesus hätte 40 Jahre nach seinem angeblichen Tod Aufstände in Rom angeführt. Baigent, Lincoln und Leigh trafen schließlich auf den Großmeister der Prieuré de Sion – denselben *Pierre Plantard de Saint Clair*, den Matthew Paoli als Herausgeber von *Circuit* ermittelte, jenem Journal des anscheinend nichtexistenten *Committee to Protect the Rights and Privileges of Low-cost Housing* (Komitee zum Schutz der Rechte und Privilegien von Niedrig-Kosten-Unterbringung).

Plantard sprach viel, aber meist in Rätseln, wie es sich für den Großmeister einer Geheimgesellschaft gehört. Den Schatz von Rennes-le-Château beschrieb er als »spirituell«, nicht materiell, und sagte, er gehöre Israel, und er versprach, daß er »zu gegebener Zeit an Israel zurückgegeben werde«.

Das Buch »Der Heilige Gral und seine Erben« bringt die Prieuré – mal mehr, mal weniger überzeugend – mit ein paar interessanten Leuten in Verbindung, zum Beispiel mit:

1. den Tempelrittern, jenem Ritterorden, von dem 123 Mitglieder zwischen 1307 und 1314 von der Inquisition verbrannt wurden (Templerlehren wurden später an alle antipapistischen Geheimgesellschaften weitergegeben, heißt es),
2. den Riten der Freimaurer und besonders jenem Archetypus des Sohnes der Witwe (alles von den Templern, so die Freimaurer-Historiker),
3. den Rosenkreuzlern und den Illuminaten,
4. so geschätzten Persönlichkeiten wie Isaac Newton, Claude Debussy und Jean Cocteau, die alle angeblich vor Plantard de Saint-Clair Großmeister der Prieuré waren.

Die Autoren dokumentieren auch, daß Vater Saunière zu mehreren okkulten Logen in Paris gehört hatte. Diese beeinflußte *Aleister Crowley* und durch ihn wiederum alle modernen Magick-Orden, die sowohl einen freimaurerischen Ritual- und Symbolismus-Stil haben als auch eine geheime tantrische *(Sex Magick)* Lehre. Baigent, Lincoln und Leigh präsentieren ihre eigene Theorie darüber, was die Prieuré in langsamen Schritten zu enthüllen gedenkt.

Das ist folgende Geschichte: (a) Jesus heiratete Maria Magdalena, (b) sie hatten ein Kind, den bekannten Sohn der Witwe aus der Tradition, und (c) dieses Kind entkam nach der Kreuzigung nach Frankreich und wurde Urahn der Merowinger-Könige.

Kurz, Baigent, Lincoln und Leigh erzählen uns die älteste aller Legenden: Der Wahre König wird bald zurückkehren, sehr bald, und die Thronräuber hinauswerfen. Sie behaupten sogar, daß dieser Mythos in ganz Europa verbreitet ist, *weil es die Prieuré so geplant hat,* um uns auf den Tag vorzubereiten, an dem der Sproß Jesu über alle Nationen zu Gericht sitzt.

Siehe auch: ▸ GENISIS, Gnomen von Zürich, OM, Octopus.
Verweise: ▸ *Der Heilige Gral und seine Erben,* von Michael Baigent, Henry Lincoln und Richard Leigh, Bergisch-Gladbach, 1984.

▸ GRALSWÄCHTER

Guardians of the Grail ist das längste und gelehrteste der Bücher über die Kosmische Verschwörung von **Robert Morning Sky**. Es beginnt wie viele große Verschwörungsbücher mit dem Untergang der *Tempelritter,* ein scheinbar frommer christlicher Orden, der von der Inquisition wegen angeblicher Sünden und Ketzerei buchstäblich ausradiert wurde. Morning Sky schreibt, das wirkliche »Verbrechen« der Tempelritter hätte darin bestanden, daß sie bei ihrer jahrelangen Untersuchung von Salomons Tempel entdeckt hätten, daß die ursprüngliche Religion der Juden auf einer Göttin, nicht auf einem Gott, basierte, und daß Jesus eine Priesterin geehelicht hätte, die diese weibliche Tradition fortführte, nämlich Maria Magdalena. Besonders ergeben waren die Tempelritter den *Merowingern,* das aber nicht wegen Jesus, der nur ein Priester der Göttin war, sondern wegen Magdalenas heiligen Genen. All das ist natürlich nur ein kleiner Teil eines viel größeren Bildes, in dem es um interstellare Kriege und um die Versklavung der Menschen durch Außerirdische geht; hinter alledem wie hinter fast jeder Geheimgesellschaft steckt der verborgene Orden von Melchizedek.

Siehe auch: ▸ John Birch Society, Maria-Magdalena-Kirche, Dagobert II., *Gods of Eden,* Gnomen von Zürich, *Der Heilige Gral und seine Erben,* Noon Blue Apples, *Terra Papers.*
Verweise: ▸ *Guardians of the Grail,* von Robert Morning Sky, Morning Sky Books, Phoenix, Arizona, o.J.

▶ GRAND LOGE ALPINA

Die Grand Loge Alpina ist die größte Freimaurerloge in der Schweiz und aus diesem Grunde für Anti-Freimaurer-Verschwörungsforscher von besonderem Interesse. Europäische Verschwörungsenthusiasten glauben schon lange, daß die Grand Loge Alpina die Finanzen der westlichen Welt durch ihre Banken in Zürich, Basel und Genf kontrolliert, und ein so distinguierter Staatsmann wie der frühere englische Premierminister Harold Wilson bezeichnete die Loge als die »*Gnomen von Zürich*« und sagte, sie hätte mehr Macht als alle Regierungen in Europa zusammen. In David Yallops Anti-Vatikan-Bestseller »*Im Namen Gottes*« gibt er verschiedene verdächtige Verbindungen zwischen der *P2-Verschwörung* in Italien und der Grand Loge Alpina an. Er behauptet sogar, daß Mitglieder des Kardinalsrates entweder zur Grand Loge Alpina oder zur P2 gehörten oder sogar zu beiden, und daß einige von ihnen bei der Ermordung von Papst Johannes Paul I. zusammenarbeiteten, eine Behauptung, auf die übrigens auch in dem Film *Der Pate III* angespielt wurde. Andere Berichte über die P2 stimmen darin überein, daß die Organisation sowohl vom KGB wie auch von der CIA Geld nahm, mehr als 900 Agenten in der italienischen Regierung hatte, mit Hilfe der Vatikan-Bank Drogengelder für die Mafia und die CIA wusch und den Faschismus in Südamerika schürte. Sie soll gerade mit der Vorbereitung eines faschistischen Putsches in Italien beschäftigt gewesen sein, als nach den mysteriösen Todesfällen der Rädelsführer *Roberto Calvi* und *Michele »The Shark« Sindona* das ganze Kartenhaus in sich zusammenbrach.

Siehe auch: ▶ Committee to Protect the Rights and Privileges of Low-Cost Housing, Freimaurer, Licio Gelli, Noon Blue Apples, Rosenkreuzer.
Verweise: ▶ *Im Namen Gottes*, von David Yallop, München, 1988.
  ▶ *In Banks We Trust*, von Penny Lernoux, Anchor Doubleday, New York, 1984.

▶ GRAND ORANGE LODGE OF IRELAND

Der Oranierorden oder die Grand Orange Lodge of Ireland, 1795 von Freimaurern gegründet, hat inzwischen Mitglieder auf der ganzen Welt und ist zumindest in Schottland, England, Kanada und den USA aktiv. Die Orange Lodge ist nach dem Protestanten Wilhelm III. von Oranien benannt, der nach der Schlacht am Boyne, in der er den katholischen James II. besiegte, König von England wurde. Die »Orangemen«, wie sie in ganz Irland genannt werden, sind nach wie vor Gegner der »Tyrannei« in Form der dominanten katholischen Religion in Irland. Von den Katholiken werden sie als gottlose (und oft mörderische) Verschwörung betrachtet. Die Orange Lodge sagt dazu:

»Man sollte nicht vergessen, daß der Orange-Orden über eine weltweite Mitgliedschaft verfügt und daß, wo immer seine Logen existieren, sich eine Bruderschaft von Männern finden wird, die das uralte Konzept des protestantischen Glaubens und der Freiheit unter dem Gesetz aufrechterhalten wird.«

Siehe auch: ▶ Gnomen von Zürich, Noon Blue Apples.
Verweise: ▶ Orange Lodge http://www.gpl.net/customers/goli

▶ KENNETH GRANT

Kenneth Grant aus London war Anfang der 80er Jahre einer von fünf Anwärtern auf den Titel »Outer Head of the *Ordo Templi Orientis*«. 1985 war er plötzlich nur mehr einer von 1005 Anwärtern, denn eine Gruppe Dissidenten, die gegen ihn rebellierten, hatte Karten verschickt, die eintausend andere »Outer Heads« ernannten. (Der Verfasser ist stolzer Besitzer einer dieser Karten. Darauf steht: »Der Inhaber dieser Karte ist echtes und autorisiertes Outer Head of the Ordo Templi Orientis, gehen Sie *bitte* richtig mit ihm um.« Unterschrieben ist sie von *Aleister Crowley* oder einem guten Fälscher.) Grant scheint der Urheber der in okkulten Kreisen weit verbreiteten Ansicht zu sein, daß der Übermensch, den Aleister Crowley als Outer Head der OTO angeblich kontaktierte, ein Außerirdischer vom *Sirius* war. Grant informiert uns ferner, daß Yog Sothoth und andere interstellare Wesen oder Mächte in *H. P. Lovecraft*s Werken Anspielungen auf Wesen sind, die mit Hilfe Crowleyscher Magick kontaktiert wurden. Er führt auch die Geschichte der OTO zurück auf die *Illuminaten* des 18.Jahrhunderts, auf die *Tempelritter* und gewisse gnostische Schulen bis hin zu einer Verschmelzung irdischer Adepten mit Wesen vom Sirius vor etwa 4500 Jahren im Land der Sumerer. Grant konnte inzwischen Outer Head of the A∴A∴ zu seinen Titeln hinzufügen und beansprucht außerdem den Rang eines World Head im OTO.

Siehe auch: ▸ Christians Awake AIDS-Theorie, Dr. John Dee, Freimaurer, Illuminaten, *Necronomicon, Das Sirius-Rätsel.*

Verweise: ▸ *Aleister Crowley and the Hidden God*, von Kenneth Grant, Samuel Weiser, New York, 1974.
▸ *Cults of the Shadow*, von Kenneth Grant, Samuel Weiser, New York, 1976.

▸ GRAUE

Die »Grauen« sind die häufigste außerirdische Lebensform im Zusammenhang mit Nahbegegnungen bei UFO-Fällen, besonders bei Entführungsfällen.
Sie sind grau, etwa 1,20 Meter groß, haben einen Schlitz als Mund, keine Nase und riesige, insektenartige Augen. Zuerst tauchten sie 1961 im Entführungsfall Hill auf, ein insofern typischer Fall, als hier alle Daten durch *Recovered Memory Therapy* (Hypnose) gewonnen wurden.
Die Hills, Betty und Barney, fuhren eine Straße in New Hampshire entlang, sahen ein seltsames Licht und fuhren weiter nach Hause. Bestimmte nervöse Symptome brachten sie dazu, sich einer Psychotherapie zu unterziehen; die Tatsache, daß sie ein gemischtrassiges Paar waren und Gründe genug hatten, in dieser rassistischen Gesellschaft nervliche Probleme zu bekommen, wurde, wenn überhaupt, nicht richtig untersucht. Unter Hypnose erinnerten sie sich an die UFO-Entführungs-erfahrung, die sich seither in allen solchen Fällen wiederholt – außer daß Barney Hill, ein Afro-Amerikaner, glaubte, die Grauen hätten Naziuniformen angehabt. Betty erinnerte sich daran nicht.
Kein anderer Entführter hat je von Naziuniformen berichtet.
Betty Hill erinnerte sich an eine Sternenkarte in dem Raumschiff und identifizierte schließlich nach fünf Jahren mit Hilfe eines jungen Astronomiestudenten den Heimatplaneten der Grauen als Teil des Zeta-Reticuli-Systems. Zeta Reticuli ist bei

Nahbegegnungen ein populärer Ursprungsort für Aliens geblieben, obwohl es in letzter Zeit viel Konkurrenz gab, darunter *Iumma*, Lanulos, *Sirius* und riesige Konstellationen wie Orion und die Pleiaden.

Siehe auch: ▸ Abductees Anonymous, Philip J. Corso, *Daimonic Reality*,
UFO-Verschwörungen.

▸ GREAT PIRATES
(Große Piraten)

Great Pirates oder Große Piraten meint in *R. Buckminster Fullers* soziologischer Theorie jene Männer, in denen sich Elemente dessen vereinen, was Ethnologen »Alpha-Männchen«, Historiker »Despoten« und Soziologen »Soziopathen« nennen (radikale Feministinnen wie Susan Brownmiller und Robin Morgan glauben, daß es nur diese drei Arten von Männern gibt).

Unsere primitiven Vorfahren, sagt Fuller, wurden so oft von diesen despotisch-soziopathischen Piraten erobert, bis sich alle Menschen daran gewöhnt hatten, von ihnen regiert zu werden, denn die einzige Alternative bestand darin, von ihnen umgebracht zu werden. Die Piraten entdeckten dann, daß es Leute gab, die sich mit Wissenschaft beschäftigten, und heuerten sie an, um die Dinge herzustellen, die sie brauchten. Deshalb, sagt Fuller, weiß die Wissenschaft mehr über Mordinstrumente und Waffen als über »Lebensbedarf«. Fullers experimentelle Geometrie und seine Architektur waren Versuche, zu dem Lebensbedarf beizutragen, den die Wissenschaft seiner Ansicht nach vernachlässigt hatte. Die Great Pirates sind eine Gruppe, die Fuller *MMAO* nennt, mit einem Führungskomitee namens *LAWCAP*.

Siehe auch: ▸ Federal Reserve Bank, Gnomen von Zürich, Regierung
der kriminellen Verschwörung, *Yankee and Cowboy War.*
Verweise: ▸ http://www.teleport.com/~pdx4d/grunch.html

▶ **»THE GREAT SATANIC BLASPHEMY«**
(Die große satanische Blasphemie)

»The Great Satanic Blasphemy« ist ein Essay von *Philip K. Dick*, Amerikas seltsamstem Science-fiction-Autor. Dick hörte nach 1973 beinahe vollständig auf, Science-fiction-Romane zu schreiben, weil er fast seine gesamte Zeit damit verbrachte, darin zu leben. Er schrieb jedoch Tausende von Seiten über seine Erfahrungen mit »orthogonaler Zeit« und anderen veränderten Zuständen, und »The Great Satanic Blasphemy« zählt zu den besten kosmischen Verschwörungstheorien im allgemeinen.

In diesem Essay wird die Ansicht vertreten, daß wir (du und ich, wir alle) »Pluriformen« von Gott und deshalb selber Götter sind: göttliche Emanationen, »die in diese Gefängniswelt hinabgestiegen sind, freiwillig ihr Gedächtnis, ihre Identität und ihre übernatürlichen Kräfte verloren haben«, aber immer noch in der Lage sind, sie wieder zu erlangen. Die Vorstellung, daß wir »wie Götter sind«, so gibt Dick zu, wird von der orthodoxen christlichen Theologie als Todsünde verdammt – »die Sünde des Hochmuts« – für die wir gestürzt wurden.

Dick glaubt nicht, daß wir gesündigt haben oder gestürzt worden sind: Wir sind aus freien Stücken gekommen, um diese »Gefängniswelt« zu erlösen und sie mit dem Göttlichen zu vereinen.

Die »Gefängniswelt«, die in manchen von Dicks Romanen auch das Black Iron Prison heißt, repräsentiert alles, was wir für Realität halten. Nichts daran ist real, und es existiert in keinem Sinne; es ist eine gigantische Vorspiegelung, die »der Zaubermeister, der Herr des Dunklen Reiches, der sich als Schöpfer ausgibt«, aufrechterhält.

Diese irreale oder Gefängniswelt enthält weder Gerechtigkeit noch Sinn oder Logik; weshalb die, die glauben, es sei die einzige Welt, entweder Atheisten werden oder sich an irgendwelche Metaphysik klammern, die den Dunklen Herrn als Schöpfer sehen, und das trotz all der Schrecken der (angeblichen) Schöpfung.

Wahre Religion beginnt, wenn wir uns unserer Herkunft von den Sternen entsinnen und an den Herrn des Lichts erinnern, von dem wir Pluriformen sind, und dann erst können wir unsere wahre Mission hier beginnen, indem wir Licht in die Dunkelheit bringen, Vernunft in das Irrationale, Gerechtigkeit in das Chaos, Realität ins Irreale.

Dick weiß, daß ein ganz ähnliches Modell im Taoismus und im Gnostizismus existiert; man findet es auch bei *Aleister Crowley*; und christliche Kritiker der New-Age-Ideen halten es für eine große, satanische Blasphemie. Im Grunde ist die Frage, die solch ein Modell aufwirft, die: Können wir einen Gott dieser Welt anbeten, oder müssen wir erst eine bessere Welt postulieren, um einen Gott zu finden, der der Anbetung wert ist?

Siehe auch: ▸ *Daimonic Reality*, Corrydon Hammond, Recovered Memory Therapy, *Satanic Panic*.
Verweise: ▸ http://deoxy.org/tcrime.htm
▸ *The VALIS Trilogy*, von Philip K. Dick, Quality Paperback Books, New York, 1987.

▸ HANK GREENSPUN

Hank Greenspun, Herausgeber der *Las Vegas Sun*, war ein Freund von Robert Maheu, einer von *Howard Hughes'* Top-Adjutanten. Verschwörungsforscher haben ihn mit der *Mafia* und der CIA in Verbindung gebracht. 1972 wollte das Weiße Haus unter Nixon, aus bisher ungeklärten Gründen, seine streng geheimen »Klempner« in Greenspuns Büro einbrechen lassen, um bestimmte Papiere zu stehlen. Hughes bot seinen privaten Airline-Service an, um die Einbrecher außer Landes zu bringen. Aus ebenfalls unbekannten Gründen wurde der Einbruch nie durchgeführt. Der Watergate-Einbrecher James McCord sagte angeblich dies aus:

Liddy sagte, der Generalstaatsanwalt John Mitchell habe ihm erzählt, daß Greenspun Informationen in seinem Besitz hatte, mit deren Hilfe man einen Präsidentschaftskandidaten der Demokraten erpressen könne, daß er, Mitchell, das Material wolle, und Liddy sagte, daß diese Information irgendwie mit Gangstern zusammenhinge, womit er meinte, daß, wenn der Kandidat Präsident würde, Gangster oder Verbrechersyndikate Einfluß auf ihn haben könnten.

Siehe auch: ▸ *Gemstone File*, MMAO, *Yankee and Cowboy War*.
Verweise: ▸ *The Yankee and Cowboy War*, von Carl Oglesby, Berkley Medallion Books, New York, 1977, Seiten 173–174.

▶ DER GROSSE UFO-SCHWINDEL

The Great UFO Hoax (Der Große UFO-Schwindel) des Psychologen Gregory M. Kanon beansprucht, die endgültige Lösung für eine der größten wissenschaftlich-kulturellen Streitfragen unserer Zeit zu kennen – die Identität des Unidentifizierten. (Warum gerade Psychologen immer glauben, sie hätten die Lösung für jedes Mysterium, das es gibt, ist selbst ein kleines Mysterium, wenn man darüber nachdenkt.)

Nach Kanon hat das Militär der Vereinigten Staaten seit dem Ende des Zweiten Weltkrieges den UFO-»Schwindel« mit voller Absicht erfunden und manipuliert. Der UFO-Absturz von *Roswell* zum Beispiel war ein absichtlicher Fall von mißglückter Geheimhaltung: Erst verkündete die U.S. Air Force, daß eine »Fliegende Scheibe« abgestürzt sei, und ließ zu, daß diese erstaunliche Nachricht sich über die ganze Nation verbreitete; dann lieferte man ein paar Tage später eine lahme und holprige alternative Erklärung. Niemand glaubte ihre zweite Story, auch heute nicht. Die Regierung braucht die Angst vor Außerirdischen, um ihre immer höher werdenden Militärausgaben zu rechtfertigen, nur für den Fall, daß uns einmal die irdischen Feinde ausgehen.

Siehe auch: ▶ *Mothman Prophecies,* James Oberg, Raum-Zeit-Übergänge.
Verweise: ▶ *The Great UFO Hoax,* von Gregory N. Kanon, GaldePress, Lakeville, Minn., 1997.

▶ GRUNCH

Grunch ist eine Abkürzung des Soziologen/Architekten *R. Buckminster Fuller* und bedeutet **GR**oss **U**niversal **C**ash **H**eist (Brutto-Universeller-Geld-Raub), Fullers Beschreibung der Strategie der *Great Pirates,* die diesen Planeten kontrollieren. Laut Fuller sind »souveräne Nationen« nur gesponserte Marionetten der Great Pirates und ihrer Untergrund-Finanznetze (siehe: *LAWCAP*). In diesem Modell halten die Great Pirates Nationen finanziell über Wasser, um sie und ihre Untertanen als Schuldner zu haben, und daher werden die Regierungen, egal was sie im Wahljahr sagen, unweigerlich immer die Steuern erhöhen, um die ständig steigenden Zinsen ihrer ständig wachsenden Staatsschulden zu bezahlen.

Fuller behauptet, daß eine Präsidentschaftskampagne 100 Millionen Dollar koste, daß es 30 Millionen koste, um für den Senat zu kandidieren, und zehn Millionen, um sich für eine Wahl zum Kongreßabgeordneten aufstellen zu lassen (Einschätzung aus den frühen 1980er Jahren, spätere Inflation nicht einbezogen). So wird jeder Politiker bei einem oder mehreren Konsortien von Great Pirates »gesponsert«. Fuller glaubte nie, daß irgendeine Bande dieser Piraten die Welt beherrschte oder auch nur, daß es zwei solcher Grupppen gäbe wie in der *A-Albionic Consulting and Research*-Theorie. Er glaubte, daß es viele solcher Gangs gebe und daß sie alle versuchten, das Raumschiff Erde in verschiedene Richtungen zu lenken und dabei ein unendliches Durcheinander anrichten.

Siehe auch:	▸ Federal Reserve Bank, Gnomen von Zürich, Octopus, Ezra Pound, Fletcher Prouty, Benjamin R. Tucker.
Verweise:	▸ http://www.teleport.com/~pdx4d/grunch.html
	▸ *Grunch of Giants*, von R. Buckminster Fuller, St. Martin's, 1983.

▸ GEORGE I. GURDJIEFF

George I. Gurdjieff gehört zu den geheimnisvollsten Führern esoterischer Gruppen im 20. Jahrhundert, denn man ist sich nicht einmal darüber einig, wann oder wo er geboren wurde, und ein großer Teil seines Lebens ist von Legenden verschleiert, von denen er manche selbst erfunden hatte. Die Gurdjieff-Schule, wie er sie nannte[1], versuchte ihre Schüler Folgendes zu lehren:

1. sich selbst zu erkennen, d.h. sich der Rolle bewußt zu werden, die das Selbst bei der Erschaffung von Eindrücken/Wahrnehmungen spielt (etwa: gewohnheitsmäßig von »Dieser Käse stinkt!« zu »_Ich_ finde, daß dieser Käse stinkt!« zu wechseln) und

2. die Gewohnheit der *Identifikation* zu brechen, wie Gurdjieff diese unbewußte Tendenz nennt, die uns glauben macht, daß normale menschliche Eindrücke/Wahrnehmungen eine objektive Realität enthüllen. Zu lernen, die Identifikation zu brechen und wahre Realität wahrzunehmen, erfordert lange und harte Arbeit; die meisten Leute, die diese »Arbeit« nicht getan haben (wie in seiner

Schule die Übungen genannt werden), leben in einem hypnotisierten oder schlafwandlerischen Zustand. (Siehe: Sprache als Verschwörung.)

Die meisten Mystiker haben so ziemlich das gleiche gesagt, aber Gurdjieff formuliert es so, daß es normale Leute mit normalen Anschauungen beleidigt und erniedrigt (er nennt das: »Stepping on their Corns«; etwa: ihnen auf den Schlips treten). Sein Hauptwerk, *All and Everything*, ist eine Geschichte der Menschheit voller Witze und Allegorien; es erzählt von einem Außerirdischen namens Beelzebub und beschreibt die Menschen als zurückgeblieben, verführt und überhaupt als einen traurigen Haufen, ganz wie die Yahoos bei Jonathan Swift. Die Schule lehrt Übungen wie rituelle Bewegung, rituelle Nichtbewegung (sog. Freezes), rituelles Zuhören etc. Der erste Aspekt der Wahrnehmung verborgener Realität heißt in Gurdjieffs Werk »der Horror der Situation«, gemeint ist der Moment, in dem der Schüler entdeckt, daß Menschen versklavte Roboter sind. Wer sind unsere Herren? Gurdjieff drückt sich immer allegorisch oder geheimnisvoll aus, sagt aber deutlich, daß sie uns wie Schafe halten und schlachten. Nach J. G. Bennett, einem ehemaligen Schüler Gurdjieffs, wurde *All and Everything* mehrmals umgeschrieben, um es für die meisten Leser schwerer verständlich zu machen. Gurdjieff sagt, daß das notwendig war, »um den Hund tiefer zu vergraben«. »Der Hund ist *Sirius*«, erklärt Bennett, »der Hundsstern, der für den Geist der Weisheit in der Zoroastrischen Tradition steht.«
Gurdjieff dozierte auch über Bewußtseinsebenen oberhalb der menschlichen Ebene, und Kenneth Walker, ebenfalls ehemaliger Schüler, sagt, diese Ebenen stünden für »Engel und Erzengel«, oder, in einem anderen Sinn, für »Planeten und Sterne«.

Siehe auch: ▸ Aiwass, The Con, Philip K. Dick, Kenneth Grant, Great Pirates, *Das Sirius-Rätsel*.

Verweise: ▸ Begegnungen mit bemerkenswerten Menschen, von George Iwanowitsch Gurdjieff, München, 1997.
    ▸ *Gurdjieff: Making a New World*, von J. G. Bennett, Turnstone Books, London, 1973, S. 274.
    ▸ *A Study of Gurdjieff's Teachings*, von Kenneth Walker, Jonathan Cape, London, 1967, S. 167.

---

1) Gurdjieff führte nur »Schulen«, wo andere Ashrams, Logen oder Orden hatten, und statt Titel wie Guru, Meister oder Lehrer zu beanspruchen, bestand Gurdjieff darauf, nur Mr. Gurdjieff genannt zu werden.

H

▶ **HAITI-EXPERIMENT**

1980 bis 1981 entwickelten viele männliche Flüchtlinge aus Haiti, die in Lagern in Miami und Puerto Rico lebten, Gynekomastia, eine Störung, die dazu führte, daß Männer vollentwickelte, weibliche Brüse bekamen. Einige der Internierten in Fort Allen (Puerto Rico) behaupteten, daß man sie zu Injektionen zwang, von denen sie annahmen, es handele sich um weibliche Hormone.

Siehe auch: ▶ AIDS-Verschwörungstheorien, Tuskegee Syphilis Study.
Verweise: ▶ http://home.earthlink.net/~bkonop/GermIncidents2.html

▶ **CORRYDON HAMMOND**

Dr. Corrydon Hammond, der die sogenannte *Recovered Memory Therapy* praktiziert, glaubt, daß seine Arbeit die Existenz eines internationalen Satanskultes aus Nazis und CIA-Agenten beweist, die seit mehr als 50 Jahren satanischen Kindesmißbrauch betreiben. Das Ziel dieses Kults soll die Erschaffung roboterartiger Menschen sein, die programmiert sind, bestimmte Befehle zu befolgen. Laut Hammond hofft diese Nazi-CIA-Gruppe (zu der auch die NASA gehört), »Zehntausende von geistigen Robotern« zu erschaffen, die »Pornographie und Prostitution betreiben, Drogen und Waffen schmuggeln. Diejenigen, die an der Spitze dieses

Satanskultes stehen, wollen eine satanische Ordnung schaffen, die über die Welt herrschen wird.«

Dr. Hammond hat sogar verschiedene »Programme« klassifiziert, die man den Opfern dieses Kultes eingepflanzt hat: Alpha steht für eine allgemeine Gehorsams-programmierung; Beta betrifft oralen Sex und die Organisation von Kinderprosti-tutionsringen; Delta ist das Programm, das Mörder macht; Omega ist ein Selbstzer-störungsprogramm, das aktiv wird, wenn ein Therapeut die verborgenen Program-me entdeckt; Zeta betrifft die Produktion von Sex-und-Mord-Filmen; usw.

Dr. Hammond ist zugelassener Psychologe in Utah, Gründer und Direktor der Sex and Marital Therapy Clinic an der Universität von Utah, war Präsident und Vize-präsident der American Society of Clinical Hypnosis und ist einer der Herausgeber des *American Journal of Clinical Hypnosis*. Er sagt, daß er wegen seiner Enthüllungen um sein Leben fürchten muß. Seine Theorien sind von unzähligen feministischen und fundamentalistischen Gruppen für bare Münze genommen worden.

Siehe auch: ▸ Philip K. Dick, False Memory Syndrome Foundation, Monstermacher.
Verweise: ▸ *Making Monsters*, von Richard Ofshe und Ethan Watters,
                     University of California Press, Berkeley und Los Angeles, 1996,
                     Seiten 183–193.

▸ **DIE HANF-VERSCHWÖRUNG**

Laut Jack Herer wurden Pot und alle anderen Erscheinungsarten von Hanf 1937 aus kommerziellen Gründen verboten. Hinter diesem Verbot steckten die Familien Hearst und DuPont. Die Hearsts, Zeitungskönige, besaßen ungeheuer viel Waldland und wollten erreichen, daß in den USA nur Holz zur Papierherstellung verwendet wird, obwohl holzhaltiges Papier nicht so haltbar ist wie Papier aus Hanf und außer-dem bei der Herstellung massive Umweltschäden verursacht; die DuPonts, Chemi-sche Industrien, wollten erreichen, daß Kleidung aus ihren neuen synthetischen Stoffen (Nylon, Dralon, usw.) hergestellt werde und nicht aus dem billigen Hanf. Diese zwei Clans und ein paar Helfershelfer organisierten eine Kampagne zur Ver-teufelung der Hanfpflanze, und dieser Kreuzzug dauert bis zum heutigen Tage.

Industrie- oder Faserhanf, wie man die nicht berauschende und nichtmedizinische Hanfart nennt, ist eine der vielseitigsten Nutzpflanzen, die es gibt. In Deutschland wird seit 1996 wieder Hanf angebaut, 1999 ca. 4.000 Hektar, und unter anderem zur Herstellung von Dämm- und Isolationsstoffen sowie Lebensmitteln wie Hanfspeise-öl verwendet. Selbst in den USA werden Hanfprodukte aus dem Ausland im Wert von 25 Millionen Dollar pro Jahr importiert und verkauft; das sind 25 Millionen Dollar, die amerikanischen Farmern verlorengehen, da ihnen der freie Wettbewerb mit Hanf verboten ist. 1999 wurden jedoch auch in den ersten Bundesstaaten der USA Lizenzen zum Anbau von Nutzhanf erteilt.

Der Modeschöpfer Calvin Klein sagte kürzlich voraus, daß Hanf die Faser der Zukunft sein werde, und Ernährungswissenschaftler drängen auf Legalisierung, da Hanfsamen von allen Nahrungsmitteln die höchste Konzentration an Aminosäuren enthalten und nur Soja noch mehr Protein hat.

Hanf liefert einen weit höheren Ertrag pro Morgen und braucht keinerlei Pestizide. Herer verweist darauf, daß wir, wenn wir zum Hanfpapier zurückkehren (worauf u.a. die amerikanische Verfassung geschrieben worden war), die Zerstörung unserer Wälder tatsächlich beenden könnten.

Siehe auch: ▸ Regierung als kriminelle Verschwörung, Krieg gegen gewisse Drogen.
Verweise: ▸ *Die Wiederentdeckung der Nutzpflanze Hanf*, von Jack Herer
       und Mathias Bröckers, Frankfurt, 1993 (gedruckt auf Hanfpapier).
     ▸ http://www.natlnorml.org/
     ▸ http://www.jackherer.com
     ▸ http://www.hanfhaus.de

▸ HEAVEN'S GATE

Der Verfasser des vorliegenden Buches hielt 1978 in Houston einen Vortrag, als ein Mann und eine Frau aus dem Publikum aufstanden und den Raum verließen. Später identifizierte man sie als Bo und Peep, Anführer eines typischen UFO-Kontakt-Kultes, und noch später erfuhren wir, daß sie ihre Namen in Hin und Her geändert hatten. Die Frau starb eines natürlichen Todes, und der Mann änderte seinen Namen noch einmal in Do. Zwei Jahrzehnte vergingen, dann begingen er und 38 seiner Schüler Selbstmord, indem sie Wodka und Tranquilizer konsumierten. Ein Jahr zuvor hatte ein Sonnentempel-Kult in der Schweiz Massenselbstmord verübt.

Bo-Him-Do (echter Name: Marshall Applewhite) war entsetzt über das FBI/ATF[1]-Massaker an den Davidianern in Waco, Texas, und glaubte, daß das FBI auch hinter ihm her war. Ähnlich paranoide Ängste vor der CIA brachten Jim Jones vom Peoples Temple dazu, seinen eigenen Kult in den 1970ern in einen Massenselbstmord zu führen.

Natürlich sind FBI und CIA nie hinter irgend jemand her (oder jedenfalls fast nie). Dennoch gehört der Heaven's-Gate-Holocaust wie die Oklahoma-City-Bombe, in einem bestimmten Sinn, zu den psychosozialen Folgen der Waco-Katastrophe. Ein Buchhändler in Los Angeles stempelt auf seine Post: Ist Ihre Kirche von der ATF genehmigt? – noch mehr solcher Auswirkungen.

Wenn jedes der 39 Selbstmordopfer etwa fünf Beziehungen hatte (Familie, Freunde, Liebhaber, etc.), bedeutet das, daß etwa 200 Überlebende ein Trauma durch diese »unerklärliche« Tragödie erlitten. Und es ist nicht mehr ratsam, diese verstörten Menschen zum Cult Awareness Network (CAN) zu schicken, das einmal Rat und Therapie in solchen Fällen anbot. CAN wurde kürzlich von der Scientologen-Sekte in den Bankrott getrieben.

Siehe auch: ▸ Gehirnwäsche, George I. Gurdjieff, Sprache als Verschwörung.
Verweise: ▸ http://www.trancenet.org/groups/faq/faqhg.shtml

[1]   ATF = Bureau of Alcohol, Tobacco and Firearms/Zulassungsbehörde für Alkohol-, Tabaklizenzen und Feuerwaffen.

▸ HERMETIC ORDER OF THE GOLDEN DAWN

Der Orden »Hermetic Order of the Golden Dawn« (Hermetischer Orden der goldenen Morgendämmerung) entstand möglicherweise etwa um 1881 durch eine Kombination mysteriöser Ereignisse, in die drei Freimaurer namens S. L. Mathers, William Wynn Wescott, William Woodman sowie eine Frau aus Bayern, *Anna Sprengel*, verwickelt waren. Der »Golden Dawn« wurde um die Jahrhundertwende bald zur einflußreichsten okkulten Gesellschaft, und zu ihren Mitgliedern zählten u.a. der irische Poet und Nobelpreisträger William Butler Yeats, der Schöpfer der modernen Tarotkarten *Israel Regardie* und der rätselhafte *Aleister Crowley*. Wie die

Freimaurer hatte auch der Golden-Dawn-Orden sein System von Graden, jeder davon gekennzeichnet durch ein Initiationsritual, das auf den Kandidaten einen bleibenden Eindruck machen sollte, um ihn oder sie der Erleuchtung im mystischen Sinne näherzubringen. Das war mit einem gründlichen Studium der christlichen Kabbala verbunden, die wiederum von der jüdischen Kabbala abstammte – eine Wissenschaft oder Kunst, die die religiöse Terminologie und Numerologie enthält, mit der verschiedene veränderte Bewußtseinszustände diskutiert werden können.

Der Einfluß der Golden Dawn ging weit über konventionellen Okkultismus hinaus. Ein großer Teil der modernen literarischen Kultur verdankt ihren Symbolismus und ihre Themen dieser Gruppe; nicht nur die Poesie von Yeats, sondern auch die Werke von James Joyce, *Ezra Pound* und T. S. Elliot zeigen Elemente des Golden Dawn. Das Tarot-Deck, das außer bei den Zigeunern fast völlig in Vergessenheit geraten war, findet wieder weit verbreitetes Interesse dank der Waite- und Crowley-Decks, die beide auf dem Golden-Dawn-Tarot-Deck beruhen.

Golden Dawn zerfiel um 1898 und blieb seither gespalten. Im Los Angeles der späten 1980er Jahre gab es allein drei Golden Dawns, und jeder ihrer Führer behauptete, von Israel Regardie ernannt worden zu sein.

Siehe auch: ▸ *Daimonic Reality*, Freimaurer, Ordo Templi Orientis, Rosenkreuzer, Thelema.
Verweise: ▸ http://www.hermeticgoldendawn.org/index.html
▸ *Das magische System des Golden Dawn I/III.*, von Israel Regardie, Freiburg, 1995.

▸ **HIGH IQ BULLETIN**

High IQ Bulletin, geschrieben und herausgegeben von Philip Campbell Argyle-Stuart, vertritt die Ansicht, daß alle Konflikte in dieser Welt von einem uralten Streit zwischen semitischen und nordischen Völkern herrühren – nichts Neues für Nazismus-Studenten –, aber Argyle-Stuart führt weiter aus, daß beide Völker zum Teil von außerirdischer Herkunft seien.

Diese bemerkenswerte Theorie behauptet, daß die Khazars, ein im Mittelalter zum Judentum übergetretener Stamm, in Wirklichkeit eine »teuflische« Mischung aus Menschen und Vulkaniern waren; mit Vulkan ist nicht der mysteriöse Planet zwischen Sonne und Merkur gemeint und auch nicht die Heimat von Mr. Spock aus *Star Trek*, sondern ein Planet, der auf derselben Bahn wie die Erde um die Sonne läuft, und zwar immer sechs Monate vor oder hinter der Erde, so daß er – natürlich – für unsere irdischen Teleskope unsichtbar bleibt. Diese Khazar-Vulkan-Hybriden, den meisten Menschen als Juden bekannt, planen unaufhörlich, die Erde zu erobern. Die Nordischen andererseits sind Teutonen, die sich mit den freundlichen Leuten vom Saturn vermischt haben. Argyle-Stuart verrät uns außerdem, daß sich die Khazar-Vulkanier-Verschwörung auch in den *Illuminaten*, den Grand-Orient-Freimaurern, den Zionisten, den Kommunisten, den *Assassini* aus Arabien und den indischen Thuggi manifestiert.

Siehe auch: ▸ A-Albionic Consulting and Research, Gerard de Sede, *Gods of Eden*, Robert Morning Sky, Noon Blue Apples.

Verweise: ▸ Philip Campbell Argyle-Stuart, *High IQ Bulletin*, Vol. 4, Nr. 1, Colorado Springs, Colorado, 1970.

▸ HITLERPUTSCH

Am 8. November 1923 versuchte Adolf Hitler in München durch einen Staatsstreich an die Macht zu gelangen. Die Verschwörung wurde von der bayerischen Polizei vor der Feldherrnhalle blutig niedergeschlagen (19 Tote). Hitler wurde im März 1924 von einem Sondergericht zur Mindeststrafe von fünf Jahren Festungshaft verurteilt, von seinen Mitverschwörern wurde General Erich Ludendorff freigesprochen, Hermann Göring floh ins Ausland. Festungshaft galt damals als »nicht ehrenrührig«. In der Haft diktierte Hitler seinem Sekretär Rudolf Heß sein Buch »Mein Kampf«, darin unter anderem auch die Ankündigung, daß er die gefälschten *Protokolle der Weisen von Zion* ins Zentrum seiner Agitation und Umerziehung stellen wolle:

> *Wie sehr das ganze Dasein dieses Volkes auf einer fortlaufenden Lüge beruht, wird in unvergleichlicher Art in den von den Juden so unendlich gehaßten »Protokollen der Weisen von Zion« gezeigt. Sie sollen auf einer Fälschung beruhen, stöhnt immer wieder die »Frankfurter Zeitung« in die Welt hinaus: der beste Beweis dafür, daß sie echt sind. (...) Es ist ganz gleich, aus welchem Judenkopf diese Enthüllungen stammen, maßgebend aber ist, daß sie mit*

geradezu grauenerregender Sicherheit das Wesen und die Tätigkeit des
Judenvolks aufdecken und in ihren inneren Zusammenhängen sowie den letzten
Schlußzielen darlegen. Die beste Kritik an ihnen jedoch bildet die Wirklichkeit.
Wer die geschichtliche Entwicklung der letzten hundert Jahre von den Gesichts-
punkten dieses Buchs aus überprüft, wird das Geschrei der jüdischen Presse
sofort verstehen. Denn wenn dieses Buch erst mal Gemeingut eines Volkes
geworden sein wird, darf die jüdische Gefahr auch schon als gebrochen gelten.«
Mein Kampf, München, 1935, S. 337

Die »grauenerregende Sicherheit« zeigte er dann selbst, als er diese erfundene Welt-
eroberungsstrategie nach 1933 in die reale Verschwörungsmaschinerie des Dritten
Reichs umsetzte. Weil die Nazis organisatorisch auf die Strukturen von Geheimgesellschaften zurückgriffen, hat Hannah Arendt Hitler auch als »Schüler der Weisen
von Zion« bezeichnet. (M.B.)

Verweise: ▸ *Der Hitlerputsch. 9. November 1923*, von John Dornberg,
                 Langen-Müller, München, 1998.
              ▸ *Elemente und Ursprünge totaler Herrschaft*, von Hannah Arendt,
                 München, 1986, S. 595.

▸ **HOLMSBURGER GEFÄNGNISVERSCHWÖRUNG**

1965 verabreichte man 70 sich freiwillig zur Verfügung stellenden Gefangenen im
Holmsburger Staatsgefängnis von Philadelphia Dioxin, jene hochgiftige Chemikalie,
die auch in Agent Orange im Vietnamkrieg verwendet worden war und im Seveso-
Skandal traurige Berühmtheit erlangte.
Die Männer wurden anschließend nicht behandelt, und sie wurden nicht darüber
informiert, daß man sie als Versuchskaninchen zur Entwicklung von Krebs mißbraucht hatte. Naziärzte wurden in den Nürnberger Kriegsverbrecherprozessen für
ganz ähnliche »Forschungen« verurteilt.

Siehe auch: ▸ AIDS-Verschwörungstheorien, Mona Charen,
                 Tuskegee Syphilis Study.
Verweise: ▸ http://home.earthlink.net/~bkonp/GermIncidents2.html

▶ HOLOCAUST-LEUGNER

Holocaust-Leugner behaupten, daß die systematische Ausrottung von sechs Millionen Juden nie stattfand: Jeder, der das Gegenteil behauptet, ist entweder Teil der internationalen Verschwörung, die das vortäuscht, oder er ist auf sie hereingefallen. Die Journalisten, die die Lager sahen, die Zeugen und Überlebenden, die Pedanten, die die Beweise zusammengetragen haben, und die Richter, die Urteile gesprochen haben – sie alle irren sich. Ein typischer Holocaust-Leugner ist Arthur R. Butz, Professor der Elektroingenieurstechnik an der Northwestern University in Evanston, Illinois, der den Standpunkt gegen den Holocaust etwas akademischer und überzeugender vertritt. Butz gibt zu, daß die amerikanischen Truppen tatsächlich schreckliche Leichenhaufen in Konzentrationslagern wie Dachau oder Belsen fanden, er behauptet jedoch, daß die Opfer alle an Typhus starben, der durch Läuse verbreitet worden war. Die Tatsache, daß sich alle Historiker einig sind, daß es den Holocaust gegeben hat, schreckt Butz nicht ab. Butz nennt den Holocaust nur »die Legende«, und wenn man zig Seiten über »die Legende« gelesen hat, fängt man fast an zu glauben, es handele sich wirklich um ein Märchen.

»Endlösung« hieß nicht Ausrottung, versichert Butz, es ging lediglich um den Transfer von westeuropäischen Juden nach Osteuropa. Und die Geständnisse der Angeklagten in Nürnberg? Butz schreibt das Wort »Geständnisse« immer in Anführungszeichen – und legt so indirekt nahe, daß sie erzwungen worden waren.

Die Todeslager waren außerdem nicht exklusiv den Juden vorbehalten. In ihnen gab es auch politische Gefangene, Kriminelle, Homosexuelle und Nazigegner.

Letztlich wurden im Krieg so viele Unterlagen zerstört, daß man die Zahl der Todesfälle nur schätzen kann. Vielleicht kamen nur fünf Millionen Juden ums Leben und nicht sechs … vielleicht war es auch nur eine Million … und nicht vergessen: Sie starben an Typhus! »Jeder denkende Mensch muß da nachdenklich werden«, beschließt Butz einen seiner Artikel.

Trotz aller Kritik von Historikern und einer Menge Ärger von der jüdischen Gemeinschaft behält Professor Butz seinen Posten an der Northwestern University und kämpft tapfer weiter darum, Adolf Hitlers guten Ruf wiederherzustellen.

Siehe auch: ▶ American Hero, Creation-Science-Schöpfungswissenschaft,
             OM, Weltkriegs-Leugner.
Verweise: ▶ http://pubweb.acns.nwu.edu/~abutz

▶ HONO INTELLIGENCE SERVICE 1901

1973 eröffnete Carlos Jerez in Canuelus, Argentinien, ein Krebszentrum – mit einer Fliegenden Untertasse, Modell 1950, im Vorgarten und einer Plakette am Hauptgebäude mit der Inschrift:

Hono Intelligence Service 1901
)+(

Das seltsame)+(–Symbol, das man als Zeichen des wachsenden UMMO-Briefe-Kults in Europa identifizierte, erregte nicht viel Aufmerksamkeit in Argentinien, aber Jerez hatte bald einen Ruf als Wunderheiler und prahlte mit der Heilung von über 200 Patienten. Er gab bekannt, daß er von einem anderen Planeten komme, und das fand die Regierung interessant genug, um eine Untersuchung durchzuführen. Es kam schnell heraus, daß Jerez medizinisch inkompetent war (er entdeckte zum Beispiel in einem Fall einen fortgeschrittenen Tumor nicht). Er verschwand daraufhin oder kehrte auf seinen Heimatplaneten zurück, man hat jedenfalls nichts mehr von ihm gehört.

Siehe auch: ▶ »Bob«, Elmyr, UMMO-Sichtungen in Madrid, Noon Blue Apples, OM, UMMO-Besuch in Woronesch.

Verweise: ▶ *Enthüllungen – Begegnungen mit Außerirdischen und menschlichen Manipulationen,* von Jacques Vallee, Zweitausendeins, Frankfurt, 1994.

▶ DR. LEONARD HOROWITZ

Dr. Leonard Horowitz von der Universität Harvard hat zwei Bücher geschrieben, welche die Verschwörungstheorien der Homosexuellen über den Ursprung von AIDS unterstützen. In *Emerging Viruses* führt Dr. Horowitz Beweise vor, daß HIV aus der biologischen Virusforschung kommt und auf Experimente zurückzuführen ist, die sich hinter der Bezeichnung Special Virus Cancer Program (SVCP) verbargen.

Dagegen behauptet Dr. Gallo nach wie vor, daß HIV unter den Affen entstand und »spontan« zum Angriff auf Menschen mutierte.

Siehe auch: ▸ AIDS-Verschwörungstheorien, Bisoziation, MK-ULTRA, Tuskegee Syphilis Study.
Verweise: ▸ http://www.trufax.org/research/horo.html

▸ COLONEL EDWARD HOUSE

Colonel Edward Mandell House (1858–1938) war der Verfechter einer Weltregierung, hatte enge Beziehungen zur Bankiersfamilie Morgan und war Berater von Präsident Woodrow Wilson und später auch von Präsident F. D. Roosevelt.

1912 schrieb House einen didaktischen Roman mit dem Titel *Philip Dru: Administrator*, der von rechten Gruppierungen schon mehrmals nachgedruckt wurde (zum letzten Mal von: General Birch Service, Appleton, Wisconsin). In diesem Buch führt und berät Dru eine Verschwörung (das gefürchtete Wort wird tatsächlich verwendet) mit drei Zielen:

1. die Einführung einer Zentralbank;
2. eine progressiv gestaffelte Einkommensteuer; und
3. die Kontrolle über beide politische Parteien in den Vereinigten Staaten.

Präsident Wilson überredete den Kongreß, die ersten beiden Punkte auszuführen. Die *Federal Reserve Bank* wurde am 23. Dezember 1913 gegründet und der *Internal Revenue Service* kurze Zeit danach.

Viele Rechte (und viele Linke) glauben, daß das dritte Ziel auch erreicht wurde. House beschrieb sich einmal selbst als marxistischer Sozialist, aber wahrscheinlich war das als Scherz gedacht; er benahm sich eher wie ein Fabianischer Sozialist. In den 20er Jahren durchlief er eine Phase der Vernarrtheit in Mussolinis faschistische Wirtschaftspolitik.

Siehe auch: ▸ John Adams über das Bankwesen, Bank of the United States, Council on Foreign Relations, Das 23-Rätsel.

▶ HOWARD-HUGHES-FÄLSCHUNGEN

Im berühmten Clifford-Irving/*Howard-Hughes*-Autobiographiestreit entschied 1972 eine Federal Grand Jury, daß die Dokumente Fälschungen seien und daß Irving sie verfaßt hätte, obwohl zwei Experten ursprünglich Hughes' Unterschriften für echt erkannt hatten. Laut »*The Gemstone File*« (Die Gemstone-Akte) hat Irving den Mut gefunden, diesen Schwindel zu versuchen, weil er sich mit dem internationalen Jet-set auskannte und wußte, daß Hughes tot war und ihm nicht widersprechen konnte: Er hatte keine Ahnung, daß es ein Double von Hughes gab, das ihn telefonisch widerlegen würde. Nachdem Hughes (oder sein Doppelgänger) 1976 gestorben war und ein Vermögen von zwei oder drei Billionen Dollar hinterließ, wurde zuerst kein Testament gefunden. Dann aber tauchte eines auf einem Schreibtisch im Büro der mormonischen Kirche der Heiligen der letzten Tage auf, scheinbar in Hughes' Handschrift. Dabei lag eine Notiz, auf der es hieß, daß das Dokument in der Nähe von Joseph Smiths (Gründer und Märtyrer des Mormonismus) Wohnung gefunden worden war. Das führte zu einiger Aufregung und zu Prozessen, nach einer Weile aber wurde auch dieses Dokument als Fälschung beurteilt.

Siehe auch: ▶ CIAC, Elmyr, *F for Fake*, OM, Poetischer Terrorismus.
Verweise: ▶ http://www.webmasters.net/qde/cases.htm

▶ HUGHES GEGEN ROCKEFELLER

Für etwa 12 Jahre (1960–1973) hing das Schicksal der Trans World Airlines in der Schwebe, während sich *Howard Hughes* und *David Rockefeller* quer durch das amerikanische Justizsystem stritten. Hughes, als Gründer der TWA und Unternehmer der alten Schule, fand, daß Rockefeller etwas stehlen wolle, was er, Hughes, selbst gemacht hatte und das daher ihm allein gehörte.
Wir wissen, daß Hughes so dachte, denn er sprach offen darüber, und er beschuldigte die Rockefellers sogar, sich für den Kommunismus zu interessieren (siehe *John Birch Society*).

Rockefeller hatte nicht viel dazu zu sagen. Seine Anwälte aber behaupteten, daß Hughes Mißwirtschaft mit seiner eigenen Firma getrieben habe und so den armen, alten Rockefeller und alle anderen Aktionäre um die Gewinne gebracht hätte, die sie unter einem vernünftigeren Management sicher eingestrichen hätten.

Das Ganze fing schon in den 40er Jahren an, als Hughes der Verdacht kam, die Rockefeller-Gruppe wolle wegen irgendwelcher Kleinigkeiten die Regierung dazu bringen, ihn zu verklagen. Der wirkliche Machtkampf begann aber 1961. Aus Hughes' Sicht begann alles mit einem Versuch, ihn dazu zu zwingen, Geld zu leihen, das er sich gar nicht leihen wollte. Der Vorschlag kam von Dillon, Read & Company, von den Metropolitan, Equitable und Prudential Versicherungsunternehmen, der Bank of America und der Chase Manhattan Bank, die alle zusammen der TWA 260 Millionen Dollar leihen wollten, im Austausch gegen die üblichen hohen Zinsen – und die Stimmenmehrheit in einem Trust, was Hughes dazu verdammt hätte, eine Minderheit von nur einer Stimme zu bleiben.

Hughes wollte das Geld nicht, und er wollte auch nicht in seiner eigenen Gesellschaft, die er aus dem Nichts aufgebaut hatte, überstimmt werden. Er sagte nein.

John Sonnett, Wall-Street-Spitzenanwalt, legte daraufhin für TWA eine Anti-Trust-Klage gegen Hughes ein. Nun ist so eine Klage, gegen den Besitzer einer Gesellschaft und angeblich von seiner eigenen Gesellschaft kommend, eher ungewöhnlich, und Hughes nahm sie nicht ernst.

Aber Sonnett und seine Partner arbeiteten hart, und sie behaupteten, daß Hughes' Weigerung, sich bei der Wall Street zu verschulden, seine Fluglinie die stolze Summe von 45.870.435,95 Dollar gekostet hätte. Hughes und seine Anwälte kamen sich vor wie Alice im Wunderland. Sie wehrten sich und wehrten sich heftig, und als der Fall endlich beim Obersten Gerichtshof der Vereinigten Staaten ankam, entschied Richter William O. Douglas im Namen der Mehrheit für Hughes. Das geschah jedoch nicht vor 1973. In den zwölf Jahren, die der Kampf vor Gericht gedauert hatte, hatte Hughes ohne Ausnahme vor jedem geringerem Gerichtshof verloren. Es kostete ihn Millionen von Dollar an Anwalts- und Gerichtskosten, und er verlor schließlich auch seine Airline.

Hughes war daraufhin überzeugt, daß die Rockefellers und ihre Wall-Street-Kumpels fast alle Gerichte der Vereinigten Staaten kontrollierten; nach weiteren Kämpfen mit der Mafia darüber, wer in Las Vegas das Sagen hat, beschäftigte er sich fast nur noch mit Verschwörungen und Bakterien.

Siehe auch: ▸ *Gemstone File,* Hank Greenspun, *Yankee and Cowboy War.*
Verweise: ▸ *Just About Everybody vs. Howard Hughes,* von David Tinnin, Doubleday,
                 New York, 1973.
               ▸ *The Yankee and Cowboy War,* von Carl Oglesby, Berkley Medallion
                 Books, New York, 1977.

▸ JOHN HULL

John Hull, der zugab, ein Angestellter der CIA gewesen zu sein, war einige Jahre lang Besitzer einer großen Ranch in Costa Rica. Nach seiner beeidigten Aussage wurden auf dieser Ranch in den 1970er und 80er Jahren Waffen von der CIA an die nicaraguanischen Contras übergeben, die diese mit Kokain bezahlten. Dieses Kokain verkaufte die CIA dann auf dem offenen Markt, um ihre illegale Operation zu finanzieren; der Kongreß hatte der CIA nämlich verboten, sich weiter in die inneren Angelegenheiten Nicaraguas einzumischen.

Die Regierung von Costa Rica versuchte, Hull vor Gericht zu stellen. Der floh in die Vereinigten Staaten, die sich weigerten, ihn auszuliefern. Eine öffentliche Anwaltsfirma, Christic Institute, versuchte dann, ihn in den USA vor Gericht stellen zu lassen, hatte aber keinen Erfolg damit. Christic nannte als Hulls Mitverschwörer Colonel Oliver North, General Richard Secord und *George Bush.*

Siehe auch: ▸ P2-Verschwörung, Octopus, *Veil,* World Finance Corporation.
Verweise: ▸ *Cover Up: Behind the Iran-Contra-Affair,* 72minütige Farbvideo-
                 dokumentation, Regie Barbara Trent, Empowerment Project, 1988.

▸ E. HOWARD HUNT

E. Howard Hunt war lange Zeit ein CIA-Agent, der mithalf, in den 50er Jahren die Regierung Arbenz in Guatemala zu stürzen, und dann an der Schweinebucht-Invasion in Kuba teilnahm. Er schrieb außerdem Spionageromane und war angeblich auch an Mordoperationen beteiligt. Verschwörungsforscher glauben, daß der älteste der *drei Tramps,* die auf dem Grashügel direkt nach dem *John-F.-Kennedy-Attentat* fotografiert wurden, genau wie Hunt aussieht. Hunt äußerte sich widersprüchlich, was seinen Aufenthaltsort während des Attentats betraf. Als Victor Marchetti, früher CIA-Offizier und inzwischen ein Gegner der Agentur, darüber im Magazin *Spotlight* berichtete, verklagte ihn Hunt wegen Verleumdung auf Schadenersatz. Marchetti hatte geschrieben, daß Hunt und *James Jesus Angleton* an der Ermordung Kennedys beteiligt waren. Hunt gewann die erste Runde, aber in der Berufungsverhandlung legte die Verteidigung mehr Beweise vor, darunter die Aussage von Marita Lorenz, auch eine frühere CIA-Agentin, laut der sie in Dallas am 20. November 1963 Hunt und Frank Sturgis sah, die sich, zusammen mit ein paar Anti-Castro-Kubanern, offensichtlich auf ein Attentat vorbereiteten. Das Magazin gewann, und die Sprecherin der Jury sagte später zur Presse:

> *Mr. Lane (Verteidiger) verlangte etwas sehr Schwieriges von uns. Er verlangte von uns, zu glauben, daß John F. Kennedy von unserer eigenen Regierung ermordet wurde. Nach Durchsicht der Beweise blieb uns jedoch nichts anderes übrig, als zu dem Schluß zu kommen, daß Präsident Kennedy tatsächlich von der CIA ermordet worden ist.*

Hunt wurde später wegen Teilnahme am Watergate-»Einbruch« von 1972 verurteilt (der jedoch kein Einbruch war, sondern der Versuch, das Hauptquartier der Demokratischen Partei zu verwanzen) und mußte für drei Jahre ins Gefängnis.

Siehe auch: ▸ Mona Charen, Flug 553, Marina Oswald, »The Whole Bay of Pigs Thing«, *Yankee and Cowboy War.*

Verweise: ▸ http://ourworld.compuserve.com/homepages/Mgriffith_2/suspects.htm
▸ Fotobeweise:
http://www.netins.net/shohcase/neuendorf/ehoward.htm
http://weberman.com
▸ Verleumdungsklage:
Popular Alienation, hrsg. von Kenn Thomas, IllumiNet Press, Lilburn, Ga., 1995, Seiten 48–51.

▶ MARY HYRE

Mary Hyre, Journalistin beim *Point Pleasant Messenger*, West Virginia, gab an, eine Begegnung mit drei **Men In Black**, die häufig UFO-Zeugen heimsuchen, gehabt zu haben. In West Virginia hatte es 1967 nicht nur häufige UFO-Sichtungen gegeben, sondern auch Berichte über angebliche Begegnungen mit dem »Mothman«, einem lokalen Monster mit Menschenkörper, leuchtenden roten Augen in riesigen Flügeln, der hin und wieder erscheint, dann wieder für Jahre verschwunden bleibt und dann wieder auftaucht, ähnlich wie Bigfoot im bewaldeten Westen der USA.

Am 22. Dezember 1967 traf Mrs. Hyre zum erstenmal auf zwei Men In Black, die klein waren und irgendwie orientalisch aussahen; sie fragten sie über UFO-Sichtungen aus und wollten wissen, was sie tun würde, wenn man ihr befehlen würde, nicht mehr über UFOs zu schreiben. Sie erwiderte, sie sollten sich zum Teufel scheren, und die beiden gingen. Am selben Nachmittag traf sie auf einen dritten, schwarzgekleideten Mann, der stotterte und von dunklerer Hautfarbe war. Auch er versuchte sie zu überreden, nichts mehr über UFOs zu schreiben; auch er verschwand, als sie ärgerlich wurde.

Siehe auch: ▶ *Daimonic Reality*, 666, Men In Black, UFO-Verschwörungen.
Verweise: ▶ *The Mothman Prophecies*, von John Keel, IllumiNet Press, Avondale Estates, Ga., 1991, Seiten 11–14.

▶ IATROGENISCHE AIDS-THEORIE

Einige Theoretiker sind der Ansicht, daß die Ausübung der Medizin selbst Krankheiten verursacht. Dieses Denkmodell, Iatrogenesis (von *Iatro*, Medizin und *Genesis*, Beginn) genannt, behauptet, daß Ärzte in der modernen Welt durch Überdosierung genauso viele Krankheiten geschaffen haben, wie sie heilen – wenn nicht mehr. Der Philosoph Ivan Illich beschuldigt die moderne Medizin sogar, Iatrogenozid zu begehen, womit er die iatrogenische Beseitigung ganzer Völkerscharen meint.

Da man AIDS-Patienten astronomische Mengen Medizin gibt, denken manche AIDS-Verschwörungstheoretiker, AIDS sei selbst ein iatrogenischer Zustand. Einige verfolgen das Problem sogar bis zu den Anfängen der modernen Medizin zurück und behaupten, die Theorie der Krankheitserreger stecke voller Fehler, und führen Fälle an, in denen Leute den Erreger hatten, nicht aber die Krankheit. Feindliche Organismen allein können Krankheit nicht erklären, sagen sie, der Körper muß durch Umwelteinflüsse geschwächt sein, wenn er sich nicht mehr selbst gegen Krankheiten wehren kann. Diese Anschauung wird oft mit der »Moskito-Metapher« erklärt:

Moskitos »verursachen« Malaria, aber die Moskitos zu töten löst das Problem nicht, da jede neue Generation Moskitos sich als resistent gegen vorangegangene Pestizide erweist. Die Sümpfe trockenzulegen, in denen die Moskitos brüten, *würde* das Problem lösen. Auf Menschen übertragen heißt das, daß wir uns nicht auf immer stärkere Drogen und Dosen für Patienten konzentrieren sollten, sondern mehr gegen die Ursachen kämpfen sollten, die zunächst einmal die Menschen erst anfällig und krank machen.

Diese Argumentation wird oft von der Ansicht begleitet, daß die moderne Medizin und Pharmakologie Multibillionen-Industrien sind, die kaum oder wenig an alternativer und sanfter Medizin oder an neuen, ganzheitlichen Vorgehensweisen interessiert sind.

Siehe auch: ▸ AIDS-Verschwörungstheorien, Dr. Wilhelm Reich.

▸ ILLUMINATEN

Die Illuminaten wurden am 1. Mai 1776 in Ingolstadt von dem *Freimaurer* und ehemaligen Jesuiten Adam Weishaupt gegründet. Nach der Encyclopedia Britannica gelang es den Illuminaten, viele Freimaurerlogen unter ihren Einfluß zu bringen und eine wichtige Position in der Bewegung der republikanischen Freidenker zu erringen. Sie zogen so bedeutende Männer wie Goethe und Herder an, aber die ganze Bewegung wurde beendet, als sie 1785 von der bayerischen Regierung verboten wurde.

Verschwörungsjäger und Anhänger von *Abbé Barruel* glauben, daß die Illuminaten nach 1785 einfach unter anderem Namen weitergemacht haben, und zwar bis in die Gegenwart. Sie sind sich aber nicht darüber einig, ob die Illuminaten nun den Republikanismus fördern wollen oder den Kommunismus, oder vielleicht den Anarchismus, Satanismus, das internationale Bankwesen oder eine Kombination daraus (siehe Hinweise am Ende dieses Eintrages).

Nach dem Freimaurer-Historiker Albert G. Mackey hatten die Illuminaten mindestens 2000 Mitglieder in Freimaurerlogen in Frankreich, Belgien, Holland, Dänemark, Schweden, Polen, Ungarn und Italien. Mackey betont, daß Baron Knigge, eines der einflußreichsten Mitglieder der Illuminaten, ein frommer Christ war und sich schwerlich so für den Orden eingesetzt hätte, wenn sein Ziel die Abschaffung des Christentums gewesen sei, wie es Abbé Barruel und andere behaupten. Abbé Barruel brachte die Illuminaten andererseits mit dem Assassini-Orden, den Tempelrittern und einer weltweiten jüdischen Verschwörung in Verbindung.

Siehe auch: ▶ Ewige Blumenkraft, *High IQ Bulletin,* Geschichte der Geheimgesell-
              schaften, Nazi-Illuminaten-Theorie, Keiner traut sich Verschwörung
              zu sagen, Geheimgesellschaften und ihre Rolle im 20. Jahrhundert,
              Weltrevolution.
Verweise: ▶ *Encyclopedia Britannica,* Ausgabe 1996, Halicar to Impala, S. 1094.
              ▶ *Encyclopedia of Freemasonry,* von Albert G. Mackey, Macoy Publishing,
              Richmond, Va., 1966, S. 1099.
              ▶ http://www.free.de/homes/joern/illuminati1.html

▶ WIEDERERSTANDENE UND KOPIERTE ILLUMINATEN

Sowohl Darauls »*Geschichte der Geheimgesellschaften*« als auch Nesta Websters
»*Weltrevolution*« (World Revolution) erwähnen eine um 1880 wiedererstandene
*Illuminaten*gruppe in Paris, aber Daraul hält diese für eine Kopie von Weishaupts
ursprünglichem Orden, ohne bleibenden Einfluß. Webster dagegen glaubt, daß es
sich um die echten Illuminaten handelt, die wieder ans Tageslicht getreten sind
und die damals moderne Arbeiter- und Sozialistenbewegung stark beeinflußt
haben.

Interessanter war der Orden der Illuminaten, den der Apotheker und Freimaurer
Theodor Reuss 1880 in München gegründet hat. Dazu kam 1893 in Berlin die Welt-
liga der Illuminaten des Schauspielers Leopold Engel. 1896 gründeten dann Reuss,
Engel und der Okkultist Franz Hartmann die Deutsche Theosophische Gesellschaft,
und 1901 schrieben oder fälschten Reuss und Engel eine Urkunde, die ihnen die
Autorität über die wiedereingeführten Illuminaten von Weishaupt verlieh. Ebenfalls
1901 gründeten Reuss, Hartmann und der Metallurge Karl Kellner den *Ordo Templi
Orientis* und ernannten William Wynn Westcott vom *Hermetic Order of the Golden
Dawn* zum Regenten von England.

Um 1912 verlieh Reuss *Aleister Crowley* den 9. Grad des Ordo Templi Orientis mit
der Begründung, daß Crowley das okkulte Geheimnis dieses Grades bereits kannte
(siehe: »*Das Buch der Lügen*«). Später ernannte er Crowley zu seinem Nachfolger
als Outer Head des Ordens.

1934 unterdrückte die Gestapo in Deutschland gewaltsam den Illuminaten-Orden
und den Ordo Templi Orientis – zusammen mit allen Freimaurerlogen und allen
Esperantoschulen. Der Ordo Templi Orientis überlebte an anderem Ort, die Illu-

minaten als okkulter Orden jedoch scheinen gegenwärtig nur noch in der Schweiz zu existieren. Crowley schloß Adam Weishaupt zusammen mit den gnostischen Heiligen in seine gnostisch-katholische Messe ein, die regelmäßig in allen Logen des Ordo Templi Orientis zelebriert wurde. Aber darin eingeschlossen waren auch so seltsame Vögel wie König Arthur, Parzifal, Papst Alexander Borgia, John Dee, Goethe, Wagner, König Ludwig II. von Bayern und der Maler Paul Gauguin ...

Siehe auch:	▶ Maria-Magdalena-Kirche, *GENISIS,* Noon Blue Apples.
Verweise:	▶ *History of Secret Societies,* von Akron Daraul, Citadel Press, New York, 1961.
	▶ *World Revolution: The Plot Against Civilization,* von Nesta Webster, Constable and Company, London, 1921.
	▶ *Magick,* von Aleister Crowley, Verlag Peyn und Schulze, Bergen-Dumme, 1989.

▶ ILLUMINOIDS

The Illuminoids: Secret Societies and Political Paranoia von Neal Wilgus ist eine kritische Geschichte des Illuminismus und Anti-Illuminismus.

Wilgus geht davon aus, daß die **Illuminaten** des 18. Jahrhunderts mehr Macht hatten, als akademische Historiker zugeben. Er zitiert Robinsons *Proof of a Conspiracy,* der von 84 Logen allein in Deutschland spricht und behauptet, daß französische Aristokraten wie Mirabeau und Orleans ebenfalls Mitglieder waren; der skeptischere Vernon Stauffer akzeptiert in *The Bavarian Illuminaten in New England,* daß Metternich, Goethe, Herder und Banfly dazugehörten; und da ist die noch skeptischere *Mythology of Secret Societies* von J. M. Roberts, der dasselbe schreibt und Mozart hinzufügt. Solch eine Bewegung sollte mehr als nur eine Fußnote der Geschichte sein.

Wilgus untersucht die verschiedenen Verschwörungsforscher, die Illuminaten-Einflüsse in Politik und Wirtschaft des 19. und 20. Jahrhunderts gefunden haben wollen, und hält sie für wenig überzeugend. Er akzeptiert eher die neueren Theorien über die **Bilderberger** und andere Machtgruppen, findet aber die Beweise, die sie auf Illuminaten-Ursprünge zurückführen sollten, eher dürftig. Wilgus' Buch enthält eine Literaturliste mit zum Teil exzellenten Büchern und einen Abriß der Geschichte, wie sie sich darstellt, wenn man die Vorstellung akzeptiert, daß die Illuminaten schon immer Ereignisse manipuliert haben.

Siehe auch:	▸ Hawthorne Abendsen, American Dynasty, Beethoven als Illuminat, Council on Foreign Relations, Federal Reserve Bank, Illuminaten, Fletcher Prouty, Cecil Rhodes.
Verweise:	▸ *The Illuminoids: Secret Societies and Political Paranoia*, von Neal Wilgus, Sun Books, Albuquerque, New Mexico, 1978.

▸ IM NAMEN GOTTES

Im Namen Gottes von David Yallop war einer der schockierendsten Bestseller der 80er Jahre in den USA ebenso wie in Europa, aber die sensationellen Beschuldigungen, die das Buch erhob, wurden nie vor Gericht gebracht und verbleiben daher wie allzu viele Verschwörungstheorien im Bereich der Spekulation.

Yallop, der schon mit zwei zuvor erschienenen Büchern vor Gericht recht behalten hatte, behauptet, daß die *P2-Verschwörung*, wie sie vor Gericht und in anderen Büchern enthüllt worden war, nur einen Teil der unglaublichen Korruption ausmachte, in die die Vatikanbank unter der Präsidentschaft von *Paul »The Gorilla« Marcinkus* verwickelt war. Laut Yallop hatte *Licio Gelli* P2 als geheime Gruppe innerhalb der Grand Orient Lodge of Egyptian Freemasonry gerade gegründet, als er auch schon seine CIA-Auftraggeber verriet und zum Maulwurf für den KGB wurde, den er anschließend ebenfalls betrog.

Bei den Verbrechen der P2, sagt Yallop, ging es nicht nur darum, Drogengelder für die *Mafia* und die *CIA* zu waschen, sondern auch um Waffenschmuggel für verschiedene terroristische Gruppen, um die Vorbereitung eines faschistischen Putsches in Italien, darum, Nazikriegsverbrecher für die CIA in verschiedenen Todesschwadronen in Lateinamerika unterzubringen, dem Faschisten Juan Perón zu helfen, in Argentinien wieder an die Macht zu kommen, und um mehrere Morde, darunter die an Mino Pecorelli und Papst Johannes Paul I.

Pecorelli, ein verärgertes ehemaliges Mitglied der P2, hatte angefangen, ein Journal herauszugeben, das P2-Aktivitäten enthüllte. In einer Ausgabe fand sich tatsächlich eine Liste von 100 Freimaurern im Vatikan, viele davon Mitglieder der *Grand Loge Alpina*. Pecorelli schickte jede Ausgabe seines Blattes an Papst Johannes Paul I., der daraufhin eine Untersuchung der Vatikanbank anordnete. Der Papst starb dann sehr plötzlich am 28. September 1978, angeblich eines natürlichen Todes. Pecorelli erhielt am 20. März 1979 einen Schuß in den Mund – *sasso in bocca*, das ist die traditionelle Hinrichtungsart der Mafia für Verräter.

Yallop behauptet, daß beide Todesfälle von Licio Gelli, **Roberto Calvi, Michele »The Shark« Sindona** und Erzbischof Marcinkus geplant wurden. Außerdem versucht Yallop zu beweisen, daß ein paar andere, darunter der Kardinal Cody aus Chicago, an der Ermordung des Papstes beteiligt gewesen sein könnten, denn man befürchtete, daß Papst Johannes Paul I., der einen Großteil seines Lebens unter Armen verbracht hatte, die lange Opposition der Kirche zur Empfängnisverhütung beenden wolle.

Siehe auch: ▸ James Jesus Angleton, Cara Calvi, Gladio, Malteserritter,
             Skandale der Prieuré de Sion.
Verweise: ▸ *Im Namen Gottes,* von David Yallop, München, 1988.

▸ **IN BANKS WE TRUST**
  (**Wir vertrauen den Banken**)

Penny Lernoux' Buch *In Banks We Trust* untersucht Bankskandale der 80er Jahre und kommt zu dem Schluß, daß in den meisten Fällen Drogen und Drogengelder eine sehr große Rolle gespielt haben. »Die Spur der Drogen zieht sich über die ganze Welt, von der Karibik nach Miami, Australien und schließlich sogar bis in den Vatikan« und legt ein Netzwerk der Korruption offen, in dem sich »Banden, rechtsradikale Terroristen und CIA-Agenten tummeln«, schreibt sie (S. XIX).

Lernoux ist besonders gut, wenn sie das labyrinthische System der Drogendeals beschreibt, in das die **World Finance Corporation** in Miami, die Cisalpine Bank auf den Bahamas und die *P2* in Italien verwickelt sind, die wiederum alle Verbindungen zur CIA haben. Sie liefert auch, eher nebenbei, ein paar Beweise dafür, daß *David Rockefeller* nicht der kriminelle »Mastermind« ist, als den ihn manche Verschwörologen sehen. Die gefürchtete *Trilateral Commission,* gegründet und finanziert von Rockefeller, hat keines seiner Ziele erreicht und zeigt nur, daß auch er eine Menge Geld und Energie in aussichtslose Projekte stecken kann. Sie erwähnt, daß Rockefellers Chase Manhattan Bank Garantien für eine exzentrische kleine Bank namens Penn Square übernahm, die zusammenbrach, nachdem sie zu viele ungesicherte Kredite an dubiose Kunden gegeben hatte; der Spaß kostete Chase Manhattan 46 Millionen Dollar.

Penn Squares Probleme wurden durch William Patterson, den Vizepräsidenten der Bank, noch schlimmer, der für Kredite verantwortlich war. Er hatte die Gewohnheit, im Büro Micky-Maus-Ohren zu tragen, und tauchte einmal als arabischer Scheich verkleidet bei einem Meeting mit der Seattle First National Bank auf. Lernoux sagt nichts darüber, ob der Penn-Square-Fall etwas mit Drogen zu tun hat oder nicht, aber das *Wall Street Journal* berichtete, daß Patterson Schnüre in seinem Anzug verborgen hatte, mit denen er seine Micky-Maus-Ohren wackeln lassen konnte, während er mit seinen Kunden verhandelte.

Siehe auch: ▸ Mona Charen, Federal Reserve Bank, John Hull, Noon Blue
                 Apples, OM.

Verweise: ▸ *In Banks We Trust*, von Penny Lernoux, Anchor/Doubleday,
                 New York, 1984.
               ▸ Zu den Micky-Maus-Ohren:
                 Wall Street Journal, 27. Juli 1982.

▸ **INSLAW**

Der Fall Inslaw ist für Verschwörungsforscher besonders interessant, da er mit jeder Verschwörung verbunden zu sein scheint, von der man je gehört hat, sei sie nun echt oder eingebildet.

Das Unternehmen Inslaw oder Institute for Law and Social Research, im Besitz von William und Nancy Hamilton, hatte dem US-amerikanischen Justizministerium eine neue Software namens *PROMIS* verkauft. Dieses Programm scheint das ausgefeilteste und vielseitigste System zur Bespitzelung von Leuten zu sein, das jemals verkauft wurde. Die Hamiltons rechneten mit wenigstens fünf Milliarden Dollar Einkünften aus dem Verkauf an Polizeibehörden, erhielten aber nichts und sahen sich statt dessen in einen scheinbar endlosen Prozeß mit den Justizbehörden verwickelt. Es gab zwei Verfahren, beide wurden von Inslaw und den Hamiltons gewonnen, und ein Richter sagte sogar, daß das Justizministerium sich »des Schwindels, der Vortäuschung und des Betruges« schuldig gemacht hätte. Ein Untersuchungsausschuß fand heraus, daß das Justizministerium Zeugen beeinflußt und die Hamiltons betrogen hatte. Schließlich wies 1994 ein Bundesgericht die Ansprüche der Hamiltons zurück.

Der Fall nahm eine neue Dimension an, als der Journalist *Danny Casolaro* seine eigenen Nachforschungen begann und auf eine überraschend hohe Zahl ungeklärter Todesfälle unter den Leuten stieß, die in die Fehde verwickelt waren. Casolaro fand außerdem Verbindungen zum Iran-Contra-Skandal, zur *Area 51*, zur Bank of Credit and Commerce International, zur Nugan Hand Bank in Australien (die bankrott ging, während eine Untersuchung wegen Drogengeldwäsche für die CIA im Gang war), und noch zu Dutzenden anderer schmutziger und krimineller Verschwörungen. Danny Casolaro starb unter ungeklärten Umständen, kurz nachdem er einen nicht identifizierten Araber interviewt hatte, der seither verschwunden ist. Vor seinem Tod hatte sich Casolaro Notizen für ein geplantes Buch gemacht, in denen er behauptete, die Verschwörungen, auf die er gestoßen war, seien Teil einer Intrige von *James Jesus Angleton*.

Siehe auch: ▸ Mona Charen, *In Banks We Trust*, MMAO, Octopus, Fletcher Prouty.

Verweise: ▸ *The Octopus: Secret Government and the Death of Danny Casolaro*, von Kenn Thomas und Jim Keith, Feral House, Portland, Oregon, 1996.

▸ INTERNAL REVENUE SERVICE (Amerikanische Finanzbehörde)

Der Internal Revenue Service (IRS) ist die gefürchtetste und meistgehaßte Institution in den USA. Eine typische Anti-IRS-Website informiert uns, daß der IRS nicht buchstäblich zur Regierung gehört: Er ist eine private Aktiengesellschaft, eingetragen 1933 in Delaware; er kassiert keine Steuern, sondern »Beiträge« [tribute] (d.h., das Geld, das der IRS den amerikanischen Bürgern wegnimmt, geht direkt zur *Federal Reserve Bank*, die es als »Kredit des US-Schatzamtes« hält, also als Zinsen auf die Staatsschulden).

Die Federal Reserve ist ebenfalls keine Regierungsbehörde, sondern eine Privatgesellschaft, die 12 Familien gehört – einer amerikanischen und 11 ausländischen Familien. Dem Gesetz nach müßte man nicht einmal eine Steuererklärung abgeben, sagen viele libertäre Kritiker. Das Einkommensteuergesetz hat sich nie die Mühe gemacht, die Steuerzahler zu verpflichten; wer das Risiko nicht scheut, kann auf seinem Recht zu Nichtwillfährigkeit bestehen und denen sagen, sie sollen den Steuersatz selbst herausfinden. Und man muß ihnen kein Fitzelchen Papier geben, um ihnen dabei zu helfen. Philip Marsh, der Autor von *Compleat Patriot*, konnte in achtjähriger Suche kein Gesetz finden, das Kooperation mit der IRS verlangt.

(Obwohl das de jure wahr ist, ist es de facto noch lang nicht wahr: Diejenigen, die es mit der Non-Kooperation versucht haben, führten endlos lange Prozesse, die stets mit Geld- oder Gefängnisstrafen oder mit beidem geendet haben. Aber natürlich gibt es auch Verfahren, die noch laufen.)

Theorie und Praxis der IRS verursacht nach der unten angegebenen Website 1000 Todesfälle pro Monat in den Vereinigten Staaten, dazu die Hälfte aller Scheidungen und 75 Prozent der Konkurse. Hauptsächlich kommt der Haß gegen das amerikanische Steuersystem jedoch von der unverkennbaren Ähnlichkeit zwischen Steuereinzieher und Bandit, wie sie in der libertären Literatur immer wieder beschrieben worden ist, aber nie besser als mit den Worten des Anwalts und Individualisten Lysander Spooner:

Tatsache ist, daß die Regierung, wie ein Straßenräuber, zu einem Mann sagt:
»Geld oder Leben ...« Aber der Straßenräuber trägt ganz allein die Verantwortung,
die Gefahr und das Verbrecherische seiner eigenen Tat. Er behauptet nicht,
das (gestohlene) Geld zu unserem Nutzen zu verwenden. Er behauptet nicht,
etwas anderes als ein Räuber zu sein.
Wenn der Straßenräuber unser Geld hat, verschwindet er. Er besteht nicht darauf,
uns gegen unseren Willen auf der Straße zu folgen und sich als unser Souverän
aufzuspielen, wegen des »Schutzes«, den er uns anbietet. Der Räuber fährt auch
nicht fort, uns zu »beschützen«, indem er uns befiehlt, uns zu verbeugen und
ihm zu dienen, indem er uns sagt, was wir tun sollen und was nicht, er beraubt
uns nicht aufs neue, sooft er dazu Lust hat; und er brandmarkt uns nicht als
Rebellen, Verräter und Feinde des Vaterlandes und schießt uns nicht gnadenlos
über den Haufen, sobald wir sein Recht anzweifeln oder uns weigern, ihm

Gehorsam zu leisten. Der Räuber ist zu sehr Gentleman, um sich in solchen
Verbrechen und Schurkereien zu ergehen. Kurz, er verlangt nicht, zusätzlich
zu unserem Geld, daß wir seine Sklaven seien.

Siehe auch: ▶ Ezra Pound.
Verweise: ▶ Lysander Spooner:
The Heretic's Handbook of Quotations, hrsg. von Charles Bufe,
See Sharp Press, San Francisco, 1988, S. 35.

▶ IRAN-CONTRA

Siehe: ▶ Roberto Calvi, John Hull, *In Banks We Trust,* Inslaw, *Veil,* World
Finance Corporation.

▶ IRINA

Getarnt als angeblich äußerst zerstörerischer Computervirus hat Irina unzählige
Internetbenutzer zu Tode erschreckt. Eigentlich war es mehr ein Scherz aus Ver-
sehen, der aber dann von verschiedenen bösartigen Leuten aufgegriffen wurde.
Er erscheint als E-Mail und sagt:

FYI
Es gibt einen Computervirus, der über das ganze Internet verschickt wird.
Wenn Sie eine E-Mail-Nachricht erhalten mit dem Wort »Irina« in der Betreffzeile:
Lesen Sie sie nicht! Löschen Sie sie sofort! Irgendein Bösewicht schickt Dateien
unter der Überschrift »Irina« an Leute. Wenn Sie so eine Post oder Datei erhalten:
Nicht herunterladen! Es handelt sich um einen Virus, der Ihre Festplatte formatiert
und alles löscht, was darauf ist. Seien Sie bitte vorsichtig, und leiten Sie diese Mail
an jeden weiter, den Sie warnen wollen.(Information erhalten von Professor Edward
Prideaux, College of Slavonic Studies, London.)

Der ehemalige Chef eines elektronischen Verlages versandte die Warnung als Publicitygag für ein neues, interaktives Buch namens »Irina«. Sie erregte mehr Angst als Interesse, und der Verlag mußte sich entschuldigen. Andere aber erhalten »Irina« am Leben, und der Virus ängstigt noch immer alle »Newbies«, wie die Internet-Neulinge genannt werden. Es gibt natürlich gar keinen Professor Edward Prideaux und auch kein College für Slawonische Studien in London.

Siehe auch: ▸ Good Times Virus – 1 und 2, Leiter-Verschwörungen, OM.
Verweise: ▸ http://ciac.llnl.gov/ciac/CIACHoaxes.html

▸ **IRISH WISDOM**
  (Irische Weisheit)

Irish Wisdom: Preserved in Bible and Pyramids von Connor McDari versucht zu beweisen, daß die Iren nicht nur die Bibel geschrieben und die Pyramiden entworfen haben, sondern auch für beinahe alle Errungenschaften der Zivilisation verantwortlich waren, soweit sie sich von der Barbarei unterschieden. Es scheint, als wäre Eire oder Erin die Heimat der Arier oder des kreativen Teils der Menschheit, doch das ist seit 1169 durch eine Verschwörung zwischen der britischen Königsfamilie und dem Vatikan, Irlands Unterdrückern und Ausbeutern, verborgen worden.
Im 12. Jahrhundert fielen die Briten, mit dem Segen von Papst Adrian IV., zum ersten Male in Irland ein, in angeblich heiliger Mission, um die Heiden zu bekehren. Soweit sind sich die Historiker einig, obwohl manche sich schwer damit tun zu erklären, warum der Papst nicht wußte, daß St. Patrick die Iren schon vor 700 (432 n. Chr.) Jahren christianisiert hatte. Laut McDari ist die St.-Patrick-Story ein Mythos, der viel später erfunden wurde, um das Christentum der Arier/Erinier älter aussehen zu lassen, als es in Wirklichkeit war.
Sowohl die Pyramiden als auch die Bibel sagen uns, wenn man sie richtig entschlüsselt, daß die Sonnenanbetung die älteste Religion ist. Die Entschlüsselung der Pyramiden ist recht komplex; die der Bibel ist viel leichter, sobald man erst einmal realisiert hat, daß Hebräisch eine degenerierte Form des Gälischen ist. Man muß sich nur die gälischen Wurzeln hebräischer Wörter ansehen, und schon wird ihre Bedeutung klar. Das Wort Jude oder Jew oder Yid zum Beispiel stammt vom irischen

Iudh ab, das Licht bedeutet; meint also Menschen, die die Sonne anbeten. Ganz ähnlich kommt das Wort Hebräisch von Heber, der irische Name für die Sonne (altdeutsch: Heben für Himmel).

Dieses Buch, zum erstenmal 1923 veröffentlicht, hat viele unheimliche Ähnlichkeiten mit *Mein Kampf*, ist auch etwa um die gleiche Zeit geschrieben, aber frei von jeglichem Antisemitismus, es verspritzt all sein Gift nur gegen Rom und England.

Siehe auch: ▸ A-Albionic Consulting and Research (als Kontrast), Lyndon LaRouche, Bob Quinn.

Verweise: ▸ *Irish Wisdom: Preserved in Bible and Pyramids*, von Connor McDari, Four Seas, Boston, 1923; nachgedruckt von Health Research, Mokelumne Hill, Cal., 1967.

▸ **IUMMA**

Iumma ist angeblich ein Stern, 14,6 Lichtjahre von der Erde entfernt, der für uns aber unsichtbar bleibt, weil eine Wolke von »absorbierender Materie« zwischen ihm und uns liegt. Einige Bewohner des Iumma-Systems, die »UMMO« genannt werden, leben auf der Erde und verschicken regelmäßig Post an Personen, die von Instruktionen in höherer Physik, höherer Ethik und Zivilisation profitieren können (siehe *UMMO-Briefe*). In der Sprache von UMMO schreibt sich Iumma so:

)+(

Vergessen Sie das nicht. Könnte ein Hinweis sein.

Siehe auch: ▸ Hono Intelligence Service 1901, Sirius.
Verweise: ▸ *Enthüllungen*, von Jacques Vallee, Zweitausendeins, Frankfurt, 1996.

▶ JACK THE RIPPER

Jack the Ripper, der allgemein für einen verrückten Einzeltäter der Sparte Serienkiller gehalten wird, war in Wirklichkeit drei Männer, die im Auftrag einer französischen Freimaurerverschwörung handelten, so schreibt es jedenfalls Stephen Knight. An den sechs »Ripper«-Morden war nichts Zufälliges, behauptet er, alle sechs Frauen waren einmal mit einem irisch-katholischen Mädchen befreundet, das ein uneheliches Kind von dem Herzog von Clarence, dem Enkel Königin Viktorias, hatte. Das Kind, obwohl unehelich, hatte Anspruch auf den Thron, und die Freimaurer, denen es nicht gelungen war, Kind oder Mutter zu finden, brachten alle Zeugen der Affäre um, und zwar auf eine solche Weise, daß es wie das Werk eines Verrückten aussah. Andere Freimaurer bei Scotland Yard halfen bei der Vertuschung. Der Grund für all das war die Angst, ein Katholik könnte den englischen Thron besteigen, was die Freimaurer, laut Knight, unter Einsatz ihres Lebens verhindern sollten. Aus dieser Story entstand ein Film, *Murder by Degree*, mit Christopher Plummer als Sherlock Holmes. Der Film war nicht nur einzigartig, was seine Darstellung einer freimaurerisch-royalistischen Verschwörung in der britischen Regierung angeht, sondern auch, weil er geheime Freimaurerzeichen auf der Leinwand zeigte. Der englische Autor und Kriminologe Colin Wilson versicherte dem Verfasser, daß diese »Lösung« des Falles unzählige Unklarheiten aufwies und daß einer der drei angeblichen Mörder zur Zeit seiner angeblichen Taten einen Herzanfall erlitten hatte und bettlägerig war.

Siehe auch: ▸ A-Albionic Consulting and Research, *Brotherhood*, Freimaurer,
                Grand Orange Lodge of Ireland, Lyndon LaRouche.
Verweise: ▸ *Jack the Ripper: The Final Solution*, von Stephen Knight, Grenada,
                London, 1977.

▸ JOACHIM VON FLORIS

Der italienische Mystiker Joachim von Floris (1132–1202) ist durch seine Philosophie der Geistesgeschichte bekannt, welche die Entwicklung der Menschheit in drei Stufen unterteilt: das Zeitalter des Vaters, das auf Autorität fußt, das Zeitalter des Sohnes, basierend auf Liebe, und das Zeitalter des Heiligen Geistes, das sich auf Freiheit gründet, entsprechend den Offenbarungen von Moses, Jesus und Joachim von Floris selbst.

Für den Verschwörologen ist Joachim interessant, weil er einen Orden gründete, der Die Erleuchteten oder *Illuminaten* hieß, und nach ein paar Jahrhunderten selbstgewählter Armut und Frömmigkeit plötzlich unter dem Einfluß eines Fra Dolcino gewalttätig wurde, die Häuser der Reichen plünderte, den allgemeinen Aufstand predigte und schließlich von der Armee des Bischofs von Vercueil 1507 ausgelöscht wurde. Joachims historische Ideen tauchten später wieder auf, jedesmal in leicht veränderter Form: zuerst in Giambattista Vicos Theorie vom göttlichen Zeitalter, auf poetischem Mythos basierend; dem heroischen Zeitalter, auf Militarismus und Eroberung aufbauend; und schließlich dem humanen Zeitalter, das sich auf Wissenschaft und Klassenkampf stützt.

Aleister Crowley nennt drei Zeitalter: Isis, die Mutter, entsprechend dem primitiven Matriarchat; Osiris, der Vater, entsprechend der Zivilisation, wie wir sie kennen; und Horus, der Sohn, der dem Neuen Zeitalter entspricht, welches begann, als Crowley 1904 »*Liber Al*« von *Aiwass* erhielt. Die einflußreichste Variante von Joachims historischen drei Stufen ist die marxistisch-hegelianische Theorie von These, Antithese und Synthese, die die ideologische Grundlage jedes kommunistischen Regimes bildete.

Verweise: ▸ *Webster's Family Encyclopedia*, Vol. V, HAF-KLA, Archer Worldwide,
                Great Neck, N.Y., 1981.
                ▸ *Violence*, von Jaques Ellul, Seabury Press, New York, 1969, Seiten 18–19.

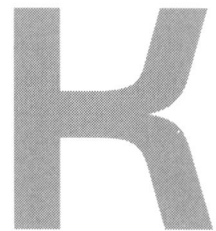

▶ KEINER TRAUT SICH VERSCHWÖRUNG ZU SAGEN

None Dare Call It Conspiracy von Gary Allen ist das bekannteste Buch über die *John-Birch-Society*-Version von der Großen Verschwörung Die Alles Kontrolliert. Laut Allen ist die gegenwärtige Form der Großen Verschwörung nicht direkt von Adam Weishaupt und seinen *Illuminaten* beeinflußt. Die Große Verschwörung – die aus Insidern besteht, nicht aus Illuminaten – wurde von dem Staatsmann-Finanzier-Philosophen Cecil Rhodes (1853–1902) gegründet, basiert aber auf den gleichen Taktiken, die Weishaupts Gruppe ein Jahrhundert zuvor benutzt hatte. Rhodes, ein Engländer, der sein Vermögen in Südafrika gemacht hatte, stiftete 170 Stipendien in Oxford, laut Allen war das aber keine bloße Menschenfreundlichkeit: Die Stipendien dienten als Rekrutierungs-»Angelhaken«, um das Personal für eine finanzielle, anglo-amerikanische Clique zu finden, mit deren Hilfe Rhodes versuchen wollte, die Weltherrschaft zu übernehmen.

Die Hauptakteure dieser Verschwörung sind als das amerikanische *Council on Foreign Relations* und das Royal Institute of International Affairs in England identifiziert worden; beide Gruppen spielten anscheinend bei der Beratung der beiden Hauptparteien in beiden Ländern eine große Rolle.

Viele Bircher haben das Gefühl, daß Rhodes' »Insider« eigentlich so gut wie am Ruder sind, und auch die extremen Sezessionisten und Milizen der Rechtsradikalen glauben dies: Es erklärt, warum sie, trotz ihres radikalen Patriotismus, die US-Regierung fürchten und hassen.

Siehe auch: ▶ A-Albionic Consulting and Research, LAWCAP, Lyndon LaRouche,
                  Ezra Pound, Carroll Quigley.

Verweise: ▶ *Webster's Family Encyclopedia*, Vol. 8, Pha-Sch, »Rhodes«.
                ▶ *Conspiracies, Cover-Ups and Crimes,* von Jonathan Vankin, Paragon
                  House, New York, 1992.

▶ JOHN-F.-KENNEDY-ATTENTAT

Es wurden so viele Bücher darüber geschrieben, daß John F. Kennedy Opfer einer
Verschwörung wurde, daß jeder Versuch, sie alle zu besprechen, dieses ganze Buch
allein füllen würde. Wenn der Leser den Verweisen im folgenden Eintrag, *John-
F.-Kennedy-Attentat – Quellen,* folgt, werden die Umrisse einiger wichtigerer Verschwörungstheorien sichtbar. Der Verfasser hat nach wie vor eine Vorliebe für die
CIA-Theorie (siehe *A. J. Weberman*), muß jedoch zugeben, daß auch die Mafia-
Theorie einiges für sich hat, wie sie der britische Journalist Anthony Summers vor-
gelegt hat (siehe Webadresse unten). Der Mafiaboß Carlos Marcello aus New Orleans gab angeblich gegenüber anderen Mafiachefs damit an, daß er den Anschlag
organisiert hatte. Zwei der Männer, vor denen er das gesagt haben soll, Johnny
Roselli, ein Boß aus Las Vegas, und Sam Giancano aus Chicago, starben buchstäblich sofort, nachdem sie vom Untersuchungskomitee vorgeladen worden waren:
Roselli verschwand, wurde aber bald tot in einem Faß im Golf von Mexiko treibend
gefunden, und Giancano wurde in den Mund geschossen – die traditionelle Mafia-
strafe für Verräter (siehe *Mino Pecorelli*).
Nach dem Attentat sandte Marcello durch seinen Anwalt eine Nachricht an Jimmy
Hoffa, der eine Zielscheibe des Zorns der Kennedy-Brüder war: »Sag ihm, er schul-
det mir was.« Hoffa verschwand spurlos, und man hörte nie wieder etwas von
ihm. Sowohl *Lee Harvey Oswald* wie auch *David Ferrie* waren Teilzeitangestellte
von Marcello, und Jack Ruby (der später Oswald erschoß) gehörte ebenfalls »zur
Familie«.
Das Untersuchungskomitee befand lediglich, daß es eine Verschwörung gegeben
hatte, aber der führende Anwalt, Professor Howard Blakey, sagte zur Presse nur:
»Die Gangster waren es.«

Siehe auch: ▶ Martin-Luther-King-jr.-Attentat, Mafia, MMAO, Mord an Marilyn Monroe.

▶ JOHN-F.-KENNEDY-ATTENTAT – QUELLEN

Mehrere Verschwörungsforscher haben Listen mit den Namen der Leute produziert, die mehr oder weniger mit der Ermordung von John F. Kennedy in Zusammenhang gebracht wurden und später unter fragwürdigen Umständen ums Leben kamen.

Das Assassination Investigation Bureau of Cambridge hat derzeit eine Liste von über 100 Todesfällen, von denen man annimmt, daß die Todesursache jeweils keine natürliche war. Die Liste enthält u. a.:

Robert Kennedy, Mary Jo Kopechne, *Lee Harvey Oswald*, *David Ferrie*, Jack Ruby, Clay Shaw, *Buddy Walthers*, Robert Craig, *Eladio del Valle*, Rose Cherami, Hale Boggs, J. Edgar Hoover, *Louis Lomax*, *Lee Bowers jr.*, Betty McDonald, Dorothy Kilgallen, *Marilyn Walle*, Albert Guy Bogard, Johnny Roselli, Sam Giancana, Jimmy Hoffa, *George de Mohrenschildt* und andere, deren Namen nur ganz eingefleischten Verschwörungsforschern etwas sagen.

Siehe auch:	▶ Flug 553, Potero Occulto, Fletcher Prouty, Drei Tramps.
Verweise:	▶ http://www.ratical.com/ratville/JFK/ToA/ToAchp10.html

▶ ROBERT-KENNEDY-ATTENTAT

Einmal kann passieren, zweimal ist Zufall, dreimal ist Feindeinwirkung.
Ian Fleming zugeschrieben

Nach den Attentaten auf John F. Kennedy (22. November 1963) und Martin Luther King jr. (4. April 1968) trug die Ermordung von Robert Kennedy (5. Juni 1968) sehr viel zur Entstehung von Verschwörungsgerüchten bei. Den meisten Amerikanern fällt es schwer zu glauben, daß die drei prominentesten »Progressiven« Amerikas innerhalb von fünf Jahren allesamt von verrückten Einzeltätern erschossen worden sein sollen.

Robert F. Kennedy wurde aus einer Entfernung von wenigen Zentimetern erschossen: Coroner Dr. Thomas Noguchi fand Schmauchspuren rund um die Einschüsse, was nur bei Schüssen aus allernächster Nähe möglich ist. Sirhan Sirhan (der angebliche Todesschütze) kam nie näher als etwa 60 Zentimeter an den Senator heran. Schlimmer noch, Sirhan stand *vor* Robert Kennedy, dem aber wurde in den Rücken geschossen. Manche haben versucht zu beweisen, daß sich Sirhan zum Zeitpunkt des Attentats in Trance befand. In diesem Zusammenhang fällt einem das *MK-Ultra*-Programm der CIA ein, bei dem es darum ging, Attentäter so zu programmieren, daß sie sich an die Programmierung nicht erinnern konnten. Das Projekt Artichoke ist in einer zensierten Aktennotiz von 1954 so beschrieben:

> *Kann ein Individuum … dazu gebracht werden, unfreiwillig unter dem*
> *Einfluß von ARTICHOKE einen Attentatsversuch zu unternehmen?*
> *Als Auslösemechanismus für ein größeres Projekt war vorgeschlagen worden,*
> *daß ein Individuum von (zensiert) Abstammung … verführt werden kann,*
> *unfreiwillig die Straftat des versuchten Mordes gegen einen prominenten*
> *(zensiert) zu begehen … Nach diesem Akt des versuchten Mordes,*
> *so wird angenommen, wird das SUBJEKT in Gewahrsam genommen …*
> *und auf diese Art »beseitigt«.*

Viele Konspirologen vermuten, daß die Schüsse, die Robert Kennedy von hinten töteten, von Eugene Cesar, einem angeblichen CIA-Mitarbeiter, abgegeben worden waren. Cesar behauptet, er hätte seine Waffe vor dem Attentat verkauft, aber man fand später eine Quittung, die bewies, das dies erst nach der Tat geschah. Eine hypnotisierte Person, die von vorn schießt, würde von einem möglichen echten Täter hinter dem Opfer ablenken.

Siehe auch: ▸ CIA-LSD-Forschung, John-F.-Kennedy-Attentat – Quellen.

▶ MARTIN-LUTHER-KING-JR.-ATTENTAT

Der Anwalt Mark Lane und der Komödiant Dick Gregory behaupten in ihrem Buch *Murder in Memphis*, daß Martin Luther King jr. am 4. April 1968 vom FBI umgebracht worden ist. Ihre Hauptargumente dafür lauten:

1. Edgar Hoover haßte King, und das FBI hatte viele Versuche unternommen, seinen Ruf zu zerstören (zum Beispiel durch die bekannten Tonbandaufzeichnungen von Kings außerehelichen Affären). Dem FBI kann man keinesfalls trauen, wenn es um Details von Kings Ermordung geht.
2. James Earl Ray, ein dummer Kleinkrimineller, wurde unter Druck gesetzt, damit er sich als schuldig bekennt, aber er widerrief dieses Geständnis schnell und behauptet seit gut 30 Jahren, unschuldig zu sein.
3. Es gibt keine Beweise, die Ray mit dem Attentat in Verbindung bringen könnten, selbst Gewehr und Geschoß paßten nicht zusammen.
4. Die Augenzeugin Grace Stephens hat immer darauf bestanden, daß Ray nicht der Mann war, den sie fliehen sah; die Polizei brachte sie unter mysteriösen Umständen in eine psychiatrische Klinik.
5. Kings Polizeischutz wurde am Tag der Ermordung aufgehoben, und zwei schwarze Feuerwehrmänner von der Feuerwache gegenüber wurden an einen anderen Ort versetzt.

Später bekannte sich ein Geschäftsmann aus Memphis, Loyd Jowers, zu seiner Beteiligung an der Ermordung Kings und beschuldigte sowohl das FBI wie auch die Mafia. Der Fall wird noch immer vor Gericht verhandelt, und Jowers weigert sich, mehr auszusagen, solange man ihm keine Immunität garantiere.

Familienangehörige von Martin Luther King jr. haben erklärt, daß sie von einer Verschwörung überzeugt sind. Sie haben einen neuen Prozeß angestrengt und eine Untersuchung anderer Verdächtiger verlangt.

Siehe auch: ▶ Flug 553, John F. Kennedy-Attentat, John-F.-Kennedy-Attentat – Quellen.
Verweise: ▶ http://ursula.blythe.org/NameBase/books.06

Ungesetzliches wird sofort erledigt.
Verfassungswidriges dauert ein bißchen länger.
Henry Kissinger

Henry Kissinger gilt bei politischen Gruppen jedweder Richtung als Schurke und Verschwörer. Superrechte (also die, die rechter als die Rechtsextremen sind) sehen in ihm einen der Weisen von Zion oder den Kopf der *ZOG*, nur weil er jüdisch und einflußreich ist. Liberale und Linke verachten ihn wegen seiner Flächenbombardements in Indochina und weil er in Deutschland geboren wurde: Obwohl er Jude ist, kommt er ihnen deswegen wie ein Neonazi vor. Bei der John Birch Society steht er ganz oben auf der Liste der hinterlistigen Insider:

> Er ist sowohl ein *Bilderberger* als auch Mitglied des *Council on Foreign Relations*. Direktor des Rockefeller Brothers Fund war er auch noch …

Henry Kissinger wurde 1923 in Fürth bei Nürnberg geboren, wurde 1943 amerikanischer Staatsbürger und diente zwischen 1943 und 1946 beim Armee-Nachrichtendienst. 1954 promovierte er in Harvard zum Doktor der Philosophie und betrat die politische Bühne 1957, als er Studiendirektor für Atomwaffen und Außenpolitik beim Council on Foreign Relations wurde. Seit der Zeit war er in hohen Regierungsämtern oder auf prestigeträchtigen Universitätsposten tätig.

Als der Intellektuellste der herrschenden Elite in Washington hat Kissinger unverhohlen und nicht selten überzeugend die Philosophie dargelegt, der sie wahrscheinlich alle folgen. Eine einigermaßen ausgewogene Beurteilung dieser Philosophie liefert uns Patrick J. Garrity:

> *Nach seinem Verständnis von Diplomatie hat Kissinger versucht, die Art,*
> *mit der Amerika traditionell der restlichen Welt gegenübertrat, in Frage*
> *zu stellen und neu zu formen. Er glaubt an eine realistischere und nüchternere*
> *Tradition … die man oft Realpolitik nennt. … Diese Tradition läßt sich*
> *in zwei Vorstellungen zusammenfassen. Erstens, Raison d'etat, wobei die*
> *Interessen des Staates jedes Mittel rechtfertigen, das notwendig ist, um*

sie durchzusetzen. Nationales Interesse ist so an die Stelle der mittelalterlichen Ansicht getreten, daß es eine universelle Moral gäbe, der alle Menschen und Nationen folgen müssen. Das zweite Schlüsselkonzept ist das Gleichgewicht der Macht, eine internationale Ordnung, in der keine Nation dominiert. Jede Nation hält ihre Unabhängigkeit aufrecht, indem sie sich entweder an andere Nationen anlehnt oder gegen sie opponiert, je nachdem, was nach ihrer Berechnung die Macht verlangt.

Das erinnert an die Philosophie von Max Stirner (Autor von *Der Einzige und sein Eigentum*) – nur daß Stirner dieses amoralische Recht dem Individuum gab; Kissinger reserviert es für den Staat. Deswegen neigen Pazifisten und Humanisten dazu, Kissinger als philosophischen Verwandten der Nazis zu betrachten, obwohl er als Jugendlicher vor den Nationalsozialisten geflohen war. Die Flächenbombardements von Zivilisten, die er während der Indochinakriege befahl, wären sicher als Kriegsverbrechen geahndet worden, wenn man von amerikanischer Seite den Krieg als verloren erklärt hätte. Diese machiavellistische Tradition erreicht die Dimensionen eines Dr. Seltsam (Kubricks *Dr. Strangelove*, von dem es heißt, daß Kissinger als Vorbild diente) in Kissingers Buch von 1957, *Nuclear Weapons and Foreign Policy*, in dem er unverblümt schreibt, daß »ein begrenzter Atomkrieg eine Strategie ist, die das Beste aus unseren besonderen Fähigkeiten macht«, und daß »unser industrielles Potential« und die »größere Bandbreite unserer Technologie« einen leichten Sieg garantiere, sollte die amerikanische Regierung beschließen, Atombomben auf Leute zu werfen, über die sie sich ärgert.

Niemand aber haßt Kissinger mehr als **Lyndon LaRouche**. Er hält Kissinger nicht nur für den Rädelsführer einer anglo-amerikanischen Verschwörung mit dem Ziel der Zerstörung der Dritten Welt, sondern auch für »eine Tunte« (LaRouche zieht diesen Ausdruck dem Wort »schwul« vor), und er veröffentlichte ein Pamphlet mit dem Titel: »Kissinger: Tuntenpolitik«[1]. Später nahm er das in Teilen zurück und sagte, daß Kissinger die Persönlichkeit einer Tunte hätte.

LaRouche brachte Kissinger außerdem mit Satanismus in Verbindung, wegen seiner finsteren Beziehungen zu Königin Elisabeth, Aldous Huxley, der Drogenszene und den »okkulten Bürokraten im Britischen Geheimdienst«. Er glaubte außerdem, daß Kissinger der Kopf der Verschwörung war, die ihn, LaRouche, wegen Betruges und Steuerhinterziehung ins Gefängnis brachte.

Siehe auch: ▶ Dr. Leonard Horowitz.
Verweise: ▶ Allgemein:
                   http://nobel.sdsc.edu/laureates/peace-1973-1bio.html
                 ▶ Kissinger über Ungesetzliches und Verfassungswidriges:
                   http://www.aphorismsgalore.com/author/Henry_Kissinger.html
                 ▶ Garrity-Analyse:
                   http://www.ashland.edu/~ashbrook/publicat/onprin/v5n3/garrity.html
                 ▶ Kissinger/LaRouche:
                   Conspiracies, Cover-Ups and Crimes, von Jonathan Vankin, Paragon
                   House, New York, 1991, Seiten 37–43.
                 ▶ Kissinger zum Atomkrieg:
                   Ebd., S. 214.

1)   Kissinger: The Politics of Faggotry

▶ **KOREA: BAKTERIENKRIEG?**

Einige Kritiker der US-Außenpolitik behaupten, daß im Koreakrieg (1950–1953)
von der U.S. Army eine Reihe von bakteriologischen Waffen eingesetzt wurde. Die
Eisenhower-Regierung strengte Volksverhetzungsklagen gegen die ersten drei amerikanischen Soldaten an, die diese Behauptungen öffentlich äußerten, sie wurden
jedoch nicht verurteilt. Behauptet worden war, daß die Armee 1. mit Anthrax ver-
seuchte Federn, 2. Flöhe und Moskitos, die Beulenpest und Gelbfieber hatten und
3. Ratten mit verschiedenen Seuchen abwarf bzw. laufen ließ.

Siehe auch: ▶ AIDS-Verschwörungstheorien, Chicagoer Malaria-Studie,
                   Kuba: Bakterienkrieg?, Hughes gegen Rockefeller, Tuskegee
                   Syphilis Study.
Verweise: ▶ http://home.earthlink.net/~bkonop/GermIncidents2.html

▶ KORNKREISE

Die ersten Berichte über Kornkreise stammen aus den 1950er Jahren und kommen aus England. Ihre Anzahl begann in den 80ern schnell anzusteigen und tut das noch immer, in England und anderswo. Die Kreise tauchen immer über Nacht auf und wurden in Mais-, Weizen-, Gerste-, Hafer- und anderen Feldern gefunden. Dabei sind alle Pflanzen in dieselbe Richtung gebogen, Stengel, Ähren und Blätter so symmetrisch ineinander verwoben, daß die meisten Betrachter dahinter einen intelligenten Plan oder sogar Kunst vermuten. Das Getreide ist nie beschädigt. In einigen Fällen wurden orange Lichter beobachtet, kurz bevor die Kreise auftauchten.

Der Farmer Jeff Cooper hatte den Verdacht, daß Hubschrauber die mysteriösen Kreise verursachen könnten, und beschwerte sich bei der Armee. Die Antwort lautete, daß ein Hubschrauber die Erscheinungen auf Coopers Feldern nur dann verursachen könne, wenn er »auf dem Rücken fliegt und genau über der Stelle verharrt«. Ein Nachbar glaubte, daß die Kreise von Igeln verursacht würden, aber Cooper schätzt, daß 40.000 Igel nötig wären, um die Kreise auf seinen Feldern in einer einzigen Nacht zu formen. Andere Theorien aus den 80ern, die noch immer populär sind, bieten folgende Erklärungen an:

1. heftige atmosphärische Störungen oder Wirbelwinde,
2. Lung-mei oder Erdenergien,
3. UFO-Landestellen,
4. Witzbolde.

Ein Forscherteam hielt es für möglich, daß Techniker, die am Star-Wars-Programm (SDI oder Strategic Defense Initiative) arbeiteten, den Landwirten einen ausgetüftelten Streich spielten, indem sie die Kreise mit Hilfe ultravioletter Hochleistungslaser verursachten. Das gebündelte Licht der Laserstrahlen ionisiert die Luft, die dann als Leiter für die elektrische Energie dient, die diese Kreise formen könnte. Dabei könnte auch gelegentlich das orange Licht (Plasma) entstehen. Ein Mitglied dieser Gruppe glaubte nicht, daß SDI-Techniker sich solche Scherze leisten könnten, und äußerte den Verdacht, Hacker hätten sich in ihre Computersysteme eingeschlichen.

Für John Michell sind die Kreise Mitteilungen der Erde oder Gaia (die griechische Erdgöttin) selbst, die man als Kunst und Prophezeiung deuten solle.

All das rückte auf den zweiten Platz, als nicht weniger als neun Gruppen von Scherzbolden behaupteten, die Urheber der Kreise zu sein, und ihre Techniken der Presse vorführten. Die Scherztheorie hatte aber einen Haken: Es erschienen immer neue Kreise, und viele wiesen Details auf, die keine der Gruppen nachmachen konnte.

Eine ganz neue Theorie kommt von jemandem, der sich des wunderbaren Namens Buddha Maitreya erfreuen darf. Herr Maitreya sagt, daß man derartige Kreise in Tibet als Zeichen kennt, daß ein Atavar (oder Prophet) erscheinen werde und daß man nach einer Person, die Züge von Buddha, Jesus oder König Artus trüge, Ausschau halten solle. Über die Witzbolde sagt Herr Maitreya, auch diese seien Teil der »Enthüllungen«:

> *Es spielt keine Rolle, ob ein paar der Kreise von Menschen gemacht sind.*
> *Der Mensch wird gemacht und geleitet vom Atavar. Ob Bücher, Gedichte oder*
> *Lieder – jede Form menschlicher Kommunikation geschieht unter dem Einfluß*
> *des heiligen Geistes.*

Siehe auch: ▶ Bisoziation, Geheimnisse der UFOnauten, Elmyr, UFO-Verschwörungstheorien, Orson Welles.

Verweise: ▶ Cooper, Hubschrauber, Igel:
http://www.newphys.se/elektromagnum/physics/KeelyNet/ufo/england.asc
▶ SDI:
http://www.newphys.se/elektromagnum/physics/KeelyNet/ufo/circles.asc
▶ Atavar:
http://www.bogo.co.uk/etheric/home.html

▶ KORRUPTIONS-INDEX

Transparency International, eine nichtstaatliche, gemeinnützige Organisation, veröffentlicht in Zusammenarbeit mit der Universität Göttingen jährlich eine Liste über Korruptions- und Bestechungsfälle in den führenden Nationen der Welt, wie sie von Geschäftsleuten berichtet werden, die regelmäßig mit bestimmten Regierungsbeamten zu tun haben.

Da Korruption und Bestechung nichts anderes als Verschwörungsfälle sind, kann diese Liste auch als grober Börsenkurs der Wahrnehmung von Verschwörungsfällen betrachtet werden. Die Arbeit an diesem Index wurde von einem Forschungsteam der Universität Göttingen unter Leitung von Dr. Johann Graf Lamsdorff durchgeführt. Dr. Lamsdorff stellt fest, daß »der Index die Umfrage der Umfragen ist, in der die subjektiven Wahrnehmungen von Geschäftsleuten zusammenfaßt werden«.

Auf einer Skala, auf der 10 das völlige Fehlen von geheimnisvollem und korruptem Verhalten darstellt und 0 einen wahren Abgrund von totaler Korruption, waren die zehn »saubersten« Länder im Jahr 1996:

Neuseeland	9,43
Dänemark	9,33
Schweden	9,08
Finnland	9,05
Kanada	8,96
Norwegen	8,87
Singapur	8,80
Schweiz	8,76
Niederlande	8,71
Australien	8,60

Die zehn korruptesten Nationen waren, nach Ansicht von Geschäftsleuten:

Indonesien	2,65
Indien	2,63
Rußland	2,58
Venezuela	2,50
Kamerun	2,46
China	2,43
Bangladesch	2,29
Kenia	2,21
Pakistan	1,00
Nigeria	0,69

Andere Länder, die für den Leser von Interesse sein könnten:

England	8,44
Deutschland	8,27
Israel	7,71
Vereinigte Staaten	7,66
Japan	7,05

Verweise: ▶ http://www.GWDG.DE/~uwvw/icr.htm

▶ KRIEG GEGEN GEWISSE DROGEN

Nach gängiger Rhetorik ist die Regierung der Vereinigten Staaten in einem Krieg gegen Drogen engagiert. Pharmakologische Konspirologen halten diese Ausdrucksweise für bewußt irreführend: Sie brauchen nur aus ihrem Haus rauszugehen, sagen sie, und schon sehen Sie mindestens einen Laden, der ganz frech damit wirbt, daß er DROGEN verkauft (Drogerie, Drugstore), und in diesen Läden gibt es tatsächlich Hunderte verschiedener Drogen. In der Nähe ist dann ein Tabakgeschäft, dort gibt es Zigaretten, die Nikotin enthalten, eine Droge, die weitaus süchtiger macht als Heroin (laut Generalstabsarzt C. Everett Koop), dann der Supermarkt, in dem jedermann zig Varianten von C_2H_5OH kaufen kann, ein süchtig machendes Narkotikum und Betäubungsmittel in flüssiger Form, das laut Statistik in hohem Maße die Ursache von Gewaltverbrechen, Frauen- und Kindesmißhandlung und Scheidungen ist.

Man kann also nicht sagen, daß die US-Regierung *alle* Drogen bekämpft; sie bekämpft nur einige oder bestimmte Drogen. Die Regierung versichert, daß die Drogen auf der Tabuliste die schlimmsten sind; Kritiker meinen jedoch, daß es sich dabei nur um Drogen handelt, die

a) billig und effektiv sind, wie etwa Heilkräuter und/oder
b) nicht leicht zu monopolisieren sind, wie zum Beispiel Marihuana oder
c) besser sind als teure Drogen, die von den gigantischen Pharmakonzernen hergestellt werden, welche wiederum beide politische Parteien finanziell unterstützen.

Im Grunde hängt es davon ab, ob man dem zynischen amerikanischen Sprichwort Glauben schenken will: »Gesetze sind wie Wurstwaren: Man hat viel mehr Respekt vor ihnen, solange man nicht weiß, wie sie gemacht werden.«

Siehe auch: ▸ Food and Drug Administration, Hanf-Verschwörung.

▸ KUBA: BAKTERIEN-KRIEG?

1981 erkrankten mehr als 300.000 Kubaner am Dengue-Fieber. *Covert Action Information Bulletin* (Informationsbulletin über verdeckte Aktionen) behauptet, daß der Ausbruch des Fiebers durch Moskitos verursacht wurde, die kubanische Castro-Gegner mit Hilfe der CIA ausgesetzt haben. Dies wurde aber nie vor einem Gericht bewiesen. Kuba hat in den letzten 30 Jahren eine enorme Zahl menschlicher und pflanzlicher Seuchen hinnehmen müssen. Einige Quellen geben der CIA die Schuld daran.

Siehe auch: ▸ Chicagoer Malaria-Studie, CIA-LSD-Forschung.
Verweise: ▸ http://home.earthlink.net/~bkonop/GermIncidents2.html

L

▶ **LYNDON LAROUCHE**

Lyndon LaRouche hat die weite und ausgefallene Reise von der extremen Linken zur extremen Rechten unternommen, mit einem Zwischenstop wegen Betruges und Steuerhinterziehung im Bundesgefängnis (wobei alle seine Anhänger natürlich behaupten, er sei angeschwärzt worden). Während sich seine Verschwörungstheorie über die Jahre etwas entwickelt hat, bleibt sie doch insoweit konstant, als sie die britische Königsfamilie für die finsterste Macht unserer Galaxie hält. Unter Königin Elisabeth II. und den englischen Nachrichtendiensten MI 5 und MI 6 (Military Intelligence 5 und 6; Bezeichnungen veraltet) beherrscht eine anglo-amerikanische Clique die Erde, die zur Zeit mit einem Genozid-Programm beschäftigt ist, das die Dritte Welt entindustrialisieren und entvölkern soll.

Zu den Hauptverschwörern dieses teuflischen Planes gehören die Weltbank, der International Monetary Fund und *George Bush*.

Die anglo-amerikanische Clique finanziert und erntet die Profite des illegalen Drogenhandels und steuert zudem das Geld (als Werkzeug des Völkermordes) für Geburtenkontrolle und Abtreibungsbewegungen bei. Um die Erde noch mehr zu entvölkern und auszubeuten, fördert sie Feminismus, Homosexualität, Satanismus und die »Sex-Drugs-Rock'n'Roll-Gegenkultur«. LaRouche hat auch einmal behauptet, daß Königin Elisabeth II. persönlich die Philosophen Aldous Huxley und Alan Watts nach Amerika geschickt habe, um diese Nation mit Drogen und asiatischen Religionen zu unterminieren.

LaRouche steht auf High-Tech, hat aber etwas ganz anderes damit vor als die meisten Anhänger dieser Richtung. Er möchte die Venus »terraformen«, um sie als zweiten Planeten für Menschen bewohnbar zu machen, spricht sich aber gegen Raumkolonien aus, wie sie die L5 Society einrichten will, die er für einen gnostischen Kult hält. (»Gnostisch« ist eines seiner Lieblingsschimpfwörter; außerdem haßt er Aristoteles und moderne Malerei.) Mit Hilfe von Atombomben will er riesige Bewässerungskanäle im Mittleren Osten schaffen; Multikulturismus ist für ihn eine Verschwörung, die die Wohltaten, die wir der westlichen Wissenschaft verdanken, zerstören soll. Ähnlich wie *Ezra Pound* glaubt er, daß der Haupthaken an unserem gegenwärtigen Wirtschaftssystem der Wucher ist; seine Gegner bezichtigen ihn auch des Antisemitismus, das hat aber bislang niemand richtig bewiesen. Nicht verschwiegen werden soll, daß LaRouche den Autor des vorliegenden Buches beschuldigt hat, zu den *Illuminaten* zu gehören.

Siehe auch: ▸ A-Albionic Consulting and Research, LAWCAP, MMAO.
Verweise: ▸ http://www.clas.ufl.edu/users/seeker1/activism/Larouche.html

▸ **LAWCAP**

LAWCAP nennt *R. Buckminster Fuller* unser gegenwärtiges ökonomisch-politisches System: LAWyer-run CAPitalism (von Anwälten gelenkter Kapitalismus). Laut Fuller besteht LAWCAP aus den Managern der Weltfinanz, die entscheiden, welche Regierungen für welche Projekte Geld bekommen und welche nicht. Regierungen schlagen etwas vor, LAWCAP verteilt; so kann man diesen Teil von Fullers Theorie zusammenfassen. Fuller sagt aber auch, daß LAWCAP auf einem grundlegenden mathematischen Irrtum von Thomas Malthus (1766–1834) aufbaut, der für die britische Ostindien-Gesellschaft arbeitete. Dieser bewies angeblich, daß die Zuwachsrate der Bevölkerung stets die der Rohstoffe übersteigt, so daß ein Kampf um das Lebensnotwendige (Essen, Unterkunft etc.) entstehen muß, der die Mehrheit der Bevölkerung zu Armut verurteilt und Wohlstand nur den schlauesten und räuberischsten Menschen ermöglicht.

Das Gegenteil ist der Fall, sagt Fuller. Die Technologie macht seit dem 18. Jahrhundert immer mehr mit immer weniger, erhöht so den Energiegewinn aus den Rohstoffen und erschließt gleichzeitig immer neue Rohstoffquellen. Die Wissenschaft kann daher nicht nur die ganze Welt mit den zur Zeit bekannten Rohstoffen ernähren, sondern könnte auch jeden in Überfluß leben lassen. Außerdem wächst eine Bevölkerung nicht dauernd an, wie Malthus dachte, sondern bleibt auf einem bestimmten Level, sobald die Gesellschaft umfassende wissenschaftliche Planung anwendet. Kurz: LAWCAP regiert derzeit die Welt und tut das sehr ineffektiv und schwerfällig, denn es basiert auf 200 Jahre alten wissenschaftlichen Irrtümern.

Siehe auch: ▶ Great Pirates, GRUNCH, MMAO, Ezra Pound.
Verweise: ▶ http://www.teleport.com/~pdx4d/grunch.html

▶ **JOHN LEAR**

John Lear, der Sohn des Lear-Jet-Erfinders, hält eine Reihe von Flugrekorden und hat den beneidenswerten Ruf, ein kühler Kopf und erfahrener Pilot zu sein.

Er behauptet, viele Missionen für die CIA geflogen zu sein und durch diese Kontakte von einer Verschwörung zwischen Außerirdischen und der US-Regierung erfahren zu haben. Laut Lear wurde der erste Kontakt 1964 hergestellt, und zwischen 1969 und 1971 wurde ein Vertrag ausgehandelt. In diesem Vertrag geht es um einen Austausch überlegener außerirdischer Technologie gegen die Zusicherung, daß die Regierung »Forschungsarbeiten« der Aliens auf unserem Planeten vertuschen werde – gemeint sind die bekannten Rinderverstümmelungen und Entführungen von Menschen. Lear sagt außerdem, daß sich die Regierung und die Außerirdischen eine Basis in der *Ärea 51* teilen.

Siehe auch: ▶ Abductees Anonymous, William Cooper, Graue, James Oberg.
Verweise: ▶ *Enthüllungen: Begegnungen mit Außeridischen und menschlichen Manipulationen,* von Jacques Vallee, Zweitausendeins, Frankfurt, 1994, Seiten 56–57, passim.

▶ TIMOTHY LEARY

Dr. Timothy Leary wurde mehr als jeder andere amerikanische Wissenschaftler seit Dr. *Wilhelm Reich* denunziert und dämonisiert und mußte mehr als fünf Jahre im Gefängnis verbringen – von einem Richter verurteilt, der Dr. Learys Werk als Bedrohung verdammte. (Justiztechnisch wurde er wegen des Besitzes von 0,5 Gramm Marihuana verurteilt; er behauptete stets, man habe es ihm untergeschoben). Dr. Leary führte als Harvard-Psychologe in den frühen 60er Jahren umfangreiche Forschungen an LSD und anderen Psychedelika durch. Sein Rehabilitationsprojekt für Strafgefangene, das psychedelische Drogen, Musik und Mystiklesungen umfaßte, rehabilitierte mehr Gefangene als jedes andere Projekt und kehrte die Rückfälligkeitsrate beinahe um.

Leary sagt, daß die CIA hinter seiner Verfolgung stand, weil sie versuchte, die bewußtseinsverändernden Effekte von LSD geheimzuhalten (siehe *CIA-LSD-Forschung*). 1974 wurde Dr. Leary aus dem Gefängnis entlassen, widmete sich der Entwicklung von Software und schrieb Bücher über die Evolution, die uns unvermeidlich zu mehr Raum, Intelligenz und Zeit führen werde – er benutzte den Begriff SMI²LE in seiner typischen Schreibweise, ein Synonym für Space Migration, Intelligence Intensification und Life Extension (Auswanderung ins All, Intensivierung der Intelligenz und Verlängerung der Lebenszeit). Die meisten seiner Ideen erscheinen heute – 20 Jahre später – nicht mehr ganz so utopisch, aber in den 80er Jahren fand Leary, daß sie doch weiter in der Zukunft lagen, als er angenommen hatte, und wandte sich den schon vorhandenen Möglichkeiten des Cyberspace zu und der Cyberpunk-Philosophie, die die autoritären Strukturen unserer Gesellschaft mit Hilfe von Computern aufbrechen will.

Als Dr. Leary erfuhr, daß er an inoperablem Krebs sterben werde, hängte er ein Schild an seine Tür: THE MOTHER OF ALL PARTIES und lud Freunde aus der Wissenschaft, Kunst, Showbusiness und der Computerbranche ein, bei ihm vorbeizukommen und mit ihm das Erlebnis seiner Todeserwartung ohne Angst zu feiern – ein Thema, das er in seinem letzten Buch *Design for Dying* untersucht hatte. Seine letzten Worte waren: »Why? Why? Why? ... Why not? Yeah!«

Siehe auch:	▶ Food and Drug Administration, *Speisen der Götter*, Terrence McKenna, Krieg gegen gewisse Drogen.
Verweise:	▶ http://www.deoxy.org/learyraw.htm
	▶ http://Leary.com
	▶ Timothy Learys Totenbuch, Ullstein, Berlin 1998.

▶ LEITERVERSCHWÖRUNGEN

Leiterverschwörung, ein Begriff, der im Deutschen etwa Schneeball- oder Kettenverschwörung bedeutet, steht in diesem Buch für Scherze, Streiche, Witze oder kriminelle Aktivitäten, die deshalb nachgeahmt werden, weil irgend etwas daran auf Leute mit antisozialen Tendenzen oder einem bestimmten Sinn für Humor anziehend wirkt. Auf diese Weise kann sich eine Leiterverschwörung wie eine »echte« Verschwörung entwickeln, auch wenn sich die daran beteiligten Personen gar nicht kennen. Dem Autor sind solche Leiterverschwörungen aus seiner Kindheit und Jugend bekannt, hauptsächlich in der Form von Telefonanrufen. Der beliebteste Streich dieser Art war wahrscheinlich »Prinz Albert in der Dose«. Bei diesem Spiel wird als Opfer irgendein Tabakwarengeschäft aus dem Telefonbuch herausgesucht. Der »Verschwörer« ruft in dem Laden an und fragt: »Haben Sie Prinz Albert in der Dose?« (Prinz Albert ist eine beliebte Pfeifentabaksorte.) Wenn das Opfer »Ja!« sagt, schreit der Anrufer »Na, dann lassen Sie ihn raus!« und legt auf. Wenn viele Kinder (aller Altersgruppen) das bei dem gleichen Laden machen, wird sich der Inhaber wie das Opfer einer richtigen Verschwörung fühlen.

Eine beliebte andere Variation besteht darin, wahllos irgend jemand im Morgengrauen anzurufen und sich als Angestellter der Stadtwerke auszugeben. Man erklärt, daß es Stromausfälle gegeben habe, und bittet den Angerufenen, ans Fenster zu gehen und nachzusehen, ob die Straßenbeleuchtung eingeschaltet ist. Wenn er ans Telefon zurückkehrt und berichtet, daß das Licht an ist, wird er aufgefordert, es auszublasen. Ein anderer Witz: Man ruft Leute als angeblicher Mitarbeiter der Telefonfirma an und bittet den Teilnehmer, die Länge seiner Telefonleitung abzumessen. Hat er oder sie das getan, ruft man: »Sie haben aber eine lange Leitung!« und legt auf. Viele Kettenbriefe oder Pyramidenspiele werden so zu Leiterverschwörungen, wenn immer mehr Leute dabei mitmachen.

Siehe auch: ▶ CIAC, Die Versteigerung von Nr. 49, Good Times Virus – 1 und 2, OM.

▶ ERZBISCHOF LEFEBVRE

Erzbischof Lefebvre spaltete den Vatikan während der Amtszeit von Papst Johannes XXIII. hauptsächlich wegen Fragen des theologischen Stils (Lefebvre forderte, daß die Messe traditionell in lateinischer Sprache gehalten würde statt in der jeweiligen Landessprache, wie es der eher fortschrittliche Papst wollte). Über die Jahre wuchs sich der Streit zwischen Lefebvre und dem Vatikan aus, und die Anhänger des Erzbischofs behaupteten, der Vatikan sei Freimaurern und Satanisten in die Hände gefallen. Die geheime *Prieuré de Sion* war in einer französischen Zeitschrift einmal als »Fassade« für Lefebvres Kreuzzug gegen den Vatikan bezeichnet worden. Michael Baigent, Henry Lincoln und Richard Leigh weisen diese Anschuldigung als grundlos zurück, und sie scheint auch nicht zu dem zu passen, was über den Erzbischof und die Prieuré bekannt ist.

Siehe auch: ▶ Maria-Magdalena-Kirche, Freimaurer, Gerard de Sede,
Noon Blue Apples.
Verweise: ▶ *Der heilige Gral und seine Erben*, von Michael Baigent, Henry Lincoln und Richard Leigh, Bergisch-Gladbach, 1984.

▶ LIBER AL

Liber Al oder The Book of the Law ist eine Enthüllung an die Menschheit und berichtet von einem Überwesen namens *Aiwass*, gechannelt durch *Aleister Crowley*. Laut Crowley »empfing« er das Buch 1904 in Kairo während einer langen Hochzeitsreise mit seiner ersten Frau Rose. Einige seltsame Omen überzeugten Crowley, daß etwas Bedeutungsvolles geschah, und er ließ Aiwass gern durch ihn sprechen; der sprach zuerst als Nuit, die Sterngöttin, dann als Hadit, die »Seele« oder das »Selbst« in jedem Atom im Körper der Nuit, und schließlich als Ra-Hoor-Khuit, Gott des Krieges und der Zerstörung.

Nuit repräsentiert die Mutter-Gottheit der Urahnen und/oder des ganzen Universums; Hadit steht für das individuelle Bewußtsein jedes Atoms, jeder Zelle, Person etc. und ihre mystisch-erotische Vereinigung – ein Teil wird eins mit dem Ganzen –, erschafft in diesem Falle einen Kriegsgott, der gewalttätige Unrast für das 20. Jahrhundert vorhersagt und endet mit dem Beginn des Zeitalters des Horus (*Äon des*

Horus), des Gekrönten und Siegreichen Kindes, wenn jede Form von Tyrannei und Unterdrückung durch das Gesetz von *Thelema* ersetzt werden wird: »Tu was du willst!«

Crowley hinterließ mehrere »Magick«-Logen, die sich auf verschiedene Weisen auf das Zeitalter des Horus vorbereiten. Überliefert sind auch drei Kommentare zu *Liber Al*, deren erster so lautet:

> *DER KOMMENTAR.*
> *Tu was Du willst soll sein das ganze Gesetz.*
> *Das Studium dieses Buches ist verboten. Es ist klug, diese Kopie nach dem ersten Lesen zu vernichten.*
> *Wer das ignoriert, tut es auf eigene Gefahren.*
> *Diese sind äußerst unheilvoll.*
> *Um diejenigen, welche den Inhalt dieses Buches diskutieren, soll jeder einen großen Bogen machen, so als hätten sie die Pest.*
> *Alle Fragen, die das Gesetz betreffen, muß jeder anhand meiner Schriften für sich entscheiden.*
> *Es gibt kein Gesetz außer Tu was Du willst.*
> *Liebe ist das Gesetz, Liebe unter Willen.*
>
> (zitiert nach der deutschen Ausgabe)

Siehe auch: ▸ Aleister Crowley, Joachim von Floris, Noon Blue Apples, Ordo Templi Orientis.

Verweise: ▸ http://www.crl.com/~thelema/liber-al.html

▸ LOUIS LOMAX

Der schwarze Autor Louis Lomax, der das *Martin-Luther-King-jr.-Attentat* untersuchte, kam in Arizona ums Leben, als er mit seinem Wagen von der Straße gedrängt wurde. Der Fall ist nach wie vor ungeklärt.

Siehe auch: ▸ Mona Charen, Inslaw, John-F.-Kennedy-Attentat – Quellen.
Verweise: ▸ http://www.ratical.com/ratville/JFK/ToA/ToAchp10.html

▶ H. P. LOVECRAFT

H(oward). P(hillips). Lovecraft (1890–1937) veröffentlichte zu Lebenszeiten hauptsächlich in »Schund«-Science-fiction- und Horrormagazinen, und als er starb, war er außerhalb dieser Leserkreise fast unbekannt. Seine Leserschaft und sein Ruf sind seither stetig gewachsen, und inzwischen gehört er zu den meistgelesenen Autoren aller Zeiten. Er hat post mortem Filme, Fernsehshows und Computerspiele inspiriert.

H. P. L. (so unterschrieb er seine Briefe) führte ein recht einsames Leben und war nur einmal für ein paar Monate verheiratet. Seine Heimatstadt Providence, Rhode Island, verließ er nur selten. Belesen (er las bereits mit vier Jahren klassische Literatur) und bewußt verschroben, hielt er sogar seine Freunde auf Distanz, schrieb ihnen allen jedoch lange Briefe, die einen Sinn für Humor zeigten, der in seinen Erzählungen verborgen blieb oder höchstens als misanthropische Ironie auftauchte. Seine frühen Werke zeigen Einflüsse von Edgar Allen Poe und Lord Dunsany, aber er entwickelte bald seinen eigenen Stil, der auf wissenschaftlicher Literatur basierend eine Stimmung ernster, fast pedantischer Skrupulosität schafft, die den Leser über recht plausible Stufen zu schockierend bizarren Höhepunkten führen. Seine wichtigsten Geschichten, die den »Cthulhu-Mythos« enthalten, handeln von der Vorstellung, daß wir Menschen mickrige und armselige Kreaturen sind, die in der unendlichen Raumzeit von viel stärkeren und seltsameren Wesen umgeben sind, die uns überhaupt nicht leiden können.

Diese Art Werk reflektiert den Atheismus des erwachsenen Lovecraft und seine »Visionen« von heidnischen Göttern, die er als einsames und sehr einfallsreiches Kind manchmal hatte.

Im Cthulhu-Mythos existieren gottähnliche Wesen – gottähnlich im Vergleich zu uns –, aber sie sind nur Teil eines sinnlosen Universums, und es ist wahrscheinlicher, daß sie uns eher auffressen, als uns irgendeinen Gefallen zu tun.

Viel vom Cthulhu-Mythos ist auf dem *Necronomicon* aufgebaut, von dem auch behauptet wird, daß es nie existiert hat, bis Lovecraft es erfand.

Die Ausgabe von Neville Spearman (siehe unten) erklärt, wie Lovecraft dazu kam, die *John-Dee*-Übersetzung zu lesen, die Lovecrafts Vater von der Grand Orient Lodge of Egyptian Freemasonry in Providence geliehen hatte. Kenneth Grant, Outer Head eines Zweiges des *Ordo Templi Orientis*, meint, daß die Cthulhu-»Monster« allegorische Figuren sind, Symbole für die interstellaren Mächte, die mit *Aleister*

*Crowley*s Magick (Bewußtseinsveränderung) kontaktiert werden können; Lovecraft konnte sie sich wegen seiner konservativen und anti-mystischen Einstellung nur in Horrorbildern vorstellen; Crowley dagegen sah in ihnen eine Quelle der Erleuchtung, die über menschliches Maß hinausgeht.

Verweise:
- ▶ http://www.geocities.com/Area51/Dimension/4550/html
- ▶ *The Necronomicon with Commentaries*, Neville Spearman, Suffolk, England, 1978.
- ▶ *Aleister Crowley and the Hidden God*, von Kenneth Grant, Samuel Weiser, New York, 1974.
- ▶ *Cults of the Shadow*, von Kenneth Grant, Samuel Weiser, New York, 1976.

▶ FRAU E. LOZNAYA

Eine Einwohnerin von Kislovodsk in der ehemaligen Sowjetunion, von der nur der Name, Frau E. Loznaya, bekannt ist, erzählte Dr. Wladimir Rubtsow von einem seltsamen UFO, oder besser gesagt, einer UFP (Unidentifizierte Fliegende Person). Frau Loznaya sah eines Morgens im Jahr 1936 einen fliegenden, schwarzen Mann – lange bevor UFOs und *Men In Black* in aller Munde waren. Sie war damals 15 Jahre alt und auf dem Weg zur Schule, als der fliegende Mann am Himmel erschien. Er schien von normaler Größe zu sein, und die schwarze Kleidung bedeckte ihn vollständig wie ein Overall. Schon schlimmer war, daß sie statt eines Gesichtes nur »eine ganz schwarze Fläche« sah. Die Sichtung dauerte etwa eine Minute, aber Frau Loznaya vergaß dieses Erlebnis bis 1970 nicht, als sie Dr. Rubtsow traf und ihm die Geschichte erzählte.

Siehe auch:
- ▶ Charles Fort, *Mothman Prophecies*.
Verweise:
- ▶ *UFO, 1947–1997: Fifty Years of Flying Saucers*, hrsg. von Hilary Evans und Dennis Stacey, John Brown Publishing, London, 1997, Seiten 225–226.

▶ **MAFIA**

Die Mafia ist wahrscheinlich die größte kriminelle Organisation der Welt und hat seit dem Zweiten Weltkrieg eine inoffizielle Beziehung zu den amerikanischen Geheimdiensten. Damals hatte der verurteilte Zuhälter Charles »Lucky« Luciano die sizilianische Mafia dazu gebracht, die amerikanische Invasion zu unterstützen, wofür man seine Gefängnisstrafe verkürzte.

Seit dieser Zeit haben die Gangster und die Spione bei verschiedenen Projekten zusammengearbeitet, und jede Seite scheint davon überzeugt zu sein, daß sie die andere Seite nur ausnutzt.

Niemand kennt die Urspünge der Mafia. Angeblich gab es einmal eine Organisation mit diesem Namen, die gegen die arabische Invasion auf Sizilien kämpfte; andere glauben, sie entsprang einer Widerstandsbewegung gegen die französische Eroberung von Süditalien, die angeblich den Slogan hatte »Morte Alla Francia Italia Anelia« (»Tod den Franzosen, ruft Italien«). Als Giuseppe Garibaldi (1807–1882) die junge italienische Freiheitsbewegung anführte, nannte man seine bäuerlichen Anhänger *Squadri della Maffia*, das muß aber nichts mit der Mafia zu tun haben, die wir heute kennen. Zweifellos steht die Mafia unter den Verbrecherorganisationen bezüglich Erfolg und Langlebigkeit an erster Stelle, auch wegen ihrer mystisch anmutenden, fast freimaurerischen brüderlichen Bindung und ihrer gruseligen Einweihungszeremonie, bei der dem Kandidaten in die Hand geschnitten wird und sein Blut als Beweis seiner ernsten Absichten opfert. Danach wird ein Heiligenbild in seiner Hand verbrannt, und er rezitiert: »Ich will dieser Organisation beitreten, um meine Familie und meine Freunde zu beschützen. Ich schwöre, dieses Geheimnis niemals zu verraten und mit Liebe und *Omerta* zu gehorchen. So wie dieser Heilige brennt, soll meine Seele brennen. Ich trete lebend der Organisation bei und verlasse sie tot.« Symbolischer »Tod« ist ein Teil der Initiationsriten der meisten mystischen Orden. *Omerta* bedeutet Schweigepflicht oder Schweigen und Gehorsam und klingt nach Kloster. Fast alle Mafiamitglieder sind fromme Katholiken, die anderen tun zumindest so.

Die Mafia war in fast alle nur denkbaren Verbrechen verwickelt, darunter Mord, Alkoholschmuggel während der Prohibition und heutzutage Drogenschmuggel, Glücksspiel, Terrorismus, Mordaufträge von Regierungsstellen und in letzter Zeit auch respektierlichere Geschäftsbereiche wie Banken, Hotels und Restaurants und Filmproduktionen.

Siehe auch: ▸ Gladio, John-F.-Kennedy-Attentat, MMAO, P2-Verschwörung, Michele »The Shark« Sindona.

▸ **MAGICK**

Definition und Aussprache siehe unter: A∴A∴.

▸ **MALTESERRITTER**

Die Malteserritter waren ursprünglich die Ritter des Hospitals des Heiligen Johannes von Jerusalem und danach für eine Weile die Ritter von Rhodos.
Kaiser Karl V. gab ihnen 1530 die Insel Malta, die sie 1798 an Napoleon verloren. Heute findet man sie in einem kleinen Gebäude im Vatikan, sie lassen nicht nur Ritter, sondern auch Damen zu und heißen mit vollem Namen Souveräner Militärischer Orden von Malta – aber fast jeder nennt sie einfach Malteserritter.

Laut dem Informationsbulletin für verdeckte Aktionen haben den Malteserrittern unter anderem angehört:

▶ Franz von Papen, der den Reichspräsidenten Paul von Hindenburg überredet hat, zurückzutreten und Hitler zum Reichskanzler zu machen;
▶ *General Reinhard Gehlen*, Hitlers Geheimdienstchef und später Chef der Rußlandabteilung der CIA;
▶ General Alexander Haig, einer der außenpolitischen Architekten der Regierungen Nixon und Reagan;
▶ Alexander de Marenches, ehemaliger Chef des französischen Geheimdienstes;
▶ *William Casey*, Chef der *CIA* während der *Iran-Contra*-Verschwörung;
▶ Otto von Habsburg, der nach Michael Baigent, Henry Lincoln und Richard Leigh (siehe: *Der heilige Gral und seine Erben*) auch ein *Bilderberger* war und zum Teil aus der *Merowinger*-Linie stammt; und
▶ *Licio Gelli, Roberto Calvi* und *Michele »The Shark« Sindona*, Anführer der *P2-Verschwörung* in Italien.

Nach David Bernard enthüllt der 32. Grad der *Freimaurer* dem Eingeweihten, daß die Freimaurer von den *Tempelrittern* abstammen und als ihre Hauptaufgabe den Kampf gegen »Tyrannei und Aberglaube« sehen, damit sind an erster Stelle die Malteserritter gemeint.

Verweise: ▶ Frühgeschichte:
Concise Columbia Encyclopedia, Columbia University Press, New York, 1983, S. 454.
▶ Mitglieder:
Covert Action Information Bulletin, Nr. 25, Winter 1986.

▶ PAUL »THE GORILLA« MARCINKUS

Paul »The Gorilla« Marcinkus, ein politischer Priester, der wegen seiner King-Kong-Muskeln so genannt wurde, diente zwei Päpsten als Leibwächter und wurde schließlich Erzbischof und Präsident der Vatikanbank (I.O.R.). Beinahe sofort stürzte er den Vatikan in seinen ersten großen Finanzskandal der 70er Jahre, als herauskam, daß die *Mafia* gefälschte Aktien im Wert von einer Milliarde Dollar gedruckt hatte, von denen mindestens ein Teil in der Vatikanbank deponiert worden war. Untersuchungsbeamte waren der Ansicht, daß die gesamte Menge dort deponiert werden sollte, aber bis heute weiß man nicht, was mit dem Rest geschah. Der New Yorker Staatsanwalt Frank Hogan, der gegen verschiedene Mafiosi in seinem Bezirk wegen dieser Angelegenheit Anklage erhob, versuchte Marcinkus ausliefern zu lassen, um ihn ebenfalls anzuklagen, wurde aber durch Intervention des Weißen Hauses daran gehindert. *Michele »The Shark« Sindona*, einer von Marcinkus' Kollegen in der *P2-Verschwörung*, hatte üppige Beträge für Nixons Wahlkampagne gespendet, und P2 hatte als Teil der CIA-Operation *Gladio* zur Kontrolle der italienischen Politik wahrscheinlich Schutz von ganz oben.

Später, noch immer unter Marcinkus, stand die Vatikanbank in enger Beziehung mit einigen der Geisterbanken (virtuellen Banken) und Drogenwaschanstalten in der Sindona-*Roberto Calvi*-Schleife. Marcinkus war zusammen mit Calvi als Miteigentümer der Cisalpine Bank eingetragen, nach Aussage italienischer Untersuchungsbehörden ein Zentrum des Drogenhandels. Als der *Banco Ambrosiano* zusammenkrachte und der ganze P2-Skandal für mehr als zwei Jahre in den Schlagzeilen blieb, »mauerte« der Vatikan, entfernte aber später Paul »den Gorilla« in aller Stille aus der Bank und machte ihn zum Bürgermeister von Vatikanstadt. Noch später schickten sie ihn ganz weg, und er befand sich zuletzt halb im Ruhestand in Cicero, Illinois.

Siehe auch: ▶ *In Banks We Trust*, Malteserritter, *Skandale der Prieuré de Sion.*
Verweise: ▶ Das Geschäft mit den gefälschten Aktien:
          The Vatikan Connection, von Richard Hammer, Penguin Books,
          New York, 1982.
        ▶ Andere P2-Skandale:
          In Banks We Trust, von Penny Lernoux, Anchor/Doubleday,
          New York, 1984.
          Im Namen Gottes, von David Yallop, München, 1988.

▶ MARIA-MAGDALENA-KIRCHE

Die Maria-Magdalena-Kirche spielt eine Schlüsselrolle im *Prieuré-de-Sion*-Rätsel (oder Rennes-le-Château-Rätsel), wie es die Konspirologen nennen.

Der Gemeindepriester von Rennes-le-Château in Südfrankreich, Béranger Saunière, der diese Kirche dort erbaut hatte, war im Jahr 1885 so arm, daß er sich auf die Großzügigkeit der Gemeinde verlassen mußte, um zu überleben. Recht plötzlich aber, innerhalb von ein paar Jahren, wurde er unerklärlicherweise reich und begann eine Karriere als Kirchenbauer, die bis zu seinem Tod im Jahr 1917 andauerte. Woher er seinen Reichtum hatte, vertraute er nur seiner Haushälterin, Marie Dernaud, an, die starb, bevor sie das Geheimnis irgend jemandem weitererzählen konnte. Dieses Kleinstadtmysterium hat in Europa große Aufmerksamkeit erregt, und die verschiedenen Vermutungen haben in Buchform sogar den Atlantik überquert.

Manche behaupten, Vater Saunière habe den verlorenen Schatz der *Tempelritter* gefunden; für andere war es das noch viel länger verschollene Gold der Westgoten. Nach einer dritten Theorie hat er den Habsburgern geholfen oder sie erpreßt; eine vierte besagt, er hätte den Vatikan selbst erpreßt. Er soll sogar das Geheimnis des Goldmachens wiederentdeckt haben. Das Rätsel wird richtig finster, wenn man erfährt, daß der Priester, der Vater Saunières letzte Beichte abnahm, diese so schockierend fand, daß er ihm die Absolution verweigerte!

Die Maria-Magdalena-Kirche hat ihre eigenen Geheimnisse. Ihre Stationen des Kreuzweges sind zum Beispiel recht eigenartig:

Auf einem Bild sieht man einen Schotten im Kilt als Zuschauer der Kreuzigung, auf einem anderen scheinen Verschwörer mitten in der Nacht den Leib Jesu (tot oder bewußtlos?) aus dem Grab zu tragen (um die Auferstehung vorzutäuschen?). Schlimmer noch, über den Eingang seiner Kirche meißelte Saunière die Worte DIESER ORT IST VERFLUCHT in den Stein.

Siehe auch: ▶ Dagobert II., *GENISIS*, Noon Blue Apples.

▶ **D. M. McARTOR**

Dr. D. M. McArtor ist in der wenig beneidenswerten Lage, in fast allen AIDS-Verschwörungstheorien aufzutauchen, weil er am 9. Juni 1969 vor einem Kongreßaus-
schuß erschien und die Finanzierung für ein Projekt beantragte, bei dem es um die
Herstellung eines biologischen Wirkstoffes ging, gegen den Menschen keine natürliche Immunität haben. Dr. McArtor, damals stellvertretender Direktor für Forschung
und Technologie im amerikanischen Verteidigungsministerium, beantragte zehn
Millionen Dollar, um im Lauf der kommenden fünf oder zehn Jahre einen Erreger
herzustellen, der, in seinen Worten, »widerstandsfähig gegen die immunologischen
und therapeutischen Prozesse ist, denen wir unsere relative Freiheit von Infektions-
krankheiten verdanken«. AIDS tauchte zum erstenmal zehn Jahre danach auf.

Siehe auch: ▶ AIDS-Verschwörungstheorien, Tuskegee Syphilis Study.
Verweise: ▶ http://www.earthlink.net/~bkonop/GermIncidents2.html

▶ **TERRENCE McKENNA**

Seit dem Tod von *Timothy Leary* ist Terrence McKenna der führende Befürworter
bewußtseinserweiternder Medikamente. Von ihm stammt auch die Anschauung,
daß menschliche Religion, Sprache und Kultur – also alles, was uns von anderen
Primaten unterscheidet – ein Resultat der Gehirnstimulation ist, zu der es kam, als
frühzeitliche Menschen über die psychedelischen Pilze stolperten.
Im Gegensatz zu Leary, der solche Mittel als Werkzeug sah, das uns auf eine Sci-Fi-
Zukunft von Cyberspace, Weltraumfahrt, Langlebigkeit und Intelligenzwachstum
vorbereiten könne, sieht McKenna ihren Sinn darin, das Primitive in uns wieder-
zubeleben und uns vom »Dominator Ego« zu befreien, das für unser zivilisiertes
Leben charakteristisch ist. Wahrscheinlich ist er der effektivste Propagandist für ein
»archaisches Revival« seit Rousseau. Er beeinflußt und ist beeinflußt von Feminismus, Ökologie und Neo-Paganismus (-Heidentum).

Siehe auch: ▶ *Speisen der Götter*, Robert Morning Sky, Krieg gegen gewisse Drogen.
Verweise: ▶ http://www.ciy.com.au/peril/texts/features/tmk-out.htm
                 ▶ http://deoxy.org/mckenna.htm

▶ MEDIENKRITIK: AIDS

Viele AIDS-Verschwörungstheoretiker behaupten, daß Journalisten die wissenschaftliche Ausbildung fehlt, um die wissenschaftliche Kritik der akzeptierten Vorstellungen daran, was AIDS verursacht und wie man es am besten behandelt, wirklich zu verstehen (siehe: *AIDS-Verschwörungstheorien*). Deshalb müssen jene, die nicht glauben, daß HIV AIDS verursacht oder daß AZT eine sichere Behandlung ist, oft feststellen, daß ihre Ansichten ignoriert oder in den Medien verzerrt dargestellt werden. Das geschieht nicht, weil es sich um eine Verschwörung handelt, sondern aus bloßer Ignoranz derer, die entscheiden, welche Stories Nachrichten wert sind und wie sie präsentiert werden sollen.

Die Urheber dieser Kritik führen oft den Fall des Dr. Max Essex an, der ursprünglich darauf hinwies, daß HIV afrikanischen Ursprungs sein könnte.

Obwohl Dr. Essex seine Hypothese widerrufen hatte, behandeln die Medien sie weiter als bewiesene Tatsache, und wer nicht derselben Ansicht ist, stößt auf taube Ohren.

Verweise: ▶ http://www.livelinks.com/sumeria/aids(john-l/epidemi.html

▶ MEDIENKRITIK: ALLGEMEIN

Auf der unten angegebenen Website sagte »John Swinton«, ehemaliger Stabschef der *New York Times*, 1953 in einer Rede vor dem New Yorker Presseclub Folgendes:

Wenn ich mir erlauben würde, meine ehrlichen Überzeugungen in einer Ausgabe meiner Zeitung zu drucken, wäre ich meinen Job innerhalb von 24 Stunden los. Aufgabe der Journalisten ist es, die Wahrheit zu zerstören; zu pervertieren; zu verleumden; vor dem Mammon zu kriechen; und dieses Land und diese Rasse für ihr täglich Brot zu verkaufen. Wir sind Werkzeuge reicher Männer hinter der Bühne. Wir sind Marionetten; sie ziehen an den Schnüren, und wir tanzen. Unser Talent, unsere Möglichkeiten und unser Leben sind Eigentum anderer Männer. Wir sind intellektuelle Prostituierte.

Der New Yorker Presseclub dementierte, daß so eine Rede je gehalten wurde, und bei der *New York Times* hat man nie von einem John Swinton gehört. Kurz: Dieses Zitat ist eine Fälschung.

Verweise: ▶ http://www.astridmm.com/prouty/

▶ MEDIENKRITIK: KULTURELL

Mark Crispin Miller, der Medienwissenschaften an der John-Hopkins-Universität lehrt, hält Fernsehen für ein »Wie-werde-ich-dumm«-Training. Er beobachtet, besonders am Beispiel des »Erziehungskanals« Channel One, aber auch in allen TV-Nachrichtensendungen Folgendes:

> *... Fernsehnachrichten sind laute, schnelle Lückenfüller mit minimalem Hintergrund und ohne Zusammenhang, die einen mit nichts als ein paar flüchtigen Zahlen, einem Gefühl der Hilflosigkeit angesichts allgemeiner Katastrophen, einem intellektuellen Echo offizieller Beruhigungssprüche und (kaum überraschend) einer überwältigenden, vagen Beklemmung sitzenlassen ...*
> *Ihre wahre Funktion ist nicht eine journalistische, sondern eine kommerzielle ...*
> *Sie müssen sich dauernd selbst löschen, dürfen nie etwas zu Kraftvolles oder Interessantes sagen, ... denn es ist unter keinen Umständen erlaubt, von der Werbung abzulenken.*

Verweise: ▶ »How to Be Stupid«, von Mark Crispin Miller, *Extra*, Mai/Juni 1997.

▶ MEN IN BLACK

Men In Black sind finstere Gesellen, die anscheinend schwarze Anzüge tragen (und oft schwarze Cadillacs fahren), um ihre spukhafte Aura zu betonen. Sie sind seit den 40er Jahren Bestandteil der UFO-Folklore. John Keel weist in seiner Einführung zu Timothy Beckleys *The UFO Silencers* darauf hin, daß »Schwarze Männer« auch häufig in mittelalterlichen Legenden und meist in Zusammenhang mit dem Teufel auftauchen.

Siehe auch: ▶ *Daimonic Reality*, Mary Hyre, *Mothman Prophecies*, »Sarah«.
Verweise: ▶ *The UFO Silencers*, von Timothy Green Beckley, Inner Light
             Publications, New Brunswick, N.J., 1990.

▶ MEROWINGER

Die Merowinger, eine fränkische Dynastie, die vom 5. Jahrhundert bis 751 v. Chr. regierte, sind für Verschwörungsforscher von großer Bedeutung, weil viele der »Mysterien« wie Rennes-le-Château, *Pater Saunière*, die *Maria-Magdalena-Kirche* und die *Prieuré de Sion* auf sie zurückzuführen sind. *Gerard de Sede* schrieb in seinem bemerkenswerten Buch *La Race Fabuleuse*, daß die Merowinger Mischehen zwischen dem Stamm Benjamin im alten Israel und Außerirdischen vom Sirius entstammen. Andere Ansichten über sie sind genauso interessant. Der halblegendäre Gründer der Dynastie, Merovech, entsprang angeblich der Vereinigung einer Frau mit einem Meereswesen. Elisabeth van Buren behauptet, ebenso wie de Sede, daß die Merowinger außerirdischen Ursprungs waren und daß sie »die Guten« sind, die im Kosmos in einen immerwährenden Krieg mit den Mächten »des Bösen« – die im Vatikan sitzen – verstrickt sind. In dem Buch *»Der Heilige Gral und seine Erben«* werden elaborierte Ahnentafeln und Stammbäume dargestellt, die die Merowinger mit vielen wichtigen Persönlichkeiten der modernen Welt in Verbindung bringen, darunter *Prinz Bernhard* von den Niederlanden, Gründer der *Bilderberger*, und Otto von Habsburg, ein Mitglied der Bilderberger und der *Malteserritter*.

Siehe auch: ▶ Kenneth Grant, Robert Morning Sky, Das Sirius-Rätsel.
Verweise: ▶ *Concise Columbia Encyclopedia*, Columbia University Press, 1983.

▶ **MARY PINCHOT MEYER**

Mary Pinchot Meyer war eine von John F. Kennedys Freundinnen, die wie Marilyn
Monroe unter zwiespältigen Umständen ums Leben kam. Komischerweise war
sie auch eine Zeitlang die Geliebte von Dr. *Timothy Leary*. Mary Pinchot stammte
aus einer Familie der Washingtoner Oberschicht und war für ihre außergewöhnliche Schönheit und auch für ihr Maltalent bekannt. Sie scheint auch ein bißchen in
der Spionagebranche herumgepfuscht zu haben und erledigte kleine Jobs für die
CIA, aber die scheint ihr nie ganz vertraut zu haben, wahrscheinlich wegen ihrer
Angewohnheit, ganz plötzlich in leidenschaftliche Liebesaffären verwickelt zu werden, die ihr Urteilsvermögen beeinträchtigten. Schließlich heiratete sie Cord Meyer,
einen hochrangigen CIA-Offizier, und widmete sich hauptsächlich ihrer Kunst.
1962, nachdem sie die Geliebte John F. Kennedys wurde – eine Quelle behauptet sogar, er hätte sich von Jackie scheiden lassen wollen, um Mary zu heiraten –, erfand
Mary Pinchot Meyer ihren ganz eigenen Plan, um die Welt vor einem Atomkrieg zu
retten, und erzählte Dr. Leary davon. Es scheint, als hätte der sie ermutigt.
Laut Deborah Davis gab es eine Gruppe hochgestellter Damen in Washington, die
dachten, wenn sie die Männer an der Macht mit bewußtseinsverändernden Drogen
in Berührung brachten, würden diese die Welt mit anderen Augen sehen, und das
würde den Kalten Krieg und überhaupt alle Kriege für immer beenden. Das war ein
ziemlich ehrgeiziger Plan, und viele dieser Damen bekamen ihr LSD von Dr. Timothy Leary, der zu der Zeit Psychologieprofessor in Harvard war und Zugang zu der
damals noch legalen Droge hatte.
Mary und ihr psychedelischer Schwesternbund versuchten, so viele hohe Beamte
wie möglich »anzuturnen«, und niemand weiß, wieviel Erfolg sie damit hatten. Es
wird u.a. behauptet, daß Mary und JFK mehr als dreißigmal miteinander Sex hatten und daß Mary jedesmal Marihuana oder Acid mitbrachte. Mary Pinchot Meyer
wurde am 12. Oktober 1964 ermordet – zwei Schüsse in den Kopf. Ein schwarzer
Arbeiter wurde verhaftet, angeklagt und freigesprochen. Der Mord ist noch immer
offiziell unaufgeklärt. *James Jesus Angleton* kam an ihr Tagebuch und verbrannte es
angeblich, obwohl ein paar Leute sagen, daß er es eine Weile behielt, bevor er es verbrannte. 1979 veröffentlichte Deborah Davis *Katherine the Great*, ein Buch über die
Washington Post, das einige Details über Mary Pinchot Meyer enthielt. 25.000 Exem-
plare wurden gedruckt, aber nach ein paar Tagen aus den Buchläden entfernt und
eingestampft.

Siehe auch: ▸ CIA-LSD-Forschung, John-F.-Kennedy-Attentat – Quellen,
Krieg gegen gewisse Drogen.

Verweise: ▸ Angleton:
http://www.weberman.com
▸ Allgemein, und Kennedys Heiratswunsch:
http://www.umsl.edu/~skthoma/hpage.htm
Popular Alienation, hrsg. von Kenn Thomas, Illuminet Press, 1995,
Seiten 79-85.

▸ MK-ULTRA

Die Ursprünge von MK-ULTRA reichen bis in den Zweiten Weltkrieg zurück, als die U.S. Army Forschungen mit Barbituraten und Marihuana anstellte, die man als Hilfsmittel bei Verhören einsetzen wollte. George Eastbrooks war ein führender Befürworter der Hypnose bei Verhören und Bewußtseinsmanipulationen aller Art. 1971 sagte er aus, er hätte mit Hilfe der Hypnose multiple Persönlichkeiten für militärische Nachrichtenzwecke erschaffen.

Nach dem Koreakrieg startete die CIA das Unternehmen MK-ULTRA als streng geheimen Versuch, die besten Techniken oder die beste Kombination von Techniken zur Bewußtseinsveränderung zu erforschen. Hypnose, Drogen, Psychochirurgie und verschiedene Versuche mit einem »Wahrheitsserum« wurden gründlichst analysiert. Ein Ziel war es, gefangenen Feinden Geheimnisse zu entlocken; ein anderes und nicht weniger wichtiges Ziel bestand darin, Agenten zu erschaffen, die so viele Ebenen der Bewußtseinkontrolle hatten, daß es auch durch Folter nicht möglich wäre, Informationen aus ihnen herauszupressen. In manchen Fällen sollte ihnen nicht einmal bewußt sein, daß sie Geheimnisträger waren.

Erforscht wurden LSD, Ketamin, Psilocybin sowie Elektroden im Gehirn. Gehirnoperation wurde ausprobiert, ebenso elektrokonvulsive Schocks. Einer der CIA-Forscher glaubte, totale Bewußtseinskontrolle könne durch eine Kombination von Elektroschocks und LSD erreicht werden, wenn man dazu die eigene Stimme des Subjekts in seine Kopfhörer einspielte. Das hört sich an, als könnte es einem glatt das Gehirn braten, nicht wahr?

Nachdem ein Untersuchungsausschuß des Senats diese Vorgänge, die sich nach Frankenstein und Dr. Mengele anhörten, aufgedeckt hatte, versprach die CIA feierlich, mit derart schrecklichen Sachen aufzuhören.

Viele Verschwörologen glauben aber, daß man nur die Decknamen der verschiedenen Projekte geändert hat.

Siehe auch: ▸ Abductees Anonymous, CIA-LSD-Forschung, Corey Hammond,
                 Mary Pinchot Meyer, James Oberg, Frank Olsen.

▸ MMAO

MMAO ist eine Abkürzung, die von *R. Buckminster Fuller* stammt und mit der er die Gruppe beschreibt, die derzeit unserern Planeten kontrolliert. Dummerweise definierte Fuller MMAO mal als »Machiavelli, Machiavelli, Atom und Öl« (Bankiers, noch mehr Bankiers, Atom- und Ölmagnaten), mal als »Machiavelli, Mafia, Atom und Öl« (Bankiers, Gangster, Atom- und Ölmagnaten). Diese Unklarheit rührt daher, daß es Fuller nicht gelungen war, die Besitzverhältnisse vieler Gesellschaften weiter als bis zu einem Schweizer Nummernkonto zu verfolgen.

Siehe auch: ▸ Gnomen von Zürich, Federal Reserve Bank, Mafia,
                 P2-Verschwörung.
Verweise: ▸ *Critical Path*, von R. Buckminster Fuller, St. Martins Press, 1981.
               ▸ *Crunch of Giants*, von R. Buckminster Fuller, St. Martins
                 Press, 1983.

▸ GEORGE DE MOHRENSCHILDT

George de Mohrenschildt, ein Mann, dessen angebliche CIA-Verbindungen öfter in der Verschwörungsliteratur auftauchen, wurde in den Monaten vor dem *John-F.-Kennedy-Attentat* scheinbar ein enger Freund von *Lee Harvey Oswald*. Eine seltsame Freundschaft, denn George de Mohrenschildt war ein überzeugter Anti-Marxist, während Oswald doch angeblich pro-marxistisch eingestellt war. Nach dem Attentat sagte Mohrenschildt: »Lee ist unschuldig.«

Als man ihn aufforderte, vor dem Untersuchungskomitee auszusagen, erschoß er sich, wie es scheint, mit einer Schrotflinte. Seine Frau hat stets ausgeschlossen, daß Mohrenschildt Selbstmord begangen haben könnte, und behauptet, sein Tod diene der »Vertuschung«.

Siehe auch:	▸ John Daly, John-F.-Kennedy-Attentat.
Verweise:	▸ http://www.ratical.com/ratville/JFK/ToA/ToAchp10.html
	▸ *The Big Book of Conspiracies*, von Doug Moench, Paradox Press, New York, 1995, S. 12.

▸ JACQUES DE MOLAY

Jacques de Molay, letzter Großmeister der *Tempelritter*, wurde 1314 auf dem Scheiterhaufen verbrannt. Im 32. Grad der Scotch Rite Freemasonry wird enthüllt, daß de Molays Geschichte hinter der Allegorie von *Hiram Abiff* verborgen ist.

Siehe auch:	▸ *Born in Blood*, Malteserritter, Der Sohn der Witwe.

▸ MARILYN-MONROE-MORD

Seit Marilyns tragischem Tod kreisen Legenden und Gerüchte um sie, verstärkt noch durch die Aussage des Journalisten Hank Messick, vormals Berater des New Yorker Rechtsausschusses für Verbrechen, nach der ihm Informanten der *Mafia* erzählt haben, daß Marilyn von den Gangstern umgebracht worden sei, um Robert Kennedy eine Falle zu stellen oder ihm etwas anzuhängen.

Laut dem sehr sorgfältigen britischen Journalisten Anthony Summers reichen die Beweise nicht für eine Mordanklage, wohl aber für eine Verschwörungsstory. Das heißt, Marilyn starb entweder an einer versehentlich oder einer absichtlich eingenommenen Überdosis an Barbituraten, aber ihr Tod wurde stundenlang geheimgehalten, und man fuhr ihre Leiche in einer Ambulanz herum, die sie schließlich zu ihrem Haus brachte, so daß Bundesagenten in der Zwischenzeit die Wohnung durchsuchen und alle Beweise für eine Affäre mit Kennedy verschwinden lassen konnten.

Summers stieß auf Beweise dafür, daß die Mafia das Landhaus verwanzt hatte, in dem Marilyn und Robert »Bobby« Kennedy ihre Schäferstündchen genossen. Vermutlich war das auf Befehl von *Sam Giancana* geschehen, der auch in vielen Verschwörungstheorien rund um das *John-F.-Kennedy-Attentat* verdächtigt wird.

Das Landhaus gehörte dem Schauspieler Peter Lawford, der augenscheinlich eine Art Zuhälter für beide Kennedy-Brüder war und sie mit vielen hübschen Schauspielerinnen »belieferte«. Ironischerweise erfuhr Bobby von der Mafiawanze durch ein anderes Abhörgerät, das das Justizministerium an Sam Giancana plaziert hatte. Robert Kennedy brach daraufhin seine Beziehung zu Marilyn ab, bevor die Mafiosi genug Bandaufnahmen hatten, um ihn damit zu erpressen. Dieser Teil der Geschichte ist besonders gut dokumentiert und sollte jedem zu denken geben, der glaubt, daß es keine Verschwörungen gibt.

Man stelle sich vor: Der Generalstaatsanwalt wird von einem Kriminellen abgehört, den er selbst abhört; das ist doch so, als würden wir in einem John-le-Carré-Roman leben.

Es gibt noch eine Version von Marilyns Tod, nach der sie tatsächlich ermordet worden war. Diese Details erzählt Marilyn selbst, und zwar durch »Channeling« an medial begabte Menschen.

Siehe auch: ▸ Sam Giancana, John-F.-Kennedy-Attentat – Quellen, Mary Pinchot Meyer.
Verweise: ▸ Hank Messick:
           Goddess, von Anthony Summers, Gollancz Ltd., London, 1988.
       ▸ Marilyns selbsterzählte Geschichte:
           The Murder of Marilyn Monroe, von Leonore Canevari, Carroll
           and Graf, 1992.

▸ MONSTERMACHER

Making Monsters von dem Psychologen Richard Ofshe und dem Journalisten Ethan Watters ist eine Kritik der *Recovered Memory Therapy* (Gedächtnis-Wiedererlangungs- oder Wiedererinnerungstherapie durch Hypnose) und behauptet, daß diese nicht nur wissenschaftlich unbrauchbar, sondern oft auch gefährlich für die Patienten und ihre Familien ist. Die Hauptkritikpunkte von Ofshe und Watters sind:

1. Jeder Recovered-Memory-Experte, der Hypnose anwendet, zwingt letztendlich den Patienten zu der Überzeugung, daß herbeigeführte Visionen echte Erinnerungen sind; da aber jeder Therapeut die Art Erinnerungen findet, nach denen er sucht, beweist das nichts anderes, als daß hypnotisierte Leute letzlich nichts anderes produzieren als das, was der Hypnotiseur verlangt. Christliche Therapeuten finden daher satanische Riten, Feministinnen stoßen auf Inzest und sexuellen Mißbrauch, und Budd Hopkins und seine Anhänger entdecken UFO-Entführungen.

2. Das Auffinden oder Erschaffen dieser Erinnerungen dauert oft sehr lang, manchmal drei bis fünf Jahre, manchmal sogar länger. Das sieht eher nach gemeinsamer phantasiereicher Kreation aus, nicht nach Erinnerung.

3. Viele Patienten sind von ihren Therapeuten dazu ermutigt worden, ihre vermeintlichen Peiniger mit den Erinnerungen zu konfrontieren, was den beteiligten Familien oft große Verletzungen zugefügt hat. Mit einer derart unsicheren Prozedur wie diesem durch Hypnose herbeigeführten Glauben grenzt das an kriminelle Verantwortungslosigkeit.

4. Experimentelle Gedächtnisstudien unterstützen die Doktrin, die der Recovered Memory Therapy zugrunde liegt, nicht, und viele bekannte Studien (die jeder qualifizierte Psychologe kennen sollte) widersprechen ihr direkt.

5. Viele der gefeierten Fälle von wiedererlangtem Gedächtnis sind so absurd, daß niemand sie glauben würde, wenn die »Gedächtnistherapeuten« nicht von zwei Gruppen unterstützt würden: von den radikalen Feministinnen und von den fundamentalistischen Christen, die uns andauernd versichern, daß diese Therapie »wissenschaftlich« sei.

Trotz so aussagekräftiger Kritik hat die Recovered Memory Therapy immer noch viele Anhänger, und die Patienten erinnern sich immer aufs neue an sexuellen Mißbrauch, satanisch-kannibalistische Rituale und Entführungen durch Außerirdische.

Siehe auch: ▸ *Daimonic Reality,* Corrydon Hammond, *Satanic Panic,* UFO-Satans-Verschwörungen.

Verweise: ▸ *Making Monsters: False Memories, Psychotherapy, and Sexual Hysteria,* von Richard Ofshe und Ethan Watters, University of California Press, Berkeley and Los Angeles, 1996.

▶ ROBERT MORNING SKY

Robert Morning Sky, halb Apache, halb Hopi, ist Anführer oder Nichtanführer einer Gruppe, die sich Renegade Warriors nennt. Morning Sky betont, daß er kein Schamane, Guru, Messias oder sonst irgendein Experte sei, und sagt, man solle seine Ansichten aufgrund der Beweise beurteilen, nicht aufgrund irgendeiner Autorität. Seine einzige religiöse Rolle, sagt er, besteht darin, auf Pow-wows (indianischen Festen) zu tanzen.

Morning Sky, der Linguistik an der Universität von Arizona studiert hat, behauptet, der Grund dafür, daß indianische, ägyptische, hinduistische und viele andere Gottheiten halb menschlich, halb tierisch aussehen, außerirdische Besucher oder Eroberer sind. In diesem Szenario hätte sich intelligentes Leben in vielerlei Formen im ganzen Universum entwickelt, aber jede davon hat irgend etwas Menschliches an sich. Die größte Rolle in der Erdgeschichte spielten Wolf-Menschen vom *Sirius* und eine Schlangen-Menschenart von irgendwo im Orion.

Morning Skys Werke weichen offen und fast streitlustig von den Ansichten sowohl traditioneller weißer Historiker als auch New-Age-Mystiker ab.

Er sagt auch, daß er stolz darauf ist, eher primitiv als intellektuell zu sein, wobei er »primitiv« auf die Bedeutung »original, nicht von etwas anderem abstammend« zurückführt, während er mit »intellektuell« die Bedeutung Täuschung, Fälschung und Korruption verbindet.

Verweise: ▶ http://www.xroads.com/%7erms/index.htm

▶ MOSKITO-VERSCHWÖRUNG

Zwischen 1956 und 1958 unternahm die U.S. Army Feldversuche in Savannah, Georgia, und Avon Park, Florida, indem sie Moskitos in Wohngebieten freiließ.

Viele Leute wurden von Schwärmen »überfallen« und erkrankten; einige starben sogar. Armeeangehörige gaben sich als Beamte der Gesundheitsbehörden aus und fotografierten und untersuchten die Opfer. Obwohl die Details dieser Experimente mit ahnungslosen Bürgern geheim bleiben, glauben doch ein paar Verschwörungsenthusiasten, daß man die Moskitos mit Gelbfieber infiziert hatte.

Siehe auch:	▸ AIDS-Verschwörungstheorien, Chicagoer Malaria-Studie, Tuskegee Syphilis Study.
Verweise:	▸ http://home.earthlink.net/~bkonop/Germincidents2.html

▸ MOTHMAN PROPHECIES
(Die Prophezeiungen des Mottenmanns)

1968 wurde das Grenzgebiet zwischen West Virginia und Ohio Schauplatz einer Welle seltsamer Vorkommnisse. Wie John Keel in seinem Buch *The Mothman Prophecies* dokumentierte, gehörten zu den Phänomenen:

- ▸ der erste Fall einer Serie von mysteriösen »Rinderverstümmelungen«, die sich danach auch in anderen Staaten ereignet haben, in der Regel weiter westlich;
- ▸ über hundert Sichtungen von unerklärlichen Lichtern (UFOs) am Himmel;
- ▸ drei klassische Fälle von »Unheimlicher Begegnung«, bei denen Leute Außerirdische sahen, oder dachten, daß sie welche sahen;
- ▸ etwa 70 Sichtungen des sogenannten Mottenmannes, einem traditionellen »Monster« dieser Gegend, das, ähnlich wie Bigfoot oder Nessie, immer mal wieder erscheint, um ein paar Augenzeugen zu erschrecken, es bleibt aber nie lang genug, um sich wissenschaftlich bestätigen zu lassen; und
- ▸ eine ganze Parade von Men In Black, die meisten in schwarzen Cadillacs und von vage orientalischem Aussehen.

Der Mottenmann a) ist oder b) erscheint als oder c) wird halluziniert als menschenähnliche Gestalt mit riesigen Mottenflügeln und rotglühenden Augen.
Ein anderer Spuk in dieser Gegend nannte sich Indrid Cold und behauptete, von einem Planeten namens Lanulos zu kommen. Zweimal erschien er einem Vertreter namens Woodrow Derenberger, mit dem er anscheinend telepathischen Kontakt hatte. Derenberger wurde später mit Telefonanrufen belästigt, die aus einer Mischung aus Drohungen, elektronischem Summen und Piepsern bestanden (siehe *Geheimschlüssel der UFOnauten*). Während Keel versuchte, diese Kombination seltsamer Vorfälle (Viehverstümmelungen, vom Radar bestätigte UFO-Sichtungen und wachsende Hysterie in der Bevölkerung) zu untersuchen, wurde er selbst zum

Ziel merkwürdiger Ereignisse. Ein wahrer Strudel elektronischer und mechanischer Unfälle verfolgte ihn; seltsame Leute kontaktierten ihn auf seltsame Weise und prophezeiten ihm zukünftige Ereignisse. Die am häufigsten wiederholten Prophezeiungen waren:

1. Der Papst würde während eines Besuches im Mittleren Osten mit einem Messer verletzt werden,
2. Robert Kennedy sei in Gefahr, und die Bedrohung erwarte ihn in einer Hotelküche und
3. am 24. Dezember mittags würde es einen Stromausfall in ganz Nordamerika geben.

Der Papst wurde nicht im Mittleren Osten mit einem Messer verletzt, sondern ein Jahr später in Manila. Robert Kennedy wurde von Sirhan Sirhan und/oder anderen unbekannten Personen in einer Hotelküche erschossen. Am 24. Dezember mittags gab es keinen Stromausfall, aber zu diesem Zeitpunkt stürzte eine Brücke in West Virginia ein, genau im Zentrum der merkwürdigen Vorfälle, und über 100 Menschen kamen dabei ums Leben.

Keel sagt, daß die meisten UFO-Vorfälle in dieser Sphäre von Magick und Surrealismus liegen, was normalerweise von den Skeptikern genauso ignoriert wird wie von den Anhängern der Außerirdischen-Theorie.

Er zieht es vor, von den beteiligten Wesen als Ultra-Irdischen (*Ultra-Terrestrier*) zu sprechen, die im Grenzland zwischen Materie und Energie existieren oder zwischen Realität und Traum, und betrachtet sie als boshaft, trügerisch und oft gefährlich; jene, die darauf bestehen, mit ihnen zu kommunizieren, könnten Geisteskrankheiten zum Opfer fallen.

Siehe auch:	▸ Abdul Alhazred, *Daimonic Reality*, Charles Fort, UFO-Satans-Verschwörung.
Verweise:	▸ *The Mothman Prophecies*, von John Keel, IllumiNet Press, Avondale Estates, Ga., 1991.

► NASA, NAZIS UND JFK

NASA, Nazis and JFK ist der Nachdruck eines Werkes, das von »William Torbitt« (ein Pseudonym) stammt und ursprünglich als *Nomenclature of an Assassination Cabal* veröffentlicht wurde. Darin wird die These vertreten, daß das **John-F.-Kennedy-Attentat** von einer Verschwörergruppe überwacht wurde, die aus Werner von Braun, J. Edgar Hoover, Lyndon B. Johnson, Roy Cohn und Ferenc Nagy, dem ehemaligen Premierminister von Ungarn, bestand, der zudem auch der **Umbrella-Mann** war.

Torbitt behauptet, daß das Attentat unter der Anleitung des Department 5 im FBI durchgeführt wurde; diese Abteilung, die in den zwanziger Jahren gegründet wurde, um interne Subversive aufzuspüren, war zu einem Mordbüro geworden. D-5 arbeitete eng mit der Sicherheitsabteilung der NASA zusammen, ebenso mit dem Verteidigungsausschuß für Industriesicherheit, dem von Braun vorstand.

William Sullivan, Chef des D-5, verbrachte tatsächlich den Tag nach dem Attentat in einer streng privaten Konferenz mit *James Jesus Angleton* von der CIA, wo sie angeblich ihre Vertuschungsstories absprachen.

Dieses merkwürdigste aller Bücher über das JFK-Attentat zeichnet ein Spinnennetz von Verbindungen zwischen Nazis, ungarischen Politikern, der NASA, Roy Cohn, Clay Shaw und *David Ferry* – zum Beispiel hat sich Werner von Braun 1945 dem Major Clay Shaw ergeben –, sagt aber nie, welches Motiv all diese Leute und Gruppen in einer einzigen gigantischen Verschwörung zusammengebracht haben soll, um einen Präsidenten umzubringen. Es gibt jedoch ein paar dunkle Hinweise über gefälschte Mondlandungen, verschwiegene Landungen auf dem Mars, *Area 51* und

»genetisch erschaffene Aliens«, die suggerieren, daß die NASA in einer anderen Branche tätig ist, als sie uns vormacht.

Was »William Torbitt« betrifft: Er behauptet, ein konservativer Anwalt zu sein, der das Buch nicht einmal allein geschrieben habe, sondern zwei Leute bezahlt haben will, die für ihn Recherchen durchführten und das meiste auch für ihn geschrieben haben. Er sagt nur, daß es sich bei ihnen um Agenten der Zollbehörde und der Drogenfahndung gehandelt habe.

Verweise: ▶ *NASA, Nazis und JFK*, von »William Torbitt« und Kenn Thomas, Adventures Unlimited Press, Kempton, Ill., 1996.

▶ **NAUGHTYROBOT**

Als klassischer Fall einer Schneeball-Verschwörung oder eines Streichs, der außer Kontrolle geraten ist, hat NaughtyRobot schon einige Netsurfer ausrasten lassen. Die Nachricht scheint vom eigenen Website-Manager zu kommen, aber das ist eine falsche Angabe, um den echten Absender zu verbergen. Sie lautet übersetzt:

Betrifft: Sicherheitsverletzung durch NaughtyRobot (etwa: SchlimmerRoboter)
Diese Nachricht sendet Ihnen NaughtyRobot, eine Internet-Spinne, die durch
ein winziges Loch aus dem World Wide Web in Ihren Server gekrabbelt ist.
NaughtyRobot verwendet eine Security-Wanze in HTTP und besucht Ihr System,
um persönliche, private und sensitive Information zu sammeln. NaughtyRobot
hat Ihre E-Mail und Ihre anderen Adressen entschlüsselt, dazu Ihre Telefon-
und Kreditkartennummern. Um sich gegen den Mißbrauch dieser Informationen
zu schützen, gehen Sie wie folgt vor:
1. Benachrichtigen Sie ihren Server-SysOp,
2. benachrichtigen Sie die Polizei,
3. unterbrechen Sie Ihre Telefonverbindung und
4. melden Sie Ihre Kreditkarten als verloren.
Verlieren Sie keine Zeit! Denken Sie daran:
Nur SIE können DATENFEUER verhindern!

Verweise: ▶ http://ciac.llnl.gov/ciac/CIACHoaxes.html

► NAZI-HOHLWELT-THEORIE

Ein paar Nazis glaubten an eine Hohlwelt-Theorie, die noch verrückter war als die von *Dr. Raymond Bernard* und *Richard Shaver*. Sie behaupteten nicht nur, daß die Erde hohl ist, sondern auch, daß wir auf der Innenseite leben. Dieses Modell stammt von einem amerikanischen Propheten aus dem 19. Jahrhundert namens Cyrus Teed, der eine Vision von der Großen Göttin hatte, die ihm erzählte, daß er die ganze Welt bekehren werde, weil sie ihm eine Wahrheit verraten würde, von der weder die fundamentalistischen Christen noch die heidnischen Wissenschaftler etwas ahnten. Diese Wahrheit aber sei, daß das ganze Universum aus massivem Fels bestünde und wir in der einzigen Höhle darin lebten. Die Lichter, die wir für Sterne halten, seien die Lichter anderer Städte, ebenfalls an den Wänden dieser Höhle.

Teed änderte seinen Namen in Koresh (hebräisch für Cyrus), und seine Doktrin wurde in Amerika als Koreshanity bekannt. Außerdem bewiesen er und ein Schüler mit Hilfe eines seltsamen Instruments namens Rectilineator, daß die Erde nicht flach war, wie die Fundamentalisten seinerzeit behaupteten, auch nicht konvex, wie es die Wissenschaftler haben wollten, sondern konkav (wie die Göttin verriet).

Koreshanity war ein Weilchen erfolgreich in Amerika und verwelkte dann zu einem kleinen Kult in Florida. Aber im Deutschland der zwanziger Jahre wurde ein Weltkriegsveteran namens Peter Bender ein Anhänger dieser Lehre, und es gelang ihm, die Aufmerksamkeit von Hermann Göring zu erregen, den er als Pilot aus dem Weltkrieg kannte. Bender machte die Koresh-Theorie für Nazis attraktiver, indem er schrieb: »Ein unendliches Universum ist eine jüdische Abstraktion. Ein endliches, rundes Universum ist ein ganz und gar arisches Konzept.«

Der erste Versuch, das endliche, runde Universum nachzuweisen, fand in Magdeburg statt, wo Ingenieure versuchten, eine Rakete abzuschießen, welche die gegenüberliegende Seite der hohlen Welt treffen sollte. Der Start fand nie statt, aber ein paar der Techniker arbeiteten später am V-2-Programm, dem es tatsächlich gelang, Raketen abzufeuern, aber nicht auf die gegenüberliegende Seite der Erde.

Bei einem zweiten Experiment 1942 auf der Insel Rügen nahmen Marineoffiziere und einige Wissenschaftler teil, die die englische Marine lokalisieren wollten, indem sie versuchten, mit starken Teleskopen über die hohle Welt zu schauen. Sie sahen nichts als Himmel, und die Reichsregierung war wütend auf Bender, weil er sie in die Irre führen wollte. Er und seine Familie kamen in einem der Todeslager ums Leben.

Verweise: ▶ *Subterranean Worlds*, von Walter Kafton-Minkel, Loompanics
            Unlimited, Port Townsend, Wash., 1989, Seiten 217–221.
            ▶ Koreshanity:
            Ebd., Seiten 90–107.
            Eccentric Lives and Peculiar Notions, von John Michell,
            Citadel Press, Secaucas, N.J., 1984, Seiten 41–50.

▶ NAZI-ILLUMINATEN-THEORIE

In seinem Artikel »Die Nazi-Religion: Anschauungen zu religiöser Planwirtschaft in Deutschland und Amerika« schreibt J. F. C. Moore, daß Nationalsozialismus und amerikanischer Konservativismus beide den Wurzeln der *Illuminaten*-Verschwörung entsprungen sind. Laut Moore kam der Nazismus aus der Thule-Gesellschaft, einer rechten, okkulten Loge im Deutschland der zwanziger Jahre, die von den Illuminaten beeinflußt war, und darüber hinaus hat der Nazismus so viele Ähnlichkeiten mit rechtsradikalen Bewegungen in den USA, daß es kaum Zufall sein kann.

Moores Theorie sagt im Grunde, daß seit der amerikanischen und der Französischen Revolution bestimmte rechte Gruppen Anarchie als Ergebnis von zuviel Demokratie befürchten und dies zu verhindern suchten, indem sie Geheimgesellschaften bilden, die sich der Staatsanbetung und/oder dem christlichem Sozialismus widmen, kombiniert mit dem gnostischen Mysterium, von himmlischen oder außerweltlichen Wesen geleitet zu werden. Diese Anleitung schafft den Zustand »Illuminatenon«, und der Initiierte verspürt das tiefe Bedürfnis, für Gott und gegen Das Böse zu kämpfen; das Problem dabei ist, daß Gott und Das Böse mit Hilfe einer autoritären Ideologie definiert werden, die alle Rebellen gegen die »gottgewollte Autorität« als fleischgewordene Teufel bezeichnet. J. Edgar Hoover, der berüchtigte ehemalige FBI-Boß, soll Mitglied einer solchen okkulten Gruppe gewesen sein.

Obwohl Moores Stil sorgfältig akademisch und unpersönlich ist, führt die Art und Weise, wie er die Daten seiner Studie arrangiert hat, doch zu dem Schluß, daß sie anzeigen, daß die meisten rechten Gruppen in Amerika und besonders die mit Anti-Illuminaten-Theorien doch nur unbewußte Handlanger der Illuminaten sind.

Verweise: ▸ *The Nazi-Religion: Views on religious statism in Germany and America*, von J. F. C. Moore, *Libertarian American*, Vol. III, No. 3, August 1969.
▸ *Das schwarze Reich. Geheimgesellschaften und Politik im 20. Jahrhundert*, von E. R. Carmin, München, 1997.

▸ NECRONOMICON

Necronomicon oder das »Buch der toten Namen« heißen die meisten europäischen Übersetzungen des »Verbotenen« Buches »*Al Azif*«, das »der verrückte Araber«, **Abdul Alhazred**, geschrieben hat. Das sehr umstrittene *Necronomicon* ist so gefürchtet, daß manche sich weigern zu glauben, es habe ein Buch dieses Namens überhaupt existiert.
In der jüngsten Übersetzung, erarbeitet nach verschlüsselten Papieren aus den Archiven von **Dr. John Dee**, schreibt Robert Turner:

> »*In den Mythen aller Rassen und Gegenden finden wir die Zeichen dieser extra-kosmischen Bewohner, die die Seiten des* Necronomicon *bevölkern ... im Himalaya, ... der Abscheuliche Schneemensch, ... der Mottenmann in West Virginia, ... Monster und Seeschlangen füllen Seen und Ozeane; UFO-Begegnungen sind beinahe alltäglich geworden.*«

Siehe auch: ▸ *Daimonic Reality, Gods of Eden*, Kenneth Grant, Robert Morning Sky, *Mothman Prophecies*.
Verweise: ▸ *The Necronomicon with Commentaries*, von Neville Spearman, Suffolk, England, 1978.

▶ NEW WORLD ORDER
(Neue Weltordnung)

New World Order – ein Ausdruck, der in den zwanziger Jahren die Ansichten des *Colonel Edward House* beschrieb – wurde wieder brandaktuell, als *George Bush* ihn in einer Rede verwendete. Der *Pennsylvania Crier* beschreibt die NWO als gemeinsames Produkt der Ideen von *Cecil Rhodes*, Andrew Carnegie und den Fabian Socialists (H.G. Wells zum Beispiel) und als Versuch, das britische Empire über die ganze Welt auszudehnen und solcherart zukünftige Kriege zu vermeiden. Das entwickelte sich allmählich zur Vorstellung einer Weltregierung durch eine englischsprechende Union, und man solle sich dagegen wehren, fährt der *Crier* fort, denn das würde »Freiheit, Selbstbestimmung, begrenzte Regierungsgewalt, den freien Handel, die US-Verfassung und die Bürgerrechte« eliminieren.

Siehe auch:	▶ A-Albionic Consulting and Research, Council on Foreign Relations, *NASA, Nazis und JFK,* Keiner traut sich Verschwörung zu sagen, Noon Blue Apples, Trilaterale Kommission.
Verweise:	▶ *Das schwarze Reich. Geheimgesellschaften und Politik im 20. Jahrhundert,* von E. R. Carmin, München, 1997.

▶ NEW YORKER U-BAHN-EXPERIMENT

1966 verbreitete die U.S. Army einen Bazillus im gesamten New Yorker U-Bahnnetz. Der Name des Bazillus ist unbekannt, und man hat keine Kenntnis von schädlichen Folgen, zum Teil, weil alle Einzelheiten des Projekts immer noch geheimgehalten werden. Die Rechtfertigung der Armee für dieses Experiment lautete: Es gibt viele U-Bahnen in der Sowjetunion.

Siehe auch:	▶ AIDS-Verschwörungstheorien, Chicagoer Malaria-Studie, Tuskegee Syphilis Study.
Verweise:	▶ http://home.earthlink.net/~bkonop/GermIncidents2.html

▶ NICARAGUA: BAKTERIENKRIEG?

1985 gab es in Nicaragua einen Ausbruch von Dengue-Fieber, kurz nachdem die Zahl amerikanischer Luftaufklärungsflüge erhöht worden war. Viele Menschen starben, und viele andere, zirka die Hälfte der Einwohner von Managua, wurden schwer krank. Der Verdacht entstand, es handele sich um bakteriologische Kriegführung, zumal es in Nicaragua noch nie so eine Epidemie gegeben hatte und der Krankheitsausbruch fast genauso verlief wie bei dem Zwischenfall in Kuba vier Jahre zuvor.

Varianten von Dengue-Fieber wurden experimentell in der Testeinrichtung für biologische Kriegsführung der U.S. Army in Fort Detrick, Maryland, untersucht, noch vor dem angeblichen Verbot derartiger Forschung im Jahr 1972.

Siehe auch: ▶ AIDS-Verschwörungstheorien, Chicagoer Malaria-Studie.
Verweise: ▶ http://home.earthlink.net/~bkonop/GermIncidents2.html

▶ NOON BLUE APPLES

Der verwirrendste Teil des *Maria-Magdalena-Kirche/Prieuré-de-Sion*-Mysteriums betrifft die verschlüsselten Pergamente, die *Pater Béranger Saunière* 1891 fand. Diese Pergamente waren auf den ersten Blick nur Abschriften des lateinischen Evangeliums, aber bestimmte Buchstaben waren hervorgehoben, aus denen sich Nachrichten in französischer Sprache ergaben, die offensichtlich nur von Eingeweihten verstanden werden konnten. Darunter sind so bemerkenswerte Sätze wie dieser:

> *Dieser Schatz gehört Dagobert II. König und Sion, und er ist hier tot.*

Und im zweiten Pergament heißt es:

> *Hirtin keine Versuchung daß Poussin Teniers hält den Schlüssel Frieden 681*
> *beim Kreuz und dieses Pferd von Gott I vollende dies Dämon Wächter um mittag*
> *blaue Äpfel (... Noon Blue Apples).*

Siehe auch: ▶ Jean Cocteau, Committee to Protect the Rights and Privileges
              of Low-Cost Housing, Dagobert II, Gerard de Sede, Gnomen von Zürich,
              Grand Orange Order of Ireland, Nicholas Poussin.
Verweise: ▶ *Der Heilige Gral und seine Erben*, von Michael Baigent, Henry Lincoln
              und Richard Leigh, Bergisch-Gladbach, 1984.

▶ YURI NOSENKO

Im Januar 1964 bat Yuri Nosenko vom KGB, der seit 1962 für die CIA arbeitete, die Agency, ihm bei der Flucht in den Westen zu helfen. Die CIA weigerte sich zuerst und wollte Yuri Nosenko auf seinem Platz beim Moskauer KGB behalten, akzeptierte ihn schließlich, jedoch mit gravierenden Einschränkungen.

James Jesus Angleton, Chef der CIA-Spionageabwehr, mißtraute Nosenko zuerst (oder tat zumindest so) und unternahm sogar einen Versuch, den Beinahe-Überläufer ermorden zu lassen. Es gibt Hinweise, daß Nosenko, nachdem er in Washington anerkannt worden war, auf Angletons Befehl verhört und einer Gehirnwäsche mit Drogen als Teil des *MK-ULTRA*-Programmes unterzogen wurde. Diejenigen, die glauben, daß Angleton eine Schlüsselrolle beim *John-F.-Kennedy-Attentat* gespielt hatte, finden es bemerkenswert, daß Nosenkos Aussage vor dem Untersuchungsausschuß nach seiner – angeblichen – Gehirnwäsche keine Verschwörungstheorien, sondern die Warren-Kommission unterstützte.

Eine ungelöste Angelegenheit im Fall Nosenko ist *Sasha*, ein möglicher Spion in den obersten Rängen der CIA. Ein früherer sowjetischer Überläufer, *Anatoli Golitsin*, behauptete, daß Sasha wirklich existierte, aber Nosenko verneinte dies.

Da Golitsin auch behauptet hatte, die Sowjetunion wolle die CIA mit falschen Überläufern überschwemmen, spaltete dieser Streit zwischen Nosenko und Golitsin die Agentur und die Verschwörungstheoretiker in zwei Lager. Bewiesenermaßen hat der KGB aber die höchsten Ränge der britischen Nachrichtendienste infiltriert, wie etwa im Fall Hollis.

▶ **JAMES OBERG**

James Oberg, der der extraterrestrischen Interpretation des UFO-Phänomens skeptisch gegenübersteht, hat mehr als einmal eine eher verschwörerische Gegentheorie vorgeschlagen. Im Juni 1980 gab es in Moskau eine große UFO-Sichtungswelle. Leute sahen ein gigantisches Licht, und es wurde behauptet, daß Außerirdische Autos verfolgten und Löcher in Fenster bohrten. Zehntausende sahen das alles oder zumindest einen Teil davon. Im *Omni*-Magazin stellte Oberg die Frage, ob nicht der KGB dahinter stünde: »Der KGB will die wahre Bedeutung des militärischen Weltraumzentrums bei Pietsk vertuschen und verbreitet natürlich gern schillernde Stories über Aliens, die Autos jagen und Löcher in Fenster bohren.«

In jüngster Zeit hat Oberg mit anklagendem Finger auf Teile der US-Regierung gezeigt:

> ... *Regierungsvertreter – Beamte, Offiziere etc. – verwendeten »UFO« als bequeme Tarnung für andere geheime Aktivitäten (wie zum Beispiel die Bergung abgestürzter Flugzeuge oder Atomwaffen); oder verwendeten künstliche »UFO-Stories« (in mündlicher, schriftlicher, fotografischer oder filmischer etc. Form), um die Funktion von Sicherheitseinrichtungen und psychologische*

Reaktionen des Personals zu testen; oder verwendeten »UFO« als Ausrede,
um unsaubere, verbotene oder diplomatisch delikate Angelegenheiten zu
vertuschen … oder irgendwelche andere Aktivitäten, die die Regierung oder
ein Teil derselben geheimhalten möchte.

Oberg erhob diese Anschuldigungen in einem offenen Brief an Dr. Stephen Greer von der *CSETI*-Organisation, die versucht, die Regierung zur Herausgabe von UFO-Geheimnissen zu zwingen.

Oberg unterstützt Greer insoweit, als er die Geheimnisse veröffentlicht haben will, obwohl Greer ein Anhänger der Außerirdischen-Hypothese ist und Oberg seinerseits glaubt, daß es nichts anderes beweist, als daß uns die Regierung die meiste Zeit belügt. Die meisten Verschwörungsforscher würden natürlich die Herausgabe angeblicher UFO-Geheimnisse begrüßen, bei denen es um verlorene Atomsprengköpfe und »um unsaubere, verbotene oder diplomatisch delikate Angelegenheiten« geht.

Siehe auch: ▸ William Cooper, Kornkreise, NASA, Nazis und JFK,
 UMMO-Briefe.
Verweise: ▸ KGB-Lügen: *Omni*, September 1982.
 ▸ US-Regierungs-Lügen: *Saucer Smear*, Vol. 44, No. 6, Juni 1997,
 (P.O. Box 1709, Key West, FL 33041).

▸ OCTOPUS

Als der Journalist *Danny Casolaro* damit begann, den *Inslaw*-Skandal zu untersuchen, entdeckte er so viele Verbindungen zu anderen Verschwörungsfällen, daß er kaum seinen eigenen Untersuchungsergebnissen trauen wollte. Je tiefer er in die Inslaw/*Promis*-Story eindrang, desto mehr geriet er in eine Welt miteinander verknüpfter Verrätereien, in der es buchstäblich alles gab, was man auch im vorliegenden Buch finden kann, sogar die angeblichen Außerirdischen aus der *Äarea 51* (Danny kam zu der Überzeugung, daß es bei dem Geheimnis um die Äarea 51 um Spionageflugzeuge ging), den Todesfall *Vince Foster* und eine ganze Mordserie, die mit einem Indianerreservat in Kalifornien zu tun hatte.

Casolaro war sich sicher, daß eine einzelne Verschwörung die Inslaw-Verbindungen nicht erklären könne; er erfand die Metapher »Octopus« für ein hypothetisches Netz aus lokalen Verschwörungen und geistig verwandten Gruppen, die entweder als Einheit auftreten konnten (wenn es ein Motiv für eine Zusammenarbeit gab) oder jederzeit wieder nur für ihre eigenen Ziele, ohne Zusammenhang untereinander, tätig werden konnten.

Siehe auch: ▸ A-Albionic Consulting and Research, John Birch Society, The Con, *Gods of Eden*, Great Pirates, Irish Wisdom, Lyndon LaRouche, MMAO, Prieuré de Sion, Fletcher Prouty, *Yankee and Cowboy War.*

Verweise: ▸ http://www.federal.com/6298.html
▸ *The Octopus: Secret Government and the Death of Danny Casolaro*, von Kenn Thomas und Jim Keith, Feral House, Portland, Oregon, 1996.

▸ FRANK OLSON

Frank Olson (1910–1953) war ein Wissenschaftler, der für die US-Regierung streng geheime Forschungen über bakteriologische Kriegführung durchführte und angeblich Selbstmord beging, indem er aus einem Fenster im 12. Stock sprang.

Olson war, ohne das er es ahnte, von der CIA im Rahmen ihres *MK-ULTRA*-Programmes eine Dosis LSD verabreicht worden. Danach sollte er aus dem Regierungsdienst ausscheiden und fing angeblich an, seinen Bekannten Staatsgeheimnisse zu enthüllen. Die Regierung nahm seine Kündigung nicht an und schickte ihn zu einem Regierungspsychiater.

1965 las sein Sohn Eric einen Artikel über die LSD-Experimente der CIA in den 50er Jahren und erfuhr, daß sie die Droge an ihren eigenen Wissenschaftlern ausprobiert hätten, ohne daß diese davon wußten. Die CIA bestätigte, daß Olson einer dieser Wissenschaftler war. 1975 sprach Präsident Gerald Ford den Olsons eine Entschuldigung aus und ließ ihnen 750.000 Dollar Schadenersatz auszahlen.

1994 erhielt Eric Olson die Erlaubnis, die Leiche seines Vaters exhumieren zu lassen. Diese war überraschend gut erhalten, und forensische Wissenschaftler röntgten sie und untersuchten alle Knochenbrüche. Was sie herausfanden, paßte weder zu einem Selbstmord noch zu einem Unfall – es gab eine unerklärliche Verletzung an Olsons Stirnseite, mit der er nicht auf den Boden aufschlug.

Sie kamen zu dem Schluß, daß man ihn mit einem stumpfen Gegenstand niederge-schlagen und dann aus dem Fenster geworfen hatte. Die forensischen Beweise sind deutlich genug, um ein Verfahren zu eröffnen, in dem festgestellt werden soll, ob Olson von der CIA ermordet worden war.

Siehe auch: ▸ AIDS-Verschwörungstheorien, Mona Charen, Chicagoer Malaria-Studie, New Yorker U-Bahn-Experiment.

Verweise: ▸ *Discovery Magazine*, Juni 1997 (TV Discovery Channel).

▸ DR. KENNETH OLSON

Dr. Kenneth Olson behandelte eine Patientin namens Nadean Cool und überredete sie, 126 bis dahin unterdrückte alternative Persönlichkeiten zu enthüllen. Darunter waren der Teufel, viele Engel mit Mitteilungen von Gott, ein Kannibale und sogar eine dämonische Ente (demonic duck).

Als Nadean Cool ihren Vater mit »Erinnerungen« an Satansrituale und Kindsopfer konfrontierte, fiel er tot um. Sie verklagte Dr. Olson wegen ärztlicher Fahrlässigkeit und erhielt 2,4 Millionen Dollar Schadenersatz. Dr. Olson wurde auch von einer anderen Patientin wegen falscher Diagnose, ihre angeblichen multiplen Persönlich-keiten betreffend, verklagt.

Siehe auch: ▸ Corrydon Hammond, Monstermacher, Recovered Memory Therapy.

Verweise: ▸ *Fortean Times*, Nr. 99, Juni 1997.
▸ CBS *60 Minutes*, 30. November 1997.

▶ OM (Operation Mindfuck)

Operation Mindfuck (OM) ist ein Langzeitprojekt der Diskordianer, das die einen als konzeptionelle Kunst, die anderen als anarchistische Streiche verstehen. Entsprechend dem diskordianischen Catma – »Wir Diskordianer müssen auseinander halten« – weiß niemand, auch die Diskordianer nicht, welche echten oder angeblichen Phänomene mit OM zu tun haben.

Sicher ist nur, daß OM unser Konzept des Möglichen erweitern soll.

OM verlegt die Diskordianische Offenbarung, die Dada-Bewegung möglicherweise eingeschlossen, etwa in das Jahr 1914, als es Dichterlesungen gab, bei denen der lesende Dichter von Dadaisten mit Lärminstrumenten übertönt wurde.

Der klassische Mindfuck geschah 1923 bei einer der ersten Surrealismus-Ausstellungen. Das Publikum mußte durch einen Garten gehen, in dem ein von Salvatore Dali »behandeltes« Taxi stand, in dem es regnete. Danach kam es in eine Galerie, und das erste, was man sah, war ein Schild:

Dada ist nicht tot
Achten Sie auf Ihre Garderobe

Niemand weiß genau, welche Teile von Andy Warhols Œuvre oder wie viele UFO-Sichtungen zu OM gehören. Könnte die *Prieuré de Sion* ein OM-Projekt sein oder dieser komische Film »*F for Fake*«?

Siehe auch: ▶ CIAC, *Die Versteigerung von Nr. 49*, Irina, UMMO-Briefe.
Verweise: ▶ http://www.kbuxton.com/discordia/

▶ ORDER OF MEMPHIS AND MIZRAIM

Der Order of Memphis and Mizraim scheint nur kurze Zeit existiert zu haben, hängt aber eng mit anderen Orden der *Freimaurer, Illuminaten* und *Rosenkreuzer* zusammen. Der Großmeister des Ordens, John Yarker (1833–1913), behauptete, daß seine die älteste aller Freimaurerlogen war und jene Magick-Geheimnisse kannte, die andere verloren hatten. Der Orden hatte außerdem mehr Grade der Initiierung als jeder andere – 97 im Vergleich zu den 33 der Scotch Rite Masonry oder den 11 des *Ordo Templis Orientis.*

1895 versuchten zwei deutsche Freimaurer, Karl Kellner und Theodor Reuss, eine Academia Masonica zu gründen, aus der schließlich der *Ordo Templis Orientis* wurde. Unter anderem entschieden sie, daß nicht nur Männer, sondern auch Frauen zugelassen würden. Dieser Punkt gefiel den meisten Freimaurern nicht, die einer rein männlichen Tradition verhaftet waren, daher wurde der OTO für die meisten Freimaurerlogen unakzeptierbar. Reuss war aber überzeugt, daß Sex Magick das verlorene Geheimnis der Freimaurer und der Rosenkreuzer war. Inzwischen bildete er mit Leopold Engel den wiederbelebten Orden der Illuminaten.

Reuss wurde außerdem Großmeister des Swedenborgischen Ritus der Freimaurerei in Deutschland (1901) und Magus der Societas Rosicruciana in England (1902) – letztere stand unter der Führung von W. Wynn Westcott vom *Hermetic Order of the Golden Dawn.* Reuss bildete dann drei ähnliche Logen in Deutschland. *Aleister Crowley* errang alle 97 Grade von Memphis und Mizraim von Yarker, den 9. und 10. Grad von Reuss und alle 33 Grade der Schottischen Riten von einem mexikanischen Freimaurer, den er beim Bergsteigen in Mexiko kennenlernte.

Siehe auch:	▸ Illuminaten, Prieuré de Sion.
Verweise:	▸ http://otohq.org/oto/history.html#amas

▸ ORDO TEMPLI ORIENTIS

Ordo Templis Orientis (OTO) ist ein ritualistisch-okkulter Orden im Stil der *Freimaurer,* der sich selbst auf die Tempelritter zurückführt. Mehrere Gruppen haben behauptet, der echte OTO zu sein, aber amerikanische Bundesgerichte haben entschieden, daß der im World Wide Web (siehe **Verweise**) vertretene Orden der »echte« Orden von *Aleister Crowley* ist und haben ihm als wohltätige und religiöse Organisation Steuerfreiheit zuerkannt.

Der Orden kennt elf Grade, die ersten neun und der elfte entsprechen freimaurerischen »Initiierungen«, bei denen der Kandidat geprüft und hoffentlich durch tiefere Einsichten in die Welt und sich selbst erleuchtet wird.

Der zehnte Grad steht für das »Outer Head« des Ordens, ein Posten, der zur Zeit laut Gerichtsentscheid von einem Hymeneus Beta besetzt ist; 1.004 andere beanspruchen diesen Titel ebenfalls für sich. Aleister Crowley wurde 1912 Eingeweihter des OTO, nachdem er sein *Buch der Lügen* (»The Book of Lies«) veröffentlicht hatte. Das damalige Outer Head, Theodore Reuss, kam zu ihm und sagte ihm, da er das Geheimnis des neunten Grades kenne, hätte er auch den entsprechenden Grad samt der dazugehörigen Verpflichtungen im OTO zu akzeptieren. Crowley protestierte und sagte, er kenne kein solches Geheimnis, aber Reuss zeigte ihm eine Ausgabe des Buches der Lügen und wies auf ein Kapitel, in dem das Geheimnis eindeutig enthüllt wurde. Crowley las seine eigenen Worte, und »blitzartig wurde es mir klar. Der gesamte Symbolismus nicht nur der Freimaurer, sondern vieler anderer Traditionen erstrahlte in meiner geistigen Vision ... ich erkannte, daß ich den Schlüssel zu zukünftigem Fortschritt der Menschheit in meiner Hand hielt.«

Crowley sagte uns natürlich nicht, in welchem Kapitel das Geheimnis steht (der Autor dieses Buches stimmt für das Kapitel 69).

Crowley wurde Reuss' Nachfolger als Outer Head, und nach ihm kam ein gewisser Karl Germer, der starb, ohne einen Nachfolger zu benennen, wodurch es zu einem langen Kampf zwischen verschiedenen Fraktionen kam. Charlie Manson gehörte einmal zu einem angeblichen Ordo Templi Orientis, aber nicht zu dem, den US-Gerichte als legitime und wohltätige Organisation anerkannten.

Siehe auch: ▸ Aiwass, Kenneth Grant, *Liber Al*, Thelema.
Verweise: ▸ http://www.crl.com/~thelema/oto.html
▸ *The Book of Lies*, von Aleister Crowley, Samuel Weiser, New York, 1988, S. 7.
▸ *The Magical World of Aleister Crowley*, von Francis King, McCann und Geoghegan, New York, 1978.
▸ *Das magische System des Golden Dawn I/III.*, von Israel Regardie, Freiburg, 1995.

▶ ORGAN-VAMPIRE

Einige Leute glauben, daß »Organ-Vampire« in den größeren amerikanischen Städten ihr Unwesen treiben, besonders in New Orleans. Diese medizinischen Monster »ernten« angeblich Nieren von ahnungslosen Touristen und verkaufen sie als Transplantate für die Reichen weiter. Dieser Glaube liegt etwa in der Mitte zwischen einer klassischen Verschwörungstheorie und »städtischer Folklore« – Geschichten, die endlos weiterverbreitet werden, aber mehr in die Kategorie Gruselanekdoten gehören, als in ein Verdacht-/Anklagesystem, das sich gegen eine bestimmte Gruppe richtet.

Als Teil »städtischer Folklore« nimmt so eine Story gewöhnlich die Form eines Erlebnisses an, das einem »Freund eines Freundes« zugestoßen ist. Nachforschungen finden nie heraus, woher so eine Geschichte ursprünglich kommt.

Ein weiteres gutes Beispiel für solche Schauermärchen sind die angeblich täglichen mysteriösen Todesfälle auf den Intensivstationen südafrikanischer Krankenhäuser, als deren »Ursache« schließlich eine Putzfrau entlarvt wurde, die zwecks Staubsaugen die Gerätestecker herauszog …

Der Polizei von New Orleans liegen keine Berichte über Nierendiebstähle vor, berichtet die National Business Travel Organization.

Verweise: ▶ Travel Security Information, »Special Report: Urban Myths«, *Kroll Travel Watch*, 29. Januar 1997.
             ▶ *Playboy*, August 1996.

▶ LEE HARVEY OSWALD

Lee Harvey Oswald hat John F. Kennedy entweder allein erschossen oder in Zusammenarbeit mit anderen Schützen, oder er muß nur für die wirklichen Mörder den Kopf hinhalten. Darüber streitet man seit 35 Jahren, und das wird auch so weitergehen.

Wir kennen ein paar beunruhigende Fakten: Die Mehrheit der Zeugen war der Ansicht, die Schüsse wären von dem Grashügel (grassy knoll) gekommen und nicht aus Oswalds Fenster im Texas School Book Depository. Im *Zapruder-Film* zuckt Kennedys Kopf zurück, als wäre er von vorn getroffen worden (also vom Grashügel). Oswald war ein mittelmäßiger Schütze, und doch hätte er nach der offiziellen Theorie drei perfekte Schüsse innerhalb weniger Sekunden abgeben müssen.

Die letzte Regierungsuntersuchung durch den Untersuchungsausschuß unterstützte den Befund der Warren-Kommission nicht, sondern befand, daß mindestens zwei Schützen am Mordtag an der Dealy Plaza waren.

Da aber Oswald selbst erschossen wurde, bevor er vor Gericht gestellt werden konnte, ist der Versuch von Jim Garrison, des Staatsanwalts von New Orleans, eine Verschwörung nachzuweisen, mangels Beweisen gescheitert. Der Fall ist nach wie vor ungeklärt.

Siehe auch: ▸ James Jesus Angleton, *Best Evidence*, E. Howard Hunt, John-F.-Kennedy-Attentat, *NASA, Nazis und JFK.*

▸ **MARINA OSWALD**

Marina Oswald hat zwar eine Menge Geschichten über ihren Exehemann und seine Verwicklung oder Nicht-Verstrickung in das *John-F.-Kennedy-Attentat* erzählt, aber ihre letzte Version, die sie A. J. Weberman 1994 anvertraute, ist besonders interessant und unerwartet:

> »*Die Antwort im Kennedy-Mordfall liegt bei der **Federal Reserve Bank***.
> *Unterschätzen Sie das nicht. Es ist falsch, wenn man bloß **Angleton***
> *und der CIA per se die Schuld gibt. Das ist nur ein Finger der gleichen Hand.*
> *Die Leute, die das Geld beschaffen, stehen über der CIA.*«

Siehe auch: ▸ Fedora, Ezra Pound, David Rockefeller, Sasha.
Verweise: ▸ http://www.weberman.com/htdocs

▶ OUR LADY OF THE ROSES – JESUS-AIDS-THEORIE

Der »Our Lady of the Roses«-Schrein in Bayside, einem Vorort von New York, wurde auch »Lourdes von Amerika« genannt, weil sich die Besitzerin, die Hausfrau Veronica Lueken, dort regelmäßig mit der Jungfrau Maria trifft und sie auch »channelt«. Abgesehen von ihrer starken Unterstützung für den *Erzbischof Lefebvre* und rechtsgerichtete Katholiken im allgemeinen, enthüllt uns die Jungfrau viele schockierende Neuigkeiten; etwa daß das UFO-Phänomen von Dämonen hervorgerufen wird, die Kinder sexuell mißbrauchen. Ihre verblüffendste Enthüllung war jedoch, daß ihr eigener Sohn, Jesus, AIDS erschaffen hat, weil er sich so über die Schwulen geärgert hat, daß er beschloß, sie en masse umzubringen.

Weil aber Jesus persönlich HIV entwickelt hat, sagt die gnadenreiche Mutter, werden die Wissenschaftler niemals ein Mittel dagegen finden.

Siehe auch: ▶ Antichrist, Christians Awake AIDS-Theorie, UFO-Satans-Verschwörung.
Verweise: ▶ Our Lady of the Roses Shrine, Box 52, Bayside, NY 11361.

▶ P2-VERSCHWÖRUNG

P2 oder *Propaganda Due* war eine geheime Gruppe innerhalb einer Geheimgesell-schaft, vergleichbar etwa den ursprünglichen *Illuminaten* in Bayern.
Wahrscheinlich in den 1970er Jahren von **Lucio Gelli** als Teil der CIA-Operation
Gladio gegründet, rekrutierte sich die Gruppe zuerst ausschließlich aus Mitgliedern
des 3. Grades der Grand Orient Lodge of Egyptian Freemasonry, hatte aber am
Schluß 950 Mitglieder in der italienischen Regierung sowie in den oberen Etagen
des Bank- und Finanzwesens.
Man legte der Gruppe eine Verschwörung zur Vorbereitung eines faschistischen
Staatsstreiches zur Last und beschuldigte sie, das schreckliche Bombenattentat 1980
auf dem Bahnhof von Bologna verübt zu haben. Dazu kamen Anklagen wegen
Drogenschmuggels, massiver finanzieller Betrügereien und anderer Verbrechen.
P2 wurde entweder durch öffentliche Bloßstellung und Gerichtsurteile zerschlagen
oder reorganisierte sich unter neuem Namen, je nachdem, welcher Quelle Sie Glau-
ben schenken.
Erzbischof *Paul »The Gorilla« Marcinkus* verlor wegen seiner Verbindungen zu P2
seinen Posten als Präsident der Vatikanbank. Er wurde schließlich auch aus dem
Vatikan rausgeworfen und in Ungnade nach Chicago zurückgeschickt.
So viele Behauptungen und wilde Stories ranken sich um P2, daß es sich anbietet,
die verschiedenen Teile dieses Puzzles unter separaten Überschriften zu behandeln.

Siehe auch:	▸ A-Albionic Consulting and Research, James Jesus Angleton, Banco Ambrosiano, Roberto Calvi, *In Banks We Trust, Im Namen Gottes*, Malteserritter, Merowinger, Michele »The Shark« Sindona, Prieuré de Sion.
Verweise:	▸ *The Mysterious Death of God's Banker*, Foot und Della Torre, Orbis, London, 1984.

▸ RAY PALMER

Ray Palmer (1910–1977) wurde im Alter von sechs Jahren von einem Lastwagen überfahren und war seitdem behindert. Bucklig und nur 1,50 m groß, fühlte er sich getrieben, seine körperliche Behinderung auszugleichen; er schrieb 99 Science-fiction-Stories, bevor er eine einzige verkauft hatte, wurde dann aber sehr schnell Herausgeber einer Serie von Sensations-Sci-fi- und Grenzwissenschaftsmagazinen (*Amazing Stories, Fate, Other Worlds, Flying Saucers* etc.). Er hatte auf seine Zeit mehr Einfluß als die meisten wohlbekannten Literaten unserer Tage. Wie Walter Kafton-Minkel ganz richtig schrieb:

> *(Palmer) schuf beinahe mit links den Mythos von den UFOs als außerirdischen Besuchern, förderte viele der frühen Sichtungen von »Fliegenden Untertassen« und brachte auch die Stories über die Vertuschung von UFO-Berichten durch die Regierung in Umlauf ...*

Kurz, die *X-Akten* und all die Massenängste und Verschwörungsstories, die dazu gehören, verdanken ihre Existenz im großen und ganzen Ray Palmer, der mit seinen »Schundheftchen« Millionen erreichte, obwohl die Mythen, die er erschuf, zu seinen Lebzeiten nie so bekannt wurden wie nach seinem Tode.
In den Worten von F. W. Fairman:

> *Ein Palmer-Produkt ist genial. Es hat Schwung, es glitzert, ist eine effektvolle Darbietung. Man erkennt es meilenweit an seinem Glanz. Da gibt's nur eins: Zurücklehnen und genießen.*

Von Palmer stammt auch das »Shaver-Mysterium« (siehe *Richard Shaver*), und er berichtete auch als erster über *Men In Black*. Summa summarum: Viele Millionen von Menschen leben in Ray Palmers Welt, auch wenn die meisten nie etwas von ihm gehört haben.

Siehe auch: ▸ The Con, Kornkreise, Elmyr, Orson Welles.
Verweise: ▸ *Subterranean Worlds*, von Walter Kafton-Minkel, Loompanics Unlimited, Port Townsend, Wash., 1989, S. 134.

▸ DER NACKTE PAPST

Vanni Nistico, der Pressechef der Sozialistischen Partei Italiens, behauptet, daß *Licio Gelli* ihm einmal ein paar Fotos gezeigt habe, auf denen Papst Johannes Paul II. nackt am Rand seines Swimmingpools zu sehen war. Gellis Kommentar: »Wenn man solche Fotos vom Papst machen kann, stellen Sie sich vor, wie leicht es dann sein muß, ihn zu erschießen.« Vanni sagt, daß er keine Ahnung hatte, was Gelli mit den Fotos vorhatte, aber David Yallop veröffentlicht in seinem Buch über die *P2-Verschwörung* Beweise, daß Gelli ein paar der wichtigsten Leute in Italien erpreßt hat.

Siehe auch: ▸ A-Albionic Consulting and Research, *The Godfather – Der Pate, Skandale der Prieuré de Sion*.
Verweise: ▸ *The Calvi Affair*, von Larry Gurwin, Pan Books, London, 1984, S. 51.
                           ▸ *Im Namen Gottes*, von David Yallop, München, 1988.

▶ PASSIVE VERSCHWÖRUNG

Ein New Yorker Student hat eine Theorie ins World Wide Web gestellt, die besagt, daß *passive* Verschwörung häufiger vorkommt und mächtiger ist als *aktive* Verschwörung. Einer Darwinschen Metapher folgend behauptet er, daß »Dinge, die sich nicht durchsetzen und fortpflanzen können, aussterben«. Das trifft auf soziale Systeme genauso zu wie auf individuelle Organismen, sagt der Autor, und auch Drogen oder Seuchen überleben nur so lange, wie es keinen starken Willen gibt, sie auszurotten. Zum Beispiel, behauptet der Autor, hätte Heroin als soziales »Problem« nicht so lange überleben können, wenn die Regierung wirklich ein Motiv gehabt hätte, es zu eliminieren; da es aber hauptsächlich ein Problem der schwarzen Innenstadtbewohner bleibt, verhält sich die Regierung passiv und läßt das Problem weiter bestehen, während sie nur so tut, als würde sie Krieg dagegen führen.

Dr. *Wilhelm Reich* verfügte über ein noch viel beunruhigerendes Modell passiver Verschwörung, nach dem die Massen sich neurotischerweise irgendeinem faschistischen Führer unterwerfen wollen und alle ihre errungenen Freiheiten sofort verwerfen, sobald ein solcher Führer auftaucht.

Verweise: ▶ http://www.itp.tsoa.nyu.edu/~student/jamie/philo/conspiracy.html

▶ PEARL HARBOUR

Alles, was die Japaner planten, war in den Vereinigten Staaten bekannt.
Army Board, 1944

Für Amerikaner ist das vielleicht die schwierigste Verschwörung in diesem Buch: die Vorgeschichte zu dem japanischen Überfall auf Pearl Harbour im Dezember 1941, bei dem ein Großteil der amerikanischen Pazifikflotte versenkt wurde.

Die Professoren Charles Beard und Harry Elmer Barnes zum Beispiel gehörten einmal (zwischen 1920 und 1940) zu den angesehensten Historikern in den USA; als sie aber die offizielle Regierungsversion zu Pearl Harbour ablehnten, denunzierte man sie als Irre, Deppen, Spinner usw. und entfernte sie aus dem offiziellen Lehrbetrieb.

Von diesen einst berühmten Professoren haben die meisten jungen Leser wahrscheinlich nie etwas gehört.

Der Verschwörungsfall, den wir hier darstellen, bei dem wir uns aber nicht so recht trauen, ihn als wahr zu bezeichnen, spielt sich etwa so ab:

Pearl Harbour, der amerikanische Marinestützpunkt auf Hawaii im Pazifik, war besonders verwundbar. Im Rahmen einer gemeinsamen Armee- und Marineübung »überfiel« Admiral Yarnell 1932 Pearl Harbour mit 152 Flugzeugen. Die Verteidiger wurden vollkommen überrascht. 1938 führte Admiral Ernest J. King mit ähnlichem Erfolg einen Flugzeugträgerangriff durch. Als Präsident Roosevelt befahl, die Flotte von der Westküste nach Pearl Harbour zu verlegen, protestierte Admiral James O. Richardon nachdrücklich und wiederholt. Er weigerte sich schließlich, den Befehl zu befolgen, und wurde von Admiral Husband E. Kimmel abgelöst, der ebenfalls protestierte, den Befehl aber ausführte. Als Roosevelt im März 1941 das Lend-Lease-Programm zugunsten Großbritanniens begann – in einem Krieg, in dem die USA angeblich neutral waren, lieferte sie Waffen an einen Kriegsteilnehmer –, verletzte er internationales Recht und lud die andere Seite buchstäblich zur Vergeltung ein.

Am 22. Juli 1941 wurde Admiral Richmond K. Turner bei Roosevelt vorstellig, um ihm zu sagen, daß eine Einstellung amerikanischer Öllieferungen an Japan einen Angriff auf die Philippinen herausfordern würde und »uns sofort in einen Pazifikkrieg verwickeln würde«. Am 25. Juli ließ Roosevelt die Öllieferungen einstellen, und von diesem Zeitpunkt an wurden Geheimdiensterkenntnisse über japanische Aktivitäten nicht mehr an die Armee- und Marineführung in Hawaii weitergegeben, so daß Admiral Kimmel keine Vorwarnung für die kommenden Ereignisse haben konnte.

Armee- und Marine-Nachrichtendienste hatten folgende japanische Codes geknackt:

▶ Purple – den höchsten diplomatischen Code
▶ J-19 – ein nicht ganz so hochrangiger diplomatischer Code
▶ PA-K2 – noch ein diplomatischer Code
▶ JN-25 – der japanische Marinecode.

Ein Marinebericht von 1946 enthielt den Hinweis, daß 188 vom US-Geheimdienst entschlüsselte Nachrichten in den erwähnten Codes eindeutig auf einen bevorstehenden Angriff auf Pearl Harbour hinwiesen. Dazu kam, daß holländische, britische und russische Nachrichtendienste Warnungen über japanische Kriegspläne an die US-Regierung übermittelten.

Am 25. November 1941 schrieb Kriegsminister Henry Stimson über eine Unterhaltung mit Präsident Roosevelt in sein Tagebuch: »Die Frage war, wie man sie in eine Position manövrieren könnte, in der sie den ersten Schuß abgeben würden, ohne daß uns zuviel passiert … es war wünschenswert, sicherzustellen, daß die Japaner dies wären (die den ersten Schuß abgeben), so daß niemand auch nur den geringsten Zweifel haben könnte, wer der Aggressor war.«

Ein Marineuntersuchungsausschuß ermittelte gegen Admiral Kimmel wegen Nachlässigkeit im Fall Pearl Harbour. Er wurde freigesprochen, als bekannt wurde, daß man ihm alle Informationen aus entschlüsselten japanischen Nachrichten vorenthalten hatte.

Ein Armeebericht vom Oktober 1944 kam zu dem Schluß, daß man mit Hilfe der entschlüsselten Nachrichten die Absichten der Japaner hätte kennen können, »einschließlich des genauen Zeitpunktes und Datums des Angriffs«.

Siehe auch: ▸ Colonel Edward House, Fletcher Prouty.

▸ **MINO PECORELLI**

Mino Pecorelli war ein frühes Mitglied der *P2-Verschwörung*, bekam aber Streit mit der Führung und veröffentlichte später ein Blatt namens OP, in dem er seine vormaligen Partner bloßstellte. Er wurde am 20. März 1979 in Rom erschossen.

Verweise: ▸ *Im Namen Gottes*, von David Yallop, München, 1988.

▶ PHOEBUS – DIE GLÜHBIRNENVERSCHWÖRUNG

An einem dunklen Dezembertag, dem Vorabend zum Weihnachtsfest 1924, versammeln sich in Genf einige verschwiegene Herren, um das Fest Des Herrn zu ihrem Fest des Lichts zu machen. Eingefunden haben sich die führenden Vertreter von *OSRAM* (Deutschland), *International* (USA), *Philips* (Holland), *Compagnie des Lampes* (Frankreich), *Tungsram* (Ungarn) u.a., kurzum die Elite der glühlampenproduzierenden Konzerne mit den Repräsentanten ihrer monopolisierten Nationalindustrien. Während andernorts bereits Lichter liebevoll auf Zimmertannen gereiht werden, gründen die Herren *Phoebus,* indem sie an diesem Heiligen Abend den *Entwicklungs- und Fortschrittsvertrag auf dem Gebiete der internationalen Glühlampenindustrie* unterzeichnen, mit dem Ziel, »die Zusammenarbeit aller Vertragsparteien sicherzustellen, zur Vorsorge für eine vorteilhafte Ausnutzung ihrer Fabrikationsmöglichkeiten bei der Herstellung von Lampen, Sicherung und Aufrechterhaltung einer gleichmäßig hohen Qualität, Verbesserung der Wirtschaftlichkeit bei der Verteilung des Absatzes und Steigerung der Wirksamkeit elektrischer Beleuchtung und Erhöhung des Lichtverbrauches *zum Vorteil des Verbrauchers*«. Hinter diesen Sätzen verbirgt sich nicht nur das erste weltweit wirksame Kartell der Wirtschaftsgeschichte, sondern vor allem eine strenge ökonomische Strategie, die viele(s) erreicht – nur nicht das Wohl eines menschlichen Verbrauchers.

Phoebus dient einerseits als Kontrollinstanz über die nationalen Glühlampen-Märkte und ihre jeweilige Entwicklung im weltweiten Gewerbe. Andererseits etabliert *Phoebus* einige weitreichende und langlebige Standards, etwa den bis heute üblichen Sockel E27, damit jede Glühlampe einem globalen plug-and-play gehorcht. Der zentrale Punkt von *Phoebus'* Betrebungen gilt jedoch der Glühlampe selbst, und zwar ihrer Lebensdauer bzw. -beschränkung. Bereits im folgenden Jahr wird diese von einem eigens gebildeten Exekutivkomitee auf nunmehr 1000 Stunden festgeschrieben, um mit der alsdann reduzierten Brenndauer höhere Verkaufszahlen zu erreichen. Den Kampf führt *Phoebus* nicht nur anfangs gegen technische Schwierigkeiten, die Lebenszeit der Lampen erfolgreich von etwa 1500 bis 2000 Stunden auf den neuen Wert zu vermindern, sondern auch vehement gegen unfügsame eigene Mitglieder und immer gegen vereinzelte Kartellgegner.

Von Versuchen, die Brenndauer ungeachtet der wachsamen *Phoeben*-Augen in alte Höhen zu schrauben, wird immer wieder berichtet. Und ebenso oft von ihrem Scheitern. Eingedenk der inzwischen gesteigerten Netzspannung erwarten Glühbirnen heute bereits nach ca. 750 Stunden ihren werkseitig eingebauten Brenn-schluß.

Wenngleich *Phoebus* 1941 offiziell im verborgenen zu verschwinden vorgibt, lebt der Weltglühlampenvertrag unter anderem Namen selbstverständlich weiter. Derzeit heißt die Kontrollinstanz unserer Birnen International Electrical Association, Lausanne. Zwar behauptet sie, sich 1989 aufgelöst zu haben. Doch unzweifelhaft arbeitet etwas im dunklen weiter gegen die Dauer des Lichts. *(Markus Krajewski)*

Verweise:
- ▸ *Rechtlicher und wirtschaftlicher Aufbau des Glühlampenvertrages,* von William Meinhardt, in:»Schriften der Kartellstelle des Reichsverbandes« Nr.1, Berlin, 1925, Seite 44, zitiert nach: *Die Kartellierung der deutschen Elektroindustrie,* von Gottfried Eißfeldt, Berlin, 1928, Seite 73 f.
- ▸ Zur ausführlicheren Geschichte von »Phoebus« und zum Phänomen »Glühlampe« allgemein: *Das Glühlampenbuch,* von Peter Berz, Helmut Höge und Markus Krajewski (Hrsg.),Wien, 2000. Die Geschichte von Byron der Birne, in: *Die Enden der Parabel,* von Thomas Pynchon, Reinbek, 1981, Seiten 1011–1025.

▸ PINKS

»Pinks« sind im Sprachgebrauch der *Church of the Sub-Genius* Sub-sub-sub-(Unter)-Genies, d.h. normale oder durchschnittliche Menschen. Sie können an den folgenden Merkmalen erkannt werden:

- ▸ Sie glauben alles, was ihnen von denen, die in der Hackordnung über ihnen stehen, erzählt wird.
- ▸ Sie gehorchen Befehlen.
- ▸ Sie zahlen ihre Steuern.
- ▸ Sie töten, wenn sie beim Militär sind, jeden, sobald es ihnen nur befohlen wird.
- ▸ Sie genießen tatsächlich das meiste, was im Fernsehen kommt.
- ▸ Sie haben nie einen eigenen oder rebellischen Gedanken.
- ▸ Sie sind die Leute, mit denen man es am meisten zu tun hat, besonders in Beruf und in der Regierung.

Die Sub-Genius-Kirche hat nichts dagegen, Pinks aufzunehmen (wie »Bob« sagt: »Pinks sind vielleicht pink, aber ihre Dollars sind grün.«), und rät auch, unter Pinks nicht aufzufallen – »Benimm dich wie ein Arschloch, und sie werden dich wie ihresgleichen behandeln.«

Die Pinks dienen *The Con*, ohne es auch nur zu ahnen, und werden am »Tag X« allesamt eliminiert werden.

Siehe auch: ▸ »Bob«, Planet X.
Verweise: ▸ Rev. Ivan Stang, Church of the Sub-Genius, P.O. Box 140306, Dallas, TX 75214.

▸ LT. WILLIAM PITZER

Leutnant William Pitzer von der Dallas Police machte die ersten Autopsiefotos von John F. Kennedys Leiche nach dem Mord am 22. November 1963. Die Aufnahmen zeigen eine Austrittswunde am Hinterkopf, die spätere Untersuchung im Bethesda-Krankenhaus in Maryland zeigt aber eine viel kleinere Wunde, die mehr wie ein Einschuß aussieht. Für viele Verschwörungsfans ist das ganz entscheidend, denn Pitzers Fotos passen zur »Attentäter auf dem Grashügel«-Theorie und die späteren Beweise von Bethesda dagegen zur »Schuß von hinten«-Theorie, nach der der Todesschütze am Fenster des Texas School Book Depository stand.

Pitzer hat Freunden erzählt, daß er »entsetzliche« Befragungen durch Regierungsagenten über sich ergehen lassen mußte. Man fand ihn später tot auf – mit einer Wunde, die der Leichenbeschauer als selbst zugefügt bezeichnete. Komisch war nur, daß Pitzer die Waffe in der rechten Hand hielt, wo er doch Linkshänder war.

Siehe auch: ▸ John-F.-Kennedy-Attentat, Octopus, Fletcher Prouty.
Verweise: ▸ *Big Book of Conspiracies*, von Doug Moench, Paradox Press, New York, 1995, S. 15.

▶ PLANET X

Planet X ist der Heimatplanet der Xists (sprich: Exists, nicht zu verwechseln mit Sexists), gottähnliche Wesen von übermenschlicher Intelligenz und mit der *Church of the Sub-Genius* verbündet. Nach J.R. »Bob« Dobbs, dem kurzfristigen zwischenzeitlichen Erlöser dieser Gruppe, werden die Xists am 5. Juli 2000 um 7 Uhr 30 morgens die Erde überfallen und die *Pinks* (»Normalos«) mit Todesstrahlen auslöschen. Jene aber, die zehn Prozent ihres Einkommens »Bob« geben, werden verschont und von den Freudenschiffen der Liebesgöttin aufgenommen, um für immer auf dem Planeten der Unsterblichkeit zu leben.

Siehe auch:	▶ Anti-»Bob«, »Bob«, The Con, Diskordianismus, S.O.B.
Verweise:	▶ http://sunsite.unc.edu/Sub-Genius/
	▶ *Revelation X: The »Bob«Apocryphon*, übersetzt aus den ursprünglichen Sprachen von der Sub-Genius Foundation, Simon and Schuster, New York, 1994.

▶ POETISCHER TERRORISMUS

Poetischer Terrorismus ist die Bezeichnung, die Hakim Bey jener Art Graffiti verlieh, die Erstaunen oder Verwunderung erregt oder auf sonstige Art den Betrachter dazu bringt, in neuen Kategorien zu denken. Ein paar Beispiele:
Auf Werbeplakate Folgendes zu schreiben oder zu stempeln:

DAS IST, WAS DU WIRKLICH WILLST
Und überall:
DIE KETTEN DER GESETZE SIND GESPRENGT
TANTRISCHE PORNOGRAPHIE
ERFUNDENE SHIITISCHE FANATIKER
SCHWULER ZIONISMUS (SODOM DEN SODOMITEN)
CHAOS IST NICHT TOT

▸ POTERE OCCULTO

Im Italienischen heißt *Potere Occulto* verborgene Macht oder die unsichtbare
Gruppe hinter der sichtbaren Regierung. Roberto Calvi, der ermordete Präsident
des **Banco Ambrosiano**, glaubte an *Potere Occulto* und wurde von vielen für seine
melodramatische Weltsicht belächelt – bis die *P2-Verschwörung* aufflog. Calvi
glaubte, daß das Geheimnis des Erfolges darin bestand, die geheime Gruppe zu finden, die die meiste Macht hatte, und ihr dann beizutreten. Calvi endete als Leiche,
die unter einer Brücke in London hing.

Nach den P2-Enthüllungen begannen manche, Calvis Sicht der Macht als realistisch
zu betrachten. Massimo Teodori, ein radikales Mitglied der italienischen Regierung,
sagte, daß die P2-Enthüllungen eine gegenseitige Durchdringung »von finanzieller
Kriminalität und gemeiner Kriminalität« zeigen; der vormalige Premierminister
Giovanni Spaldolini beschrieb das Calvi-*Licio-Gelli*-Netzwerk als »eine neue
Mafia ... eine multinationale Körperschaft des Verbrechens«; ein anderes Par-
lamentsmitglied, Giuseppe D'Alema, beschrieb die P2-Mannschaft als Teil »eines
politisch-militärisch-geschäftlichen Komplexes ... in dem Faschisten und andere
Kräfte koexistieren«.

Larry Gurwin vom *Institutional Investor* schloß seine Studie der Verschwörung
mit der unverblümten Feststellung, daß »die US-Regierung und der Vatikan ... sich
in ihrem Krieg gegen den Kommunismus ... mit Gangstern, Drogenbossen und
Terroristen verbunden haben«.

> ▶ **EZRA POUND**

Ezra Loomis Pound (1885–1972) gilt nicht nur als einer der größten Poeten des
20. Jahrhunderts, er hielt sich selbst auch für einen bedeuteden politischen und ökonomischen Philosophen, und seine späte Poesie und Prosa enthalten viele Theorien, die vom analytisch Plausiblen bis zum seltsam Verschwörerischen reichen.

Pounds Cantos, das längste (824 Seiten) und ehrgeizigste aller modernen Gedichte,
stellt die Geschichte als immerwährenden Kampf zwischen den Rechten des Individuums und den Intrigen jener dar, die von Habgier und Machtlust besessen sind.
Der Kampf ist in seinen Frühphasen politisch (weshalb Mons of Jutland, eine wenig
bekannte Figur, für seine Weigerung, sich in einen Religionskrieg verwickeln zu
lassen, hoch gelobt wird), und die Helden des Werkes sind Konfuzius, Lord Coke
(der die britische Monarchie in ihre Schranken verwies) und Thomas Jefferson/
John Adams als die dialektischen Zwillinge, aus denen die besten amerikanischen
Traditionen hervorgingen.

Später wird der Kampf ökonomisch, als die Gierigen und Machtsüchtigen durch
internationale Banken »Regierungen« außerhalb der Regierung errichten. Pound
nennt dies das Zeitalter der Wucherei.

Hier sind die Helden noch einmal Adams, Senator *Thomas Hart Benton*, Andrew
Jackson, ein Haufen utopianischer Geldreformer und, leider, Benito Mussolini.
Ganz sicher hat kein anderer Dichter je versucht, die Geschichte in so großem Maß-
stab zu beschreiben, und keinem ist dies mit so brillanten Details von Klang und
Symbolik gelungen.

Das Gedicht hat, trotz seiner verschwörerischen Unheimlichkeit, beinahe jede nach-
folgende Dichtung beeinflußt, und am Ende verwirft Pound den Antisemitismus,
der die mittleren Teile entstellt. Er weiß, daß seine einzige Verteidigung keine Verteidigung ist:

Let the Gods forgive what I	*(Laßt die Götter vergeben, was ich*
Have made	*Gemacht habe*
Let those I love try to forgive	*Laßt die, die ich liebe, versuchen zu vergeben,*
What I have made	*Was ich gemacht habe)*

Siehe auch: ▸ Bank of the United States, Federal Reserve Bank, *Protokolle der Weisen von Zion.*

Verweise: ▸ *The Cantos of Ezra Pound*, New Directions, New York, 1995.

▸ NICHOLAS POUSSIN

Nicholas Poussin (1594–1665), ein französischer Maler, wurde durch die Forschungen und Spekulationen von *Gerard de Sede* und die Autoren von »*Der Heilige Gral und seine Erben*« in das *Prieuré-de-Sion*-Mysterium verwickelt.

Poussin, als Anhänger der Theorie, daß Malerei philosophische Lektionen enthalten solle, hat viele Werke hinterlassen, die zu endlosen Interpretationen Anlaß geben, aber keines tut das mehr als seine *Schäfer von Arcadia.*

Das Gemälde zeigt vier Schäfer und ein Grab; die Schäfer schauen nicht auf das Grab, sondern aus dem Bild zum Betrachter und zeigen dabei auf die Grabinschrift, die wenig hilfreich sagt ET IN ARCADIA EGO (»Und in Arkadien, Ich …«). Die erwähnten Bücher lassen vermuten, daß das Grab tatsächlich existiert (im letztgenannten Buch gibt es Fotos). Es liegt nahe Rennes-le-Château, Standort der geheimnisumwitterten *Maria-Magdalena-Kirche*, wo der Priester Pater Saunière den Schatz oder das Geheimnis fand, das ihn in den 1890er Jahren reich machte. Die Vermutung liegt nahe, daß wir, wenn wir herausfinden, wer dort begraben ist, auch wissen, worum es bei der Prieuré de Sion eigentlich geht.

In »*Der Heilige Gral und seine Erben*« wird vorgeschlagen, daß wir, wenn wir die Buchstaben in *Et in Arcadia Ego* vertauschen, »I TEGO ARCANA DIE« (»Ich verberge die Geheimnisse Gottes«) erhalten.

Siehe auch: ▸ Noon Blue Apples, *Skandale der Prieuré de Sion.*

Verweise: ▸ *La Race Fabuleuse*, von Gerard de Sede, Editions J'ai Lui, Paris, 1973.

    ▸ *Der Heilige Gral und seine Erben,* von Michael Baigent, Henry Lincoln und Richard Leigh, Bergisch-Gladbach, 1984.

▶ POWER ON EARTH
(Die Macht auf Erden)

Zwischen seiner Verurteilung wegen Betruges in New York und seinem Tod in einem italienischen Gefängnis gab *Michele »The Shark« Sindona*, eine der Hauptfiguren der *P2-Verschwörung*, einem Journalisten namens Nick Tosches eine Reihe von Interviews, und das Ergebnis, das Buch *Power on Earth*, ist Sindonas Sicht der Ereignisse, die zu seinem Sturz führten.

Sindona war nicht sehr mitteilsam, was Drogendeals, Waffenhandel, CIA-Mitwirkung, Terrorbomben oder andere schwere Anklagen gegen P2 betraf.

Den P2-Leuten ging es nicht um die Wiedereinführung des Faschismus, sagt Sindona, sondern um Demokratie. *Licio Gelli* war nicht so mächtig, wie er behauptete, und erfand Stories wie die, daß er von der CIA finanziert wurde.

Im großen und ganzen war die »Verschwörung« nichts weiter als ein Haufen übereifriger Geschäftsleute, die in die Demokratie verliebt waren und Angst vor einer kommunistischen Tyrannei hatten. Tosches übermittelt uns Sindonas letzte Worte, als jener nach dem Frühstück in seiner Mailänder Zelle zusammenbrach (nachdem er wegen Mordes an dem Bankprüfer Giorgio Ambrosoli schuldig gesprochen worden war): »*Mi hanno avvelenato!*« (»Sie haben mich vergiftet!«)

Siehe auch: ▶ Cara Calvi, Gladio, *Skandale der Prieuré de Sion*.
Verweise: ▶ *Power on Earth*, von Nick Tosches, Arbor House, New York, 1986.

▶ PRIEURÉ DE SION

Die Prieuré de Sion gehört zu den geheimnisvollsten der Geheimgesellschaften und darf allen Ernstes verdächtigt werden, eine ernsthafte Verschwörung zu sein – gleichzeitig aber nichts weiter als ein raffinierter Scherz besonders witziger französischer Aristokraten.

Siehe auch: ▶ Maria-Magdalena-Kirche, Committee to Protect the Rights and Privileges of Low-Cost Housing, Gerard de Sede, Noon Blue Apples, Nicholas Poussin, *Skandale der Prieuré de Sion*.

▶ PROMIS

PROMIS (Prosecutor's Management Information System) war ein von der Firma *Inslaw* erstelltes Softwareprogramm und wurde angeblich vom Justizministerium oder dort angestellten Personen gestohlen. Angeblich wurde es an mehr als 80 Regierungen verkauft, die damit ihre Bürger in einem Ausmaß bespitzeln können, von dem Orwell oder Kafka nicht einmal träumen konnten.

Mehrere Untersuchungsbeamte der Inslaw/PROMIS-Kontroverse sagen, daß die CIA heimlich eine Art Hintertür-Code in PROMIS installiert habe, so daß sie alle ausspionieren kann, die PROMIS verwenden, und darüber hinaus alle, die damit bespitzelt werden.

Danny Casolaro glaubte Beweise dafür zu haben, daß PROMIS ursprünglich von Inslaw gestohlen worden war, um an unregistriertes Geld zu kommen, das die Reagan-Wahlkampagne als Bestechungsgeld für die Iraner verwendete, damit diese die amerikanischen Geiseln festhielt, bis Reagan die Wahl 1980 gewonnen habe. Casolaro starb unter mysteriösen Umständen, bevor er seine Untersuchungen veröffentlichen konnte.

Berichten zufolge kann jeder, der das PROMIS-Programm besitzt, jeden ausspionieren, egal ob das Opfer online ist oder nicht; das bedeutet, er kann dessen Bankkonto, Wasserverbrauch, Stromverbrauch usw. überwachen und erhält ein ziemlich klares Bild von dem, was das Opfer so treibt, ob es allein lebt oder nicht, usw.

Siehe auch: ▶ James Jesus Angleton, Octopus, P2-Verschwörung.
Verweise: ▶ http://www.federal.com/6298.html
▶ *The Octopus: Secret Government and the Death of Danny Casolaro*, von Kenn Thomas und Jim Keith, Feral House, Portland, Oregon, 1996.

Die Protokolle der Weisen von Zion erfreuen sich nach wie vor großer Popularität, obwohl zur Zufriedenheit akademischer Historiker bewiesen worden ist, daß es sich um Fälschungen handelt. Der Autor des vorliegenden Werkes hat drei Ausgaben der Protokolle umsonst erhalten, von Leuten, die glauben, daß sie echt seien und daß jeder, der über Verschwörungen schreibt, darüber Bescheid wissen sollte. Wenn ich Leute traf, die an die Protokolle glaubten, und ihnen erzählte, es seien Fälschungen, habe ich immer das gleiche Gegenargument gehört: »Wenn das Fälschungen sind, wie kommt es dann, daß so vieles davon schon wahr geworden ist?«

Historiker kennen drei Quellen dieser Protokolle:

1. die antisemitischen Legenden des Mittelalters, in denen »die Juden« beschuldigt wurden, in ihren religiösen Ritualen christliche Kinder zu opfern, Brunnen zu vergiften und ähnliche Barbareien;
2. *Abbé Barruels* Verschwörungstheorie, der fand, daß die Freimaurer hinter der Französischen Revolution steckten, und dennoch später herausfand, daß »die Juden« hinter den Freimaurern steckten, und
3. eine Satire namens »Dialoge in der Hölle zwischen Machiavelli und Montesquieu« von Maurice Joly, der Napoleon III. und die gesamte französische Aristokratie als kaltblütige Soziopathen darstellte, die nichts anderes im Sinn hatten, als den Massen Schaden zuzufügen.

Obwohl Joly Nichtjuden meinte, wurden die »fiesen« Motive, die er der französischen Regierung zuschrieb, buchstäblich wörtlich von einem deutschen Antisemiten namens Hermann Goedsche in seinem Roman *Biarritz* aufgegriffen und auf eine Ratsversammlung von zwölf Juden übertragen, die sich heimlich trafen – *um Mitternacht auf einem Friedhof –*, um die Ausrottung der Christenheit zu planen. 1893 bis 1895 schrieben Agenten der russischen Geheimpolizei die Werke von Joly und Goedsche um in *Die Protokolle der Weisen von Zion*, wie wir sie heute kennen.

1905 wurde das Werk unter Anleitung eines mysteriösen Priesters namens Sergius Nilus in Rußland veröffentlicht, um »den Juden« die Schuld für den verlorenen Krieg gegen die Japaner in jenem Jahr zuzuschieben. In dem Bürgerkrieg, der auf die bolschewistische Revolution von 1917 folgte, verwendeten die »Weißen« ebenfalls die Protokolle, um »den Juden« auch daran die Schuld zu geben. Obwohl in den 20er Jahren in mehreren Ländern Beweise für die Fälschung dieser Protokolle veröffentlicht wurden, wurde das Buch in den 30er Jahren wieder weit verbreitet, und zwar von Adolf Hitler in Deutschland und Henry Ford in den USA. Nach dem Zweiten Weltkrieg fand das Buch immer weniger Verbreitung, bis verschiedene antiisraelische islamistische Gruppen es wieder herausgaben; es ist noch immer Teil der Ideologie der Islamischen Widerstandsbewegung (Hamas).

Siehe auch: ▸ Sprache als Verschwörung, Vergewaltigungs-Verschwörung.
Verweise: ▸ http://www.nizkor.org/ftp.cgi?documents/protocols/protocols/zion.
            ▸ http://www.nizkor.org/ftp.cgi?documents/protocols/protocols/001
            ▸ *»Die Protokolle der Weisen von Zion« – Anatomie einer Fälschung,*
              von Hadassa Ben-Itto, Aufbau Verlag, Berlin, 1998.

▸ FLETCHER PROUTY

Colonel L. Fletcher Prouty (U.S. Air Force, im Ruhestand) war das Vorbild für den Pentagon-Offizier »X« in Oliver Stones Film *JFK* – der Mann, der Staatsanwalt Jim Garrison über das Ausmaß krimineller Aktivitäten in den modernen Nachrichtendiensten unterrichtet. Colonel Prouty arbeitete auch als Berater für diesen Film.
In seinem Buch *The Secret Team* beschreibt Prouty, wie ihn seine persönlichen Erfahrungen zu dem Schluß führten, daß diejenigen, die scheinbar die Welt kontrollieren, Befehle von unbekannten und geheimnisvollen Kräften entgegennehmen, die er die High Cabal (etwa: Hohe Clique) nennt. Er besteht darauf, daß es sich bei der High Cabal *nicht* um das *Council on Foreign Relations* oder die *Trilaterale Kommission* oder eine ähnliche Gruppe handelt.
Die Cabal vermeidet jede Art von Publicity, und keiner weiß, wer sie sind, außer denen ganz oben, die von ihnen Befehle entgegennehmen. Oft zitiert Prouty *R. Buckminster Fuller* als Schriftsteller, der die Cabal verstanden hat; siehe auch *Great Pirates, LAWCAP*.
Prouty ist der Ansicht, daß das *John-F.-Kennedy-Attentat* innerhalb der US-Regierung geplant worden war und daß seine Vertuschung in den Medien nur Teil einer

viel größeren Vertuschungsaktion war, bei der es um die Frage ging, warum der Kalte Krieg provoziert wurde und welchen kommerziellen Motiven er diente.

Siehe auch: ▶ A-Albionic Consulting and Research, The Con, Octopus, Prieuré de Sion, *Yankee and Cowboy War*.
Verweise: ▶ http://www.astridmm.com/prouty/
  ▶ *The Secret Team*, von Fletcher Prouty, Prentice-Hall, 1973.

▶ **CARROLL QUIGLEY**

Der Historiker Carroll Quigley schrieb das bei Verschwörungsforschern sehr beliebte Buch *Tragedy and Hope* (1966). In dieser 1348 Seiten umfassenden Geschichte unseres Jahrhunderts trifft Quigley ein paar Feststellungen, die zu einem zentralen Thema in den Verschwörungstheorien der extremen Rechten und teilweise auch der extremen Linken geworden sind. Die wichtigste und vielzitierte Passage sagt ohne Umschweife:

> *Es existiert, und das schon seit einer Generation, ein internationales anglophiles Netzwerk, das in einem gewissen Ausmaß so operiert, wie es die Rechtsradikalen bei den Kommunisten vermuten. Tatsächlich hat dieses Netzwerk, das wir als »Runder-Tisch«-Gruppen identifizieren können, nichts dagegen, mit Kommunisten oder irgendwelchen anderen Gruppen zusammenzuarbeiten, und tut das auch ständig.*

Quigley identifiziert als Gründer dieses Netzwerkes *Cecil Rhodes* und beschreibt das *Council on Foreign Relations* als amerikanische Filiale des Anglo-Netzwerkes.

Siehe auch: ▶ A-Albionic Consulting and Research, John Birch Society,
                LAWCAP, Keiner traut sich Verschwörung zu sagen, Ezra Pound.
Verweise: ▶ *The New American*, Vol. 12, Nr. 19, September 1996, S. 13.

▶ BOB QUINN

Bob Quinn hat seine Ideen in einem Buch und im irischen Fernsehen vorgestellt. Er sagt, daß Irland starke genetische und kulturelle Beziehungen zu Nordafrika hat, die bis zum Beginn der Zivilisation zurückreichen. Nach seiner Ansicht war Atlantis kein Kontinent mitten im Atlantik, sondern ein Kulturkreis, der sich über die Gebiete erstreckte, die wir heute als Marokko, die gälischsprachige Atlantikküste von Spanien, das bretonische Frankreich und Irland kennen. So wie das moderne Irland ein keltisches Fundament hat, über das sich englische Sprache und Gene gebreitet haben, hat sich dieses keltische Fundament über ein noch älteres maurisches Grundgestein gelegt. Einige der Beweise dafür wirken recht eindrucksvoll, etwa:

- ▶ Die Blutgruppe o kommt in Nordafrika und Westirland häufig vor, ist aber auf dem europäischen Kontinent sehr selten.
- ▶ Römische Autoren beschreiben die Kelten als groß und blond, aber die meisten Iren sind klein und dunkelhaarig.
- ▶ Westirische Musik ist völlig anders als europäische Musik. Als Quinn europäischen Musikwissenschaftlern einige Beispiele vorspielte und sie fragte, woher sie nach ihrer Ansicht kämen, sagten alle bis auf einen Afrika. Die eine Ausnahme tippte auf Asien.
- ▶ Issa bedeutet sowohl in Arabisch als auch im irischen Gälisch »Jesus«.
- ▶ Auf einem keltischen Kreuz, das man im County Kerry fand und auf etwa 900 v. Chr. karbon-datierte, steht das arabische Wort Bism'illah (Im Namen Allahs).
- ▶ Eine Art zu tanzen, bei der der Körper steif bleibt, die Beine sich aber sehr schnell bewegen, ist in Nordafrika, dem keltischen Spanien, in der Bretagne und in Westirland weit verbreitet.

Quinn hat massenhaft ähnliche Beweise und stellt seinen Fall überzeugend, wenn nicht sogar unbestreitbar dar. Er glaubt, daß die irisch-maurische Verbindung von der Römisch-Katholischen Kirche verschwiegen worden war, um die Tatsache zu vertuschen, daß St. Patrick nie existiert hat und die ersten irischen Christen Gnostiker aus Nordafrika waren.

Siehe auch:	▶ Dagobert II., *Irish Wisdom.*
Verweise:	▶ *Atlantean: Ireland's North African and Maritime Heritage,* von Bob Quinn, Quartet Books, London und New York, 1986.

▶ JON RAPPOPORT

Jon Rappoport untersucht in seinem Buch *AIDS Inc.: Scandal of the Century* verschiedene abweichlerische AIDS-Theorien und findet, daß einige davon etwas für sich haben. Seiner Meinung nach spricht einiges für *Dr. Peter Duesbergs* Modell, nach dem AIDS durch stimulierende Drogen verursacht wird, und er ist der Ansicht, daß auch Syphilis dabei eine Rolle spielt. Er findet außerdem Beweise, die die *Iatrogenische AIDS-Theorie* unterstützen, nach der AIDS und möglicherweise auch andere Seuchen zum Teil davon herrühren, daß die Bevölkerung vom medizinischen Establishment Überdosen erhält.

Rappoport kümmert sich hauptsächlich darum, wie AIDS zum »big business« wurde und wie pharmazeutische Interessen die Medien dahingehend manipuliert haben, daß sie die HIV-Hypothese propagieren und andere Theorien ignorieren oder herunterspielen.

Siehe auch: ▶ AIDS-Verschwörungstheorien.
Verweise: ▶ siehe: Chicagoer Malaria-Studie.

▶ RAUM-ZEIT-ÜBERGÄNGE

Space-Time Transients and Unusual Events ist wahrscheinlich das einzige Buch über das UFO-Rätsel, das keine Verschwörungstheorie enthält. Es wird hier nicht nur zur Abwechslung erwähnt, sondern auch wegen seiner unbeabsichtigten Unterstützung jener, die glauben, daß UFOs mehr mit dem Okkulten als mit dem Außerirdischen zu tun haben.

Die Verhaltensforscher Persinger und Lafreniere führten eine Computeranalyse von 1242 UFO-Fällen und 4818 anderen »Randerscheinungs«-Berichten (Poltergeister, Anomalien, Forteanische Daten etc.) durch – insgesamt 6060 Fälle von Ereignissen, die laut orthodoxer Wissenschaft nicht geschehen sein konnten. Die Computer, auf der Suche nach Mustern, fanden ein paar: Derartige Berichte tauchen häufig in der Gegend von Erdbeben-Fault-Lines auf, vor Erdbeben häufen sie sich, und in den besser dokumentierten Fällen ist eine bestimmte Topologie erkennbar. Zum Beispiel: Aus größerer Entfernung werden nur seltsame Lichter oder Lichter, die sich bewegen, beobachtet; wer näher dran ist, spricht von Poltergeist-Effekten (wie in Steven Spielbergs *Unheimliche Begegnung der Dritten Art*): elektrische und elektronische Störungen, Maschinen, die sich ein- und ausschalten, Bewegungen von Möbeln etc. Diejenigen aber, die ins Zentrum solcher Phänomene geraten sind, erzählen seltsame Stories, voll Freudscher und Jungscher Traumsymbolik (sexueller Mißbrauch, Entführungen, Begegnungen mit Jesus oder mit »Lichtwesen«, Wiedergeburtserfahrungen, usw.).

Persinger und Lafreniere vermuten, daß Lichterscheinungen und Poltergeist-Effekte tatsächliche energetische Anomalien darstellen, die von gelegentlichen magnetischen und Gravitationsströmungen der Erde ausgelöst werden, und daß die mythischen Elemente – Persephone von Hades entführt, Wiedergeburt, Auferstehung etc. – dem hinteren Gehirn entstammen; dies geschieht dann, wenn alle diese abnormen Energien die normalen Gehirnwellenmuster verändern. Diese Theorie gefällt einigen Okkultisten, die eine lange Tradition bezüglich psychischer »Fenster« haben – Zeiten und Orte, an denen unsere Welt von »Anderen Welten« berührt wird.

Siehe auch: ▶ *Daimonic Reality, Fortean Times, Mothman Prophecies,* Ultra-Terrestrier.

Verweise: ▶ *Space-Time Transients and Unusual Events,* von Persinger und Lafreniere, Nelson-Hall, 1977.

▶ RAY RAVENHOTT

1977 verkündete Ray Ravenhott, Direktor des Bevölkerungsprogramms der US-Behörde für internationale Entwicklung, die Absicht seiner Agentur, ein Viertel (25 Prozent) aller Frauen der Welt zu sterilisieren.

Siehe auch: ▶ AIDS-Verschwörungstheorien.
Verweise: ▶ http://home.earthlink.net/~bkonop/GermIncidents2.html

▶ RECOVERED MEMORY THERAPY

Recovered Memory Therapy (Gedächtnis-Wiedererlangungs- oder Wiedererinne-rungstherapie durch Hypnose) basiert auf der Annahme, daß eine große Anzahl von Menschen auf verschiedenste Weisen sexuell mißbraucht worden ist oder andere Schrecken in der Kindheit erlebt hat (zum Beispiel Inzest, Satansriten etc.) oder aber von Außerirdischen entführt und untersucht worden ist. Bei diesem Denk-modell produzieren solch hochtraumatische Erfahrungen deren völlige Unter-drückung, d.h. totale Amnesie. Das heißt buchstäblich, daß Sie so lange keinerlei Erinnerung daran haben, falls Ihnen so etwas zugestoßen ist, bis Sie sich einer der-artigen Behandlung unterziehen.
Recovered-Memory-Therapeuten helfen Ihnen, sich zu erinnern, indem sie Sie hypnotisieren und Ihnen auferlegen, Sie sollen das wahrscheinlich erlebte Trauma visualisieren und fühlen, immer und immer wieder. Innerhalb von etwa drei, manchmal auch fünf Jahren werden Sie anfangen, das, was Sie visualisieren und fühlen, für echte Erinnerung zu halten.
Die Therapie ist aber erst abgeschlossen, wenn Sie Ihre Peiniger konfrontieren, beschuldigen und schließlich jede Beziehung zu ihnen abbrechen.
Nicht selten wird diese Art der Therapie tief in der Psyche verborgene »multiple Persönlichkeiten« entdecken, die angeblich von der ursprünglichen traumatischen Erfahrung verursacht sind. Skeptiker meinen, daß diese multiplen Persönlichkeiten, ebenso wie die angeblichen Erinnerungen, durch die Hypnose erst geschaffen, also nicht durch sie aufgedeckt werden.

Diese Therapieform war durch zwei Feministinnen aus Santa Cruz, Ellen Bass und Laura Davis, populär geworden und ist in den letzten Jahren mit der Begründung, daß man sich nach dieser Methode praktisch an *alles* »erinnern« kann, heftig kritisiert worden.

| Siehe auch: | ▸ Abductees Anonymous, False Memory Syndrome Foundation, Corey Hammond, *Monstermacher, Satanic Panic*, UFO-Verschwörungen. |
| Verweise: | ▸ *The Courage to Heal*, von Ellen Bass und Laura Davis, Harper & Row, New York, 1988. |

▸ ISRAEL REGARDIE

Dr. Israel Regardie (1907–1985) war (als Dr. Francis Regardie) Psychotherapeut und kabbalistischer Magier in der Tradition des *Hermetic Order of the Golden Dawn.* Als Jugendlicher bildete er sich in Theosophie und Yoga, und mit 20 war er bereits Sekretär des bekannten *Aleister Crowley*, der ihm bei seinen Studien der Ritualmagie und Kabbala half. Crowley und Regardie gingen nach einem emotionalen Bruch ihrer Wege, aber Regardie blieb dem alten Mann zugetan, widmete ihm sein erstes Buch und schrieb schließlich die erste objektive, nicht feindselige Biographie von »Onkel Al«, den die Boulevardpresse den »schlimmsten Mann der Welt« genannt hatte.

1937 beging Regardie die schockierendste Handlung seines Lebens: Er veröffentlichte alle bis dato geheimen Rituale und Lehren der Golden Dawn in vier dicken Bänden, denn er hatte das Vertrauen in die Führer dieser Gesellschaft verloren und glaubte, daß die Tradition ohne diese »unglaubliche« Tat verlorenginge. Obwohl man ihn seinerzeit dafür heftig kritisierte, fand seine Veröffentlichung in neuerer Zeit doch viel Lob. Die okkulten Historiker Francis King und Isabel Sutherland schreiben seiner Politik der Enthüllung die »Wiedergeburt der okkulten Magie« zu. Francis Israel Regardie kehrte 1937 in die Vereinigten Staaten zurück, wo er weiterhin unter dem Namen Israel Regardie über okkulte Themen schrieb und als Francis Regardie Psychotherapie studierte und später praktizierte.

Im Lauf der Zeit entwickelte er sein eigenes psychotherapeutisches System, das hauptsächlich auf C. G. Jung und Dr. *Wilhelm Reich* basierte, den beiden »entgegengesetzten Polen« der neofreudianischen Welt, die zu kombinieren noch niemand versucht hatte. Einer von Regardies Schülern, Dr. Christopher Hyatt, praktiziert Jung-Reich-Therapie und schrieb Bücher über die Golden Dawn und über Crowleys Magick-Schule. Dr. Regardie hat durch seine Kombination psychologischer und okkulter Theorien einige der außergewöhnlichsten und vielleicht auch fruchtbarsten Bücher auf diesem Gebiet geschrieben.

Verweise:
▸ http://www.hermeticgoldendawn.org/regardie.htm
▸ *Das magische System des Golden Dawn I/III.*, von Israel Regardie, Freiburg, 1995.

▸ REGIERUNG ALS KRIMINELLE VERSCHWÖRUNG

Die Ansicht, daß die amerikanische Regierung per se mehr oder weniger eine gigantische kriminelle Verschwörung ist, findet sich sowohl bei der extremen Rechten wie auch bei der extremen Linken.

Die Anarchisten sagen, daß die Regierung nicht ein »notwendiges Übel« ist, wie es die Konservativen sehen, sondern ein »unnötiges Übel«. Diesen Standpunkt vertreten so oder ähnlich Proudhon, Bakunin, Tolstoi, Kropotkin, Warren, Malatesta und viele andere. Recht kurz und bündig hat es Tom Paine niedergeschrieben: »Die Regierungsgeschäfte sind schon immer von den ignorantesten und niederträchtigsten Individuen der Menschheit monopolisiert worden.« Tolstoi drückt es noch gröber aus: »Regierung ist ein Zusammenschluß von Männern, die uns anderen Gewalt antun.«

Lysander Spooner kommentierte die »demokratischen« Ansprüche moderner Regierungen mit lakonischem Sarkasmus:

Das Recht auf absolute und unverantwortliche Herrschaft ist das Recht des Eigentums, und das Recht auf Eigentum ist das Recht auf absolute und unverantwortliche Herrschaft ... Aber diese Männer, die absolute und unverantwortliche Herrschaft über uns beanspruchen und ausüben, wagen es nicht, konsequent zu sein und sich unsere Herren zu nennen oder uns als Eigentum zu beanspruchen. Sie sprechen von sich nur als unsere Diener, Agenten, Anwälte und Vertreter. Aber in dieser Erklärung steckt eine Absurdität, ein Widerspruch. Niemand kann mein Diener, Agent, Anwalt und Vertreter sein und gleichzeitig von mir nicht kontrollierbar und mir gegenüber auch nicht verantwortlich für seine Handlungen sein.

Pierre Joseph Proudhon, der erste Autor, der »Anarchismus« als positiven Begriff verwendet hat, ist noch brutaler:

Regiert zu werden heißt überwacht zu werden, inspiziert, ausspioniert und dirigiert zu werden, dem Gesetz unterworfen zu sein, reguliert, in Listen eingetragen und indoktriniert zu werden, Predigten hören zu müssen, kontrolliert, eingeschätzt, gewogen, zensiert und herumbefohlen zu werden ... Regiert zu werden heißt, bei jeder Transaktion, bei jeder Bewegung bemerkt, registriert, besteuert, gemessen, ausgewertet, patentiert und lizensiert, autorisiert, gebilligt, verwarnt, behindert, reformiert, zurechtgewiesen und festgenommen zu werden ... gegen Lösegeld festgehalten zu werden, ausgebeutet, monopolisiert, genötigt, ausgequetscht, verarscht, beraubt zu werden und dann, beim allergeringsten Widerstand ... unterdrückt, bestraft, mißbraucht, belästigt, verfolgt, angepöbelt, geschlagen, entwaffnet, erdrosselt, eingesperrt, unter Maschinengewehrbeschuß genommen, beurteilt, verurteilt, deportiert, geschunden, verkauft, beschissen zu werden und schließlich verspottet, lächerlich gemacht, beleidigt und entehrt zu werden.

Machiavelli hatte ähnliche Ansichten, was die Regierung anging, hielt diesen Zustand jedoch für unheilbar.

Siehe auch:	▸ Lord Acton, The Con, *Every Knee Shall Bow, The Godfather – Der Pate*, Internal Revenue Service, Kenneth Grant, Ordo Templi Orientis.
Verweise:	▸ *The Heretic's Handbook of Quotations*, hrsg. von Charles Bufe, See Sharp Press, San Francisco, 1988, Paine S. 33, Tolstoi S. 37, Spooner S. 35, Proudhon S. 33.

▶ WILHELM REICH

Dr. Wilhelm Reich wurde 1956 wegen unwissenschaftlicher Behauptungen von der amerikanischen *Food and Drug Administration* angeklagt, hauptsächlich wegen seiner Theorien über sexuelle Freiheit und wegen seiner Entdeckung einer angeblichen »Orgon«-Energie. Er wurde das berühmteste Opfer der FDA und ihrer Bestrebungen, den »Einen Wahren Glauben« in der medizinischen Praxis durchzusetzen. Die Bundesbeamten zerstörten nicht nur Reichs experimentelles Laboratorium, sondern verbrannten auch alle seine Bücher und Unterlagen, bevor sie ihn ins Gefängnis warfen, wo er an einem Herzanfall starb.

Dr. Reich war das Zentrum erbitterter Kontroversen, da viele diese verfassungswidrige Art, Ketzer zum Schweigen zu bringen, mißbilligten. Dr. James De Meo, der Versuche durchgeführt hatte, die viele von Reichs Wetterexperimenten bestätigten, hat eine Liste von mehr als 400 wissenschaftlichen Berichten, die alle auch andere von Reich durchgeführte Versuche bestätigen (erhältlich bei: Orgone Biophysical Research Laboratory, P.O. Box 1395, El Cerrito, CA 94530, USA).

Dr. De Meo wurde daran gehindert, weitere Reich-Forschungen für seine Doktorarbeit durchzuführen, und schrieb deshalb seine Dissertation über die Geschichte der Wüstenformation, die Dr. Reichs Arbeit bestätigte, ohne ihn zu erwähnen. Vor einigen Jahren vergab die Universität Marburg einen Doktortitel für eine Dissertation über Dr. Reichs Orgon-Akkumulator, die die meisten seiner Behauptungen verifiziert (auch diese Arbeit ist – in deutscher Sprache – bei Dr. De Meo unter der oben angegebenen Anschrift erhältlich).

Zusätzlich zu seinen biophysischen »Ketzereien« schockierte Dr. Reich eine Menge Leute durch seine soziologische Theorie, die besagt, daß der Faschismus die Konsequenz einer sexualfeindlichen Gesellschaft ist und unter anderen Bezeichnungen in jeder Gesellschaft vorkommt, die auf der Unterdrückung der Sexualität aufgebaut ist. Nach dieser Theorie wird der durchschnittliche Mensch durch charakterliche und muskuläre Verhärtung – eine Folge von Angst und Unterwerfung, die sich in körperlichen Reflexen verankert – dazu gebracht, sich einer starken Führerpersönlichkeit unterwerfen zu wollen. Tyrannei wird also in diesem Modell nicht nur von Tyrannen erschaffen, sondern vor allem von neurotischen Massen, die diese Tyrannen *wollen*.

Siehe auch: ▸ Passive Verschwörung, Krieg gegen gewisse Drogen.
Verweise: ▸ Reich-Forschung online:
                 http://www.doit.de/orgon/
               ▸ »*Der Orgon-Akkumulator – Ein Handbuch*«, von James De Meo,
                 Zweitausendeins, Frankfurt, 1994.
               ▸ »*Nach Reich*«, Hrsg. James De Meo, Zweitausendeins, Frankfurt 1998.
               ▸ Das in USA verbrannte und verbotene Spätwerk Reichs ist seit
                 Mitte der 90er Jahre im Zweitausendeins-Verlag, Frankfurt, erstver-
                 öffentlicht worden:
                 http://www.zweitausendeins.de

▸ CECIL RHODES

Über Cecil Rhodes (1853–1902) schrieb ein Bewunderer einmal, er sei der Begründer einer Philosophie des »mystischen Imperialismus«. Nach seinen Anfängen als
kleiner Farmer wurde er Diamantenschürfer und unermeßlich reich; 1891 gehörten
ihm 90 Prozent der damals bekannten Diamantminen auf der ganzen Welt.
Schließlich besaß er sogar sein eigenes, nach ihm benanntes Land – Rhodesien.
Vor seinem Tode etablierte er sein System der »Runder-Tisch-Gruppen«, um dem
20. Jahrhundert den Stempel seines mystischen Imperialismus aufzudrücken:
Daraus wurde das Royal Institute of International Affairs in London und das
Council on Foreign Relations in New York. Sein Testament führte die Rhodes-
Stipendien in Oxford ein, die einige der besten Köpfe der folgenden Generationen
in die »Runder-Tisch-Gruppen« und hin zu der Philosophie von Cecil Rhodes
gezogen haben.

Siehe auch: ▸ A-Albionic Consulting and Research, Keiner traut sich Verschwörung
                 zu sagen, *Yankee and Cowboy War.*
Verweise: ▸ http://www.omnipotent.com/addvalue/cecil_rhodes.html

▶ DAVID ROCKEFELLER

David Rockefeller, Ehrenvorsitzender des *Council on Foreign Relations* und der *Trilateralen Kommission*, Eigentümer der Chase Manhattan Bank und durch sie einer der Hauptaktionäre der *Federal Reserve Bank*, taucht in mehr Verschwörungstheorien auf als irgend jemand sonst seit Adam Weishaupt.

Selbst bei flüchtigem Hinsehen erkennt man die Rockefellers als Hauptakteure im Spiel der Macht. Schon 1890 raffinierte die Familie 90 Prozent der Rohölförderung der Vereinigten Staaten; ihr Vermögen wächst seit dieser Zeit kontinuierlich. Ein Rockefeller, Nelson, war als Republikaner Gouverneur des Staates New York und Vizepräsident der Vereinigten Staaten; ein anderer war als Demokrat Gouverneur von Arkansas. 1916 betrug das Familienvermögen 500 Millionen Dollar, damals eine astronomische Summe; 1930 gehörte ihnen ein substantieller Anteil an den Aktivposten der 40.000 eingetragenen Firmen in den USA. Die Rockefellers besitzen heutzutage große Anteile an Exxon, am Rockefeller Center, an der Standard Oil of California, IBM und der Chase Manhattan Bank, zusätzlich zu ihrem Firmenwert von mehr als zwei Milliarden Dollar und Aktienpaketen in etwa 50 anderen Firmen. Sie haben außerdem die Aktienmehrheit in der City National Bank und besitzen Anteile an 50.000 angeschlossenen Banken in mehr als 100 Ländern. Klingt nicht schlecht? Die Rockefellers sind auch noch an den vier größten amerikanischen Versicherungsgesellschaften beteiligt. Und sie haben genug Aktien, um 37 der 100 größten Industriefirmen und neun der 20 größten Transportfirmen zu kontrollieren oder zumindest zu beeinflussen. Dazu kommen viele kleinere Firmen. 1993 gehörten David und andere Rockefellers zu den fünf Spitzenaktionären von 122 der größten und gewinnträchtigsten Firmen und Konzernen.

Siehe auch: ▶ Hughes gegen Rockefeller, *Yankee and Comboy War.*
Verweise: ▶ http://www.empire.net/

▶ FRANKLIN DELANO ROOSEVELTS ERMORDUNG

Laut *Fletcher Prouty* glaubte Stalin, daß Präsident Roosevelt vergiftet worden war und daß Eleanor Roosevelt entweder an der Verschwörung beteiligt war oder bei deren Vertuschung half. Prouty sagt, er hätte das von Lieutenant Colonel Elliott Roosevelt, dem Sohn des Präsidenten, gehört, den er 1943 in Teheran getroffen hatte und der 1946 Stalin für das *Look*-Magazin interviewt hatte.

Bei diesem Interview sagte Stalin, er hätte aufgehört, Eleanor Roosevelt zu vertrauen, als sie dem sowjetischen Botschafter Andrei Gromyko die Erlaubnis verweigerte, die Leiche des Präsidenten zu untersuchen, um festzustellen, ob der Präsident wirklich, wie behauptet worden war, an einer Gehirnblutung gestorben war. Stalin glaubte danach, daß Eleanor bei der Vertuschung der Angelegenheit half. Prouty sagt uns nicht, was Elliott Roosevelt von alledem hielt, aber er berichtet uns, daß Elliott Stalin ohne Umschweife fragte, was Gromyko denn von der Untersuchung der Leiche zu erfahren hoffte. Stalin geriet in Wut und schrie: »Die haben Ihren Vater vergiftet, natürlich, genauso, wie sie wiederholt versucht haben, mich zu vergiften!« »Die? Wer sind die?« fragte Elliot. »Die Churchill-Bande!« brüllte Stalin, »Die haben Ihren Vater vergiftet, und sie versuchen immer wieder, mich zu vergiften ... die Churchill-Bande!«

Frühere Verschwörungstheorien über Roosevelts Tod sind schon vor Jahrzehnten in rechten Zeitschriften erschienen. Im allgemeinen ist dort behauptet worden, daß Roosevelt entweder von Eleanor oder von Stalin umgebracht worden ist. Ein nicht mehr erhältlicher Roman, *The Rat Race* von Jay Franklin, behauptet, daß der Mord vom französischen Geheimdienst ausgeführt worden war und daß dabei das gleiche Gift verwendet wurde, das man nach dem Ersten Weltkrieg Präsident Woodrow Wilson gegeben hatte.

Siehe auch: ▶ A-Albionic Consulting and Research, Bank of England, Lady Dianas Tod, Robert Morning Sky, Ezra Pound.

Verweise: ▶ http://www.astridmm.com/prouty

▶ ROSENKREUZER

Die Rosenkreuzer oder der Orden vom Rosenkreuz entstanden entweder im alten Ägypten oder um 1313 oder um 1490 oder 1616, je nachdem, welcher Quelle man glaubt. Die Gründer waren ägyptische Weise, Freunde von Martin Luther (dessen Wappen Rose und Kreuz zierten), *Giordano Bruno* oder Unbekannte. Was auch immer wahr ist, fest steht, daß die Rosenkreuzer die *Freimaurer* beeinflußt haben, bei denen es unter den höheren Graden noch immer den Rang eines Ritters vom Rosenkreuz gibt. Das Auge-im-Dreieck-Zeichen, das oft den Freimaurern zugeschrieben wird, erinnert nur vage an deren Symbole, wird aber von den Rosenkreuzern schon sehr lange verwendet.

Die erste Erwähnung der Rosenkreuzer findet sich etwa zwischen 1614 und 1620, als drei Bücher, nämlich *Fama Fratenitatis, Confessio fraternitatis Rosseae Crucis* und *The Alchemical Marriage of Christian Rosecross* in wichtigen europäischen Hochburgen der Gelehrsamkeit auftauchten. Diese Bücher verkündeten die Existenz dieses Ordens, sagten aus, daß er im Besitz allen wissenschaftlichen und mystischen Wissens sei und luden den Würdigen ein, ihm beizutreten – falls er ihn denn finden könne.

Niemand gab je zu, den geheimen Orden gefunden zu haben, und die meisten Historiker betrachten die Angelegenheit als unergründlich oder gar als Witz.

Nach einem Rosenkreuzer-Manifest im World Wide Web verstecken sich die Rosenkreuzer »ganz offen«, indem sie »so viele falsche Orden wie möglich« schaffen, um ihre Feinde zu verwirren, die sie als Technomancer bezeichnen. Die Rosenkreuzer, so heißt es in dem Manifest, sind »die heimlichen Meister verschiedener Freimaurergruppen und vieler anderer Geheimgesellschaften«.

Die Technomancer versuchen diese Gruppen zu infiltrieren (siehe: *A-Albionic Consulting and Research, Sacred Chao, »Yankee and Cowboy War«, Yin und Yang*). Daraus resultiert:

> *Dieser heimliche Krieg tobt seit einigen Jahrhunderten durch die Geheimbünde, und ein Ende ist nicht in Sicht. Jedermann ist in einem Netz von Intrigen gefangen, und der Verfolgungswahn blüht unter allen Beteiligten.*

Der *Hermetic Order of the Golden Dawn* war ein echter Rosenkreuz-Orden, sagt dieselbe Quelle, wurde aber durch Infiltration durch Technomancer, innere Streitigkeiten und *Aleister Crowley* zerstört, der ihn mit seinem »Kult der Ekstase« vermischte (ein verschleierter Hinweis auf Sex Magick). Frohgelaunt schließt das Manifest:

> *Die Rosenkreuzer haben mehr weltliche Macht angehäuft als irgendeine andere*
> *Gruppe im Orden des Hermes. Durch Wohltätigkeitsfonds, die sie durch*
> *verschiedene Freimaurerlogen kontrollieren, können sie Druck auf Banken*
> *ausüben und Geld investieren, wo immer es ihnen paßt.*

Eine andere Quelle informiert uns, daß die Rosenkreuzer 1313 von Christian Rosenkreuz gegründet worden waren, um eine neue Phase der christlichen Religion vorzubereiten: »Die großen spirituellen Wesenheiten, die für die Evolution verantwortlich sind, ändern die Religionen der Welt im Einklang mit dem Vorbeizug marschierender Kreisbahnen in den Himmeln.«

Insbesondere will uns das Rosenkreuz eine Art »sechsten Sinn« lehren, mit dem wir Glaube und Verstand überwinden und die direkte Bedeutung von Rose, Kreuz und anderen mystischen Symbolen erkennen können.

Der verstorbene *Philip K. Dick* vermutete, daß der Rosenkreuzer-Orden als Anti-Vatikan-Verschwörung begann, die im Vatikan selbst durch Adepten begonnen wurde, die wußten, daß die Kirche erschüttert und erneuert werden mußte.

Siehe auch:	▸ Gnomen von Zürich, GRUNCH, OM, Order of Memphis and Mizraim.
Verweise:	▸ Derzeitiges Rosenkreuzer-Manifest: http://www.student.nada.kth.se/~nv91-asa/Mage
	▸ Brunos Einfluß: *Giordano Bruno and the Hermetic Tradition*, von Francis Yates, University of Chicago Press, 1964.

▶ ROSWELL UFO CRASH

Ende Juni oder Anfang Juli 1947 stürzte etwas in der Wüste nahe Roswell, New Mexico, ab – vielleicht gab es auch zwei Abstürze an verschiedenen Tagen. In einem oder in beiden Fällen mag es ein japanischer FUJI-Ballon gewesen sein, der sich seit dem Zweiten Weltkrieg herumtrieb oder ein geheimer amerikanischer Spionageballon oder ein außerirdisches Raumschiff – eine Fliegende Untertasse.

Die Vertreter dieser Theorien streiten sich seither, und der Streit wurde im Lauf der Jahrzehnte immer erbitterter. Roswell, ansonsten höchstens als Geburtsort der Schauspielerin Demi Moore bekannt, wurde der Name der größten UFO-Verschwörungsdebatte jenseits der *X-Akten*, die größtenteils auch davon inspiriert wurden. (»Mir gefällt das nicht«, sagte Bill Pope von der Handelskammer in Roswell, »ich will doch nicht, daß wir als Hauptstadt der Exzentriker bekannt werden.«) Doch die Wut wächst: Fast jeder bekanntere Roswell-Forscher wurde von seinen Kollegen schon als CIA-Agent oder als verdammter Lügner oder als beides beschimpft.

Viele Beiträge zu dieser wirklich hitzigen Debatte wurden im *Saucer Smear* publiziert, einem kleinen, unregelmäßig erscheinenden Journal, herausgegeben von Jim Moseley; ein paar seiner Ausgaben sind inzwischen online zu lesen. Unter den wechselnden Untertiteln »SCHOCKIEREND NAH AN DER WAHRHEIT!« oder »Ein Furunkel im Arsch der UFOlogie – Jon Keel« druckt *Smear* jeden Standpunkt und alle Argumente und behandelt sie alle mit dem gleichen, coolen Skeptizismus. Die ET-Theoretiker scheinen mittlerweile an Anerkennung zu gewinnen, jedenfalls im Gerichtssaal der öffentlichen Meinung: Nach einer *Time*-Yankelovich-Umfrage glauben 65 Prozent der US-Bürger beim Roswell-Zwischenfall an die Version des abgestürzten außerirdischen Raumfahrzeuges. Da keine Akte diesem Gestrüpp von Behauptungen, Gegendarstellungen und Beschuldigungen gerecht werden kann, verweisen wir die Neugierigen auf »*Alien Autopsy*«, *Philip J. Corso* und *Robert Morning Sky.*

Verweise: ▶ *Time*, 23. Juni 1997, Seiten 62–71.

▶ THE SACRED CHAO

»Das Heilige Chao« ist das geheiligte Symbol der Diskordianischen Gesellschaft. Wie das taoistische Yin und Yang besteht es aus zwei Kommas, eins zeigt nach oben, eins nach unten. Die beiden Kräfte des Chao sind jedoch nicht Yin und Yang, sondern Misch und Masch. Misch, symbolisiert durch das Pentagon, steht für die tyrannischen, autoritären und destruktiven Kräfte dieser Welt, besonders für die Ritter von der fünfeckigen Burg und die *Illuminaten*. Masch, symbolisiert durch den Goldenen Apfel des Diskord, steht für Satire, Anarchie, Spaß an der Freude und allgemeine Gedankenfreiheit.

Nach der Diskordischen Lehre führt jeder Zuwachs auf einer der beiden Seiten des Heiligen Chao sofort zu einem Zuwachs auf der anderen Seite, daher führt autoritäre Bürokratie zu Rebellion und Chaos, und Rebellion und Chaos provozieren mehr autoritäre Bürokratie; ein nie enden wollender Tanz, solange das Geld reicht.

Siehe auch: ▶ »Bob«, Diskordianismus, OM, Slack.
Verweise: ▶ http://www.kbuxton.com/discordia/

PIERRE PLANTARD DE SAINT CLAIR

Pierre Plantard de Saint Clair war ein gelehrter Okkultist, ein reicher Mann, ein Held der Resistance während des Zweiten Weltkrieges, ein Gefährte Charles de Gaulles und der letzte öffentlich bekannte Großmeister der mysteriösen *Prieuré de Sion*.

Nach den Genealogien in dem spekulativen Buch *Der Heilige Gral und seine Erben* ist Pierre Plantard de Saint Clair ein direkter Abkömmling von Jesus und Maria Magdalena. Schauen wir aber bis zu *Gerard de Sede* zurück, zeigen dieselben Ahnentafeln, daß Saint Clair von Außerirdischen abstammt, die vom *Sirius* gekommen sind. Im Dezember 1983 geriet das ganze P2/Prieuré-Mysterium durch einen seltsamen Vorfall in ein ganz neues und unheimliches Licht. Zuerst trat am 16. Dezember Pierre Plantard de Saint Clair als Großmeister der Prieuré de Sion zurück, nachdem er den Autoren von *Der Heilige Gral und seine Erben* ein kryptisches Interview gewährt hatte, in dem er sagte, daß die *Malteserritter* die Prieuré in einem Ausmaß unterwandert hätten, das er sehr beunruhigend fand. Er weigerte sich, seinen Nachfolger als Großmeister zu nennen. Dann erschien ein Buch namens »*Skandale der Prieuré de Sion*«, das die Prieuré mit der *P2-Verschwörung* in Italien in Verbindung brachte.

Siehe auch: ▸ Grand Loge Alpina, Kenneth Grant, Noon Blue Apples,
                                      P2-Verschwörung.

Verweise: ▸ *Der Heilige Gral und seine Erben,* von Michael Baigent, Henry Lincoln
                                        und Richard Leigh, Bergisch-Gladbach, 1984.
                                  ▸ *The Messianic Legacy,* von Michael Baigent, Henry Lincoln
                                      und Richard Leigh, Henry Holt, New York, 1987.

▸ SALK-IMPFSTOFF UND AIDS

CNN berichtete am 3. März 1992, daß Dr. Robert Bohannon, der AIDS-Forschungen an der Baylor-Universität durchgeführt hatte, nach Proben des ursprünglichen Salk-Impfstoffes suchte, um sie auf HIV zu untersuchen. Gerüchte, daß die ursprünglichen Versuche mit Salk-Impfstoff in Afrika versehentlich verunreinigt worden waren, halten sich; wir haben aber niemanden gefunden, der an sie glaubt.

Siehe auch: ▸ AIDS-Verschwörungstheorien, San-Francisco-Experiment,
                                      Tuskegee Syphilis Study.
Verweise: ▸ http://radio.cbc.ca/programs/ideas/Aids/vienna.html

▶ SAN-FRANCISCO-EXPERIMENT

1950 sprühte die U.S. Navy absichtlich eine Wolke von Bakterien über San Francis-co, um zu sehen, wie schnell sie sich im Ernstfall eines bakteriologischen Krieges unter einer Stadtbevölkerung verbreiten würde.

Als die Geschichte herauskam, bestand die Marine darauf, daß das verwendete Bak-terium »harmlos« war, aber eine Menge Bewohner der Bay Area blieben skeptisch. Wie »harmlos« auch immer eine Bakterie sein mag, diese verursachte jedenfalls viele lungenentzündungsähnliche Symptome unter den Opfern, und ein Einwoh-ner starb.

Siehe auch:	▶ AIDS-Verschwörungstheorien, Mona Charen, Chicagoer Malaria-Studie, Holmsburger Gefängnisverschwörung, Tuskegee Syphilis Study.
Verweise:	▶ http://home.earthlink.net/~bkonop/GermIncidents2.html

»SARAH«

»Sarah« ist der Deckname eines kanadischen Mädchens, das während einer Recove-red-Memory-Hypnose erzählte, daß sie von Außerirdischen entführt worden sei, an Bord eines UFOs voller Computer und Zimmerpflanzen gebracht worden war und Tests unterzogen wurde, »um zu sehen, woraus Menschen gemacht sind«. Ein paar Tage später, behauptet Sarah, wurde sie in der Schulcafeteria von einem schwarz-gekleideten Mann angesprochen. Sie beschrieb ihn als zwei Meter groß, mit grauer Haut, er sah aus »wie ein toter Mann«. Er fragte sie über die Ereignisse im UFO aus und wollte, komischerweise, eine Liste aller ihrer Freunde haben, die sie ihm aber verweigerte.

Bericht: Canadian UFO Research Network (CUFORN).

Siehe auch:	▶ Corrydon Hammond, Mary Hyre, Men In Black, Recovered Memory Therapy.
Verweise:	▶ The UFO Silencers, von Timothy Green Beckley, Inner Light Publications, New Brunswick, N.J., 1990, Seiten 70–81.

▶ SASHA

Sasha war ein angeblicher KGB-Maulwurf, dem es möglicherweise gelang, bis in die höchsten Ebenen der CIA vorzudringen.

Ein sowjetischer Überläufer namens *Anatoli Golitsin* sagte aus, daß Sasha existierte und daß der KGB vorhatte, die CIA mit falschen Überläufern zu überschwemmen, um sie zu verwirren und die Aufmerksamkeit von Sasha abzulenken. Ein späterer Überläufer, *Yuri Nosenko*, verneinte die Existenz von Sasha und wurde dementsprechend von Golitsin als falscher Überläufer bezeichnet. *James Jesus Angleton*, Chef der Gegenspionage der CIA, unterstützte Golitsin und wandte sich gegen Nosenko; aber die ganze Kontroverse wurde innerhalb der CIA nie geklärt und beschäftigt auch heute noch die Verschwörungsforscher, denn Nosenko bestätigte auch Angletons Version vom *John-F.-Kennedy-Attentat*.

Bill MacDowall schreibt zum Nosenko-Golitsin-Konflikt:

> *Golitsin könnte selbst ein falscher Überläufer gewesen sein. Leicht hätte er die Story vom Maulwurf namens Sasha und von dem Plan, ihn zu schützen, erfinden können. Was bei einer solchen Strategie herauskäme, wäre, daß zukünftige echte Überläufer, die von diesem fiktiven nichts wissen, wie falsche Überläufer dastehen … das perfekte Beispiel einer sich selbst erfüllenden Prophezeiung.*

Siehe auch: ▶ Castro als Supermaulwurf, Doppelkreuz-System, Fedora.

▶ SATANIC PANIC

Satanic Panic von dem Soziologen Jeffrey S. Victor untersucht mehr als 60 Vorfälle von »Satanischer Panik« in den Vereinigten Staaten zwischen 1982 und 1992. Victor dokumentiert, daß die gesamte Struktur mittelalterlicher Satanshysterie zurückgekehrt ist – angeblich große (nationale und internationale) Satankulte, massive Orgien samt Menschenopfern und Kannibalismus – und schreibt dies der wachsenden ökonomischen Unsicherheit unserer Zeit zu. Nervöse Leute suchen Sündenböcke, denen sie die Schuld geben können, lautet seine Theorie, und es gibt eine Menge nervöser Leute in den Staaten, seit die sogenannten »Gesundschrump-fungen« das Zuhause zerbrochen und beide Elternteile auf Arbeitssuche geschickt hat.

Als Stimuli, die Satanic Panic und wilde Gerüchte von Teufelsanbetung und Menschenopfern auslösen, kommt buchstäblich alles in Frage. Hauptquellen des neuen Mythos aber sind Schulbücher, in denen Sachen stehen, von denen die Eltern noch nie etwas gehört haben, Rockmusik, die für viele ältere Menschen ganz und gar nicht wie Musik klingt, und Rollenspiele für Kinder wie Dungeons & Dragons, die diejenigen intellektuell-kreativen Funktionen ermutigen, welche die Eltern unterdrücken mußten, um sich an die hierarchische Sozialstruktur anzupassen.

Die Bedeutung dieser Panikwelle zeigt sich in der Tatsache, daß die Behavioral Science Unit (= Verhaltensforschungs-Einheit) des FBI viele Dutzende von angeblichen »Massengräbern« für die Opfer von Satansriten untersuchen mußte – eine gewaltige Zeit- und Steuergeldverschwendung, da man nie auch nur eine einzige Leiche gefunden hat. Hauptursachen dieser Panik, sagt Viktor, sind Sensationsblätter und fundamentalistische Priester, aber auch radikale Feministinnen heizten zunehmend die Hysterie an.

Kenneth Lanning von der Behavioral Science Unit des FBI ist schon als Verbündeter der Satanisten verleumdet worden, weil er gesagt hatte, er hätte nicht den geringsten Beweis für die Existenz eines Teufelskultes, der Menschenopfer darbringt, gefunden, und er untersuchte derartige Fälle seit 1983. Ganz Ähnliches widerfuhr im mittelalterlichen Europa und in Salem, Massachusetts, jenen, die sich ähnlich skeptisch äußerten: Zweifle, und schon bist du der nächste Verdächtige.

| Siehe auch: | ▸ Hawthorne Abendsen, Corey Hammond, Vergewaltigungs-Verschwörung, Recovered Memory Therapy. |
| Verweise: | ▸ *Satanic Panic: The Creation of a Contemporary Legend*, von Jeffrey S. Victor, Open Court, Chicago, 1993. |

▶ PATER BÉRANGER SAUNIÈRE

Siehe: ▶ Maria-Magdalena-Kirche, Gnomen von Zürich, Noon Blue Apples,
              Prieuré de Sion.

▶ 666

Laut Offenbarung 13,18 soll das Biest, welches in den letzten Tagen (vor der Apokalypse) erscheinen wird, die Nummer 666 tragen. Die meisten Versuche, dies zu
interpretieren, verwenden die Kabbala, das jüdische System, nach dem jeder Buchstabe einen Zahlenwert hat (zum Beispiel A oder *aleph* = 1, B oder *beth* = 2 usw.).
Für jene, die gern spielen, haben die hebräischen Buchstaben glücklicherweise
mehr als nur einen numerischen Wert, je nachdem, wo sie in einem Wort vorkommen, und Buchstaben anderer Sprachen entsprechen nicht alle den hebräischen
Buchstaben (zum Beispiel V, W und sogar O sollen alle dem hebräischen *vau f* entsprechen). Es sind daher viele verschiedene Interpretationen möglich, und der
Name beinahe jeder umstrittenen Persönlichkeit der letzten 2000 Jahre soll nach
dem einen oder anderen System auf 666 hinauslaufen. Nero, Luther, Napoleon und
Hitler wurde diese zweifelhafte Ehre zuteil, und *Aleister Crowley* änderte seinen
Namen absichtlich, damit sich 666 ergäbe.
Da nach der griechischen Kabbala (das Neue Testament war in griechischer Sprache
geschrieben worden) IESUS CHRIST gleich 777 ist, lautet die traditionellste Inter-
pretation, daß 666 777 minus 111 bedeutet, oder der perfekte Mensch (777), seiner
Einheit (111) beraubt, wird sein eigenes Gegenteil, 666 – der *Antichrist*. Die Katho-
lische Enzyklopädie sagt ganz unverblümt: »Es ist dies eine verdammenswerte
Art der Numerologie, die im christlichen Verständnis der Botschaft Jesu keinen
Platz hat.«

Siehe auch: ▶ Antichrist.
Verweise: ▶ http://www.aloha.net/~mikesch/cath.htm

1973 veröffentlichte ein mysteriöser Herr namens Gerard de Sede in Paris einen dicken Wälzer namens *La Race Fabuleuse*. Das Buch beschäftigt sich mit einem guten Dutzend Mysterien in der Geschichte Frankreichs, und erst am Ende merkt der Leser, daß der Autor nur sehr wenige von ihnen erklärt hat. In anderen Worten, das Buch dreht sich um Merkwürdigkeiten und überläßt es dem Leser, daran herumzurätseln.

Das Buch beginnt mit dem seltsamen Wappen von Stenay, einer Stadt nahe Paris. Das Wappen zeigt den Kopf des Teufels (Neo-Heiden würden sagen, »den Kopf einer gehörnten Gottheit«, aber es sieht wirklich einfach wie der normale Teufel aus). De Sede stellt die Frage, warum eine christliche Stadt in einem christlichen Land den Teufel als Wappentier wählt. Wir hören von anderen Seltsamkeiten über Stenay und über die *Merowinger*, die dort gegen 400 bis 700 v. Chr. ihre Hauptstadt hatten, und erst am Schluß merken wir, daß de Sede nicht mehr auf das bizarre Wappen zurückgekommen ist und es erklärt hat.

Ganz ähnlich hören wir von einem bekannten Forteanischen Phänomen – Frösche, die unerklärlicherweise, ohne Wirbelwind oder so etwas, vom Himmel fallen –, das sich in Stenay öfter als in anderen Städten zugetragen haben soll. Auch das wird uns nie erklärt. Man hört nur von einer Theorie, nach der sich der Frosch im Wappen der Merowinger auf diese Vorkommnisse beziehen soll.

Man liest dann eine ganze Menge über Arduina, die früheuropäische Bärengöttin und ihre ethymologisch-mythologische Verbindung zur griechischen Artemis, ebenfalls ursprünglich eine Bärengottheit, und über die nach Arduina benannten Ardennen, aber es führt letztlich nur zu ein paar nebulösen Spekulationen über die Ermordung des letzten Merowingerkönigs Dagobert II. im *Ardenner Wald* am 23. Dezember 679. De Sede erwähnt, fast nebenbei, daß die Kirche in Stenay nach Süden weist, so daß man morgens im Sommer, wenn man am Altar steht, durch die offene Türe *Sirius* hinter der Sonne aufsteigen sehen kann.

Eines der interessantesten Kapitel von *La Race* dreht sich um Nostradamus, den de Sede ganz neuartig interpretiert. Er meint, daß die Dichtung dieses merkwürdigen Arztes nicht deshalb über Jahrhunderte im Druck blieb, weil sie »die Zukunft enthüllt«, wie die New-Ager glauben, sondern weil sie *die Vergangenheit enthüllt*. Ein gewisser Marquis de B. (Abkürzung von de Sede) enthüllt ein wenig von dieser verborgenen Vergangenheit. Der Vatikan ließ Dagobert II. am 23.12. im Ardenner Wald aus geheimnisvollen Gründen ermorden, die mit Astrologie und Zahlenmagie zu tun hatten. Die *Prieuré de Sion* oder andere, namenlose Gruppen beschützen jene, die die Gene der Merowinger bis in die Gegenwart fortgepflanzt haben. Diese Gene sind besonders wertvoll, da die Merowinger aus Vereinigungen der alten Israeliten mit übermenschlichen Außerirdischen vom Sirius hervorgegangen sind.

Siehe auch: ▸ Bilderberger, Dagobert II., *Fortean Times*, George I. Gurdjieff, Kenneth Grant, Prieuré de Sion, *Das Sirius-Rätsel*.

Verweise: ▸ *La Race Fabuleuse*, von Gerard de Sede, Editions J'ai Lui, Paris, 1973.

▸ **JAKOB SEGAL**

Dr. Jakob Segal, Biologe an der Humboldt Universität in Berlin, hat als erster den Verdacht geäußert, daß AIDS aus Fort Detrick stammt, dem Laboratorium für biologische Kriegführung in der Nähe von Washington, D.C.

Obwohl Segal davon ausging, daß der Virus aus Versehen entwich, wird seine Theorie doch oft von Leuten zitiert, die annehmen, AIDS sei als »rassenhygienische« Maßnahme geplant worden, um die Weltbevölkerung durch die Eliminierung von Homosexuellen und Afrikanern zu reduzieren – die beiden am meisten von der Seuche betroffenen Gruppen.

Dr. Segal argumentiert, daß HIV aus Visna (einem Schafvirus) und HTLV-I (Human T-Cell Leukemia Virus) gebildet wird. Seine Kritiker weisen darauf hin, daß zumindest dieser Teil seiner Theorie unwahrscheinlich klingt, weil der »Affenvirus« (SIV-Simian immunodeficiency Virus) inzwischen entdeckt wurde und als viel wahrscheinlicherer Vorläufer von HIV als der Schafvirus gilt.

Siehe auch: ▸ AIDS-Verschwörungstheorien, El Salvador: Bakterienkrieg?, Tuskegee Syphilis Study.

Verweise: ▸ *AIDS IST BESIEGBAR – Die künstliche Herstellung, die Frühtherapie und deren Boykott*, von Lilli Segal/Jakob Segal/Christoph Klug, Berlin, 1995.

► **LE SERPENT ROUGE**
  (Die rote Schlange)

Ein ganz besonders provokatives Werk, zunächst privat gedruckt und dann in der Bibliothèque Nationale in Paris deponiert. In *Le Serpent Rouge* geht es um die **Merowinger**, die Ermordung von **Dagobert II.**, eine verborgene Königsrasse, den Rosenkreuzer-Symbolismus, Astrologie und Maria Magdalena. Auf dem Umschlag stehen die Namen der Autoren: Louis Saint-Maxent, Gaston de Koker und Pierre Feugere. Zwei Tage, nachdem dieses kleine Buch erschien, untersuchte die Pariser Polizei drei Fälle von erhängten Männern, bei denen die Umstände sowohl auf Selbstmord als auch auf Mord schließen ließen. Die Opfer hießen, natürlich, Louis Saint-Maxent, Gaston de Koker und Pierre Feugere.

Le Serpent Rouge heißt »die rote Schlange«. In vielen okkulten Traditionen steht sie für die männliche Sexualenergie und bezieht sich auf die Kundalini-Theorie der Hindu. Das Buch scheint dunkle Hinweise auf eine Art astrologisch-sexuellen Mystizismus zu geben, aber es betont auch immer und immer wieder, daß nur Maria Magdalena die göttliche Verwandlung erfuhr, die von Jesus kam.

Michael Baigent, Henry Lincoln und Richard Leigh interpretieren das als Hinweis, daß Maria Magdalena mit Jesus verheiratet war. Sie weisen außerdem darauf hin, daß die meisten privat gedruckten Bücher über das Maria-Magdalena-/*Prieuré-de-Sion*-Geheimnis falsche Autorennamen tragen, aber ob das auch bei Louis Saint-Maxent, Gaston de Koker und Pierre Feugere der Fall war, bleibt ungewiß.

Siehe auch:	► Maria-Magdalena-Kirche, Noon Blue Apples, Ordo Templi Orientis, Prieuré de Sion, Rosenkreuzer, Sex Magick.
Verweise:	► *Der Heilige Gral und seine Erben*, von Michael Baigent, Henry Lincoln und Richard Leigh, Bergisch-Gladbach, 1984.

▶ SEX MAGICK

Sex Magick ist das okkulte Geheimnis vieler mystischer Orden, etwa *Illuminaten,* Hermetiker, Alchemisten und, in Fernost, einiger buddhistischer und taoistischer Schulen. Obwohl es sich viele Jahrhunderte lang um ein eifersüchtig gehütetes Geheimnis handelte, angeblich weil die entfesselten Mächte so gefährlich seien, daß es nicht alle kennen durften, läßt sich die Technik doch in einem einzigen Satz erklären:

Der Orgasmus sollte so lange wie möglich vermieden werden, entweder durch Verlangsamung des Liebesspieles oder Änderung der Position, und jeder Partner sollte den anderen als besondere Gottheit visualisieren/idealisieren, in thelemischer Magick zum Beispiel identifiziert der Mann die Frau üblicherweise mit Nuit, der Himmelsgöttin, und die Frau identifiziert den Mann mit Pan.

Das einzige Problem dabei ist, daß man ganz schön viel Training in sehr fortgeschrittenen Yogatechniken braucht, bevor man sich dem gewünschten Resultat auch nur nähern kann. Wenn man kein »Astral«licht oder blau-weiße Energiefelder sieht, braucht man mehr Übung.

Siehe auch:	▶ *Buch der Lügen (Book of Lies),* Aleister Crowley, Wiedererstandene und kopierte Illuminaten, Order of Memphis and Mizraim.
Verweise:	▶ http://www.crl.com/~thelema
	▶ *Portable Darkness,* hrsg. von Scott Michaelson, Harmony Books, New York, 1989.

▶ SHAKESPEARE ALS VERSCHWÖRUNGSFORSCHER

William Shakespeare, der meistgelesene und meistaufgeführte Dramatiker der Welt, hat wahrscheinlich mehr zur Betrachtungsweise der Politik als Ort der Verschwörung beigetragen als selbst Oliver Stone. Man könnte ihn wahrscheinlich auch als Galionsfigur der »Konspirologie« bezeichnen, da seine Werke weit mehr Menschen bekannt sind als etwa rein geschichtliche Werke.

Manche finden auch, daß die Ansichten des Barden zur Macht und zu den Menschen, die sie ausüben, von Machiavelli sein könnten.

In *Julius Cäsar* planen Brutus und Cassius (mit Helfershelfern) die Ermordung Cäsars und führen sie auch aus. Ihr Staatsstreich kann nur durch die Redekunst von Mark Antonius verhindert werden, der eine Gegenverschwörung bildet.

In einem anderen Stück, *Titus Andronicus*, sind alle Mitspieler in Verschwörungen und Gegenverschwörungen verstrickt; Lügen, Mord, Vergewaltigung, Verstümmelung und Kannibalismus sind Mittel in diesem Kampf.

In der chronologischen englischen Geschichte finden wir verschiedene Generationen von Verschwörungen und Doppelspiel. *King John* dreht sich um einen verlogenen König, der mit Hilfe verschiedener Verschwörungen gestürzt werden soll und schließlich von einem Mönch vergiftet wird, der sich als sein Freund ausgibt.

In *Richard III.* schickt König Richard Bolinbroke ins Exil, der unverzüglich eine Verschwörung anzettelt, mit deren Hilfe er zurückkehren und an die Macht gelangen will. Auf dem Höhepunkt des Stückes zahlt Bolinbroke für die Ermordung Richards und macht sich selbst zu *Heinrich IV.*

In *Heinrich IV.*, Teile I und II, wird mit einer ganzen Reihe von Verschwörungen versucht, Bolinbroke wegen seiner »indirekt krummen Geschichten« aus dem Sattel zu heben.

In *Heinrich V.* zettelt Bolinbrokes Erbe eine Verschwörung an, die einen Krieg gegen Frankreich rechtfertigen soll, »um ängstliche Gemüter mit ausländischen Streitereien zu beschäftigen« und weitere Unzufriedenheit im Inneren einzudämmen – eine noch immer weit verbreitete und in vielen Fällen vermutete Technik (siehe: **American Hero**). In den Teilen I, II und III von *Heinrich VI.* scheint jeder Edelmann Englands in eine Verschwörung nach der anderen verwickelt zu werden, alle mit dem Ziel, *Heinrich VI.* (»Holy Harry«) loszuwerden, der mehr Talent zur Frömmigkeit zeigt als für handfeste Politik. Und die Yorks und Lancasters bringen sich gegenseitig in einem anschwellenden Crescendo des Horrors um. In *Richard III.* verschwört sich der junge Richard York, nachdem die Yorks die Lancasters besiegt haben, gegen seine eigene Familie, um auf den Thron zu gelangen; zu seinen Opfern gehören, nebst vielen anderen, sein Bruder und zwei Neffen. All dies entstammt zuverlässigen historischen Unterlagen, die Shakespeare zur Verfügung standen; aber haben Sie etwas Schlimmeres als diese lange Reihe von Morden und Betrug im vorliegenden Buch gefunden?

In anderen historischen Stücken verschwört sich Macbeth, um durch einen Mord auf den schottischen Thron zu gelangen, und MacDuff verschwört sich gegen den Tyrannen; *Hamlet* ist ein wahres Labyrinth von Betrug und Täuschung (»Scheinbar,

scheinbar!« ruft der verblüffte Held an einer Stelle), und der einfühlsame Leser ist sich, genauso wie Hamlet selbst, nicht sicher, wer der Hauptschuldige ist; und in *König Lear* werden sowohl der alternde keltische König als auch (in der Nebenhandlung) der Herzog von Gloucester von Mitgliedern ihrer eigenen Familien betrogen. In *Othello* webt Iago von Venedig ein Netz aus Intrigen, das fast jeden auf der Bühne verwirrt; wegen diesem Lügengewirr ermordet Othello sein Weib.

Selbst in den Komödien taucht dieses Thema ständig auf. In *Der Sturm* werden Prospero und seine Tochter Miranda auf eine einsame Insel verschlagen, als Folge einer Verschwörung, die ihm sein Herzogtum genommen hat, und in *Maß für Maß* verliert der puritanische Angelo, im Banne einer Frau, seine Moral und leiert eine Verschwörung an, die sie in sein Bett bringen soll, aber eine andere Verschwörung, untypischerweise wohlmeinend, überblickt das Ganze und interveniert, um die Dinge zurechtzurücken. Selbst die berühmten Sonette handeln, in der zweiten Hälfte, von Betrug und dem Verdacht des Betrugs.

Siehe auch:	▸ Lord Acton, Regierung als kriminelle Verschwörung.
Verweise:	▸ *The Complete Works of William Shakespeare*, Vols. 1–6, Bantam, New York, 1980.

▸ RICHARD SHAVER

Im September 1943 erhielt **Ray Palmer** einen kaum lesbaren Brief von einem Mann namens Richard Shaver, der ein »uraltes Alphabet« entdeckt oder erfunden hatte, welches die okkulte Bedeutung aller Buchstaben späterer Alphabete erklärte. Zum Beispiel steht der Buchstabe A für Tiere und taucht deshalb in dem Wort »animal« selbst auf, sowie in Affe, Auerhahn und Amsel. (Aber was ist mit Biber, Büffel und Braunbär?) Der Buchstabe T bedeutet Integration und taucht daher in der christlichen Kunst als Kreuz auf, und in Wörtern wie totalitär, Tonalität und Triumph. Das »D« repräsentiert immer den Tod, englisch death, sowie decay, destruction – Verfall und Verwesung.

Der Verfasser des Briefes, Richard Shaver (1908-1975), brachte von Palmer ermutigt bald eine Art Roman heraus, bzw. eine gechannelte Mitteilung aus einem von Shavers früheren Leben. Dieses Werk mit dem Titel »I remember Lemuria!« erschien im März 1945 in *Amazing Stories* und war sofort ausverkauft. Das »Shaver-Myste-rium«, wie seine Enthüllungen bald genannt wurden, war in der Welt der Groschen-romane bald das heißeste Eisen und hatte Mitte der 50er Jahre etwa eine Million Anhänger.

Shavers Stories und Enthüllungen fußten auf seinen »Rassen-Erinnerungen« an eine Zeit vor 12.000 Jahren, als Titanen auf der Erde lebten, die Tausende von Jahren alt wurden, 100 Meter groß waren und von einem entfernten Planeten stammten. Eine solare Katastrophe zwang sie, in das Innere der hohlen Erde zu ziehen, wo einige von ihnen nach wie vor leben. Andere kehrten zu früh an die Oberfläche zurück und wurden zu der kurzlebigen Menschheit, die wir kennen. Die Wesen, die in den Höh-len blieben, entwickelten sich zu Deros (Böse Zwerge) und Teros (Gute Zwerge).

Die Deros, denen Shaver in seinen Schriften mehr Platz einräumt als den Teros, sind nicht nur böse, sondern haben auch super-wissenschaftliche Maschinen, die daran schuld sind, daß Menschen halluzinieren, verrückt werden, töten oder uner-klärlicherweise plötzlich in Flammen stehen (die »spontane Selbstentzündung«, wie sie *Charles Fort* beschreibt). Die »mind machines« der Deros kontrollierten nicht nur Hitler und seine Nazipartei, sondern verursachten auch den Gehirnschlag von Franklin Delano Roosevelt. Außerdem brachten sie *Lee Harvey Oswald* durch Hypnose dazu, John F. Kennedy zu erschießen, ja sie überwachten sogar die Kreuzi-gung Jesu. Wenn sie nicht gerade mit solch teuflischen, unmenschlichen Aktivitäten beschäftigt waren, genossen die Deros ihre »Stimulations-Maschinen«, die ihnen endlose sexuelle Ausschweifungen ermöglichten, die »ihre Körper auf eine Weise verformten, die jeder Beschreibung spottet.«

Shavers Geschichten sind voller Szenen des sexuellen Horrors und der Folter, von den Deros an schönen Frauen ausgeübt, die in den Illustrationen zwar dem Play-mate des Monats ähnelten, die aber, statt mit dem Leser zu flirten, eher entsetzt aus-sahen und schrien. Mit immer neuen Enthüllungen über Dero-Teufeleien und sol-chen Sado-Porno-Illustrationen verursachte das Shaver-Mysterium in den 50er Jah-ren wahrscheinlich genauso viele Alpträume wie heutzutage die Hypnosetherapien.

Shaver behauptete, daß er fast sein ganzes Leben lang »Stimmen hörte«, das ist normalerweise ein Symptom der Schizophrenie, er aber glaubte, daß die Stimmen in Wirklichkeit die alten Titanen wären, die ihn als Medium benutzten, um die Menschheit vor der Dero-Gefahr zu warnen.

Manche Kritiker dieser Saga glauben nicht, daß Shaver oder Palmer selbst irgend etwas von ihren Geschichten glaubten oder Shaver Stimmen aus der Urzeit gehört habe. Das Shaver-Mysterium wird von den Science-fiction-Historikern deshalb auch der Shaver-Ulk genannt. Das könnte den Deros gerade so passen, oder?

Siehe auch: ▶ Dr. Raymond Bernard, Men in Black.
Verweise: ▶ *Subterranean Worlds*, von Walter Krafton-Minkel, Loompanics
                 Unlimited, Port Townsend, 1989, Seiten 136–153.

▶ CAPTAIN SIMONINI

Im Jahr 1806 hatte der *Abbé Barruel* die komplizierteste Verschwörungstheorie seiner Zeit: Er vermutete Freimaurer hinter der französischen Revolution, *Tempelritter* hinter den Freimaurern und hinter den Tempelrittern moslemische Satanisten. Dann traf er – oder erfand – einen gewissen Captain Simonini, der ihm einredete, daß »die Juden« als solche hinter allen Verschwörungen steckten. Tatsächlich sagte der Captain, daß er sich selbst als Jude ausgegeben habe, um sich Zugang zum inneren Klüngel der Verschwörung zu verschaffen, und daß es ihm mit Leichtigkeit gelungen sei, die bösen führenden Köpfe des Judaismus zu täuschen, so daß sie ihm alle ihre Geheimnisse erzählten.

Laut Simonini hatten die Juden, die sich als Katholiken ausgaben, die katholische Kirche infiltriert; in Italien allein, sagte er, gäbe es über 800 jüdische Priester, darunter Bischöfe und Kardinäle. Sie hätten vor, im Lauf der nächsten hundert Jahre (d.h. bis etwa 1906) die Weltherrschaft zu übernehmen. Dann würden sie alle christlichen Kirchen in Synagogen verwandeln und die verbleibenden Christen »in einem Zustand totaler Sklaverei« halten.

Nach dieser schockierenden Offenbarung befaßte sich Barruels Verschwörungstheorie fast nur noch mit der jüdischen Verschwörung als Zentrum und Drahtzieher aller Geheimgesellschaften, vor denen er Angst hatte.

Die meisten Ideen, die sich später in den »*Protokolle der Weisen von Zion*« fanden, kamen zuerst in den fünf Bänden jüdisch-freimaurerisch-islamischer Horrorstories des Abbé vor.

Siehe auch: ▶ Illuminaten, Ezra Pound, Vergewaltigungs-Verschwörung.
Verweise: ▶ *Short History of Anti-Semitism*, von Vamberto Morais, W. W. Norton,
                 New York, 1976, S. 194.

▶ MICHELE »THE SHARK« SINDONA

Michele »Der Hai« Sindona begann seine Karriere als *Mafia*-Anwalt, wurde in die *P2-Verschwörung* eingeweiht und arbeitete bald mit *Roberto Calvi* und Erzbischof *Paul »The Gorilla« Marcinkus* in großangelegten Drogengeld-Waschaktionen zusammen. Sindona zog in die Vereinigten Staaten und gründete seine eigene Franklin National Bank in New York. Er war Gast bei Richard Nixons zweiter Amtseinsetzungsfeier und erwarb sich durch seine schlauen Investitionen des Vatikangelds, zum Beispiel im World Trade Center und bei Procter und Gamble, den Ruf eines finanziellen Zauberers.

Dann brach plötzlich alles zusammen. Franklin National mußte Konkurs anmelden; Sindona wurde in 65 Fällen von Aktienbetrug für schuldig befunden und nach einem langen Rechtsstreit nach Italien ausgeliefert. Dort eingetroffen, wurde er wegen Mordes an einem Bankprüfer in Rom verurteilt. Sindona starb in seiner Zelle, während er auf seinen Prozeß wartete; die Anklage gegen ihn, Calvi und andere P2-Mitglieder lautete auf Verschwörung zur Herbeiführung eines faschistischen Staatsstreiches in Italien. Sein Tod bleibt, wie der von Calvi und anderen P2-Verschwörern, weitgehend ungeklärt: Niemand konnte beweisen, ob es sich um Mord oder Selbstmord gehandelt hat.

Siehe auch: ▶ Malteserritter, Octopus, World Finance Corporation.
Verweise: ▶ *Im Namen Gottes*, von David Yallop, München, 1988.
              ▶ *In Banks We Trust*, von Penny Lernoux, Doubleday, New York, 1984.

▶ SIRIUS

Sirius, wegen seiner Lage im Sternbild Großer Hund auch Hundsstern genannt, spielt eine große Rolle im Okkultismus, seit die alten Ägypter seinen jährlichen Aufgang hinter der Sonne am 23. Juli entdeckten und einen mystischen Zusammenhang mit der darauffolgenden Nilflut vermuteten. Die Tage zwischen Mitte Juli und Mitte August wurden als die Hundstage bekannt. Laut Albert Pike steht der fünfzackige Stern in jeder Freimaurerloge für Sirius.

Siehe auch: ▶ A∴A∴, Aiwass, Kenneth Grant, George I. Gurdjieff, Iumma,
               Robert Morning Sky, *Das Sirius-Rätsel*, UFO-Verschwörungen.
Verweise: ▶ *Morals and Dogma of the Ancient and Accepted Scottish Rite
               of Freemasonry*, von Albert Pike, Supreme Council of the Southern
               Jurisdiction, Washington, D.C., 1871.
               ▶ *Aleister Crowley and the Hidden God*, von Kenneth Grant, Samuel
               Weiser, New York, 1975.

▶ DAS SIRIUS-RÄTSEL

The Sirius Mystery von Robert K. G. Temple versucht zu beweisen, daß Besucher vom Sirius vor etwa 4500 Jahren im Mittleren Osten landeten und eine lebendige, okkulte Tradition in dieser Gegend und Teilen von Europa und Afrika hinterlassen haben. Temple beruft sich auf zwei Hauptquellen als Beweise: die ägyptisch-sumerische Mythologie, die er auf neuartige Weise interpretiert, und die Traditionen eines afrikanischen Stammes namens Dogon, die behaupten, sich immer noch an die Sirianer zu erinnern, die wie Fischmenschen aussahen und die meiste Zeit im Wasser verbrachten. Temple zeigt mit Hilfe einer anthropologischen Studie der französischen Wissenschaftler Griaule und Dieterlen, daß die Dogons das Sirius-System kennen, was nicht leicht zu erklären ist. Die Dogons wissen, daß Sirius einen »dunklen Begleiter« hat, nämlich Sirius B, der von europäischen Astronomen vor dem 20. Jahrhundert noch nicht einmal vermutet worden war und erst 1970 zum erstenmal fotografiert wurde. Die Dogon kennen außerdem die Rotationsperiode (50 Jahre) von Sirius B und wissen, daß es sich um einen der schwersten Sterne im Universum handelt. Beweise für ähnliches Wissen findet Temple in den Mythen des alten Nahen Ostens und Ägypten, und er versucht eine Tradition zu dokumentieren, zu der Dante, die **Tempelritter, Giordano Bruno**, Sir Philip Sydney und **Dr. John Dee** gehören.

Das Sirius-Rätsel ist kein Quatsch:

Die Londoner *Times* lobt Temples »Zurückhaltung« und »Integrität«, und der *Manchester Guardian* nennt sein Buch »ein Werk respektabler Forschungsarbeit«.

Siehe auch: ▶ Gerard de Sede, Robert Morning Sky, *Necronomicon.*
Verweise: ▶ *Das Sirius-Rätsel*, von Robert K. G. Temple, Frankfurt, 1987.

▶ SKANDALE DER PRIEURÉ DE SION

Am 20. Mai 1974 starb Kardinal Jean Danielou im Apartment einer jungen Strip-teasetänzerin namens Mimi Santini. Da hohe katholische Kirchenbeamte norma-lerweise nicht in den Wohnungen junger Damen, die sich öffentlich ausziehen, ster-ben und weil der Kardinal »eine hohe Geldsumme« bei sich hatte, erregte der Fall doch ein gewisses Maß an Neugier. Leider kam aber nie irgend etwas Eindeutiges heraus, außer eben, daß Kardinäle manchmal Stripperinnen besuchen und manch-mal dicke Bündel echten Zasters dabei haben. Die medizinische Untersuchung ergab Tod durch Herzversagen.

Kardinal Danielou war Mitglied der Academie Française, was mit ziemlicher Sicher-heit heißt, daß er André Malraux und *Jean Cocteau* gekannt hat, zwei der Hauptver-dächtigen in der *Prieuré-de-Sion*-Angelegenheit. Es heißt sicherlich nicht, daß der Kardinal bei diesem Gruppenkunstwerk ein Mitverschwörer gewesen sein muß – oder Streich, oder Verschwörung, oder was immer die Prieuré für uns ist.

Unter einem Pseudonym wurde *Skandale der Prieuré de Sion* mit normaler Post an führende Prieuré-Forscher verschickt, ganz ähnlich wie das Nachrichtenblatt von UMMO, einem angeblichen extraterrestrischen Fernlehrinstitut.

Skandale, unterzeichnet von »Cornelius«, behauptete, daß Kardinal Danielou mit der Prieuré de Sion zu tun hatte, seit er in den 30er Jahren Cocteau getroffen hatte (der Kardinal verfaßte zu dieser Zeit eine lateinische Übersetzung von Cocteaus *Orpheus*). Der Kardinal diente außerdem als Mittelsmann bei vielen nicht ganz sau-beren finanziellen Transaktionen, die mit der Prieuré und mit *Michele »The Shark« Sindona* zu tun hatten, versicherte das *Skandale*-Bulletin. Darin wurde auch behauptet, daß Sindona den Bankprüfer Giorgio Ambrosoli, für dessen Ermordung er in Rom verurteilt worden war, *nicht* umgebracht hat. Dieser Mord, sagt das Blatt, sollte Verbindungen zwischen der italienischen *P2-Verschwörung*, der Prieuré-de-Sion-Verschwörung in Frankreich und der *Grand Loge Alpina* in der Schweiz vertu-schen helfen. Die Prieuré de Sion soll selbst den Mord an Ambrosoli befohlen haben. »Cornelius« behauptet in *Skandale* auch, daß die Mafia schon lange mit der Prieuré de Sion und der P2-Loge zusammengearbeitet habe.

Siehe auch:	▶ Dagobert II., MMAO, Der nackte Papst, Noon Blue Apples, Potere Occulto.
Verweise:	▶ *The Messianic Legacy,* von Michael Baigent, Henry Lincoln und Richard Leigh, Henry Holt, New York, 1987.

▶ SLACK

Give me some slack!
Clint Eastwood in *The Eiger Sanction*

Slack = Lose (-im Seil), Spiel(-raum), Flaute, Pause.
Slack ist das Ziel der *Church of the Sub-Genius*, so wie es die Erlösung für die Christenheit ist, die Erleuchtung im Buddhismus oder die Tugend im Konfuzianismus. Aber Slack ist unbeschreiblich, undefinierbar, unaussprechlich – Slack, das man aussprechen kann, ist nicht das richtige Slack.
Man weiß jedoch, daß es einmal eine Zeit gab, in der wir alle Slack hatten, aber *The Con* kam und stahl es uns. Wie das geschehen konnte und wie wir es zurückerlangen können, sind Inhalt und Ziel der Forschung der Sub-Genius Foundation. Die wahrscheinlichste Theorie lautet, daß *The Con* uns alle in *Pinks* (»Sklaven«) verwandeln möchte, daß das aber nur geht, wenn kein Mensch irgendwo auch nur das geringste Slack mehr hat. Wir aber können unser Slack zurückgewinnen, indem wir zehn Prozent unseres Einkommens der Church of the Sub-Genius zukommen lassen. Sie setzt uns dafür auf die Liste derer, die am Tag X nicht ausgelöscht werden sollen, sondern auf den Planet der Unsterblichkeit gebracht werden, der sich irgendwo zwischen Ebene neun und der freiwilligen Selbstkontrolle befinden soll.

Siehe auch: ▶ OM, Planet X, Yin und Yang.
Verweise: ▶ http://www.Sub-Genius.com/

▶ S.O.B.

»Stamp Out ›Bob‹« (Trampelt »Bob« nieder) oder S.O.B. ist eine Organisation, die sich die Bekämpfung der *Church of the Sub-Genius* zum Ziel gesetzt hat, weil sie diese nicht für eine Religion, sondern für einen Gedanken-Kontroll-Kult hält. Für nur 20 Dollar schickt man Ihnen ein Paket Sub-Genius-Bücher und -Pamphlete zu, damit Sie selbst sehen können, wie gefährlich, obszön, blasphemisch und entwürdigend dieser Sub-Genius-Kult ist.

Siehe auch: ▶ »Bob«, OM, Slack.
Verweise: ▶ S.O.B., P.O. Box 140306, Dallas, TX 75214, USA.

▶ SOHN DER WITWE

Hiram Abiff wird von Freimaurern oft einfach »der Sohn der Witwe« genannt, und wenn sie Wohltätiges tun, sagen sie oft: »für den Sohn der Witwe«.

Das bezieht sich auf eine Erwähnung Hirams im Alten Testament, und zwar in 1. Könige 7, 13–14.

> *Und König Salomon schickte nach Hiram aus Tyrus. Er war einer Witwe*
> *Sohn aus dem Stamme Naph-ta-li und sein Vater war ein Mann aus Tyrus,*
> *arbeitete mit Messing: und er war voll der Weisheit und des Verständnisses*
> *und geschickt bei seinen Metallarbeiten. Und er kam zu König Salomon und*
> *tat seine Arbeit.*

In der Überlieferung der Freimaurer wurde Hiram von drei finsteren Gestalten ermordet, die die symbolischen Namen Jubela, Jubelo und Jubelum trugen.

Parzifal, eine der Hauptfiguren in bestimmten Magick-/Freimaurerorden (d.h. im *Ordo Templi Orientis*), war ebenfalls Sohn einer Witwe; aber es heißt, daß sowohl Hiram wie auch Parzifal allegorische Figuren sind, die für *Jacques de Molay* stehen. Eine noch interessantere Theorie zum Sohn der Witwe findet sich unter *Der Heilige Gral und seine Erben.*

Verweise:
- ▶ *History of Secret Societies,* von Akron Daraul, Pocket Books, New York, 1961.
- ▶ *Morals and Dogma of the Ancient and Accepted Scottish Rites of Freemasonry,* Supreme Council of the Southern Jurisdiction, Washington, D.C., 1871.
- ▶ *Light on Freemasonry,* von David Bernard, Vonnieda and Sowers, Washington, D.C., 1858.

▶ SOWJETISCHE AIDS-THEORIE

Nach einer Reuters-Meldung vom 30. September 1993 hat die *CIA* erklärt, daß die erste *AIDS-Verschwörungstheorie* von der ehemaligen Sowjetunion als absichtliche Desinformation in die Welt gesetzt worden war. Diese »Falschinformation«, die behauptete, daß AIDS aus der amerikanischen Forschung zur biologischen Kriegführung stammt, war laut CIA 1983 geschaffen worden und in 25 Sprachen in 80 Ländern verbreitet worden.

Die Reuters-Meldung zitiert die CIA ganz nüchtern, so als ob diese Institution noch nie gelogen hätte, und erwähnt mit keinem Wort eine mögliche andere Interpretation: daß AIDS-Verschwörungstheorien spontan in den Köpfen vieler skeptischer Wissenschaftler entstanden sein könnten, und das auch ohne die Hilfe der Sowjets bei der Formulierung subversiver Gedanken.

Siehe auch: ▸ AIDS-Verschwörungstheorien, Tuskegee Syphilis Study.
Verweise: ▸ http://www.aids.wustl.edu/aids/consp.html

▶ SPEISEN DER GÖTTER

Da jede Gesellschaft einige Drogen erlaubt oder fördert und andere verbietet und verfolgt, kann uns die Drogenauswahl einer Gesellschaft viel über ihre Weltsicht und ihren Realitätstunnel sagen – so heißt es in *Speisen der Götter* von Terrence McKenna.

McKenna ist der Ansicht, daß die Drogen, die man in der amerikanischen Gesellschaft für okay hält (Zucker, Koffein, Nikotin, Alkohol, Tranquilizer), mithelfen, uns für den »Dominatorstil des Patriarchats« maßzuschneidern, wie er es nennt. Das heißt, Zucker, Koffein und Nikotin halten uns aufgeputscht genug, um das konkurrierende, leicht soziopathische persönliche Ego aufrechtzuerhalten, das zum Überleben in dieser Art Gesellschaft nötig ist, und um die Werte des Beherrschungs-/Unterwerfungs-Systems zu erhalten; der Alkohol erlaubt uns die gelegentliche Betäubung und Flucht, ohne die wir unter dem Streß früher oder später zusammenbrechen würden.

Drogen, die in unserer Gesellschaft einem Tabu unterliegen, argumentiert McKenna weiter, passen nicht zu den Dominator-Wertvorstellungen und öffnen uns für schamanische, kollektive und mystische Erfahrungen – insbesondere Marihuana und Psychedelika. Kulturen, die auf derlei Drogen basieren, seien sanfter, freundlicher und lustiger als unsere, und sie halten uns alle für ein bißchen verrückt. Dieses Modell mag zwar nicht die ganze oder die einzige Wahrheit sein, hat aber trotzdem eine Menge für sich. Es erklärt zum Beispiel eine komische Sache, die dem Richter Robert Sweet aufgefallen ist: Die Regierung verwendet fortwährend die recht realen Gefahren von Crack/Kokain für ihre Propaganda, damit wir alarmiert bleiben und uns für den Krieg gegen Drogen einsetzen, tatsächlich aber verwendet sie 85 Prozent des Anti-Drogen-Budgets für die Bekämpfung des verhältnismäßig harmlosen und medizinisch oft nützlichen Marihuana. Wenn Crack so schlimm ist (und das ist es), warum wird dann fast das ganze Budget für eine andere Droge ausgegeben? McKennas These läßt vermuten, daß Kokain, in welcher Form auch immer, zu den Egotrips unserer Gesellschaft paßt, aber mit Gras wirken sie eher lächerlich.

Siehe auch: ▸ *Daimonic Reality*, OM, Noon Blue Apples, Krieg gegen gewisse Drogen.
Verweise: ▸ *Speisen der Götter*, von Terrence McKenna, Löhrbach, 1995.

▸ SPONTANVERSCHWÖRUNGEN

Manch seltsame, unerklärliche oder scheinbar (und/oder tatsächlich) kriminelle Aktionen, die Verschwörungen zu sein scheinen, stellen sich später als Streiche, Scherze oder Unfug heraus, die von vielen nachgemacht wurden, nachdem der ursprüngliche »Erfinder« für verwandte Geister ein Beispiel zur Nachahmung angeregt hat. Oft sind solche Projekte tatsächlich eher das (Kunst-)Werk von Gruppen, nicht nur bloße Scherze oder Verschwörungen. Wir bezeichnen sie daher als spontane oder Schneeball-Verschwörungen.

Siehe auch: ▸ Campuskreuzzug für Cthulhu, Church of the Sub-Genius, CIAC, Kornkreise, Elmyr, H. P. Lovecraft, UMMO-Briefe, Orson Welles.

▶ SPRACHE ALS VERSCHWÖRUNG

Sprache als Mittel der Bewußtseinskontrolle wurde von Philosophen wie Vico (18. Jahrhundert), Stirner und Nietzsche (19. Jahrhundert) und Wittgenstein (20. Jahrhundert) diskutiert. Zu den radikalsten Kritikern der Sprache in unserer Zeit gehören Graf Alfred Korzybski und Dr. Richard Bandler.

Korzybski, der in einem Haus aufwuchs, in dem vier Sprachen gesprochen wurden (Deutsch, Französisch, Polnisch, Russisch) und der später Englisch lernte, machte die Beobachtung, daß die Worte, die wir benutzen, unsere Wahrnehmung und Vorstellung von der Welt beeinflussen. Ein Buch kann zum Beispiel von einem Leser als »realistisch« bezeichnet werden, von einem anderen Leser jedoch als »pornographisch«, und jeder der beiden wird das Buch automatisch mehr und mehr so sehen, je öfter er seine Bewertung (realistisch oder pornographisch) wiederholt. Hier sind Mechanismen der Hypnose am Werk, wie Dr. Bandler später entdeckte. Das erklärt auch, warum man nicht viel Erfolg damit haben wird, einer Person die Gleichberechtigung der Rassen zu predigen, die ständig Wörter wie »Nigger« benutzt.

Korzybski machte jedoch eine noch radikalere Entdeckung, nämlich daß unsere Wahrnehmung/Vorstellung (unser Realitätstunnel) auch durch die *Struktur* der Sprache, die wir benutzen, geformt wird. Ein eingeborener Amerikaner, Afrikaner oder Chinese – also jeder, der eine nicht-indo-europäische Sprachstruktur benutzt – lebt in einem anderen Universum als jene, die nur indo-europäische Strukturen kennen. Korzybski behauptet auch, daß der Mathematikkundige in einem anderen semantischen System lebt als der, dem nur verbale Strukturen geläufig sind.

Von diesen Punkten ausgehend, erstellte Korzybski eine vernichtende Diagnose der gewohnheitsmäßigen linguistischen Strukturen unserer Kultur. Korzybski spricht von neurolinguistischen Strukturen, denn sie stellen gewissermaßen die Software dar, mit der unser Nervensystem, das Gehirn eingeschlossen, Daten verarbeitet.

Unsere schlimmste Angewohnheit, findet er, liegt in der ständigen Annahme einer Identität, die meistens im Gebrauch des Verbums »ist« impliziert ist.

Sätze wie »Das Photon ist eine Welle«, »Das Photon ist ein Partikel«, »Beethoven ist besser als Mozart« oder »Was ich sah, war ein Raumschiff« sollten nach Korzybskis System so aussehen: »Das Photon benahm sich wie eine Welle, sobald es mit diesem Apparat gemessen wurde« oder »Das Photon verhielt sich wie ein Partikel, wenn man es mit diesem anderen Apparat maß«, »Beethoven scheint mir besser als Mozart zu sein« oder »Was ich sah, kam mir wie ein Raumschiff vor«.

Die englische Sprache, in der »is« und verwandte Worte wie »was, be, will be, etc.« verwendet werden, wird als E bezeichnet, Englisch ohne »is« und verwandte Wörter als E^1 (E-prime ausgesprochen). Der Autor des vorliegenden Buches hat zwei Bücher in E-prime geschrieben und findet, daß es viel dazu beiträgt, Prosa zu klarifizieren, zu entdogmatisieren und irgendwie wissenschaftlicher zu machen.

Versuche, das vorliegende Werk in E-prime zu schreiben, erwiesen sich im Ergebnis schnell als hoffnungslos barock und beinahe unleserlich. *Man braucht das »ist«, um Verschwörungstheorien zu beschreiben.*

Korzybski würde sagen, das beweist, daß Illusionen, Trugvorstellungen und »geistige« Krankheiten das »ist« brauchen, um sich fortsetzen zu können.

Korzybski vertrat auch die Ansicht, daß viele Sätze und insbesondere Sätze, wegen denen Leute in Streit geraten oder sogar in den Krieg ziehen, nicht Sätze im logischen Sinn sind, sondern in eine Kategorie gehören, die Bertrand Russell »Propositionale Funktionen« nannte. Diese haben nicht nur eine Bedeutung, wie sie ein logischer Satz haben sollte, sondern mehrere, ähnlich einer algebraischen Funktion. Das fällt uns nicht auf, weil Russell »Propositionale Funktionen« erst in diesem Jahrhundert entdeckt hat und dieser Fund nicht besonders bekannt geworden ist. Laut Korzybski gehören viele unserer Lieblingsideologien in die Kategorie Propositionale Funktionen («Das ist ein X«, »Das hat zuviel Y drin«, »Hau ab mit deinem Z-ischen X-ismus«), und wir glauben, daß wir sie beweisen oder widerlegen können, dabei wissen weder wir noch unsere Opponenten, was sie wirklich aussagen. Sie sagen gar nichts aus, bis die vielwertigen X, Y, Z etc. konkret auf bestimmte Raum-Zeit-Ereignisse bezogen werden, welche die Beobachter, die darüber berichten, wahrnehmen.

Propositionale Funktionen, die man nicht erkennt oder als solche behandelt, nennt Korzybski »*noise*« (»*Lärm*«; er schreibt das Wort fast immer *kursiv*). Es mag einem komisch vorkommen, daß in den meisten Fällen Zorn und Gewalt von Lärm herrühren, aber das kommt in anderen Primaten-Gesellschaften auch vor, oder nicht? Der Romanautor William S. Burroughs, der zusammen mit Korzybski Semantik studiert hat, hat diese Vorstellungen zu dem surrealistischen Thema einer Sprache als eindringendem Virus weiterentwickelt, den man in den meisten seiner Romane findet. Dieser Virus, so Burroughs, erschafft unsere Gedanken, Gefühle und Sinneseindrücke. Korzybski würde dem zustimmen, bis auf die Virus-Metapher, und das würde Dr. Richard Bandler auch tun.

Dr. Bandler entwickelte Neuro-Linguistic Programming (NLP), das zeigt, wie verbale Strukturen die Welt erschaffen, in der wir zu leben glauben; NLP liefert auch ein paar erstaunlich wirksame Tricks, mit deren Hilfe wir unsere verbalen Gewohnheiten ändern und eine viel gesündere und leichter zu bewältigende Welt entdecken können.

Verweise: ▶ Korzybskis System:
             http://www.general-semantics.org
             Science and Sanity: An Introduction to Non-Aristotelian Systems and General Semantics, von Alfred Korzybski, Institute of General Semantics, Englewood, N.J., 5. Auflage., 1994.
             To Be or Not: An E-Prime Anthology, hrsg. von D. David Bourland jr. und Paul Dennisthorne Johnson, International Society for General Semantics, San Francisco, 1991.
             ▶ Bandler und NLP:
             http://www.purenlp.com/

▶ ANNA SPRENGEL

1881 nahm ein englischer Freimaurer namens William Wynn Westcott angeblich mit einer gewissen Anna Sprengel Kontakt auf, einer höheren Eingeweihten des wahren *Rosenkreuzer*-Ordens in Bayern. Fräulein (O-Ton Wilson) Sprengel versah Westcott mit dem Wissen und der Autorität, das Rosenkreuzertum in England unter dem Namen *The Hermetic Order of the Golden Dawn* wiederzuerwecken. Die Existenz von Anna Sprengel wird von einigen bestritten, die behaupten, daß Westcott sie erfunden hätte, um seine eigenen Behauptungen zu unterstützen; aber sie kam aus Bayern, der Heimat der *Illuminaten* ...?
Wir lassen das jetzt einfach so stehen und halten nur fest, daß ihr magisches Motto (alle Rosenkreuzer haben magische Mottos) war: *SAPIENS DOMINABITUR ASTRIS* oder »Die Weisen werden von den Sternen beherrscht«.

Siehe auch: ▶ Aiwass, Aleister Crowley, Merowinger, Robert Morning Sky, Sirius.
Verweise: ▶ *Das magische System des Golden Dawn I/III.,* von Israel Regardie, Freiburg, 1995.

▶ STAATSSIEGEL DER VEREINIGTEN STAATEN

Das geheimnisvolle, scheinbar freimaurerische Zeichen mit dem Auge in der Pyramide auf der Rückseite des Staatssiegels (Great Seal) der Vereinigten Staaten, das sich seit 1935 auch auf der Rückseite der Dollarnote befindet, wurde zum Symbol für Verschwörung schlechthin, hauptsächlich deshalb, weil es niemand richtig versteht. Laut der Bundesbehörde steht die Pyramide nur für Stärke und Ausdauer. Die Pyramide ist unfertig, weil die Vereinigten Staaten immer perfekter werden sollen. Das Auge an der Spitze repräsentiert die göttliche Führung. Kurz: Die Regierung sieht sich selbst als stark, ausdauernd, immer besser werdend und gottgeführt. Bei Individuen nennt man so etwas Größenwahn.

Die Inschrift ANNUIT COEPTIS heißt »Ihm gefällt, was wir unternehmen«, und NOVUS ORDO SECLORUM heißt »Eine neue Ordnung der Zeitalter«.

Rechtsextreme Verschwörungsfans sehen das anders. Das allsehende Auge ist für sie das Auge des idealen totalitären Staates, wie ihn *Illuminaten* und Insider suchen (Big Brother Is Watching You).

NOVUS ORDO SECLORUM heißt »Neue Weltordnung« (siehe *Council on Foreign Relations*). Die wiederholte Verwendung der Zahl 13 steht nicht für die 13 ursprünglichen Staaten der Union, sondern für die 13 Mitglieder einer Satansgruppe.

Da es doch tatsächlich rätselhaft ist, wie die Amerikaner an so ein Staatssiegel kamen, sind Legenden aufgetaucht, die dem Mysterium ein wenig Glanz verleihen sollten. Die UFOlogin Virginia Brassington kennt eine amüsante okkulte Legende: Der Kongreß beauftragte Benjamin Franklin, Thomas Jefferson und *John Adams* damit, ein Staatssiegel zu entwerfen (soweit wird die Geschichte von vielen Historikern akzeptiert). Als sie sich lange nicht einigen konnten, so Brassington, ging Jefferson im Garten spazieren und kehrte mit dem heutigen Siegel zurück, vorn der Adler, hinten die Pyramide mit dem Auge.

Jefferson soll den Entwurf von einem schwarzgekleideten Mann (Man In Black) im Garten erhalten haben.

Siehe auch:	▶ Freimaurer, Men In Black, UFO-Verschwörungen.
Verweise:	▶ http://www.bep.treas.gov/
	▶ *Flying Saucers in the Bible*, von Virginia Brassington, Saucerian Books, 1963, S. 43.

▶ TABAK-KRIEG: GENETISCH VERÄNDERTE TABAKE

Beamte der Food and Drug Administration (FDA) erhoben im Mai 1997 Klage, daß verschiedene Tabakgesellschaften nicht nur den Nikotingehalt von Zigaretten erhöhten, um Rauchern das Aufhören schwerer zu machen – diese Klage wurde schon öfter erhoben –, sondern daß Brown und Williamson die Produktion eines genetisch veränderten Tabaks arrangiert haben, der den doppelten Nikotingehalt von normalem Tabak habe. Dieser neue, von Menschen gezüchtete Tabak oder Tabak+ wurde in Brasilien angebaut und heimlich in die Vereinigten Staaten geschmuggelt, um dort mit normalem Tabak in den Brown-und-Williamson-Zigaretten vermischt zu werden.

Siehe auch: ▶ AIDS-Verschwörungstheorien, Chicagoer Malaria-Studie.
Verweise: ▶ CBS News, *60 Minutes*, 25. Mai 1997.

▶ TAMPA BAY: BAKTERIENKRIEG

1955 wurde das Gebiet der Tampa Bay in Florida von einer Welle von Keuchhusten-fällen heimgesucht, die in zwölf Fällen zum Tode führten. Später wurde bekannt, daß die CIA Forschungen über Bakterien durchführte, aber Details dieser Testserie sind nach wie vor geheim.

Siehe auch: ▶ AIDS-Verschwörungstheorien, Chicagoer Malaria-Studie.
Verweise: ▶ http://home.earthlink.net/~bkonop/GermIncidents2.html

▶ TEMPELRITTER

Die Tempelritter, gegründet 1118 von Hugh de Payens, waren sowohl Ritter als auch Mönche, eine recht ungewöhnliche Kombination. Ursprünglich bewohnten sie den Salomon-Tempel in Jerusalem und folgten ihrem Schwur, Pilger im Heiligen Land zu beschützen.

Später wurden die Tempelritter Geldverleiher, und das soll zu ihrem Sturz beigetragen haben. Sie wurden reich und damit Zielscheibe des Neids, und als sie in Europa Burgen bauten, wurden sie auch in Politik und Handel verwickelt. Am Freitag, dem 13. Oktober 1307 – seither als Unglückstag gefürchtet –, wurde der Großmeister des Ordens, *Jacques de Molay*, zusammen mit 123 seiner Ritter von der Inquisition verhaftet. Unter der Folter bekannten sie sich der Blasphemie, Ketzerei, Kreuzesschändung, Schwarzer Magie, Teufelsanbetung und homosexueller Orgien schuldig.

1314 widerrief Jacques de Molay sein Geständnis und sagte, er hätte es nur abgelegt, um die endlosen Foltern zu beenden. Er verfluchte den Papst und den König von Frankreich, die beide seltsamerweise binnen Jahresfrist starben, und trug so zu dem Mysterium bei, das diesen wegen Satanismus verdammten Christenorden umgibt. Nur sehr wenige Historiker glauben, daß die Tempelritter schuldig waren.

Siehe auch: ▶ Abbé Barruel, Wiedererstandene und kopierte Illuminaten, Ordo Templi Orientis.

▶ TERRA PAPERS

The Terra Papers von **Robert Morning Sky** erhebt den Anspruch, die wahre Geschichte aller Verschwörungen, planetarisch oder außerplanetarisch, zu sein, die die Erde seit der Frühzeit beherrschen.

Der Band fußt hauptsächlich auf Geschichten, die Robert Morning Sky von seinem Großvater erzählt wurden, der 1947 einen der außerirdischen Überlebenden des UFO-Absturzes von Roswell fand; in anderen Werken des Autors wird das interstellare Szenario jedoch mehr von Forschungsarbeiten und Studien in vergleichender Mythologie und Linguistik gestützt.

Laut *Terra Papers* sind im Laufe der kosmischen Geschichte viele humanoide Rassen entstanden – Säugetiermenschen, Vogelmenschen, Insektenleute, etc. Sie alle wurden Vorbilder für die Gottheiten verschiedener Religionen; besonders wichtig wurden aber die Wolfsmenschen vom Sirius und die Schlangenmenschen vom Orion. Die letzteren eroberten die Erde und machten uns zu ihren Untertanen. Menschliche Diener der Schlangenmenschen gründeten die *Bank of England* und die *Grand Orange Lodge*, um die Welt mit Hilfe von finanziellem Hokuspokus zu kontrollieren. Zu den Freimaurern, die als Fassade für diese Verschwörung dienten, gehörten in den USA George Washington, James Madison, James Monroe, Andrew Jackson, James Polk, James Buchanan, Andrew Johnson, William McKinley, Theodore Roosevelt, William Howard Taft, Warren Harding, Franklin D. Roosevelt, Harry S. Truman und J. Edgar Hoover. Der Vietnamkrieg diente als Tarnung für den Drogenschmuggel der CIA, und als John F. Kennedy die CIA und andere Schlangenmenschen-Verschwörungen auflösen wollte, brachten sie ihn um.

Siehe auch:	▶ John Birch Society, The Con, Gralswächter, Merowinger, Ezra Pound.
Verweise:	▶ *The Terra Papers*, von Robert Morning Sky, Morning Sky Books, Phoenix, Arizona, o. J.

▶ THELEMA

Nach *Aleister Crowley* sind wir 1904 in das Horus-Zeitalter (siehe *Äon des Horus*) eingetreten, und in diesem Zeitalter ist »das Wort des Gesetzes Thelema«. Dieses griechische Wort bedeutet »Wille«, aber seine etymologischen Wurzeln sind älter und beziehen sich auf die magische Kraft oder Hexerei.

Weil Crowley nichts für Religionen übrig hatte und dafür Sorge trug, keine eigene zu etablieren, nannten sich die, die von ihm beeinflußt worden waren – man könnte sie seine Schüler nennen, wenn er nicht etwas gegen Schüler gehabt hätte –, niemals Crowleyaner oder Crowleyiten oder so etwas. Sie bezeichneten sich als Thelemiten.

Siehe auch: ▶ Aiwass, *Liber Al*, Sirius.
Verweise: ▶ http://www.crl.com/~thelema

▶ TRILATERALE KOMMISSION

Die Trilaterale Kommission, gegründet 1973 von *David Rockefeller*, hat das erklärte Ziel, ein »Beratungsgremium auf hoher Ebene für globale Zusammenarbeit« zu werden. Die Kommission hat etwa 100 Mitglieder, allesamt reich, mächtig und einflußreich. Der irische Pazifist und Nobelpreisträger Sean MacBride sagte, sie sei »von bestimmten, großen US-Banken gegründet worden und dient den finanziellen Interessen dieser Banken«.

Die *John Birch Society* hält noch viel weniger von dieser Kommission, wie viele andere Links- und Rechtsradikale auch. Drei US-Präsidenten gehörten zu den prominenten Trilateristen: Jimmy Carter, *George Bush* und Bill Clinton.

Siehe auch: ▶ Bilderberger, The Con, Council on Foreign Relations.
Verweise: ▶ Sean MacBrides Ansicht:
                   Interview mit MacBride in *Coincidance*, von Robert Anton Wilson,
                   New Falcon Publications, Tempe, Arizona, 1996, S. 185.
                 ▶ Birch Society-Ansicht:
                   New American, 16. Sept. 1996, S. 14.

▶ BENJAMIN R. TUCKER

Benjamin R. Tucker (1854–1939) gilt allgemein als einer der glaubwürdigsten Erklärer des Individualanarchismus und beeinflußt nach wie vor anarchistische und libertäre Bewegungen. Geboren als Sohn von Abner Tucker, einem Quäker und Eigner von Walfangschiffen, und Caroline Cummings, einer Bewunderin von Tom Paine, wuchs Benjamin inmitten lebhafter intellektueller Konversation auf. Nach einem Studium am Massachusetts Institute of Technology (dem er im Alter von 16 Jahren beitrat) beschloß er, sein Leben nicht dem Ingenieurswesen, sondern Veröffentlichungen und der politischen Agitation zu widmen. Beeinflußt wurde er hauptsächlich von Josiah Warren, Amerikas erstem Anarchisten, von Lysander Spooner, P. J. Proudhon, Begründer des Gegenseitige-Hilfe-Anarchismus und Max Stirner, Individualanarchist, Egotist und Atheist.

Tuckers Form des Individualismus fußt daher auf rationalen Appellen an den Verstand und weist alle übernatürliche Moral von sich.

Benjamin Tuckers grundlegende Analyse des modernen Kapitalismus schwebt irgendwo zwischen wissenschaftlicher Objektivität und Verschwörungstheorie – ähnlich wie die Analyse von Karl Marx, Tuckers Gegenteil in fast jeder anderen Beziehung. Wie Marx begann auch Tucker mit Adam Smith und seinem Axiom, daß Arbeit die Quelle aller Werte ist; genau wie Marx stellt er die Frage, warum der Arbeiter den Wert, den er oder sie schafft, nicht erhält. Im Gegensatz zu Marx aber erklärt Tucker diesen Umstand nicht mit dem Privatbesitz an den Produktionsmitteln, sondern gibt die Schuld vier Mechanismen, die er die vier Arten der Wucherei nennt.

Die erste und bösartigste Spielart der Wucherei, sagt Tucker, besteht in einem Monopol der Geldausgabe, das von bestimmten Banken ausgeübt wird. In den USA ist das heute die *Federal Reserve Bank*. Diese Herrschaft über das Geld erlaubt der ausgebenden Bank und den ihr untergeordneten Banken, Zinsen für jeden Dollar, der in Umlauf kommt, zu verlangen (und das erklärt das nationale amerikanische Defizit von unglaublichen sechs Trillionen Dollar, sagen moderne Tuckeristen).

Die zweite Form der Wucherei, meint Tucker, liegt im Monopol des Landbesitzes, der Herren-des-Landes (ehemals die Verwandten des Königs), heutzutage der Grundbesitzer, die nicht unbedingt mehr mit Königen verwandt sein müssen. Dem liegen Miete und Hypotheken zugrunde.

Die dritte und vierte Form der Wucherei sind Tarife, die den freien Wettbewerb auf weltweiter Ebene verhindern, und Patente, die es Erfindern (oder, besser gesagt, denen, die Erfinder beschäftigen) erlauben, andere daran zu hindern, eine billigere Abart des monopolisierten Produktes herzustellen. Diese vier Praktiken, sagt Tucker, stören die freie Marktwirtschaft und widersprechen der kapitalistischen Theorie. In anderen Worten: Er behauptet, daß die Kapitalisten den Kapitalismus nicht wirklich praktizieren.

Tucker war daher der Ansicht, daß alles ökonomische Elend auf Monopole zurückzuführen sei, die Wettbewerb ausschließen, und daß, würde man die vier Formen der Wucherei abschaffen, freies Unternehmertum all die guten Ergebnisse liefern könnte, die Adam Smith erwartet hatte.

Die Tatsache, daß diese besonderen Privilegien eine Minderheit auf Kosten einer Mehrheit bereichern, wird von Tucker nie ausdrücklich einer Verschwörung angelastet (er macht eher Ignoranz verantwortlich), aber seine Anhänger, wie auch die von Karl Marx, formulieren ihre Überzeugungen oft so, als würden die Reichen sich pausenlos verschwören, um uns alle auszubeuten. In jedem Fall war Tucker gegen eine gewaltsame Revolution und glaubte, seine Ziele durch Erziehung erreichen zu können: Wenn alle vernünftige Egotisten sind, wird sich keiner der Ausbeutung unterwerfen, und durch passiven Widerstand wird man den Staat und die Monopolisten aushungern können.

Siehe auch:	▸ John Adams über das Bankwesen, Thomas Hart Benton, Ezra Pound.
Verweise:	▸ http://www.dis.org/daver/anarchism/tucker/tucker.html

▶ TUSKEGEE SYPHILIS STUDY
(Tuskegee Syphilis-Studie)

1932 begann die US-Regierung mit der Tuskegee Syphilis Study. 200 arme, schwarze Männer mit Syphilis wurden über einen langen Zeitraum beobachtet, ohne daß man sie behandelte oder sie auch nur über ihre Krankheit informierte.

Die Hälfte der 200 Männer starb, und die Frauen und Kinder der Betroffenen infizierten sich mit der Krankheit. Die Behörde, die das Experiment durchführte, existiert immer noch und nennt sich jetzt Center for Disease Control, CDC (Zentrum für Krankheitskontrolle).

Siehe auch:	▶ Chicagoer Malaria-Studie
Verweise:	▶ http://home.earthlink.net/~bkonop/GermIncidents2.html

▶ **UFO CRASH AT ROSWELL**

UFO Crash at Roswell ist eine einstündige CD und liefert eine gute dokumentarische Einführung in eines der umstrittensten Rätsel unserer Zeit.

Die CD beginnt mit dem ABC News Bulletin vom 7. Juli 1947, welches vom Absturz einer »Fliegenden Scheibe« bei Roswell, New Mexico, berichtet, und stellt dann Bill Brazel vor, den Sohn von Mack Brazel, dem Rancher, der die Trümmer fand. Bill sagt, es wäre seltsames Zeug gewesen, so wie Balsa-Holz, aber es ließ sich nicht schneiden, und er hatte nie auch nur etwas Ähnliches gesehen. Die Nachbarin Loretta Procter erzählt dann, wie ihr Mack Brazel ein paar komische Überreste gezeigt hat, und sie sagte, er solle das Zeug zu Sheriff Wilcox bringen. Auch der Reporter Frank Joyce berichtet, daß er die Trümmer gesehen habe.

Major Jesse Marcel erzählt, wie er die Absturzstelle aufgesucht hat und Trümmer sah, sagt aber weiter nichts dazu. Jesse Marcel jr., der Sohn des Majors, sagt, sein Vater hätte die Trümmer der ganzen Familie gezeigt, und sie wären sich alle einig gewesen, daß sie so etwas noch nie gesehen hätten.

Mitarbeiter der lokalen Radiostation berichten, daß sie eine Sendung über die gefundenen Trümmer machen wollten, daß ihnen das aber vom FBI verboten worden sei.

Reporter Frank Joyce erscheint wieder und berichtet, wie Mack Brazel, der Farmer, der die Trümmer fand, plötzlich eine andere Geschichte erzählte, nachdem ihn die Air Force mehrere Tage lang festgehalten hatte. Mehrere Luftwaffenangehörige, die jetzt im Ruhestand leben, erzählen, wie sie Material in Kisten packen und an verschiedene Stellen schicken mußten – nach Dayton, Fort Worth, Denver – ein recht verwirrender Teil der Story. Dann der Hammer: Colonel Thomas Dubose gesteht, daß er auf Befehl Teile der Trümmer entfernen und sie durch Überreste eines Wetterballons ersetzen mußte.

Weitere, ehemalige Luftwaffensoldaten erzählen von merkwürdigen Trümmern, die sie gesehen haben; ein örtlicher Bestattungsunternehmer wurde aufgefordert, zwei kleine Särge zu liefern. Ehefrau und Tochter eines Piloten namens Henderson sagen, er (Henderson) hätte ihnen erzählt, daß er »kleine Leute« mit »Schlitzaugen« gesehen habe. Major Marcel und sein Sohn tauchen noch einmal auf, um uns zu versichern, daß die Trümmer, die sie sahen, bestimmt keine Überreste eines Wetterballons waren und daß sie nicht wissen, was es war. Die CD endet mit der allerneuesten Story der U.S. Air Force: Es war ein Ballon, Teil eines Spionageprogramms mit dem Decknamen Projekt Mogul.

In neueren Ausgaben von *Saucer Smear* äußern Kritiker der Außerirdischen-Theorie, daß die Air Force eine Kampagne der Desinformation und Täuschung angezettelt hat, um zu verhindern, daß wir von Dingen erfahren, die uns nichts angehen; UFOs könnten als Ablenkung von Projekten dienen, die genausoviel Protest wie die Lagerung von Nuklearabfällen hervorrufen könnten. Dem Verschwörungsforscher bereitet das nur neues Kopfzerbrechen.

Verweise:
- ▸ *UFO Crash at Roswell*, Baraka Foundation, P. O. Box 12933, Berkeley, CA.
- ▸ *Saucer Smear*, P. O. Box 1709, Key West, FL., 1997, passim.

▸ UFO-SATANS-VERSCHWÖRUNGEN

Glaubt man einer Schule der christlichen Eschatologie, wird das UFO-Phänomen von den gefallenen Engeln, die Satan gefolgt sind, erzeugt – »Prinz der Mächte der Lüfte, Herr derer, die fliegen, die Intelligenz hinter UFO-Manifestationen und Begegnungen mit Außerirdischen«.

Diese Theorie behauptet, daß Engel die Zivilisationen auf jedem Planeten des Sonnensystems aufgebaut hätten; das Marsgesicht sei eine »engelische« Konstruktion, die die Symbole von Virgo und Leo darstellt, welche für die erste und zweite Ankunft Jesu auf der Erde stehen. Obwohl das Gesicht überlebt hat, wurde ein anderer Planet im Kampf zwischen Gott und Satan ganz zerstört; seine Trümmer bilden den Asteroiden-Gürtel, der wiederum das Vorbild für die *Kornkreise* ist.

Dazu passende Meinungen werden von einem Dr. Pierre Guerrin zitiert (»UFO-Verhalten gleicht mehr der Magie als der uns bekannten Physik«) und von dem UFOlogen John Keel (»Die UFO-Manifestationen scheinen im großen und ganzen nur mindere Variationen der uralten dämonischen Phänomene zu sein«). Man solle daher die Bibel konsultieren, um herauszufinden, was geschieht, und die enthüllt uns ganz klar, daß wir »in der Drangsal oder Endzeit« leben, die direkt in die Apokalypse führt, nachdem Israel einen Vertrag mit dem Regierungschef eines vereinigten Europas unterzeichnet hat, um in Jerusalem einen jüdischen Tempel zu errichten und das »alte Opferungssystem der Anbetung« wiedereinzuführen.

Siehe auch: ▶ Hawthorne Abendsen, Antichrist, *Daimonic Reality, Der Heilige Gral und seine Erben, Satanic Panic.*

Verweise: ▶ http://www.MT.net/~watcher

▶ UFO-VERSCHWÖRUNGEN

Siehe: ▶ William Cooper, Philip J. Corso, *Daimonic Reality*, Philip K. Dick, *Gods of Eden*, Kenneth Grant, Men In Black, UMMO-Sichtungen in Madrid, Robert Morning Sky, *Mothman Prophecies*, Roswell UFO Crash, *Das Sirius-Rätsel, UFO Crash at Roswell*, UMMO-Briefe.

▶ ULTRA-TERRESTRIER

Die Bezeichnung Ultra-Terrestrier schlägt der Journalist John Keel für die an UFO-Begegnungen und anderen, noch verrückteren paranormalen Fällen beteiligten Wesen vor. Er empfindet diese als nicht ganz materiell und auch nicht ganz real, er siedelt sie irgendwo am Rand zwischen Energie, Traum und Mythos an.

Siehe auch: ▶ *Mothman Prophecies, Geheimschlüssel der UFOnauten.*

▶ DER UMBRELLA-MANN
UND DAS JOHN-F.-KENNEDY-ATTENTAT

Zwei Sekunden, bevor der erste Schuß auf der Dealy Plaza fiel, spannte ein Mann in der Menge einen Schirm auf. Da es ein sonniger Tag ohne das geringste Anzeichen von Regen war, ist es nicht leicht verständlich, warum jemand einen Schirm öffnen sollte; viele Konspirologen haben den Verdacht geäußert, daß der Umbrella-Man, wie er in der amerikanischen Literatur genannt wird, dem Schützen das Zeichen zum Feuern gab.

Der beauftragte Untersuchungsausschuß befragte einen Zeugen, Louis Witt, der aussagte, daß er der Mann mit dem Schirm gewesen sei und den Schirm an einem regenlosen Tag gekauft habe, um den Präsidenten zu ärgern. Als man ihn bat, das zu erklären, erwiderte er, er hätte gehört, daß der Präsident Regenschirme nicht mochte. Verschwörungsforscher weisen diese Erklärung zurück, denn der *Zapruder-Film* zeigt, daß er mit dem Schirm nichts tut, was jemanden auch nur entfernt »ärgern« könnte. Ich glaube es auch nicht, weil ich mir nicht vorstellen kann, daß jemand, der gehört hat, Kennedy möge keine Zebras, ein Zebra gekauft hätte.

Die absurde Geschichte erschien in einem etwas düsteren Licht, nachdem Charles Sensey, ein CIA-Waffenentwickler aus Fort Detrick, Maryland, vor dem Geheimdienstausschuß des Senats im September 1975 eine Regenschirm-Giftpfeilwaffe beschrieb, die er entwickelt hatte. Laut seiner Aussage wurde sie nur in Menschenmengen mit geöffneten Schirmen verwendet, um kein Aufsehen zu erregen. Eine dritte Quelle (siehe unten) behauptet, Kennedy reagiere im Zapruder-Film wie jemand, der von einer solchen Waffe gelähmt worden sei, kurz bevor die Schüsse fielen.

Siehe auch: ▶ James Jesus Angleton, *NASA, Nazis und JFK.*
Verweise: ▶ Regenschirm-Pfeilwaffe:
                   http://www.rational.com/ratville/JFK/ToA/ToAchp10.html

▶ UMMO-BESUCH IN WORONESCH

Am 24. April 1989 sah ein Mann namens Iwan Wesalowa in Cherepotewsk in der Sowjetunion ein Fluggerät von enormer Größe, größer als jedes Flugzeug, etwa dreihundert Meter über dem Boden. Am 6. Juni in Konantsewo sahen mehrere Kinder (oder behaupteten es) eine leuchtende Kugel auf einer Wiese landen und eine kopflose Person aussteigen. Am 11. Juni berichtete eine Frau aus Wolagda von einer feurigen Kugel im Himmel, die 17 Minuten lang sichtbar blieb. All diese Ereignisse waren aber nur das Vorspiel zu den »Landungen« in Woronesch, oder was auch immer es war.

Mehrere Tage lang im Oktober 1989 sahen Hunderte von Einwohnern von Woronesch, einer Industriestadt mit etwa einer Million Einwohnern, zu, wie ein Raumschiff oder etwas Ähnliches in einem Park der Stadt landete. Riesige menschenähnliche Wesen (über vier Meter groß) stiegen aus und spazierten in der Stadt herum. Die Bürger berichteten außerdem von paranormalen Ereignissen, darunter Teleportationen: Leute, die an einer Stelle verschwanden und woanders wieder auftauchten. Bei einer Sichtung sahen mehr als 500 Personen ein unidentifiziertes Flugobjekt, das über ihrem Wohngebiet schwebte.

Ein anderes Objekt überflog ein Kernkraftwerk und sandte einen Strahl auf den Boden, der dort eine Brandspur hinterließ. Mehrere sowjetische Wissenschaftler untersuchten den Fall, es gelang ihnen aber nicht, sich davon zu überzeugen, daß es sich um Halluzinationen handelte. Zeugen behaupteten, daß die Riesen-Besucher drei Augen hatten und daß man auf ihrem Fahrzeug und ihren Uniformen das Zeichen von UMMO erkannte:

)+(

Siehe auch: ▶ *Gods of Eden*, Hono Intelligence Service 1901, UMMO-Briefe.
Verweise: ▶ *Enthüllungen: Begegnungen mit Außerirdischen und menschlichen Manipulationen*, von Jacques Vallee, Zweitausendeins, Frankfurt, 1994, Seiten 214–224.

► UMMO-BRIEFE

Seit etwa 1967 haben bestimmte UFOlogen, Wissenschaftler, Philosophen und verschiedene andere Menschen Briefe erhalten, die von überallher zu kommen scheinen (jeder Kontinent außer der Antarktis war dabei). In den Briefen wird behauptet, daß die Absender Mitglieder einer außerirdischen Rasse seien, die sich UMMO nennt und die gekommen ist, um uns zu erziehen. Alle sind mit diesem Zeichen unterschrieben:

)+(

Die Tatsache, daß die UMMO-Briefe von überallher kommen, ist nicht der einzige Punkt, in dem sie sich von anderen »Weltraumnachrichten« unterscheiden, wie sie von Spinnern und Channelern empfangen werden. All die UFO-Weisheiten, die auf diese Art empfangen werden, sind normalerweise recht arm an Information. UMMO ist dagegen reich an Informationen (neue Konzepte, neue Perspektiven) und hat eine ganze Reihe recht intelligenter Personen fasziniert.

In der Tat haben so prominente Wissenschaftler wie Juan Dominguez in Spanien und Jean-Pierre Petit in Frankreich die UMMO-Offenbarungen als eine Physik und Kosmologie erachtet, die weiter entwickelt war als die der Erde. Dr. Petit entwickelte sogar einige der UMMO-Vorstellungen weiter zu seinen eigenen Theorien über Paralleluniversen. Ein anderer französischer Physiker, Teyssandier, war zwar nicht ganz so enthusiastisch, sagte aber, daß er alle erreichbaren UMMO-Mitteilungen sorgfältig analysiert und keine wissenschaftlichen Irrtümer entdeckt habe. Selbst der skeptische Dr. Jacques Vallee sagt, daß die Briefe den Arbeiten von ein paar Dutzend cleveren Doktorkandidaten ebenbürtig seien.

Der Psychologe José Luis Jordan Pena hat kürzlich zugegeben, die ganze UMMO-Saga erfunden zu haben, mit der er demonstrieren wollte, daß Geisteskrankheiten viel weiter verbreitet sind, als wir wahrhaben wollen (79 Prozent von uns sind paranoid, sagt er). Eine Dame namens Trinidad Pastrana bestätigte Penas Story und sagte, sie sei um die ganze Welt gereist, um die Briefe aufzugeben und so den Eindruck zu erwecken, UMMO sei überall auf der Erde gut vertreten. Viele UFOlogen weisen diese Bekenntnisse zurück, mit dem Hinweis, daß die ursprünglichen UMMO-Sichtungen durch keine uns bekannte Technologie hätten gefälscht werden können und daß Pena all das Fachwissen gar nicht besäße, das sich in den Briefen gezeigt habe. Andere akzeptieren den Betrug, sagen aber, daß man die volle Wahrheit nicht kenne; ein Desinformationskrieg zwischen CIA und KGB könne hinter alledem stecken.

Siehe auch: ▸ *Excluded Middle, Gods of Eden*, UMMO-Sichtungen in Madrid, UMMO-Besuch in Woronesch.

Verweise: ▸ *Enthüllungen – Begegnungen mit Außeridischen und menschlichen Manipulationen*, von Jacques Vallee, Zweitausendeins, Frankfurt, 1994.
▸ »The UMMO Experience« von Scott Corrales, *Excluded Middle*, Nr. 7, Los Angeles, CA.

▸ UMMO-SICHTUNGEN IN MADRID

1966 und 1967 gab es drei UFO-Sichtungen in drei Vororten von Madrid – in Aluche, San José de Valderas und Santa Rosa. Bei der ersten Sichtung am 6. Februar 1966 in Aluche sahen drei Zeugen unabhängig voneinander eine weißliche Scheibe. Einer der Zeugen sah auf der Unterseite der Scheibe dieses Symbol:

)+(

Beim zweiten Zwischenfall am 1. Juni 1967 in San José de Valderas sahen ein Dutzend Zeugen eine Scheibe mit einem Durchmesser von etwa 40 Metern. Beim dritten Mal, ein paar Stunden später am gleichen Tag in Santa Rosa, wurde von zehn Zeugen eine ähnliche Scheibe beobachtet, ebenfalls mit der Markierung)+(, die für ein paar Minuten landete und dann wieder davonflog.

Später fand man an dieser Stelle zylindrische Behälter, in denen sich Tedlarstreifen befanden, ein Material, das die NASA erst kürzlich erfunden hatte, die mit unentzifferbaren Hieroglyphen bedeckt waren – eine außerirdische Sprache oder sinnloses Gekritzel – ganz, wie man es sehen will. Auf jedem war das Symbol)+(zu finden. Fotos des »Raumschiffes« wurden später an eine Zeitung geschickt und bald als Fälschungen entlarvt. Aber das UMMO-Symbol, wie man das Zeichen)+(bald nannte, tauchte in vielen Formen immer wieder auf und spukt in der UFO-Forschung bis heute herum.

Siehe auch: ▸ Abductees Anonymous, Philip K. Dick, Hono Intelligence
                 Service 1901, Robert Morning Sky, UMMO-Briefe, UMMO-Besuch
                 in Woronesch.
Verweise: ▸ *Enthüllungen – Begegnungen mit Außerirdischen und menschlichen
                 Manipulationen,* von Jacques Vallee, Zweitausendeins, Frankfurt, 1994.

▸ GARY UNDERHILL

Gary Underhill vom Zentrum für internationale Studien am M.I.T. (Massachusetts Institute of Technology) erzählte 1964 Freunden, daß eine Gruppe innerhalb der CIA das John-F.-Kennedy-Attentat geplant hätte und daß er sie auffliegen lassen wolle. Laut William Torbitt war es »nur ein paar Tage später«, daß man Underhill mit einem Kopfschuß tot auffand. Der Schuß traf ihn hinter dem linken Ohr, und Underhill war Rechtshänder.

Siehe auch: ▸ James Jesus Angleton, Sam Giancana, John-F.-Kennedy-Attentat,
                 MMAO, Marina Oswald.
Verweise: ▸ *NASA, Nazis und JFK,* von William Torbitt und Kenn Thomas,
                 Adventure Unlimited Press, Kempton, Illinois, 1996, S. 98.

▸ UNGELÖST

Unsolved: The Mysterious Death of God's Banker von Paul Foot und Paolo della Torre war eins der ersten Bücher, das sich mit dem seltsamen Tod von **Roberto Calvi** befaßte, dem Präsidenten des **Banco Ambrosiano**, einem engen finanziellen Partner der Vatikanbank und Schlüsselfigur in der **P2-Verschwörung**. Foot und della Torre waren auch die ersten, die eine Lösung für das Rätsel anboten. Calvi, so meinen die Autoren, wusch Drogengelder für die **Mafia**, zusätzlich zu seinen eigenen Vergehen; dies scheint inzwischen gut dokumentiert zu sein. Irgendwo hat Calvi die Mafiosi übers Ohr gehauen oder sie versehentlich auf den Verdacht gebracht, daß er das täte, woraufhin sie einen Preis auf seinen Kopf ausgesetzt haben. Um den Verdacht von der Mafia weg und zu den Freimaurern hin zu lenken, hing man ihn unter der

Brücke so auf, daß die Flut seine Leiche bedeckte – die traditionelle Strafe für Freimaurer, die eidbrüchig geworden sind.

Obwohl es viele andere Theorien zu Calvis Tod gibt (siehe: *die Calvi-Affäre*), so scheint es doch, als hätten Foot und della Torre gleich von Anfang an richtig geraten. Francesco di Carlo, ein Mitglied der echten Familie Corleone[1], hat gestanden, Calvi erwürgt und aufgehängt zu haben. Weil er nur ein einfacher Soldat in der Hierarchie war, hat Carlo nie gefragt und auch nie erfahren, warum die Mafia Calvis Tod wünschte.

Verweise:
> London *Times*, 20. Juni 1996.
> *Unsolved: The Mysterious Death of God's Banker*, von Paul Foot und Paolo Filo della Torre, Orbis, London, 1984.

[1] Die erfundene Familie Corleone aus der »Paten«-Filmreihe hat mit dieser echten sizilianischen Familie nichts zu tun. Die echten Corleones sind erst vor kurzer Zeit der Mafia beigetreten.

▶ UNTERIRDISCHE WELTEN

Subterranean Worlds von Walter Kafton-Minkel ist vermutlich die erschöpfendste Studie der Hohlwelt-Theorien in englischer Sprache, die dieses Phänomen von einem skeptischen Standpunkt aus betrachtet.

Kafton-Minkel (oder sein Verleger) setzte einen Untertitel darunter, der die Bandbreite des Buches recht genau beschreibt: »100.000 Jahre Drachen, Zwerge, Tote, vergessene Rassen und UFOs aus dem Inneren der Erde.«

Nachdem sich der Anfang mit Stammeslegenden und »klassischen« (griechisch-römischen) Mythen beschäftigt, zeigt das Buch, daß beinahe jeder Mensch vor dem Aufkommen der modernen Wissenschaft an eine hohle Erde glaubte – eine Vorstellung, die mit dem bekannten Mutter-Erde-Thema verwandt ist, aus deren Leib alle lebenden Dinge kamen. Später wurde die Hohlwelt zur Heimat der Toten, und im Christentum wurde sie zur Hölle – die Unterwelt als Heimat verstorbener Sünder, die dort für alle Ewigkeit sadistisch bestraft werden.

Nachdem sich die Grundzüge der Geologie und verwandter Wissenschaften entwickelt hatten, wurde aus der hohlen Erde eine solide oder massive Erde, jedenfalls für die Mehrheit der gebildeteren Menschen, aber eine phantasiebegabte Minderheit bastelt weiter an neuen Varianten des alten Hohlweltmodells. Captain John Cleves Simmes, ein amerikanischer Held aus dem Krieg von 1812, erfand so schlaue Argumente für diese Theorie, daß es ihm gelang, den Kongreß dazu zu bringen, eine Expedition zum Südpol zu senden, um das Loch zu finden, das nach Simmes' Berechnungen dort existieren müsse. Dort hinein solle man segeln, um die neuen Länder zu finden und sie für eine Kolonisation zu erschließen. Die Expedition scheiterte unterwegs an Meuterei und Unterernährung, und keine andere Regierung fand sich bereit, weitere Forschungen nach Simmes' Vorstellungen zu finanzieren, die zudem von Wissenschaftlern ständig lächerlich gemacht wurden.

Viele Okkultisten des 19. Jahrhunderts griffen jedoch diese Idee auf, und Madame H. P. Blavatsky machte die hohle Erde zum zentralen Thema ihrer Offenbarungen (unter dem Einfluß von Haschisch geschrieben), die zur Grundlage der Theosophischen Gesellschaft wurden, bei der es sich nach wie vor um eine große Organisation handelte, die beispielsweise von Gandhi (der sich allerdings nicht pro oder contra betreffend einer hohlen Erde äußerte) sehr bewundert wurde. William Butler Yeats, wahrscheinlich Irlands größter Dichter und Nobelpreisträger, glaubte an alle Visionen der Madame Blavatsky, die Hohlwelttheorie eingeschlossen. *Aleister Crowley*, der Theosophen nicht mochte, nahm Blavatsky von seinen Sarkasmen aus und hielt sie für einen großen Guru, aber auch er äußerte sich nicht zu ihrer Vorstellung von der hohlen Erde.

Im 20. Jahrhundert wurde die Hohlwelttheorie verschiedene Male wiederbelebt.

| Siehe auch: | ▸ Dr. Raymond Bernard, Nazi-Hohlwelt-Theorie. |
| Verweise: | ▸ *Subterranean Worlds*, von Walter Kafton-Minkel, Loompanics Unlimited, Port Townsend, Wash., 1989. |

V

▶ ELADIO DEL VALLE

Eladio del Valle, der vom Staatsanwalt von New Orleans Jim Garrison verdächtigt wurde, in den Mord an John F. Kennedy verwickelt zu sein, wurde in Miami erschossen. Außerdem hat man seinen Kopf mit einer Machete gespalten. Wer immer der Täter war, er wollte ganz sichergehen, daß del Valle auch wirklich tot war. Der Mord geschah seltsamerweise am gleichen Tag, an dem del Valles Partner, *David Ferrie*, in New Orleans ums Leben kam, kurz bevor Garrison Anklage erheben konnte.

Siehe auch: ▶ Mona Charen, John Daly, John-F.-Kennedy-Attentat.
Verweise: ▶ *The Big Book of Conspiracies*, von Doug Moench, Paradox Press, New York, 1995, S. 16.

▶ VEIL (Schleier)

Veil: The Secret Wars of the CIA: 1981–1987, ein Buch von Journalist und Pulitzer-Preisträger Bob Woodward von der *Washington Post*, schildert einige der gesetzlosen Taktiken, mit denen William Casey während der Ronald-Reagan-Präsidentschaft die CIA führte. *Veil* zeigt nicht nur auf, daß die CIA weder an normale Gesetze noch an normale Moral gebunden ist, sie sich also wie jeder andere Geheimdienst auf der Welt verhält. Das Buch betont auch, daß alle Versuche, den Dienst durch den Geheimdienstausschuß des Senats an die Zügel zu nehmen, vollkommen fehlgeschlagen sind, weil Casey den Senat ganz einfach belog, was den Krieg und kriegsähnliche Aktivitäten in Südamerika anging, die in keinem Fall vom Kongreß genehmigt und in einigen Fällen sogar verboten worden waren.

Der Vorsitzende des Komitees, Senator Barry Goldwater, ärgerte sich so sehr, als das Ausmaß von Caseys Betrügereien aufgedeckt wurde, daß er Casey einen Brief schickte, in dem er in undiplomatischer Sprache feststellte, daß er »stinksauer« sei. Senator Goldwater ärgerte sich noch viel mehr über die nicht autorisierte Verminung von Häfen in Nicaragua durch die CIA und nannte es »die allerdümmste Scheißidee, von der ich je gehört habe!« Und noch wütender wurde er, als die Wanzen, die zweimal in seinem Büro gefunden wurden, nicht eindeutig dem KGB oder der CIA zugeordnet werden konnten (siehe *Fedora* und *Yuri Nosenko*).

Im Prinzip zeigt Woodward, daß die CIA, jedenfalls unter Casey, ihre eigenen Regeln aufgestellt hat, die weder durch christliche Moral noch durch internationale Gesetze oder Senatskontrolle begrenzt wurden, er untersucht jedoch nicht weiter die angeblichen Verbindungen zwischen CIA und Mafia oder den Drogenhandel der CIA. Hauptsächlich demonstriert er, daß die CIA für vom Kongreß verbotene »schmutzige Tricks« gern die Nachrichtendienste befreundeter Länder benutzte (zum Beispiel Israel, England, Saudi-Arabien); das wenigstens liefert ein wenig Substanz für die Art internationaler Mauschelei und Verschwörung, an die die Paranoiden glauben. *Veil* beweist außerdem, daß sich die CIA in amerikanische Wahlen eingemischt hat, und obwohl dies eher »glaubhaft« als »bewiesen« ist, kann es einem doch angst machen. Manchmal, so suggerieren Woodwards Beweise, haben die Paranoiker doch recht.

Siehe auch: ▸ James Jesus Angleton, Collier Brothers, John Hull, Mafia,
P2-Verschwörung.

Verweise: ▸ *Veil: The Secret Wars of the CIA: 1981–1987*, Bob Woodward,
Pocket Books, New York, 1987.

▸ vgl. auch: *Im Namen des Staates. CIA, BND und die kriminellen Machenschaften der Geheimdienste*, von Andreas v. Bülow, München, 1998.

▶ **DIE VERFASSUNG:**
FAKT, FIKTION ODER FÄLSCHUNG?

In ihrem Buch *The Constitution: Fact or Fiction* behaupten Eugene Schoder und Micki Nellis, daß die amerikanische Verfassung am 9. März 1933 durch Präsident Franklin Roosevelts Erklärung des nationalen Notstandes außer Kraft gesetzt wurde. Was in den 65 Jahren seither geschah, beschreiben die Autoren im Untertitel: *Der Abstieg der Nation von einer verfassungsgemäßen Republik über eine konstitutionelle Diktatur zur nichtverfassungsgemäßen Diktatur.*

Der Senatsbericht 92549 von 1973 sagt unverblümt, daß sich seit 1933 »die Vereinigten Staaten in einem Status des erklärten nationalen Notstandes befinden ... eine Mehrheit der Bevölkerung hat ihr ganzes Leben unter den Notstandsgesetzen verbracht ... (wir leben jetzt) in einem Zustand permanenten nationalen Notstandes«. Die Autoren führen 470 Bundesgesetze an, die seit 1933 die »Ausnahmerechte« des Präsidenten ausgebaut haben. Sie behaupten, dies sei der Grund dafür, daß – obwohl es seit 1941 keine Kriegserklärung durch den Kongreß gab – amerikanische Truppen dauernd in größere oder kleinere Kampfhandlungen weiß Gott wo auf der Welt verwickelt sind: Die letzten Präsidenten traten eher wie römische Kaiser auf und nicht wie vom Kongreß beauftragte Exekutivbeamte.

Im Rahmen dieser 470 Notstandsgesetze kann der Präsident Eigentum beschlagnahmen, Truppen ohne Einverständnis der Öffentlichkeit oder des Kongresses überallhin entsenden, das Kriegsrecht, Ausgangssperren und Reisebeschränkungen verhängen, alle Arten der Kommunikation beschlagnahmen oder überwachen, etc.

Seit Präsident Roosevelt den Ausnahmezustand erklärt hat, konnte niemand diesen Zustand wieder aufheben, nur er selbst, indem er oder aber ein zukünftiger Präsident den Notstand für beendet erklärte. Truman, Eisenhower, Kennedy, Johnson, Nixon, Ford, Carter, Reagan, Bush und Clinton haben sich alle geweigert, dies zu tun. (Siehe: **Lord Acton.**)

Der Ultra-Individualist Lysander Spooner (1808–1887) glaubte nicht nur, daß die Verfassung gestorben sei, sondern sogar, daß sie den Tod verdient hatte. Spooner, als lebenslanger Abolitionist, haßte die Sklaverei; den Bürgerkrieg haßte er aber noch viel mehr, und um die Verfassung immer wieder skeptisch zu untersuchen, schrieb er sechs Pamphlete (*No Treason* I-VI), in denen er den Standpunkt vertrat, daß die Verfassung nicht die Autorität hätte, zukünftige Generationen der Bundesregierung zu unterstellen.

Spooner, ein hervorragender Anwalt, sah die Verfassung als Vertrag nach dem üblichen Rechtsverständnis an und bewies anhand der Vertragsgesetzgebung, daß legalerweise nur diejenigen, die 1789 ihre Zustimmung gaben, an sie gebunden seien, aber sonst niemand:

Und sie (die Verfassung) gibt noch nicht einmal vor, ein Vertrag zwischen jetzt existierenden Personen zu sein. Sie ist, wenn es hoch kommt, ein Vertrag zwischen Personen, die vor achtzig Jahren gelebt haben (schrieb Spooner im Jahr 1867). Und ferner wissen wir, daß historisch nur ein sehr kleiner Teil der damals existierenden Personen in der Angelegenheit gefragt wurde und die wenigsten die Gelegenheit erhielten, sich in aller Form zustimmend oder ablehnend zu äußern (Schwarze, Frauen oder arme Weiße hatten überhaupt keine Chance).

Diejenigen Personen, die formal ihre Zustimmung gaben, sind inzwischen alle tot. Die meisten von ihnen sind seit fünfzig, sechzig oder siebzig Jahren tot, und die Verfassung, soweit sie ein Vertrag zwischen ihnen war, starb mit ihnen. Sie hatten kein wie immer geartetes Recht, diesen Vertrag ihren Kindern aufzubürden.

Spooner, dem normalen Rechtsempfinden folgend, bestand darauf, daß die Verfassung nur die binden kann, die für sie gestimmt haben, denn kein Vertrag kann diejenigen binden, die nicht schriftlich oder mündlich ihre Zustimmung erteilt haben. Ich kann also einen Vertrag mit meinem Verlag machen, der von mir verlangt, ein bestimmtes Buch zu schreiben, und den Verlag verpflichtet, mir eine bestimmte Summe dafür zu bezahlen. Aber so ein Vertrag verpflichtet nicht Norman Mailer, Danielle Steele oder Stephen King dazu, etwas zu schreiben, und der Verlag muß ihnen deshalb auch nichts zahlen, und er zwingt auch nicht irgendwelche anderen Verlage, mir Geld zu überweisen, es sei denn, es ist in anderen Verträgen so festgelegt. Wenn die Verfassung also ein Vertrag ist, verpflichtet sie niemand, der jetzt lebt, dazu, irgend etwas zu tun.

Spooner untersuchte auch die Entwicklung der amerikanischen Regierungen und findet, wie *R. Buckminster Fuller* und *Ezra Pound*, daß sie internationalen Banken gehört und ihnen gehorcht. Er schließt:

... der Verfasser hält es für richtig, festzustellen, daß die Verfassung nicht
das Instrument ist, für das sie gewöhnlich gehalten wird, daß aber durch falsche
Auslegung und schiere Anmaßung die Regierung praktisch etwas ganz und
gar anderes geworden ist, als die Verfassung selbst zu autorisieren vorgibt.
Er hat deshalb so viel geschrieben und könnte noch viel mehr schreiben,
um zu beweisen, daß dies die Wahrheit ist. Aber egal, ob die Verfassung das
eine oder das andere ist, eins ist sicher – sie hat entweder die Regierung, die
wir jetzt haben, autorisiert, oder sie war zu machtlos, um sie zu verhindern.
In jedem Fall ist sie es nicht wert, zu existieren.

Siehe auch:	▸ American Dynasty, Federal Reserve Bank, Noon Blue Apples, David Rockefeller.
Verweise:	▸ Fakt oder Fiktion: http://buffalo-creek-press.com/cffrev.htm

▸ VERGEWALTIGUNGS-VERSCHWÖRUNG

Laut Susan Brownmiller ist Vergewaltigung kein Verbrechen, das von einer Minderheit gestörter Männer begangen wird, sondern »nicht mehr und nicht weniger als
ein bewußter Vorgang, mit dem *alle Männer alle Frauen* in einem Zustand der Angst
halten« (kursiv im Original, vgl. *Captain Simonini*).

Siehe auch:	▸ Hawthorne Abendsen, Dr. Raymond Bernard, *Dämonischer Liebhaber*.
Verweise:	▸ *Against Our Will*, von Susan Brownmiller, Penguin, New York, 1988, S. 1.

▶ VERNEINUNG

Normalerweise heißt »Verneinung« einfach Widerspruch zu dem, was jemand anderes annimmt; in der Wiedererinnerungstherapie aber, und in den daraus erwachsenen Verschwörungstheorien, ist Verneinung eine pathologische Kondition, in der die Furcht vor der Wahrheit eine Person immun gegenüber den Argumenten der Therapeuten macht. Unter Hypnose erinnert sich ein Patient an die richtige Art von Trauma, also an die Art, nach der der Therapeut Ausschau hält. Bei Therapeuten, die an Entführungen durch Außerirdische glauben, erinnert der Patient Entführungen durch Außerirdische; bei christlichen Therapeuten werden satanische Rituale erinnert usw. Niemand scheint sich an Dinge zu erinnern, die eher zur Lieblingstheorie eines anderen Therapeuten passen würden. Komisch, nicht wahr?

Siehe auch: ▶ Schöpfungswissenschaft, Abductees Anonymous,
Corrydon Hammond.

▶ DIE VERSTEIGERUNG VON NR. 49

The Crying of Lot 49 (Die Versteigerung von No. 49) von Thomas Pynchon wird oft als der ultimative postmoderne Roman bezeichnet; außerdem ist es der einzige Roman, abgesehen von der unsagbar berüchtigten *Illuminatus!*-Trilogie, der absichtlich versucht, den Leser mehrmals in einen paranoiden Rahmen hinein und wieder hinaus zu führen, um ihm nach dem »Trip« die Entscheidung zu überlassen, was mehr Sinn macht – Paranoia oder eine Art Konsens-Realität.
Die Handlung dreht sich um eine Dame namens Oedipa Maas, die das Testament eines steinreichen, ehemaligen Liebhabers vollstrecken soll, der ein zwanghafter Streichespieler war. Während sie versucht, die finanziellen Angelegenheiten seines Anwesens zu regeln, stolpert die arme Oedipa ständig über Beweise für eine internationale Verschwörung, die seit vielen hundert Jahren existiert; jedesmal ruft sie sich in Erinnerung oder versucht es zumindest, daß all dies der letzte und ausgefeilteste Streich ihres toten Geliebten sein könnte. Alles dreht sich um eine geheimnisvolle Firma namens Yoyodyne, und es half der Unvoreingenommenheit des Verfassers wenig, daß er eines Nachts eine Yoyodynefabrik in der Nähe von Morristown, New

Jersey, sah. Bewies das, daß *Lot 49* auf Tatsachen beruht, oder zeigt es nur, daß irgendein junger Unternehmer ein Pynchon-Fan ist und auch gern Streiche spielt? Oedipa Maas erlebt diese Art von Herausforderung fast auf jeder Seite des Romans, als die Fäden von Yoyodyne bis zum Tristero-Postsystem des Mittelalters zurückführen; ein Netz, das sich um die bayerischen *Illuminaten* (die nie beim Namen genannt werden) webt; ein seltsamer Hinweis aus einer alten Radioshow, *The Shadow*, in der *Orson Welles* mitwirkte.

Wenn auf den städtischen Abfalleimern WASTE steht, ist das dann die Abkürzung für We Await Silent Tristero's Empire? Enthält das Horn, Symbol des Tristero, verborgene Botschaften?

Pynchon weiß einiges über Informationstheorie und andere Wissenschaften, die von der schreibenden Intelligenzia ignoriert werden. (In einem anderen Buch, *Gravity's Rainbow*, verwendet er die Quantenmechanik, wie Joyce in *Ullysses* Homer verwendet hat). Mehr Hinweise auf ihn gibt es nicht: Er wurde nie interviewt und läßt sich nicht fotografieren. Es heißt, er lebt irgendwo in Kalifornien, aber das kann eine falsche Spur sein; er könnte überall leben, sogar in der Wohnung neben Ihrer.

Man hat vermutet, daß Pynchon ein Pseudonym für T. C. May sein könnte (siehe: *Crypto-Anarchy*). Im gleichen Geiste schlägt der Verfasser vor, daß es sich um Dr. Jack Sarfatti handeln könnte, ein Quantenphysiker mit der originellsten Kosmologie der modernen Wissenschaft (siehe: http://www.io.com/~hambone/web/sarfatti.html).

Warum nicht! Zwei gruselige Knaben namens Art Kleps und Jack Call bestehen schon lang drauf, daß »Robert Anton Wilson« nur ein Pseudonym für Dr. Timothy Leary ist, und Dr. Leary hat zugegeben, daß er Schriftstellernamen benutzt (in *Trajectories*, einem Magazin, herausgegeben von Robert Anton Wilson im Sommer 1989).

Charles Gimon und Dwight Eddins haben in Pynchons schwarzer Komödie ein religiöses Element entdeckt: Pynchon porträtiert wie die Gnostiker die Menschheit gefangen in einem Universum, das von antimenschlichen Kräften beherrscht wird. Dieses Konzept beinhaltet natürlich die Möglichkeit, daß manche um eine Taktik der Gegenwehr wissen ... (siehe: *Philip K. Dick* und *George I. Gurdjieff*)

Verweise:
▶ http//www.pomona.edu/pynchon/
▶ http//www.as.ua.edu/english/faculty/deddins.htm
▶ *Die Versteigerung von Nr. 49*, von Thomas Pynchon, Reinbek, 1975.

▶ **MARILYN WALLE**

Marilyn Walle, Künstlername Delilah, arbeitete als Stripperin in Jack Ruby's Carousel Club in Dallas. Sie hatte vor, ein Buch über geheime Vorgänge im Zusammenhang mit dem *John-F.-Kennedy-Attentat* zu schreiben, wurde aber am 1. September 1966 erschossen.

Siehe auch: ▸ John-F.-Kennedy-Attentat – Quellen, Buddy Walthers.
Verweise: ▸ *The Big Book of Conspiracies*, von Doug Moench, Paradox Press,
                  New York, 1995, S. 13.

▶ **BUDDY WALTHERS**

Sekunden nach dem *John-F.-Kennedy-Attentat* fand der stellvertretende Sheriff von Dallas, Buddy Walthers, ein .45er Geschoß im Gras an der Dealy Plaza. Walthers gab es einem Mann, der sich als FBI-Agent bezeichnete, und von da an wurde es nie wieder gesehen. Walthers sprach oft von dieser .45er Kugel und ihrem seltsamen Verschwinden und betonte, daß es niemals von einem 7,65er Mannlicher-Carcano-Gewehr stammen könne. Walthers kam 1969 bei einer Schießerei ums Leben.

Verweise: ▸ *The Big Book of Conspiracies*, von Doug Moench, Paradox Press,
                  New York, 1995, S. 14.

▶ WASHINGTON-EXPERIMENT

1968 bis 1969 experimentierte die CIA mit der Wasserversorgung der Food and Drug Administration, indem sie dem Wasser eine chemische Substanz beifügte. Keine schädlichen Effekte wurden bemerkt, und die Sache scheint ganz harmlos zu sein, außer daß in diesem Fall gegen die Nürnberger Gesetze verstoßen worden war, da man die Betroffenen nicht gewarnt hatte und ihnen keine Informationen über Namen oder Eigenschaften der verwendeten Substanz gab. Das Experiment sollte die Möglichkeit der Trinkwasservergiftung prüfen.

Siehe auch:	▶ AIDS-Verschwörungstheorien, Tampa Bay: Bakterienkrieg, Tuskegee Syphilis Study.
Verweise:	▶ http://home.earthlink.net/~bkonop/GermIncidents2.html

▶ A. J. WEBERMAN

A. J. Weberman unterhält die wahrscheinlich umfangreichste Website zum Thema *John-F.-Kennedy-Attentat* – jedenfalls die umfangreichste, die wir finden konnten. In diesem Megabyte-Koloß findet man buchstäblich alles, was einen an der Kennedy-Ermordung interessieren könnte. Die gleiche Website enthält auch die gesamte Geschichte der CIA – oder besser gesagt, die Geschichte dessen, was die CIA alles leugnet und abstreitet.
In einem Interview behauptete Weberman, 20.000 Seiten CIA-Dokumente gelesen zu haben und 100.000 Seiten FBI-Unterlagen. Man sehe sich nur seine Website an, dann kommen einem diese Zahlen gar nicht so unwahrscheinlich vor.

Siehe auch:	▶ Robert-Kennedy-Attentat, Fletcher Prouty, »The Whole Bay of Pigs Thing«.
Verweise:	▶ http://wberman.com
	▶ Interview: »Interview with A. J. Weberman«, *Popular Alienation: A Steamshovel Press Reader*, IllumiNet Press, Lilburn, GA., 1995, S. 174.

▶ WEGGEKLONT

AIDS-Aktivist Larry Kramer bemerkte in bezug auf die jüngsten Klon-Experimente: »Wir Schwule haben Angst, daß man uns eines Tages einfach genetisch wegverändert.«

Siehe auch: ▶ AIDS-Verschwörungstheorien.

▶ ORSON WELLES

George Orson Welles (1915–1985) wurde in Kenosha, Wisconsin, geboren. Noch bevor er zehn Jahre alt wurde, war er schon Bühnenzauberer, Maler, Violinist, Schauspieler und Karikaturist. Danach konzentrierte er sich hauptsächlich auf das Malen und Schreiben, aber da ihm das nicht genug einbrachte, marschierte er – als Sechzehnjähriger – in das Gate Theater in Dublin, Irland, und behauptete, er sei ein äußerst erfolgreicher Schauspieler vom Broadway, 22 Jahre alt und wolle irische Schauspieltechniken studieren. Die Direktoren des Gate, Schauspielerdirektor Michael MacLiammor und Schauspielerproduzent Hilton Edwards, waren so beeindruckt, daß sie ihn sofort einstellten.

So jedenfalls erzählte Orson die Story immer. Nach MacLiammor wußten er und Edwards sofort, daß Orson ein Schwindler war, erkannten aber ein echtes schauspielerisches Talent und beschlossen, ihm eine Chance zu geben.

Orson kehrte, bevor er 20 wurde, in die Vereinigten Staaten zurück und begann eine geschäftige Karriere damit, Klassiker für die New Yorker Bühnen zu bearbeiten und Stücke für das Radio zu schreiben, zu bearbeiten und zu lesen. Seine Begeisterung für ein verwandtes Genre, die Bühnenzauberei, beeinflußte seine Einstellung zu all diesen anderen Künsten, und deshalb bleibt er einer der umstrittensten Theaterinnovatoren unseres Jahrhunderts. Entweder gefielen dem Publikum seine seltsamen Mixturen aus Drama und Magie, oder es fand das magische Element so unreal, daß er mehr als Unterhalter denn als Künstler galt.

Am 31. Oktober 1938 leitete Orson eine Hörspielproduktion von H. G. Wells' *Krieg der Welten* in Form einer Dokumentarsendung. Er entdeckte sofort, daß ein großer Teil der amerikanischen Bevölkerung im kritischen Denken ungeübt war und alles, was »dokumentarisch« war, für bare Münze nahm: Seine Sendung verursachte eine Massenpanik, und er wurde der berühmteste Radiostar der Zeitgeschichte. Sein Leben lang faszinierte Welles das Einarbeiten von dokumentarischen Elementen in sein Werk, und das, zusammen mit dem »magischen« Teil, ließ ihn auf der Bühne und in Europa äußerst erfolgreich werden. Seine Filme aber erhielten alle gemischte Rezensionen und litten an Zuschauermangel.

In seinen Produktionen weiß man nie, was real ist oder warum es ganz plötzlich surreal ist, oder was Humor sein soll und was Tragödie, wer der Held ist, wenn es einen gibt: kurz, alles, was das Publikum eigentlich wissen will. Zwölf Jahre nach seinem Tod erscheint Orson Welles als Modell des postmodernen Künstlers, und seine Werke, immer zweideutig und ironisch, schmecken dunkel nach einer Mischung von Verschwörungstheorien mit Selbstsatire.

Siehe auch: ▸ *Buckaroo Banzai,* Jean Cocteau, Elmyr, F for Fake, OM.

▸ WELTKRIEGS-LEUGNER

Noch einen Schritt weiter als die Holocaust-Leugner gehen die Leugner des Zweiten Weltkriegs. Mindestens zwei Schriftsteller haben behauptet, daß der Zweite Weltkrieg nie stattgefunden hat.

Donald Holmes schreibt in *The Illuminati Conspiracy: The Sapiens System,* daß die **Illuminaten** – die er als überlegene Intelligenzen, vielleicht aus dem Weltraum, betrachtet – die Regierungen und die Medien unseres Planeten kontrollieren. Der Zweite Weltkrieg, bis heute das schrecklichste Beispiel dafür, wieviel Leid sich die Menschen gegenseitig antun können, habe nie stattgefunden:

Mit Hilfe von Special Effects, Bühnen- und Zaubertricks, Fälschungsjournalismus usw. ließen es die Illuminaten wie einen Weltkrieg aussehen. Die Menschheit sollte dadurch Angst vor ihren zerstörerischen Fähigkeiten bekommen und eine glücklichere und menschenfreundlichere Gesellschaftsform auf der ganzen Welt errichten (an dem Projekt wird offensichtlich immer noch gearbeitet).

In *Illuminati Lady,* einem privat veröffentlichten Gedicht von Kerry Thornley, heißt es ganz ähnlich, daß der Zweite Weltkrieg von reinkarnierten Illuminaten vorgetäuscht worden war, die von Mohandas K. Gandhi und Madame H. P. Blavatsky (der Illuminaten-Dame aus dem Titel) angeführt wurden. Sinn der Übung war wiederum, uns so zu erschrecken, daß wir alle Pazifisten würden.

Siehe auch: ▶ *American Hero, Creative Science*, Charles Fort, George I. Gurdjieff.
Verweise: ▶ *The Illuminati Conspiracy: The Sapiens System*, von Donald Holmes,
                   New Falcon Press, Scottsdale, Arizona, 1988.

▶ WELTREVOLUTION

World Revolution: The Plot Against Civilization von Nesta Webster ist eine der gelehrtesten und außergewöhnlichsten Theorien der Anti-*Illuminaten*-Literatur.
Frau Webster betrachtet, wie die meisten Anti-Illuminaten des 20. Jahrhunderts, den Orden als einen der Hauptunterstützer der Französischen Revolution (Illuminaten haben die Grand Orient Lodge of Egyptian Freemasonry übernommen, die größte Freimaurerbrüderschaft in Frankreich, die großen Einfluß auf Adlige, Kaufleute und sogar Arbeiter hatte) und auch als Schöpfer und Erfinder von Kommunismus, Sozialismus, Anarchismus und Radikalismus.
Einzigartig ist aber, daß sie behauptet, all dies sei für die Illuminaten nur zweitrangig gewesen. Illuminaten, sagt sie, wurden schon früh vom preußischen Adel und vom deutschen Geheimdienst übernommen, und ihre Logen verbreiteten linke Ideen, um andere Länder zu schwächen und ihre Eroberung durch Deutschland vorzubereiten. Kurz, wo andere die Illuminaten als atheistische oder jüdische Verschwörung sehen, sieht sie eine deutsche Verschwörung. Webster versucht auch zu beweisen, daß die wiedererstandenen Illuminaten, die in den 1880er Jahren in Dresden gegründet worden waren, so mächtig wie die ursprünglichen Illuminaten von Adam Weishaupt waren und in der Geschichte von Sozialismus und Kommunismus eine Hauptrolle spielten (siehe: *Wiedererstandene und kopierte Illuminaten*). Klassisches Beispiel für ihre Fähigkeit, ihre Theorien an echten Verbindungen aufzuhängen, ist ihre Frage: »War es nur ein Zufall, daß im Juli 1899 der Internationale Sozialistenkongreß beschloß, den 1. Mai für die jährliche internationale Arbeiterdemonstration auszuwählen, den Tag, an dem Adam Weishaupt die Illuminaten gegründet hatte?«

Siehe auch: ▶ Ewige Blumenkraft; Nazi-Illuminaten-Theorie, P2-Verschwörung.
Verweise: ▶ *World Revolution: The Plot Against Civilization*, von Nesta Webster,
                   Constable and Company, London, 1921.

▸ »THE WHOLE BAY OF PIGS THING«
(Die ganze Schweinebucht-Angelegenheit)

Am 23. Juni 1972 machte Richard Nixon die folgende Bemerkung zu Bob Haldeman (auf den Watergate-Tonbändern):

> *Wenn du reinkommst, wenn du reinkommst ... (unverständlich) ... sagen die Leute, schau, das Problem ist doch, daß das die ganze, die ganze Schweinebucht-Angelegenheit wieder aufrollt, und der Präsident findet, daß, ah, ohne ins Detail gehen zu wollen – lüg nicht, belüg sie nicht so weit, zu sagen, daß es da keine Beteiligung gegeben hätte, sag nur, es sei eine Komödie von Irrtümern, ohne richtig ins Detail zu gehen ... der Präsident glaubt, daß das wahrscheinlich die ganze Schweinebucht-Angelegenheit wieder aufrollt.*

Später legte der Konspirologe A. J. Weberman Beweise dafür vor, daß Nixon die Code-Phrase »die Schweinebucht-Angelegenheit« verwendete, wenn er das *John-F.-Kennedy-Attentat* meinte. Laut dem Verschwörungsforscher Paul Kangas wurde dies von Paul Ehrlichman bestätigt, einem Watergate-Mitverschwörer.

Es ist alles andere als klar, inwieweit eine vollständige Untersuchung des Watergate-Einbruchs den Fall der Ermordung John F. Kennedys wieder aufrollen würde, die Angelegenheit bleibt rätselhaft. Nichtsdestotrotz war der CIA-Offizer E. Howard Hunt in die Watergate-Affäre verwickelt, und viele Forscher glauben, daß er auch am Anschlag auf John F. Kennedy beteiligt war.

Um den 30. November 1973 fing Hunt an, das Weiße Haus um Geld anzuhauen. Er behauptete, er hätte Informationen, die das Weiße Haus »in die Luft jagen« und den Präsidenten aus dem Amt hebeln würden. Verschwörungsforscher glauben, daß Hunt einer der *drei Tramps* war, die auf dem Grashügel direkt nach dem Kennedy-Attentat festgenommen und dann schnell wieder freigelassen worden waren. Nixon war damit einverstanden, Hunt eine Million Dollar für sein Schweigen zu bezahlen.

Siehe auch: ▸ Flug 553, Mary Pinchot Meyer, Marilyn-Monroe-Mord.
Verweise: ▸ *The Yankee and Cowboy War,* von Carl Oglesby, Berkley Medallion Books, New York, 1977, S. 47, 227, passim.
                ▸ http://www.weberman.com/htdocs/
                ▸ »The Role of Richard Nixon and George Bush in die Assassination of Präsident Kennedy«, von Paul Kangas, *The Realist* Nr. 117, Sommer 1991.

▶ WICCA

Wicca, Hexenkunst, ist eine neo-heidnische Religion, die darauf aufbaut ... – naja, hängt davon ab, welcher Hexe man glaubt. Manche sagen, daß Wicca, als eine auf eine Göttin zentrierte Religion, innerhalb bestimmter Familien durch die »Feuerzeit« (die Heilige Inquisition) weitergegeben wurde und es erst jetzt wagt, wieder an die Öffentlichkeit zu treten. Andere sagen, die moderne Wicca sei zum Teil aus alten Büchern wiedererschaffen worden, zum Teil sei sie von einem englischen Exzentriker namens Gerald Gardner mit Hilfe von *Aleister Crowley* wiedererfunden worden. Andere geben zu, daß Gardner bei der Wiedererschaffung eine große Rolle gespielt hat, glauben aber nicht an seine Verbindung mit Crowley. Hexen, ähnlich wie Freimaurer, bezeichnen ihre Riten als »die Kunst« und verwenden den archaischen Freimaurerausdruck »So soll es sein« (»So mote it be«) beim Abschluß ihrer Riten. Das läßt sich vielleicht damit erklären, daß Gardner und Crowley beide Freimaurer waren.

Wo auch immer dieser Kult herkommt, Wicca ist hauptsächlich auf traditionellen keltischen Feiern sowie keltischen Göttern und Göttinnen aufgebaut, manchmal mit den alten Bezeichnungen, manchmal mit modernisierten Namen. Tanz ist Teil des Rituals in allen Gruppen, Trinken und Kiffen nur in manchen, hauptsächlich in den kalifornischen. Alle Riten feiern die Jahreszeiten, den Mond und die große Göttin-Mutter.

Viele Wiccaner sind extrem streitsüchtig und zögern nicht, juristisch gegen Fundamentalisten vorzugehen, die behaupten, Wicca sei in Wirklichkeit ein Satanskult mit Menschenopfern. Zur Zeit behaupten das immer noch einige Fundamentalisten, und die Wicca-Leute verklagen sie deshalb.

Siehe auch: ▸ *Gralswächter*, Ordo Templi Orientis.
Verweise: ▸ http://www.witchvox.com/wvoxhome.html

▶ WORLD FINANCE CORPORATION

Die World Finance Corporation (WFC) in Miami, Florida, soll eine intime Geschäftsbeziehung zur Cisalpine Bank auf den Bahamas gepflegt haben, die zum Geldwäsche-Netzwerk der *P2-Verschwörung* gehörte.

1982 versuchte der Bezirksanwalt von Dade County zu beweisen, daß mindestens sieben Beamte der World Finance Corporation »Aktivposten« der CIA waren und daß sie wissentlich mit der Wäsche von Kokain-Geldern befaßt waren. Der Staatsanwalt beschwerte sich, daß die CIA mit voller Absicht seine Untersuchung behinderte und sabotierte; trotzdem konnte er beweisen, daß nicht nur Drogengeld, sondern auch die Drogen selbst ihren Weg durch die WFC nahmen, die bankrott ging, während drei ihrer Beamten vor Gericht standen. Viele andere Banken, darunter die respektable Chase Manhattan, waren Teil des Waschsalons. Es konnte aber nicht bewiesen werden, daß sie davon wußten oder auch nur den Verdacht hatten, ins Drogengeschäft verwickelt zu sein.

Siehe auch: ▶ Banco Ambrosiano, John Hull.
Verweise: ▶ *In Banks We Trust*, von Penny Lernoux, Anchor/Doubleday, New York, 1984, Seiten 100–142.

▶ X

Die Person »X« in Oliver Stones Film *JFK* basiert auf ***Fletcher Prouty***, einem der ersten Regierungsbeamten, die sich öffentlich von der Version der Warren-Kommission zum ***John-F.-Kennedy-Attentat*** distanzierten.

Verweise: ▶ http://www.astridmm.com/prouty

▶ XISTS

Siehe: ▶ Anti-»Bob«, The Con, Planet X.

▶ **YANKEE AND COWBOY WAR**
(Der Krieg zwischen Yankees und Cowboys)

Eins der besten Bücher über verschwörerische Aktivitäten im modernen Amerika ist *The Yankee and Cowboy War: Conspiracies from Dallas to Watergate and Beyond* von Professor Carl Oglesby von der Universität Boston.

Danach spaltet sich die herrschende Elite in zwei Gruppen, Yankees und Cowboys, die nur dann zusammenarbeiten, wenn sie von inneren oder äußeren Feinden bedroht werden, ansonsten aber in erbittertem Wettstreit miteinander liegen, der manchmal auch gewalttätig und mörderisch wird.

Die Yankees in Oglesbys Modell sind eine Brüderschaft reicher Old-England- und New-York-Familien (siehe **John-Birch-Society**-Theorie), die relativ liberal und internationalistisch sind (es sei denn, es bedrohte ihre Profite) und denen – bis vor kurzem – so gut wie alles in den Vereinigten Staaten gehörte.

Die Cowboys stehen für den neuen westlichen Wohlstand, besitzen mehr, als den Yankees recht ist, und ihre Ansichten reichen von konservativ über reaktionär bis zum blanken Neofaschismus. Sie verdächtigen die Yankees, sich gegen sie zu verschwören und die freie Marktwirtschaft zu ruinieren, indem sie regierungsgestützte Monopole errichten, und verdächtigen sie außerdem der amoralischen Bereitschaft, mit Kommunisten und anderen fremden Ideologien zusammenzuarbeiten, sofern das ihren Interessen dient.

David Rockefeller repräsentiert den archetypischen Yankee und *Howard Hughes* den urtypischen Cowboy; die juristischen und finanziellen Schlachten zwischen Rockefeller und Hughes um die Kontrolle der Trans World Airways zeigen eine öffentliche, weniger geheimnisvolle Seite des Konfliktes und werden (im Buch) sehr detailliert behandelt. Dieses Epos liest sich, obwohl es gut dokumentiert und belegt ist, fast wie eine Satire von Ben Jonson oder Jonathan Swift, besonders an der Stelle, als Oglesby sich kühl mit Hughes' wachsendem Verdacht beschäftigt, daß die Gerichte allesamt im Besitz der Rockefellers seien. Die kontroverseren Teile des Buches versuchen, die gängigen Verschwörungsansichten zum *John-F.-Kennedy-Attentat* und zu Watergate zu revidieren, mit dem Argument, daß letztendlich die Cowboys hinter Kennedys Ermordung standen und daß die Yankees Watergate manipuliert haben, um Nixon, den Lieblingspolitiker der Cowboys, aus dem Weg zu schaffen.

Oglesby verneint ausdrücklich, daß das Yankee-Cowboy-Modell alles erklären könne oder daß es nur zwei große Verschwörungen auf der Welt gäbe. »Eine Vielzahl von Verschwörungen«, sagt er, kämpften stets um den territorial-ökonomischen Top-Dog-Status; Yankees und Cowboys sind lediglich die mächtigsten Koalitionen im Amerika unserer Tage.

Eines der Hauptnebenthemen des Buches betrifft die Entwicklung der seltsamen Beziehungen zwischen der CIA und drei geheimnisvollen Kräften:

1. die Runder-Tisch-Gruppen, von *Cecil Rhodes* eingerichtet, um die anglo-amerikanische Außenpolitik in eine Richtung zu lenken, die Liberalen gefiele und für Bankiers gewinnträchtig sei;

2. die Mafia, die ihre Beziehung zum amerikanischen Nachrichtendienst im Zweiten Weltkrieg begann und seither eine Symbiose mit ihm entwickelt hat;

3. der Neonazi-Untergrund, einst von *General Reinhard Gehlen* geführt, dem nicht nur der Übergang von Hitlers Geheimdienstchef zum CIA-Aktivposten in Rekordzeit gelang, sondern der auch eine ganze Reihe anderer Nazis mitbrachte.

Der Verfasser versteht Oglesbys Daten so, daß die CIA glaubt, sie würde jede dieser Gruppen benutzen, während jede dieser Gruppen glaubt, sie würde die CIA für ihre Zwecke ausnutzen, und jeder Beteiligte wird die meiste Zeit an der Nase herumgeführt.

| Siehe auch: | ▶ | American Dynasty, James Jesus Angleton, Licio Gelli, »The Whole Bay of Pigs Thing«, und als Kontrast: A-Albionic Consulting and Research und *Irish Wisdom*. |
| Verweise: | ▶ | *The Yankee and Cowboy War*, von Carl Oglesby, Berkley Medallion Books, New York, 1977. |

▶ YIN UND YANG

Das Universum und alles, was darin ist, enthält nach der Taoistischen Philosophie immer Yin und Yang. Yin steht für die »weibliche« Kraft, für Dunkelheit, Passivität, Wasser, das Fließen, Sanftheit, die schattige Seite eines Berges, etc.; Yang ist »männlich«, hell, glänzend, aktiv, feurig, explosiv, kreativ, die sonnige Seite eines Berges etc. Einige vergleichen Yin und Yang mit den negativen und positiven Kräften in der Quantenmechanik. Andere identifizieren sie mit der rechten und linken Hemisphäre des menschlichen Gehirns. In der diskordianischen Offenbarung stehen Yin und Yang für »Misch und Masch«. Misch beinhaltet Yin, aber auch Chaos, Streiche, Anarchie, Rebellion, etc., während Masch für Yang steht, aber auch für Gesetz und Ordnung, Bürokratie, Militarismus, blinden Gehorsam, etc.

Im Sub-Genius-Glauben reduzieren sich all diese Gegensätze auf »Something« und »Nothing«, und die Kunst des Lebens besteht darin, »*Slack*« zu bekommen, die perfekte Balance zwischen diesen beiden Elementen, die es einem erlaubt, Something für Nothing zu erhalten. Diese Dualitäten tauchen ständig in James Joyces *Finnegans Wake* auf, in Gestalt sich befehdender Zwillinge wie Kain und Abel, Jakob und Esau, Shem und Shaun, Mick und Nick, Mutt und Jute, Mercius und Justius, Glugg und Chuff, Butt und Taff, Muta und Juva, Shakespeare und Bacon, Swift und Stern, Brown und Nolan, etc.

| Siehe auch: | ▶ | Äon des Horus, Giordano Bruno, Sacred Chao. |

Z

▶ ZAPRUDER-FILM

Am 22. November 1963 wollte Abraham Zapruder etwas filmen, was er für ein kleineres historisches Ereignis hielt – die Fahrt eines Präsidenten durch Dallas.

Statt dessen filmte er den allerumstrittensten Mordfall in der Geschichte Amerikas. Der Zapruder-Film zeigt genau, wie John F. Kennedys Kopf beim ersten Schuß *zurück*zuckt. Wenn ein Projektil oder Geschoß ein Objekt trifft, bewegt sich dieses Objekt nach den Gesetzen der Physik in dieselbe Richtung wie das Projektil: Daher muß, da Kennedys Kopf zurückzuckte, die Kugel von vorn gekommen sein, d.h. von dem Grashügel (grassy knoll). Befürworter des Berichts der Warren-Kommission erwidern darauf, daß dieses Newtonsche Gesetz nur auf unbelebte Objekte zutrifft und daß bei Tieren oder Menschen innere neurologische Spasmen ein Zucken des Körpers in jede beliebige Richtung zur Folge haben können. Die Experten auf beiden Seiten scheinen gleichermaßen gelehrt und gebildet, und so geht die Debatte zwischen Physikern und Neurologen weiter.

David Lifton, Autor des Buches und Videos *Best Evidence*, überläßt die Experten ihrer fachmännisch geführten Debatte gegeneinander und weist auf zwei aufschlußreiche, aber sinistre Fakten hin, die den Zapruder-Film betreffen:

Time-Life zahlte Mr. Zapruder 150.000 Dollar für den Film (ein Preis, der laut Lifton heutzutage etwa einer Million Dollar entspräche), zeigte den Film aber niemals – weder im Fernsehen noch in Kinos, nirgendwo.

Die Warren-Kommission erwähnt mit keinem Wort den entscheidenden
Moment im Film (das Zurückzucken, das eine mehr als 35 Jahre währende
Kontroverse entzündet hat), was darauf hinweist, daß sie entweder in
großer Eile oder schlampig ermittelt hat oder daß sie ganz bewußt von den
Implikationen, die sich daraus ergaben, nichts wissen wollte. Was immer
der Grund war, sagt Lifton, man darf deshalb weder der Kommission noch
ihrem Befund trauen.

Siehe auch: ▸ *Best Evidence*, Lee Bowers jr., E. Howard Hunt, John-F.-Kennedy-
                          Attentat – Quellen, Drei Tramps, A. J. Weberman.
Verweise: ▸ http://mcadams.posc.mu.edu/arrb/index38.html

▸ ZOG

ZOG ist keine Kreatur aus dem Nekronomikon, obwohl sie mindestens genauso gruselig ist, sondern bezeichnet in der Sprache amerikanischer, rechtsradikaler Milizgruppen das Zionist Occupied Government (von Zionisten besetzte Regierung). Einige glauben, daß ZOG vorhat, in den nächsten Tagen alle Christen umzubringen, andere aber glauben, daß es uns alle nur der *New World Order* übergeben will, die aus den amerikanischen Bürgern Sklaven der United Nations machen wird. Ich würde gern in einer Welt leben, in der alle Verschwörungstheorien so absurd wie diese sind.

Verweise: ▸ *Every knee shall bow*, von Jesse Walter, HarperCollins,
                       New York, 1995.

ΛLLES UNTER KONTROLLE?

Ein Gespräch mit Robert Anton Wilson
über das Wachstum von Verschwörungen,
über Ängste vor einer geheimen Weltregierung
und das Ende der Kontrolle.

▸ *Angefangen mit Ihrem Roman »Illuminatus« in den 70er Jahren*
  bis zu »Das Lexikon der Verschwörungstheorien« Ende der 90er haben
  Sie sich neben vielem anderen immer wieder mit Verschwörungs-
  theorien beschäftigt. Woher kommt dieses Interesse, was waren Ihre
  ersten Erfahrungen mit Verschwörungen?

▸ Meine ersten Erfahrungen machte ich in der Anti-Vietnamkriegs-
  Bewegung der 60er Jahre, mittlerweile ist der Fall dokumentiert.
  Das FBI hatte ein CoIntelPro – Counter-Intelligence-Program –
  gestartet, dessen Ziel es war, die Friedensgruppen nicht nur zu
  unterwandern, sondern sie dies auch wissen zu lassen. Das sollte
  dazu führen, daß sich die Leute gegenseitig verdächtigen, weil
  jeder jeden für einen Regierungsagenten hält. Das alles ist festgehalten in einem Regierungs-Memo über die Untersuchungen
  dieser Sache in den 70er Jahren. Und tatsächlich machte die
  einsetzende Paranoia es damals auch ziemlich unmöglich, daß
  wir in der Friedensbewegung weiter konstruktiv zusammenarbeiten konnten. Mit dieser Methode ging die Regierung auch
  gegen die Black Panthers und andere radikale Gruppen vor –
  und gegen Ende der 60er hatte ich mich dann mehr oder weniger
  an den Gedanken gewöhnt, daß nahezu jeder, mit dem ich
  einmal politisch zusammengearbeitet hatte, ein Regierungsagent
  war. Anstatt nun paranoid zu werden, fand ich das eher
  ziemlich komisch. John Adams, einer meiner Lieblinge unter
  den politischen Philosophen, meinte einmal: »Bei wirklich
  tiefer Betrachtung der menschlichen Geschichte bleibt nur
  Weinen oder Lachen – und ich lache lieber.« So halte ich es auch.
  Die Geschichte der Menschheit ist so fürchterlich, wer das ernst
  nimmt, muß verrückt werden – deshalb versuche ich, beim
  Lachen zu bleiben.

▸ *Hat allein das Streuen des Gerüchts über die Verschwörung*
  gegen die Friedensgruppen damals ausgereicht, ihre Aktivitäten
  zu lähmen?

▶ Der wichtigste Beitrag daneben war wohl die Tatsache, daß die
Regierung die großen Schallplattenfirmen überredete, nicht mehr
in den Medien der Gegenkultur zu inserieren. Diese Platten-
anzeigen waren die Haupteinnahmequellen der alternativen
Presse, und als diese ausblieben, gingen die meisten Zeitungen
ein – und wir waren wieder auf den einen monolithischen
Informationskanal der herrschenden Kreise angewiesen, der uns
glauben machen wollte, daß alles mit rechten Dingen zuging.
Doch heute gibt es das Internet, und die Informationskanäle
sind wieder offen. Jede Art von Verschwörung, ob von Menschen,
Tieren oder Bergen, hat eine gewisse Lebenszeit, keine währt
ewig, und das ist es, was die meisten Verschwörungs-Spinner
vergessen. Sie denken, daß Verschwörungen lange, ewig dauern;
ich denke dagegen, sie sind in der Regel nur von kurzer Dauer.
Die bestdokumentierte Verschwörung, die wir kennen, die der
P2-Loge in Italien, war zum Beispiel nur zehn Jahre lang erfolgreich, Mitte der 80er Jahre waren ihre Führer entweder tot oder
im Gefängnis oder untergetaucht. Dennoch können diejenigen,
die behaupten, P2 sei bis heute aktiv, recht haben – nur
hat diese Verschwörung dann längst nicht mehr den Einfluß,
den sie in den 70er Jahren hatte. Ich denke, es gibt keine Verschwörungen, die sich über Hunderte oder gar Tausende von
Jahren erstrecken, abgesehen davon, daß sie einen guten Stoff
für melodramatische Romane abgeben, von denen ich einige
geschrieben habe.

▶ *Als Sie vor 25 Jahren für den Roman »Illuminatus« recherchierten
und in die Geschichte der wichtigsten aller Verschwörungen
eintauchten …*

▶ … du kommst niemals damit zu Ende. Eine Zeitlang dachte
ich wirklich, ich hätte alle wichtigen Verschwörungen beisammen,
aber dann beschwerte sich jemand, daß die Bilderberger ja gar
nicht vorkommen. Von denen hatte ich damals noch nicht allzu-
viel gehört. Doch bei diesem neuen Buch jetzt wird es mir nicht

anders ergehen – denn es gibt Tausende und Abertausende. Der menschliche Geist ist einfallsreich und kreativ, besonders wenn er sich Sorgen macht …

▸ *Sehen Sie in Sachen Konspiration eine Veränderung zwischen der Lage vor einem Vierteljahrhundert und heute?*

▸ Ich denke, mittlerweile sind Verschwörungstheorien durchaus ein Thema des Mainstreams, zumindest in den USA. Als Robert Shea und ich damals »Illuminatus« schrieben, war das noch eine eher entlegene, schräge Sache. Mittlerweile – wir müssen uns nur den Erfolg von »Akte X« und ähnlichen Filmen ansehen – scheint jeder an Verschwörungen zu glauben – und weil die meisten nicht gerade in kritischem Denken geschult sind, sind die verrücktesten Theorien die populärsten.

▸ *Im zweiten nachchristlichen Jahrhundert war es der Antichrist, im Mittelalter war es Satan, heute sind es Außerirdische oder die Trenchcoat-Mafia – zieht sich durch die Verschwörungen, denen durch die gesamte Geschichte der Menschheit das Böse zugeschrieben wird, ein gemeinsamer Faden, haben sie dieselbe Struktur?*

▸ Natürlich erfahren auch Verschwörungen ihre Updates, Mythen werden modernisiert – aber die Grundthemen bleiben dieselben. Gerade habe ich zum Beispiel ein Buch über »Abductions« gelesen, über Leute, die glauben, von Außerirdischen entführt und sexuell belästigt worden zu sein – und diese Berichte haben genau dieselbe Struktur, wie wir sie in der mittelalterlichen Literatur finden, in den Geschichten von Incubi und Succubi, zwei Dämonen, die Männer und Frauen belästigten. Ich weiß nicht mehr, wer für wen zuständig war – aber diese mittel- alterlichen Dämonen sind nichts anderes als unsere heutigen E.T.s, sie behandeln ihre Opfer genauso, und auch ihr sexueller Appetit scheint ähnlich gelagert. Und die meisten Botschaften, die wir von den Entführungsopfern und Kontaktpersonen erhalten, entsprechen dem apokalyptischen Standard, den wir aus religiösen, hysterischen Endzeitprophezeiungen kennen: Die Welt wird untergehen! Bekanntlich ist ja keines der Endzeit-Szenarien jemals eingetreten, die Trefferquote der Vorhersagen liegt bei 0,00 Prozent, aber niemand gibt die Hoffnung auf, alle diese Leute hoffen, daß ihr Endzeit-Szenario doch noch eintrifft. Vor ein paar Tagen bekam ich eine E-Mail mit über hundert biblischen Prophezeiungen, die alle darauf hinauslaufen, daß die Welt am 11. September 1999, also in zwei Tagen, untergeht.

▸ *In Deutschland war der 11. August 1999, der Tag der totalen Sonnenfinsternis, für einige ein apokalyptisches Datum. Einige Interpreten lasen aus Nostradamus diesen Termin als Datum für einen plötzlichen Überfall der russischen Armee auf Westeuropa …*

▸ Als ich in den 80ern in Los Angeles lebte, sollte laut Nostradamus die Stadt an einem bestimmten Datum im Meer versinken. Das glaubten tatsächlich so viele, daß es richtige Verkehrsstaus in Richtung Berge und Wüste gab. Als ich einkaufen ging, sah ich in der Tageszeitung die Headline: »If you read this, Nostradamus again was wrong« – doch daß die Welt nicht unterging, hält niemanden davon ab, darauf zu hoffen. Übrigens: Was heißt eigentlich »Weltuntergang«. Wenn dieser Planet zu seinem Ende kommt – und unsere verrückten Regierungen und einige Wissenschaftler scheinen hart daran zu arbeiten, das bald hinzukriegen –, dann heißt das nicht, daß die Welt untergeht. Wir sind ziemlich isoliert im Universum, irgendwo an den äußeren Docks einer zweitrangigen Galaxie – und es gibt, wie Carl Sagan zu sagen pflegte, Millionen und Millionen solcher Galaxien da draußen. Das Universum läuft weiter, auch wenn wir auf unserem kleinen Planeten hier abgefuckt haben … wie übersetzt man »fuck up« ins Deutsche?

▸ *Eigentlich überhaupt nicht. »Fuck« und »abgefuckt« sind mittlerweile ins Deutsche gewandert, so wie »Kindergarten« oder »Rucksack« ins Amerikanische. Das bringt mich übrigens gleich zu der Frage nach einem der interessantesten Stichworte in Ihrem Buch, dem Thema »Sprache als Verschwörung«.*

▸ Einer der Defekte der indo-europäischen Grammatiksysteme ist ihre Neigung zu Generalisierungen. Wir sagen »die Blätter« und verwischen damit automatisch die Differenz, die Tatsache, daß es große Unterschiede zwischen einzelnen Blättern, zwischen »Blatt 1«, »Blatt 2« und »Blatt 3« gibt. Jedes ist anders, aber die Struktur unserer Sprache zwingt sie unter einen Oberbegriff. Deshalb behauptet man, wenn man von »den Protestanten« spricht, daß sie alle gleich sind – als sei man ein dogmatischer Katholik. Wir alle kennen die Auswüchse eines Antisemitismus und Rassismus, der nur noch »die Juden« oder »die Schwarzen« kennt. Hätten wir eine andere Sprachstruktur, könnten wir auf diese Weise gar nicht denken – wir hätten dann keinen Begriff für »die Blätter«, sondern müßten von dem individuellen »Blatt 1«, »Blatt 2«, »Blatt 3« sprechen. Einige Sprachen der amerikanischen Indianer kommen dem nahe, sie benutzen weniger Generalisierungen und mehr Spezifizierungen. Und auch eine andere Zeitstruktur. Deshalb läßt sich auch die Einsteinsche Relativität, wie Benjamin Lee Whorf einmal ausgeführt hat, leichter in der Sprache der Hopi diskutieren als in irgendeiner europäischen Sprache. Die Verallgemeinerungen unserer Grammatik werden der wahren Natur der Dinge nicht gerecht. Es gibt ein interessantes Buch, »*Biochemical Individuality*«, in dem auf einer Seite zum Beispiel fünf menschliche Mägen, die Verstorbenen entnommen wurden, abgebildet sind – und auf der anderen Seite »der menschliche Magen« aus einem medizinischen Lehrbuch – und keiner der echten Mägen sieht »dem Magen« auch nur im entferntesten ähnlich. »Der Magen« ist eine Abstraktion. Ich vertrete seit langer Zeit die Sichtweise des »Committee of the Surrealist Investigation of Claims the Normal« (Komitee zur surrealen

Untersuchung von Behauptungen des Normalen), das von meinem Freund Professor Timothy Finnegan in Irland gegründet wurde und davon ausgeht, daß es so etwas wie das Normale nicht gibt. Es wurden sogar 100.000 irische Pfund Preisgeld für den Beweis ausgesetzt, daß es einen normalen Sonnenuntergang, einen üblichen Tag, ein durchschnittliches menschliches Wesen, ein normales Playmate des Monats oder eine typische Beethoven-Sonate tatsächlich gibt. Nichts davon existiert, es gibt nur individuelle Fälle. Das Normale ist das, was niemand wirklich ist – eine Fiktion, die von unserer Sprachstruktur geschaffen wird.

▸ *Könnte man dann die Tatsache, daß das Verschwörungsdenken in den letzten Jahrzehnten mehr in den Mainstream gerückt ist, so interpretieren, daß die Bevölkerung auf eine globalisierende, immer komplexer werdende Welt, die immer schwerer zu begreifen ist, mit immer gröberen Abstraktionen und Verallgemeinerungen reagiert?*

▸ Das ist ja überhaupt einer der Grundzüge des Verschwörungsdenkens: daß die Leute nach Erklärungen für Dinge suchen, die sie nicht verstehen. »John hat mich geschlagen«, »Hans war auf dem Schulhof böse zu mir« … das ist die Art von eindeutigen Erklärungen, die Kinder verstehen. Und viele Erwachsene behalten diesen kindischen Geist – und damit auch den Hang, immer nach möglichst simplen Erklärungen zu suchen, jemandem, den sie für irgendein Übel verantwortlich machen können. Und das macht Verschwörungstheorien für diese Geister so attraktiv. Um eine etwas objektivere Erklärung dafür zu finden, warum die Dinge nicht so richtig laufen, braucht man vielleicht ein gewisses technisches, politisches, sozialwissenschaftliches Verständnis, aber über das verfügen die Leute normalerweise nicht – sie suchen einen Schuldigen. In dem Film »*The Rising Sun*« spielt Sean Connery einen amerikanischen Agenten, der durch seinen langen Aufenthalt in Japan schon so denkt wie die Japaner und zu einem Kollegen sagt: »Wenn ein Problem auftaucht, suchen wir in Amerika immer sofort nach einem Schuldigen, in Japan sucht man sofort nach der Lösung – und hat das Problem schon lange gelöst, während wir noch die Schuld von einer Abteilung zur anderen schieben.«

▸ *Verglichen damit ist die Methode, die die jüdischen Stämme vor einigen tausend Jahren erfanden, ziemlich unbürokratisch: Einmal im Jahr wurden in einer Zeremonie alle Sünden auf einen Sündenbock übertragen und dieser dann in die Wüste geschickt …*

▸ Sir James Frazer hat in »The Golden Bow« gezeigt, daß ähnliche Sündenbock-Methoden bei vielen Stämmen in der ganzen Welt Anwendung fanden … Ich erinnere mich an einen Stammeskult mexikanischer Indianer, die einmal im Jahr einen Bären fingen, der dann eingesperrt wurde, und jeder mußte zu dem Bären gehen und ihm seine Sünden gestehen. Wenn der Bär dann alle Missetaten gehört hatte, wurde er getötet – abgesehen von diesem Schluß hat die katholische Kirche das später als Sakrament der Beichte eingeführt. Wo wir gerade bei den Sünden sind, muß man sich ja fragen, ob Verschwörung wirklich eine Sünde, ein Verbrechen ist oder nicht viel eher – so hat es unlängst ein Staatsanwalt bei einer Bewußtseinskonferenz ausgedrückt – »die normale Fortsetzung völlig normaler Geschäfts- und Wirtschaftspraktiken mit ganz normalen Absichten«. Jeder im Business verschwört sich gegen die Konkurrenz, jeder versucht mehr zu wissen als die Konkurrenz, was zur üblichen Industriespionage führt, und jeder versucht die rivalisierenden Firmen in die Irre zu führen und zu täuschen. Das gilt noch verstärkt für die internationalen Beziehungen und die konkurrierenden Geheimdienste, die sich darin überbieten, Desinformation zu produzieren, Lügen, die fast wie die Wahrheit aussehen und vielleicht einiges von ihr enthalten, aber eben doch Lügen sind, um andere zu täuschen. Deshalb bleibt denen, die bei den Geheimdiensten beschäftigt sind, letztlich nichts anderes übrig, als paranoid zu werden – und im Business sieht es kaum anders aus. Gerade hat sich das Euro-

päische Parlament darüber beschwert, daß der amerikanische
Geheimdienst NSA europäische Unternehmen ausspioniert.
So etwas geschieht dauernd – Lügen und Spionieren ist tägliches
Geschäft in Wirtschaft und Politik, insofern ist das Verschwö-
rerische dem Kapitalismus eingeboren. Nicht daß er von der
Spitze, von einer supergeheimen Gruppe regiert würde, wie einige
Verschwörungstheorien glauben, sondern im Prinzip verhält
sich jedes einzelne Individuum als Verschwörer, wie beim Poker.

▸ *Was an vielen Verschwörungstheorien auffällt, ist, daß sie nicht
nur einen Schuldigen für ein Problem, sondern gleich für sämtliche
Weltübel präsentieren …*

▸ Der Feind ist immer eine Reflexion des inneren Schattens, der
unterdrückten Teile des Selbst – und er wird allgemein beschrieben als sexuell besessen und abseitig und mit allen Tabus behaftet,
die die Gesellschaft aufgestellt hat. Außerdem ist er diabolisch
clever – weil sich die meisten Leute gern für diabolisch clever
halten, obwohl sie es wahrlich nicht sind. Auch die meisten Verschwörer in der wirklichen Welt sind meiner Meinung nach eher
ziemlich dumme Leute, so wie ja auch die meisten Kriminellen
ziemlich dumm sind, aber sie müssen auch nicht sonderlich
schlau sein, weil ja auch die Polizisten ziemlich dumm sind.
O.K. – anderseits leben wir zur Zeit in einer idealen Atmosphäre,
die das Wachstum von Verschwörungen begünstigt. Der Fluß an
zugänglichen Informationen hat sich in den letzten Jahrzehnten
auf exponentielle Weise beschleunigt und wächst täglich auf
unglaubliche Weise. Das hat eine Beschleunigung der Technologie,
der ökonomischen Systeme usw. nach sich gezogen, die für
viele Individuen die Lage unüberschaubar und unsicher macht.
Sie können das alles nicht mehr verstehen, fürchten um ihre Jobs
oder sitzen auf der Straße. Nicht von ungefähr kam Hitler, der
Berüchtigtste aller Verschwörungstheoretiker, mit seiner Theorie
von der jüdisch-bolschewistischen Weltverschwörung zu einer
Zeit durch, als die meisten Menschen in Deutschland arbeitslos

waren und die Weltwirtschaft mitten in einer schweren Depression steckte. Ich glaube, daß wir auch zur Zeit in einer Depression stecken, auch wenn uns die Medien in den Vereinigten Staaten weiter erzählen, daß wir in einer »nie dagewesenen Periode des Wohlstands leben« – wessen nie dagewesener Wohlstand, frage ich mich da, denn wenn ich mich umschaue, fühlen sich die Leute anders: suchen verzweifelt einen Job oder haben Angst, ihn zu verlieren. Für höchstens fünf Prozent der Bevölkerung ist eine Periode nie dagewesenen Wohlstands eingetreten – aber der ganze Rest ist angeschmiert.

▸ *Dann ist also tatsächlich bald alles unter Kontrolle, und die Welt wird tatsächlich von einer Handvoll Finanzmagnaten regiert?*

▸ Einerseits haben die traditionellen Machtgruppen in den letzten zehn bis fünfzehn Jahren mehr Geld gemacht als jemals zuvor, und sie werden reicher und reicher und reicher – auf diesem Level sind sie erfolgreicher denn je. Aber auf einem sehr grundsätzlichen Level, glaube ich, verlieren sie gleichzeitig die Kontrolle, denn die Welt ist so kompliziert geworden, daß eine kleine Gruppe gar nicht genug davon verstehen kann, um sie zu kontrollieren. Das wird deutlich, wenn du dir Politiker anschaust: Gerade erschienen zum Beispiel verschiedene Editorials in einigen Computermagazinen über die neuesten Gesetze, die von Politikern in Sachen Computer erlassen wurden: Sie entsprechen der technischen Situation, wie sie vor 15 Jahren herrschte. Politiker sind damit beschäftigt, ihre Popularität aufrechtzuerhalten und Wahlen zu gewinnen, sie verstehen nichts von den Gesetzen, die sie da erlassen, und haben keine Zeit, sich damit zu beschäftigen. Sie verlieren den Kontakt mit der Realität. Und auch die Megakonzerne und Banken, denen die Politiker ja gehören, verlieren den Kontakt, weil das Internet etwas völlig Neuartiges in der Geschichte ist. Ich glaube, es ist die revolutionärste Entwicklung, der dramatischste Schritt, seit das Leben einstmals vom Wasser auf das Land gewandert ist. Internet bedeutet die Abwesenheit von Kontrolle über das ganze System als einzige Möglichkeit, das System aufrechtzuerhalten. Keine kleine Truppe von Verschwörern kann jemals das Netz kontrollieren. Der einzige Weg, das Netz als Ganzes aufrechtzuerhalten, ist die Dezentralisierung der Kontrolle.

Es läßt sich nie 100prozentig verhindern, daß sich jemand die Mühe macht, die Webseite der CIA in »Central Stupidity Agency« umzuwandeln – nur um zu zeigen, daß traditionelle Kontrolle, wie sie die CIA betreibt, nicht mehr funktioniert. Ich denke, das Internet zwingt zur Dezentralisierung, und deshalb sehe ich die Welt im 21. Jahrhundert eher auf ein anarchistisches als auf ein faschistisches System zusteuern. Ich meine damit nicht ein total anarchistisches Chaos, aber es geht eher in diese Richtung als zu einem Faschismus der Kontrolle und der strikten Hierarchien. Die Leute überall auf der Welt lassen sich Computer und Internet ebensowenig verbieten wie Satellitenschüsseln und Kühlschränke. Es läßt sich nicht verhindern, daß dann, wie es unlängst in der Zeitung stand, auch in ganz Saudi-Arabien die »Satanischen Verse« von Salman Rushdie über das Internet verfügbar werden.

▶ *Verschaffen die unglaublichen Informationsfluten, die das Internet bereitstellt, dem Individuum wirklich mehr Macht, oder erschlagen sie es nicht eher? Ein wirrer Berg von Information ist so schlecht wie gar keine Information ...*

▶ Ganz allgemein ist Macht eine Funktion von Kommunikation: Je größer die Kommunikationsfreiheit, desto größere Macht kommt dem Individuum zu. Und die Leute beginnen das Internet zunehmend in diesem Sinn zu benutzen – zum Beispiel indem sie Geschäfte in ihrer eigenen Währung machen, die nur in ihrer Internet-Community Geltung hat. Regierungen und Banken versuchen das natürlich zu verbieten und sind hochgradig alarmiert über diese alternativen Währungen, aber sie können sie letztlich nicht unterbinden. Bei uns, und ich denke auch in Deutschland, wird Geld von der Bundesbank ausgegeben, die Zinsen für jeden Dollar kassiert, den sie ausgibt. Und sie fürchtet natürlich den Wettbewerb einer alternativen, elektronischen Währung im Internet, doch die wird sich nicht verhindern lassen. Auch die Finanzämter sind schwerst beunruhigt, denn sie können verschlüsselte Transaktionen nicht besteuern … Ich sehe viele Regierungsorganisationen und Kontrollbehörden in Zukunft kollabieren, wegen ihrer Unfähigkeit, mit der Internet-Revolution umzugehen. Und das ist der Grund, warum ich eigentlich sehr optimistisch bin. Die weltweite Vernetzung läßt nicht länger zu, daß Kontrolle an einem Punkt zentralisiert wird, sie wird mehr und mehr dezentralisiert, letztlich bis hinunter zu jedem einzelnen.

▸ *Einige Einträge in Ihrem Buch sind der »Verschwörung des Geldes« gewidmet. Glauben Sie, daß diese Macht jetzt im Prinzip gebrochen werden kann, indem wir uns, wenn wir zum Beispiel über das Internet Geschäfte machen, auf die Währungseinheit »Wilson« einigen und dafür Produkte oder Dienstleistungen austauschen? Wenn wir keine Banken mehr brauchen, um Geld auszugeben und in Verkehr zu bringen, wären auch die Konzepte eines zinslosen Geldes, wie sie der Ökonom und kurzzeitige Wirtschaftsminister der Münchner Räterepublik Silvio Gesell vor 80 Jahren entwickelt hat, mit einem Schlag wieder hochaktuell.*

▸ Sie sind ungefähr die fünfte Person in meinem Leben, die den Namen Gesell überhaupt kennt. Seine Konzepte waren brillant, doch sie werden heute durch die Möglichkeiten des Internet noch überholt. Geld ist reine Information im mathematischen Sinne, was heute kaum jemand realisiert. Das ist eigentlich komisch, denn wir haben ja schon vor langer Zeit die Gold- und Münzwährung in wertlose Papierfetzen eingetauscht. Ihren Wert haben sie nur durch den Aufdruck und solange die Bank, die ihn abgestempelt hat, nicht zusammenbricht. Geld ist schon mehr und mehr abstrakt geworden – und immer mehr Leuten wird es in Zukunft hochgradig lächerlich vorkommen, ständig weiter Zinsen dafür zu zahlen, daß Geld in die Zirkulation gebracht wird. Sie können ihr eigenes Geld zirkulieren lassen, und sie können sich über das Internet zunehmend selbst repräsentieren. Unsere jetzigen Repräsentanten, die Politiker, gibt es doch eigentlich nur, weil nicht jeder dauernd seine Farm oder Arbeitsstelle verlassen konnte, um in der Hauptstadt über die Gesetze zu diskutieren und abzustimmen. Deshalb gibt es diese Repräsentanten, die aber, wie gesagt, meistenteils damit beschäftigt sind, Spenden für ihre Wiederwahl zu sammeln. Das Internet macht diese Art von Repräsentation überflüssig. Ebenso wie die Banken überflüssig werden, wenn wir unser eigenes Geld schaffen. Ich glaube, das ist eine der brisantesten Ideen der Welt, und ich bin froh, hier noch einmal ausdrücklich darauf hinweisen zu können.

▶ *Gesells Theorien, die sich ja auch schon in der Praxis bewährt hatten, wurden in den 40er Jahren in den Vereinigten Staaten aufgegriffen, als der Ökonom Irving Fisher »Stamp-Money« mit einem negativen Zins empfahl …*

▶ Er kam damals immerhin schon bis zu einem Senats-Komitee mit dieser Sache, aber weiter nicht. Durch das Internet erhalten diese alten Ideen jetzt eine neue, noch brisantere Dimension. Es ist ja sehr interessant, sich mal anzuschauen, wie die Banken überhaupt zu ihrem Monopol im Währungs- und Geldgeschäft gekommen sind. Den meisten Verschwörungstheorien zufolge strebten die Banken planvoll nach der Weltherrschaft, wahrscheinlich war es aber eher so, daß sich die einzelnen Regierungen so an das ständige Gelddrucken gewöhnt hatten, daß sie einander bei ihren Währungen aufs tiefste mißtrauten und deshalb die Banken dazwischenschalteten. So kamen sie zu ihrem Monopol. Mit dem Internet wird das jetzt im Prinzip hinfällig, und deshalb versuchen sie, das mit Gesetzen unter Kontrolle zu bekommen, aber das wird nicht funktionieren. So wie das nicht funktioniert, was »meine« kalifornische Repräsentantin, Diane Feinstein, unlängst als Gesetz vorgeschlagen wollte: daß man die Drogeninformation im Internet zensieren soll. Jede Barriere, die du aufrichtest, wird vom Web drei Tage später umschifft, und deshalb haben Regierungen, Banken und alle Machtgruppen so eine Angst vor dem Internet. Wer erfahren will, wie man Amphetamine herstellt, und das Rezept nicht von dem Internet-Server in San José bekommt, holt es sich eben in Kanada, Oslo oder Frankfurt. Die einzige Möglichkeit, den freien Fluß von Informationen im Netz zu verhindern, wäre eine Weltregierung, und die Leute, die das Internet gern kontrollieren möchten, hegen auch große Bedenken gegen eine solche Weltregierung. Deshalb glaube ich nicht, daß die Macht sich zukünftig hin zu einer Weltregierung von einigen wenigen entwickelt, ich denke, sie wird eher ins Internet devolvieren.

▶ *Was das Thema Verschwörungen betrifft, scheint es im Internet augenblicklich so zuzugehen, daß man zu den verrücktesten Sachen die meisten Files findet – je schriller der Fall einer UFO-Entführung oder der Menschenzüchtung in Area 51 oder was auch immer ist, desto mehr Interesse zieht er an. Die Fakten interessieren dann bald keinen mehr, aber es entsteht eine neue Folklore, Ufolklore, es werden Mythen gestrickt.*

▶ Ja, nehmen Sie doch nur den Roswell-Fall, den angeblichen UFO-Crash bei Roswell 1947. Das ist jetzt 52 Jahre her, und es gibt immer weniger Beweise, aber immer mehr verdammte Bücher über den Fall als je zuvor. Statt um wirklich harte Fakten geht es da nur um Gerüchte, Hörensagen und um den Onkel, der etwas gesehen hat, das aber nicht mehr bestätigen kann, weil er schon tot ist. Ähnlich ist es mit den Geschichten von Area 51. Richtig ist, daß es sich um ein militärisches Sperrgebiet handelt, das in einem Umkreis von 50 Meilen abgesperrt ist und daß die Regierung dort einiges treibt. Ich glaube aber nicht, daß sie da außerirdische Alliierte haben und hybride Menschen basteln. Aber was immer

sie da Geheimes tun, und sei es nur, daß sie neue Flugzeuge
testen, ist eine solche Story natürlich eine prima Tarnung.
Es sind nicht immer nur Verrückte, die diese Geschichten aus-
spinnen – viele ehemalige Geheimdienst- oder Regierungs-
angestellte reisen durchs Land und enthüllen abenteuerliche
Geheimnisse über die Aktivitäten der Regierung. Das schafft ein
Klima der Paranoia, und ich habe lange gerätselt, welches Interesse die Regierung daran haben kann, doch das lenkt in jedem
Fall sehr gut davon ab, was wirklich verborgen bleiben soll.
Zum Beispiel, daß das US-Energieministerium die Bürger
radioaktiver Strahlung ausgesetzt hat, um zu testen, wie sie das
aushalten – der ganze UFO-Stoff ist da wirklich eine gute Maske-
rade, um den wirklichen Horror geheimzuhalten. So arbeiten
Desinformations-Systeme: Sie halten dich davon ab herauszufinden, was wirklich los ist.

▶ *Das hat dann ähnliche Konsequenzen wie das, was Sie eingangs von
der Unterwanderung der Friedensbewegung berichteten: Jeder hält jeden
für einen Desinformanten oder Agenten.*

▶ Es gibt kaum einen UFO-Forscher, der nicht schon als Regierungsagent oder Desinformant bezeichnet worden ist, und das erschwert
natürlich auch das konstruktive Arbeiten ungemein. Als ich in
den 70ern in der Organisation zur Verteidigung von Timothy
Leary arbeitete, wurde jeder verdächtigt, ein Spitzel der Regierung
zu sein, einschließlich mir. Was die Untersuchung von mysteriösen
Phänomenen wie UFOs oder Kornkreisen und anderen Rätseln
betrifft – ein Teil läßt sich sicher mit natürlichen Ursachen erklären, ein Teil sind sicher Fälschungen und ein anderer Teil Halluzinationen – aber ein gewisser Teil ist echt mysteriös und bedarf
weiterer Erforschung. Doch nur wenige Leute geben gerne zu,
daß etwas wirklich mysteriös ist, und suchen sofort nach kompletten Lösungen: UFOs, Außerirdische, Elfen oder Devas. Ich bevor-
zuge, solange die Datenlage konfus ist, eher keine Antwort als eine
vorschnelle.

▸ *Das zeichnet für mich auch Ihr Herangehen an das Thema Verschwörungstheorien aus: daß Sie keinen Anspruch auf Vollständigkeit
erheben und nicht behaupten, für jedes Problem eine Lösung zu
haben – sondern eher die richtigen Fragen stellen und an den richtigen
Stellen Witze machen ...*

▸ Was die Vollständigkeit angeht, halte ich es mit Charles Fort:
Mein Magen kann nicht die ganze Welt verdauen – und was
das Verstehen betrifft: Ich glaube nicht, daß ich auch nur
einen Bruchteil des Universums verstanden habe, und wundere
mich über die Leute, die behaupten, sie hätten es verstanden.
Diese großen Erörterungen von Fragen, ob Gott die Welt nun
erschaffen hat oder ob wir ein Zufallsprodukt sind, amüsieren
mich immer wieder und haben meinen Eindruck verstärkt,
daß das menschliche Gehirn einfach nicht die Kapazität bietet,
das alles wirklich zu verstehen. Aber vielleicht ist ja auch nur
mein Gehirn nicht fortgeschritten genug, und es mag andere
geben, die nicht so dumm sind wie ich und alles verstehen – aber
es ist ihnen bisher nicht gelungen, mich von ihren Argumenten
zu überzeugen.

▸ *Robert Anton Wilson ist berüchtigt dafür, daß er den Dingen immer
um einige Jahre voraus ist. Wenn das Thema Verschwörung, das
du schon vor 30 Jahren entdeckt hast, heute ein Gegenstand des
Mainstream ist, was sind dann die Ideen und Fakten, die dich aktuell
beschäftigen, und welche Aussichten haben wir für die Zukunft?*

▸ Ich fühle mich, auf fast schon blasphemische Weise, fröhlich.
Ich glaube, das Internet unterscheidet sich von allen vorherigen
Technologien insofern, als es tatsächlich das »globale Dorf«
manifestiert, das McLuhan in den 60er Jahren voraussah.
Wir brauchen keine »Weltregierung«, die viele Leute fürchten,
weil alle Regierungen schon viel zu machtvoll geworden sind und
weil jede Art von zentralisierter Macht die Leute korrumpiert,
die an ihr teilhaben. Aber das Internet bietet eine Alternative –

eine weltweite Gemeinschaft mit dezentralisierter Kontrolle und wachsenden Fähigkeiten, Entscheidungen zu treffen. Politiker sind obsolet: Im nächsten Jahrtausend werden wir uns selbst repräsentieren.

Das Gespräch wurde im September 1999 in Capitola, Kalifornien, geführt. Die Fragen stellte Mathias Bröckers.

STICHWORT-
VERZEICHNIS

∧

C